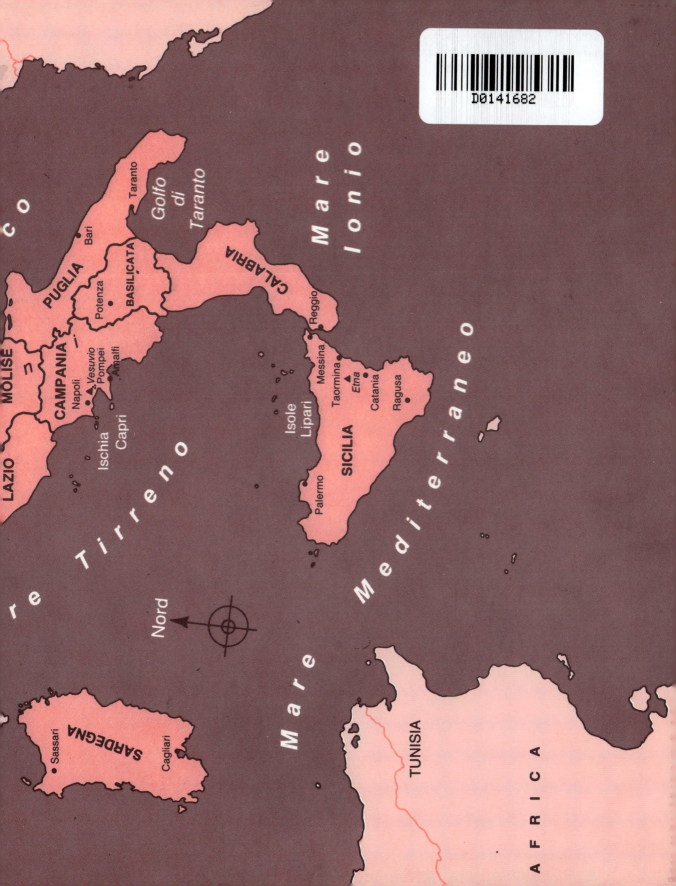

Basic Italian

REVISED SIXTH EDITION

Basic Italian

REVISED SIXTH EDITION

CHARLES SPERONI

Professor Emeritus (late), University of California, Los Angeles

CARLO L. GOLINO

Professor Emeritus, University of California, Riverside

Holt, Rinehart and Winston, Inc.
New York   Chicago   San Francisco
Philadelphia   Montreal   Toronto
London   Sydney   Tokyo

Publisher: Vincent Duggan
Associate Publisher: Marilyn Pérez-Abreu
Developmental Editor: Teresa Chimienti
Project Editor: Julia Mikulsky Price
Production Manager: Priscilla Taguer
Design Supervisor: Kathie Vaccaro
Photo Research: Rona Tuccillo
Text and Cover Design: Design 5
Compositor: The Clarinda Company

Photo Credits appear on pages 491–492

Library of Congress Cataloging-in-Publication Data

Speroni, Charles, [date]
   Basic Italian / Charles Speroni, Carlo L. Golino. — Rev. 6th ed.
     p. cm.
   Includes index.
   ISBN 0-03-013603-2
    1. Italian language—Grammar—1950   2. Italian language—
Textbooks for foreign speakers—English.   I. Golino, Carlo Luigi.
[date]. II. Title
PC1112.S6 1989
458.2′421—dc19   88-1363
                CIP

ISBN 0-03-013603-2 .

9 0 1 2 3 015 9 8 7 6 5 4 3 2 1

Holt, Rinehart and Winston, Inc.
The Dryden Press
Saunders College Publishing

PREFACE

Basic Italian, Revised Sixth Edition is the revision of a highly successful introductory-level Italian program designed to be used in two-year and four-year colleges and universities. It can also be used over a two-year or three-year period at the high school level.

In presenting the Revised Sixth Edition of *Basic Italian,* we must express our appreciation to the many teachers and students who, for so many years, have shown their confidence in our efforts.

The Sixth Edition of *Basic Italian* received and enjoyed such wide acceptance and use that it has prompted a Revised Edition, enabling us to update the cultural materials, which help students to become familiar with, understand, and appreciate the history, culture, and life-styles of contemporary Italy and the Italian-speaking world. The updated photographs and authentic realia incorporated in this new edition help to convey to students what life is like in Italy today.

The Sixth Edition marked a refinement in approach over the previous edition. Adjustments were made in the sequence of grammar presentations. Readings and dialogues were rewritten; exercises were sharpened; and some new approaches were developed and refined. These same features and improvements have been retained in the Revised Edition. We are pleased to call attention to the following features of *Basic Italian* that have proven to be successful in the past and have been reincorporated in the Revised Sixth Edition:

1. The **Introductory Lesson on Pronunciation** was left very much as it was. In the Sixth Edition we added a few words to illustrate various sounds, as well as a section on diphthongs. In the drill section, we have given the English translations in the part dealing with double

consonants (casa, *house;* cassa, *box;* pala, *shovel;* palla, *box,* etc.), and have retained the three sub-divisions aimed at drilling c, g, and sc before various vowels.

2. In the **Introductory Lesson on Common Expressions**, we added several forms and also a new conversation.

3. **Readings:** Besides making needed revisions in some of the readings that open each chapter, six of the readings were rewritten, partly in response to suggestions made by respondents and partly to reflect more accurately the concern and interests of Italians today. We still maintain that a reading, or conversation selection, of a few lines and detached from any background, is of little interest or value to the student. For this reason, we retained the group arrangement of four chapters in which some theme or thread, through the protagonists or the situation, is maintained. The conversations reflect various aspects of daily life and in groups of four, illustrate student life, family life, sports and diversions, language and literature, cultural interests, economic and political concerns, and the presence of Italians abroad. We also tried to maintain a balance in the language without resorting to slang or trendy expressions, yet avoiding excessive formality.

4. **General Approach:** In the grammatical explanations we have, once again, attempted to strike a medium between technical terminology and an informal approach, with preference being given to the latter.

5. **Grammar:** While the general structure and approach of *Basic Italian* have been highly praised by teachers and students alike, in the Sixth Edition we improved the organization of the grammatical presentation and strengthened many sections with clearer explanations and additional examples. To mention some of the changes, the months of the year, which were in Chapter 12, are now in Chapter 7; the section on **piacere** has been expanded; the reflexive forms were moved from Chapter 15 to Chapter 11; the past descriptive was moved from Chapter 11 to Chapter 14; and the si construction replacing the passive has been omitted.

6. **Cultural Readings:** Several minor changes were made in these readings, which, in groups of two—one preceding and one following the review lesson—further illustrate or expand the topic of the preceding four chapters. Substantial changes and additions were made in **Le arti figurative e la musica.** Since this is a first-year book and the semester or quarter goes by very quickly, we decided

not to make the readings too long, especially since all cultural information is given in Italian. And, after all is said and done, one must not lose sight of the fact that a basic grammar should be essentially that.

7. **Conversation:** The questions at the end of each reading, which are meant to test the students' comprehension of the dialogue they have read, were augmented and changed in several lessons. We eliminated, for instance, those questions that the student could simply answer with **sì** or **no**. We continue to recommend that full use be made of this section, since a degree of oral facility is essential in learning a new language.

8. **Exercises:** The exercises for both the Sixth Edition and Revised Sixth Edition were written by Professor Pia Friedrich of the University of Washington in Seattle. The changes and improvements reflect the direct classroom experience of Professor Friedrich and also suggestions from text users. In keeping with the latest pedagogical trends, the goal of the exercises is to drill thoroughly all four skills and check oral proficiency as well as grammatical mastery.

9. **Getting Around in Italian:** This section on travel vocabulary and conversation contains the basic words and phrases most frequently used in everyday Italian. This practical part, accompanied by English translations, was recast into a variety of short conversations.

10. **Illustrations:** The photographs and realia have been totally revised and most of them are new and updated. In the Revised Edition, we have included an explanatory caption, whenever appropriate, for nearly every photograph and realia piece. These captions serve as springboards for conversation and stimulate further discussion in the classroom. The number of realia and photographs has also been increased to accurately reflect and depict contemporary and authentic Italian culture and life-styles.

We believe that this Revised Edition of *Basic Italian* is a sound and viable program. We hope that those who use it will enjoy doing so as much as we enjoyed preparing it.

We would like to thank the following professors whose thoughtful comments helped shape the *Basic Italian* program.

Fiora Bassanese   *Northwestern University*

Rocco Capozzi   *University of Toronto*

Alfonso DePetris   *University of California, Davis*

Gus Foscarini   *University of California, Davis*

Antonio Musumeci   *University of Illinois*

Augustus Pallotta   *Syracuse University*

Mentana Pantieri   *Long Island University*

Rinaldina Russell   *Queens College*

Bonnie Santaniello-Buriel   *Nassau Community College*

Corradina Szykman   *Queens College*

Maria Rosaria Vitti-Alexander   *University of Michigan*

Finally, we wish to express our deep gratitude to Professor Elizabeth G. Bartolini-Salimbeni of the University of New Mexico in Albuquerque for writing the teacher's annotations and teacher commentary material for the front matter of the Annotated Instructor's Edition, which accompanies the Student Text.

C.S.
C.L.G.

CONTENTS

1. Studenti

I. Gender   II. Singular and plural of nouns   III. The definite article   IV. Use of the definite article   V. The interrogative forms Chi?, Che?, Che cosa?, Cosa?   VI. C'è, ci sono VII. Ecco

I. Subject pronouns.   II. Conjugation of verbs   III. Present indicative of the first conjugation   IV. Present indicative of the second conjugation   V. Interrogative sentences   VI. Forms of address   VII. Negation

I. The indefinite article   II. The adjective   III. The adjective buono   IV. Forms of the article   V. Present indicative of avere and essere   VI. Idiomatic expressions with avere

I. Present indicative of the third conjugation
II. Possession   III. The definite article with titles
IV. Idiomatic use of the definite article   V. **Molto** as an adjective

and an adverb   **VI. Troppo** as an adjective and an adverb
VII. Present indicative of **andare**   **VIII.** Present indicative of **uscire**

Aspetti di vita italiana: La scuola   *62*

Ripetizione I   *64*

L'Italia   *68*

2.   *Vita giornaliera*

5   ***La famiglia Borghini***   **73**

I. Contractions   **II.** The partitive   **III.** Demonstrative
adjectives   **IV.** Demonstrative pronouns   **V.** The adjective
bello   **VI.** Adverbs of place **quì** and **là**   **VII.** Present indicative of
venire

6   ***Da Giacomo—il fruttivendolo***   **83**

I. Direct object pronouns: unstressed forms   **II.** The seasons of
the year   **III.** Cardinal numbers from 21 to 100   **IV.** Time of
day   **V.** Idiomatic use of the preposition **da**   **VI.** Plural of
nouns *(continued)*

7   ***La prima colazione***   **93**

I. The past participle   **II.** The present perfect   **III.** Present
perfect of **avere** and **essere**   **IV.** Adverbs of time   **V.** Idiomatic
use of **Che!, Come!, Quanto!**   **VI.** The months of the year; dates

8   ***Che bella giornata!***   **106**

I. Possessive adjectives and pronouns   **II.** The interrogative
adjectives and pronouns **quale** and **quanto**   **III.** The partitive
(continued)   **IV.** Present indicative of **dare** and **stare**

Aspetti di vita italiana: La casa e la famiglia   *116*

Ripetizione II   *118*

La cucina italiana   *121*

3.   *La Storia di Molte Città*

9   ***La città dei canali***   **127**

I. Negatives *(continued)*   **II.** Present indicative of **dire** and
fare   **III.** Idiomatic expressions with **fare**   **IV.** The weather

4.   *Svaghi e divertimenti*

5. Lingua e Letteratura

6. L'Eredità culturale

Contents   **xiii**

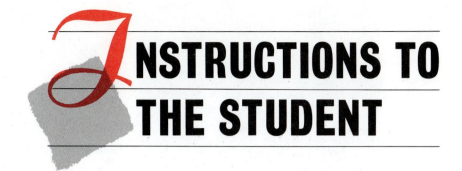

INSTRUCTIONS TO THE STUDENT

1. In the chapter vocabularies the definite article is given with the Italian noun.

2. A preposition in parentheses after a verb indicates that the verb requires that preposition before an infinitive.

3. Italian words are generally stressed on the next-to-the-last syllable (**amico**). No marking is used to show the stressed syllable in such words.

4. As an aid to the student, an inferior dot has been used to indicate stress in words other than those mentioned in paragraph 3 (**rapido, rispondere**). No inferior dots have been used in the exercises and the picture captions.

5. A final vowel that bears a written accent is always stressed. Although some publishing houses use the grave accent on a (**università**), open e(**è**), and o (**però**), and the acute accent on i (**cosí**), u (**virtú**), and closed e (**perché**), in this grammar we have opted to follow the more common practice of using the grave throughout.

6. Since there is no uniformity in the pronunciation of the vowels e and o and of the consonants s and z, we have avoided the use of diacritical marks in the text.

Abbreviations	*adj.*	adjective	*m.*	masculine
	adv.	adverb	*n.*	noun
	etc.	etcetera	*pl.*	plural
	f.	feminine	*pol.*	polite
	fam.	familiar	*p.p.*	past participle
	ind.	indicative	*pres.*	present
	inf.	infinitive	*sing.*	singular
	intrans.	intransitive	*trans.*	transitive

(isc) after an infinitive indicates that the verb is conjugated like capire.

REVISED SIXTH EDITION

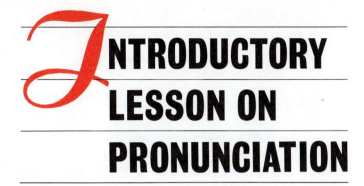

INTRODUCTORY LESSON ON PRONUNCIATION

Sounds must be heard rather than explained. It is essential, therefore, that the student listen very carefully to the pronunciation of the teacher and that he or she imitate the sounds as closely as possible.

The Italian alphabet contains twenty-one letters:

Letters	Names of the letters	Letters	Names of the letters
a	a	n	enne
b	bi	o	o
c	ci	p	pi
d	di	q	cu
e	e	r	erre
f	effe	s	esse
g	gi	t	ti
h	acca	u	u
i	i	v	vu
l	elle	z	zeta
m	emme		

The following five letters, which are found in foreign words, are called:

j	i lungo	y	ipsilon
k	cappa	w	doppia vu
x[1]	ics		

A. Vocali *(Vowels)*

Italian vowels are short, clear-cut, and are never drawn out or slurred as they often are in English. The "glide" with which English vowels frequently end should be avoided. It should be noted that a, i, u are always pronounced the same way; e and o, on the other hand, have an open and a closed sound that may vary from one part of Italy to the other.

[1]It is found in such expressions as: **ex-direttore** *(former director),* **ex-ministro** *(former minister),* etc.

The approximate English equivalents are as follows:

a is like *a* in English *ah!*

casa	*house*	antipasto	*hors d'oeuvre*
ama	*loves*	banana	*banana*
sala	*hall*	Papa	*Pope*
fama	*fame*		

e is sometimes like *e* in English *they* (without the final *i* glide).

e	*and*	beve	*drinks*
me	*me*	fede	*faith*
vede	*sees*	mele	*apples*
sete	*thirst*	pepe	*pepper*

e is sometimes like *e* in English *met*. This is open *e*.

è	*is*	lento	*slow*
bene	*well*	festa	*festival*
sẹdia	*chair*	presto	*soon*
vento	*wind*	tè	*tea*
dente	*tooth*		

i is like *i* in *machine*.

libri	*books*	bimbi	*children*
vini	*wines*	violini	*violins*
tini	*vats*	pini	*pines*

o is sometimes like *o* in English *oh!*

o	*or*	dono	*gift*
nome	*name*	solo	*alone*
posto	*place*	tondo	*round*
volo	*flight*	mondo	*world*

o is sometimes like *o* in *or*. This is the open *o*.

moda	*fashion*	toga	*toga*
no	*no*	oro	*gold*
posta	*mail*	brodo	*broth*
cosa	*thing*	trono	*throne*
rosa	*rose*	ọlio	*oil*

u is like *u* in *rule*.

luna	*moon*	fungo	*mushroom*
uno	*one*	lungo	*long*
fuga	*fugue*	mulo	*mule*
uso	*use*	tubo	*tube*
gusto	*taste*		

B. *Consonanti* (Consonants)

The consonants not listed below (b, f, m, n, v) are pronounced as in English.

c before a, o, and u is like English *k*.

casa	*house*	fico	*fig*
con	*with*	Colosseo	*Colosseum*
capo	*head*	Cupido	*Cupid*
cane	*dog*	camera	*bedroom*
caffè	*coffee*		

c before e or i is like English *ch (chest)*.

cena	*supper*	voce	*voice*
cibo	*food*	concerto	*concert*
aceto	*vinegar*	cinema	*cinema*
cipolla	*onion*	facile	*easy*

ch (found only before e or i) is like English *k*.

che	*that*	chimica	*chemistry*
perchè	*because*	fichi	*figs*
chilo	*kilo*	chi	*who*
chiuso	*closed*	anche	*also*

d is somewhat more explosive than in English, with the tongue near the tip of the upper teeth but with no aspiration.

di	*of*	data	*date*
dove	*where*	due	*two*
denaro	*money*	dodici	*twelve*
donna	*woman*	lunedì	*Monday*
moda	*fashion*	undici	*eleven*

g before a, o and u is as in English *go*.

gala	*gala*	albergo	*hotel*
gondola	*gondola*	gamba	*leg*
gusto	*taste*	fungo	*mushroom*
gonna	*skirt*	gomma	*eraser*
lungo	*long*	guanti	*gloves*
guidare	*to drive*	lingua	*tongue*

g before e or i is like English *g* in *gem*.

gelato	ice cream	ạngelo	angel
pạgina	page	gente	people
gesso	chalk	gentile	kind
gita	outing	gennạio	January

gh (found only before e or i) is like English *go*.

ghetto	ghetto	fughe	escapes
laghi	lakes	maghi	magicians

gli[1] is approximately like *-ll-* in *million*.[2]

egli	he	mẹglio	better
figli	sons	famịglia	family
mogli	wives	ạglio	garlic
fogli	sheets (of paper)	bottịglia	bottle

gn[1] is approximately like *-ny-* in *canyon*.

signora	lady	lavagna	blackboard
signore	gentleman	bagno	bath
signorina	young lady	sogno	dream
lasagne	lasagna		

h is silent.

ho	I have	hotel	hotel
ha	has	ahi!	ouch!
hanno	they have		

l is as in English, but sharper and farther forward in the mouth.

ọlio	oil	lịngua	language
sale	salt	lungo	long
melone	melon	luna	moon
scuola	school	luce	light

[1]Pay close attention to how your teacher pronounces **gli** and **gn**, for they have no real equivalent in English.

[2]In a few words, however, **gl** followed by i is pronounced as in English: **negligente** *negligent*, **glicerina** *glicerine*.

p is as in English, but without the aspiration that sometimes accompanies this sound in English.

pane	*bread*	pasta	*pastry*
pepe	*pepper*	papà	*dad*
popone	*melon*	ponte	*bridge*
pipa	*pipe*	punto	*period*
pasto	*meal*	pera	*pear*
Alpi	*Alps*	psicologo	*psychologist*

qu is always pronounced like the English *qu* in *quest*.

questo	*this*	quinto	*fifth*
quale	*which*	quarto	*fourth*
quanto	*how much*	quantità	*quantity*
quadro	*picture*	qualità	*quality*

r is different from the English *r;* it is pronounced with one flip of the tongue against the gums of the upper teeth. This is the trilled *r*.

ora	*now*	tenore	*tenor*
albergo	*hotel*	baritono	*baritone*
arte	*art*	orologio	*watch*
porta	*door*	sardina	sardine

s is sometimes like the English *s* in *house*.

casa	*house*	testa	*head*
cosa	*thing*	festa	*festival*
posta	*mail*	riso	*rice*
pasta	*dough*	stufato	*stew*
pista	*track*		

s is sometimes (but always before **b, d, g, l, m, n, r** and **v**) like the English *s* in *rose*.

rosa	*rose*	tesoro	*treasure*
frase	*phrase*	svelto	*quick*
sbaglio	*mistake*	smeraldo	*emerald*
musica	*music*	sgridare	*to scold*
susina	*plum*	sbadato	*careless*

sc before **a, o,** or **u** is like *sk* in *ask*.

ascoltare	*to listen*	scuola	*school*
pesca	*peach*	tasca	*pocket*
toscano	*Tuscan*	scaloppine	*cutlets*
scarpa	*shoe*	scultura	*sculpture*
disco	*disk*		

sc before e or i is like English *sh* in *fish*.

finisce	*finishes*	sci	*ski*
pesce	*fish*	conoscere	*to know*
scena	*scene*	scendere	*to descend*
uscita	*exit*	uscio	*door*

sch occurs only before e or i, and is pronounced like English *sk*.

pesche	*peaches*	tasche	*pockets*
dischi	*disks*	scheletro	*skeleton*
fiaschi	*flasks*	lische	*fishbones*

t is approximately like the English, but no escaping of breath accompanies it in Italian.

contento	*glad*	carta	*paper*
arte	*art*	matita	*pencil*
turista	*tourist*	antipasto	*hors d'oeuvre*
telefono	*telephone*	testa	*head*

z is sometimes voiceless, like *ts* in *bets*.

zio	*uncle*	negozio	*store*
zia	*aunt*	zuppa	*soup*
grazie	*thank you*	dizionario	*dictionary*

z is sometimes voiced, like *ds* in *beds*.

zero	*zero*	zebra	*zebra*
pranzo	*dinner*	zabaione	*(a dessert)*
gorgonzola	*(a cheese)*	zanzara	*mosquito*

NOTE When ci, gi, and sci are followed by a, o, or u, unless the accent falls on the i, the i is not pronounced. The letter i merely indicates that c, g, and sc are pronounced, respectively, like the English *ch, g* (as in *gem*), and *sh*.

arancia	*orange*	giornale	*newspaper*
ciliegia	*cherry*	ciao	*so long*
salsiccia	*sausage*	camicia	*shirt*
lasciare	*to leave*	scienza	*science*

C. Consonanti doppie *(Double consonants)*

In Italian all consonants except h can be doubled. They are pronounced much more forcefully than single consonants. With double f, l, m, n, r, s, and v, the sound is prolonged;

with double **b**, **c**, **d**, **g**, **p**, and **t**, the stop is stronger than for a single consonant. Double **z** is pronounced almost the same as single **z**. Double **s** is always unvoiced.

babbo	*dad*	fettuccine	*noodles*
evviva	*hurrah*	bistecca	*beefsteak*
mamma	*mama*	albicocca	*apricot*
bello	*beautiful*	filetto	*filet*
anno	*year*	assai	*a lot*
basso	*short*	ragazzo	*boy*
ferro	*iron*	pennello	*paint brush*
espresso	*espresso coffee*	tavolozza	*palette*
spaghetti	*spaghetti*	cavalletto	*easel*
grissini	*breadsticks*		

Most Italian words end in a vowel.

D. *Dittonghi* *(Diphthongs)*

A diphthong is the sound produced by running two vowels together in the same syllable. This occurs when unstressed **i** and **u** precede **a** or **e**.

italiano	*Italian*	fiore	*flower*
ieri	*yesterday*	buono	*good*

But there is no diphthong when **i** or **u** is stressed.

farmacia	*drugstore*	paura	*fear*
via	*street*	suo	*his*
addio	*good-bye*		

E. *Accento tonico* *(Stress)*

Usually Italian words are stressed on the next-to-the-last syllable.

amico	*friend*	signorina	*Miss*
parlare	*to speak*	studiare	*to study*
padre	*father*	telefonare	*to telephone*
nipote	*nephew*	Milano	*Milan*

Many words are stressed on the last syllable. These words always have a written accent over the last vowel.

città	*city*	venerdì	*Friday*
università	*university*	virtù	*virtue*
però	*however*	cioè	*namely*
perchè	*because*	tassì	*taxi*

Some words stress the third syllable from the last (and a few the fourth from the last). As an aid to the student, in this book such words appear with a dot under the stressed vowel.

ụtile	*useful*	tịmido	*timid*
ịsola	*island*	ạbitano	*they live*
fạcile	*easy*	Nạpoli	*Naples*
diffịcile	*difficult*	ọttimo	*excellent*

It is useful to remember that open e and o occur only in stressed syllables.

automọbile	*automobile*	nọbile	*noble*
telẹfono	*telephone*	mẹdico	*physician*

NOTE   The written accent is used with a few monosyllables in order to distinguish them from others that have the same spelling but a different meaning.

è ·	*is*	e	*and*
sì	*yes*	si	*oneself*
dà	*gives*	da	*from*
sè	*himself, herself*	se	*if*
là	*there*	la	*the, it, her*
nè	*nor*	ne	*some*

F. Apọstrofo *(Apostrophe)*

The apostrophe is generally used to indicate the dropping of the final vowel before the word that follows it.

l'amico instead of lo amico *(the friend)*
l'automọbile instead of la automọbile *(the automobile)*
un'università instead of una università *(a university)*
d'Itạlia instead of di Itạlia *(of Italy)*
dov'è instead of dove è *(where is)*

G. Sillabazione *(Syllabication)*

Italian words are divided into syllables as follows:

1. A single consonant goes with the following vowel.

ca-sa	*house*	po-si-ti-vo	*positive*

2. Double consonants are divided.

bab-bo	*dad*	ros-so	*red*
bel-lo	*beautiful*		

3. Two consonants, the first of which is l, m, n, or r, are divided.

al-ber-go	*hotel*	con-ten-to	*contented*

4. Otherwise, a combination of two consonants belongs to the following syllable.

ba-sta	*enough*	fi-glio	*son*
pa-dre	*father*	ba-gno	*bath*
so-pra	*above*		

5. The first of three consonants, except **s**, goes with the preceding syllable.

	sem-pre	*always*	fel-tro	*felt*
	mem-bro	*member*		
BUT	fi-ne-stra	*window*	pe-sche	*peaches*
	mi-ne-stra	*soup*		

6. Combinations of unstressed **i** or **u** with a vowel are not divided.

nuo-vo	*new*	mie-le	*honey*
con-tie-ne	*contains*		

H. Maiuscole (Capitals)

Many words that are capitalized in English are not capitalized in Italian. These include: the days of the week, the months of the year, proper adjectives (except when used as plural nouns), and the titles Mr., Miss, etc.

Arriva domenica   *He is arriving on* Sunday.
Il signor Neri è italiano.   *Mr. Neri is* Italian.
BUT   Gli Americani sono industriosi.   Americans *are industrious.*

Italians do not use the capital with the pronoun io *(I)* but usually capitalize the pronoun Lei *(you,* singular) and Loro *(you,* plural).

I. Segni d'interpunzione (Punctuation marks)

,	virgola	—	lineetta
.	punto	« »	virgolette
;	punto e virgola	( )	parentesi
:	due punti	[ ]	parentesi quadre
...	puntini	*	asterisco
!	punto esclamativo	´	accento acuto
?	punto interrogativo	`	accento grave
-	trattino	'	apostrofo

◼ ESERCIZI DI PRONUNCIA

A. Consonanti e la vocale **a**

banana	pala	alta	cantata	pasta
fama	sala	tanta	fanfara	basta
rana	casa	insalata	fata	madama
cava	lampada	malata	campana	aranciata
carta	patata	salata	fava	tazza
gala	banca			

B. La vocale e chiusa *(closed e)*

refe	neve	vendette	verde	benedire
rete	candele	rene	spegnere	pesce
beve	bestie	tenere	ridere	polpetta
fede	temere	vedere	sedere	
vele	pere	mele		

C. La vocale e aperta *(open e)*

gesto	bene	perdere	sedia	diligente
lesto	erba	albergo	merito	negligente
festa	perla	vento	coltello	biblioteca
tenda	gente	medico		
minestra	parente	treno		

D. La vocale i

libri	vimini	vicini	banditi	bisbigli
vini	lividi	tini	fili	infimi
diti	birilli	violini	minimi	intimi
bimbi	lini	mulini	mirtilli	
pini	simili	finiti		

E. La vocale o chiusa *(closed o)*

nome	solo	sole	pronto	torta
volo	tondo	solo	colmo	cipolla
posto	dolore	colore	moneta	pollo
dono	dove	sordo	cotone	

F. La vocale o aperta *(open o)*

modo	porta	sodo	donna	opera
posta	toga	noto	ostrica	nobile
rosa	trota	forte	carota	mobile
oro	roba	morte	flora	sogliola
brodo	coro	olio	no	

G. La vocale **u**

gusto	uso	punto	frugale	lattuga
fungo	luna	buco	culmine	granturco
lungo	futuro	unico	unto	spumante
mulo	ululato	laguna	uva	utile
busta	fulmine	nuca		

H. Le consonanti **s** e **z** sorde *(unvoiced s and z)*

sole	casa	senza	ozioso	zitto
sandalo	cosa	seno	vizio	zucchini
pista	signore	zio	nazione	spinaci
seme	posta	alzare	lezione	aragosta
suono	mese	grazie	frizione	grissino

I. Le consonanti **s** e **z** sonore *(voiced s and z)*

frase	uso	base	zeta	zotico
esame	tesoro	bronzo	donzella	azzurro
museo	visitare	garza	zabaione	mezzo
musica	dose	romanzo	zaino	gazza
rosa	vaso	zero	zanzara	manzo
sbaglio				

J. Consonanti semplici e consonanti doppie *(single and double consonants)*[1]

pala *shovel*	cadi *you fall*	tufo *tufa*	manna *manna*	sonno *sleep*
palla *ball*	caddi *I fell*	tuffo *dive*	caro *dear*	eco *echo*
pipa *pipe*	lego *I tie*	rupe *cliff*	carro *cart*	ecco here is
Pippa *(name)*	leggo *I read*	ruppe *he broke*	tuta *overalls*	cane *dog*
casa *house*	sete *thirst*	bela *bleats*	tutta *all*	canne *reeds*
cassa *box*	sette *seven*	(sheep)	copia *copy*	camino *chimney*
fiero *proud*	nono *ninth*	bella *beautiful*	coppia *couple*	cammino *I walk*
ferro *iron*	nonno *grandpa*	mano *hand*	sono *I am*	

K. Le consonanti **c, g, sc** davanti a **e** o **i** *(consonants c, g, sc before a or i)*

cenere	dodici	giù	scena	conoscere
cinema	gente	valige	lasciare	uscire
cena	giovane			

L. Le consonanti **c, g, sc** davanti a **a, o, u** *(consonants c, g, sc before a, o, u)*

carta	acuto	gala	scarpa	scuola
come	lago	laguna	ascoltare	

[1]The English meaning is given to emphasize the importance of correct pronunciation.

M. Le consonanti ch, gh, sch davanti a e o i (*consonants* ch, gh, sch *before* e *or* i)

chiave	banchi	leghe	freschi	mosche
perchè	lunghe	ghiotto	fischi	scherma
anche	laghi			

N. gn e gli

legno	ognuno	signore	meglio	foglia
Bologna	sogno	castagna	luglio	maglia
giugno	montagna	figlio	foglio	tovagliolo
ogni	insegnante	egli	aglio	sbadigliare
stagno	ingegnere	famiglia	bottiglia	sfogliare
magnolia	ragno	battaglia	quaglia	svegliare

O. Le altre consonanti *(other consonants)*

cappuccino	anche	doga	pretendere	sciare
capo	chilo	gola	quinto	liscio
cotone	chi	lungo	quercia	scena
Colosseo	chiodo	legare	quasi	scivolare
cupola	occhio	droga	antiquario	cattedra
calore	bicchiere	gente	acqua	scirocco
carne	chiesa	gelo	acquedotto	pesche
corto	chiuso	genere	quadro	lische
cucchiaio	vecchio	fagiolini	quartetto	tasche
aceto	ciao	gita	ferro	dischi
noce	camicia	gentile	errore	mosche
cenere	provincia	giù	guerra	fiaschi
cibo	cioè	ingegno	caro	teatro
cipolla	denaro	lampada	bere	velocità
bacio	donna	lampone	arido	chiacchiere
cielo	moda	tela	ruota	turista
caccia	nudo	tarantella	resto	torta
cervo	noto	harem	presto	torto
cinema	nido	ahimè	prima	tanto
cena	dove	hanno	minestra	contento
voce	adesso	pepe	toscano	distinto
buchi	dentro	pasto	scandalo	virtù
poche	dadi	pesto	scarpa	affitto
chimica	diga	papa	antichità	caffellatte
chiave	gusto	papà	scatola	lunedì
perchè	vago	pappa	pesce	venerdì
che				

P. Alcune parole analoghe *(a few cognates)*

magnolia	telegramma	cardinale	opera	lezione
volume	dottore	cattedrale	paradiso	teatro

idea	aeroplano	centro	presente	lettera
radio	pilota	cerimonia	programma	repubblica
contento	dirigibile	cioccolato	rispondere	socialismo
morale	aeroporto	tragedia	sigaretta	comunismo
generale	ammirare	commedia	tabacco	scultore
economico	arrivare	divino	medicina	pittore
musica	artificiale	dizionario	letteratura	affresco
arte	artista	eccetera	professore	felicità
danza	aspirina	esclamazione	automobile	vocabolario
televisione	angelo	frutta	bicicletta	elefante
immortale	autobus	gentile	fotografo	tigre
geografia	azzurro	grotta	aspirina	rinoceronte
filosofia	banca	impermeabile	naso	delfino
sociologia	ballo	lista	ospedale	astronauta
dramma	bravo	magnifico	limone	azalea
poeta	busto	medioevale	arancia	coccodrillo
attore	caffè	minore	oliva	

Q. Alcuni nomi geografici *(some geographic names)*

Adige	Indiano	Italia	Calabria	Parigi
Arno	Artico	Russia	Lazio	Lisbona
Po	America	Umbria	Sardegna	Atene
Tevere	Europa	Toscana	Sicilia	Irlanda
Piave	Asia	Veneto	Olanda	Alpi
Tirreno	Africa	Lombardia	Danimarca	Appennini
Adriatico	Australia	Piemonte	Svizzera	Montagne Rocciose
Mediterraneo	Canadà	Puglie	Inghilterra	Città del Vaticano
Atlantico	Spagna	Basilicata	Londra	Cina
Pacifico	Francia	Giappone	Brasile	Argentina

R. Alcuni nomi propri *(a few proper names)*

Dante	Leopardi	Montale	Leonardo	Manzù
Petrarca	Pascoli	Quasimodo	Raffaello	Galvani
Boccaccio	Carducci	Giotto	Bernini	Volta
Ariosto	Verga	Donatello	Canova	Marconi
Tasso	Pirandello	Michelangelo	Campigli	Fermi
Goldoni	Vittorini	Cellini	Malpighi	Palma
Manzoni	Moravia	Bramante	Torricelli	Vespucci

S. Alcuni nomi di persona *(a few first names)*

Anna	Laura	Carlo	Caterina	Guido
Maria	Mirella	Francesco	Piero	Edoardo
Paolo	Teresa	Carmela	Pietro	Domenico
Vincenzo	Alberto	Luciana	Cesare	Silvia
Giovanni	Gino	Luigi	Giuseppe	Rosa
Antonio	Gina	Franco	Emma	Maddalena
Luisa	Mario	Franca	Beatrice	Elena

T. Alcuni proverbi *(a few proverbs)*

Lontano dagli occhi, lontano dal cuore.   *Out of sight, out of mind.*
Dopo la pioggia viene il sereno   *After the storm, fair weather.*
Tutto il male non viene per nuocere.   *Every cloud has a silver lining.*
Volere è potere.   *Where there is a will, there is a way.*
Non c'è rosa senza spine.   *There is no rose without thorns.*
La pratica val più della grammatica.   *Practice makes perfect.*
Chi sta bene non si muova.   *If you are well where you are, do not move.*
Dio ti guardi da cattivo vicino e da principiante di violino.   *God protect you from a bad neighbor and from a student who is learning to play the violin.*
Chi va piano, va sano e va lontano.   *He who goes slowly, goes safely and goes far.*
Casa mia, casa mia, benchè piccola tu sia, tu mi sembri una badia.   *House of mine, house of mine, although you are small, to me you seem as large as an abbey. (Home, sweet home.)*

Ciao!
Mi chiamo Luisa. Come ti chiami tu?

ROMA: Primavera a Piazza di Spagna *(in alto)*

ROMA: Il Colosseo e l'Arco di Costantino *(in basso)*

ROMA: Piazza San Pietro *(in alto)*

Cappella Sistina: Il Giudizio Universale di Michelangelo *(in basso, a destra)*

ROMA: Il grande magazzino «La Rinascente» *(in basso, a sinistra)*

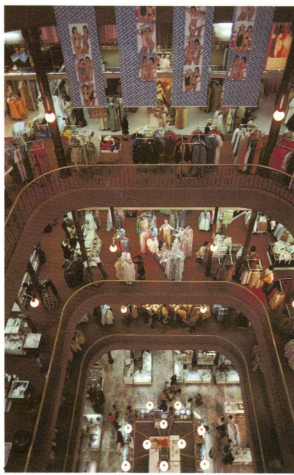

ROMA: Tempio di Vesta *(in alto)*

ROMA: Statua equestre dell'imperatore Marco Aurelio *(al centro)*

ROMA: Un ristorante a Piazza Navona *(in basso)*

Cortina d'Ampezzo *(in alto, a destra)*

Riviera di Levante: Spiaggia a Camogli *(in alto, a sinistra)*

Cartelloni pubblicitari *(in basso)*

MILANO: Centro della città *(in alto, a sinistra)*

VENEZIA: Un piccolo canale in una giornata di pioggia *(in alto, a destra)*

MILANO: La Galleria Vittorio Emanuele *(in basso)*

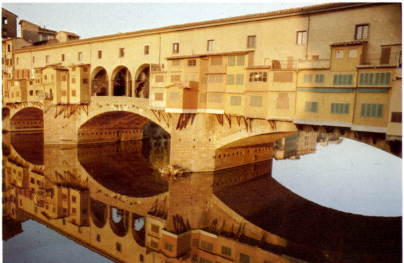

FIRENZE: Veduta da Piazzale Michelangelo *(in alto)*

FIRENZE: Ponte Vecchio e le sue botteghe *(al centro)*

FIRENZE: Paggio del calcio storico fiorentino *(in basso)*

FIRENZE: Un ponte attraverso l'Arno *(in alto)*

PISA: La Torre Pendente *(in basso, a destra)*

PERUGIA: Veduta di case in collina *(in basso, a sinistra)*

CAPRI: Barche e motoscafi *(in alto)*

PALERMO: Il chiostro della Chiesa di San Giovanni degli Eremiti *(in basso)*

INTRODUCTORY LESSON ON COMMON EXPRESSIONS

A. *Alcune espressioni comuni* (A few common expressions)

Buọn giorno.   Good morning.
Buona sera.   Good evening.
Buona notte.   Good night.
Come?   I beg your pardon?
Come stai?   How are you? *(familiar singular)*
Come sta (Lei)?   How are you? *(polite singular)*
Bene   Well
Grạzie.   Thank you.
(Sto) bene, grạzie.   I am well, thank you.
Signore, Signọr Nesi   Mister, Mr. (+ name or title)
Signora   Madam *or* Mrs.
Signorina   Miss
Scusa.   I beg your pardon. *(familiar singular)*
Scusi.   I beg your pardon. *(polite singular)*
Per favore   Please
Sì   Yes

No   No
Dove?   Where?
Prego.   You're welcome.
Come ti chiami?   What is your name? *(familiar singular)*
Come si chiama Lei?   What is your name? *(polite singular)*
Capisci?   Do you understand? *(familiar singular)*
Capisce?   Do you understand? *(polite singular)*
Sì, capisco.   Yes, I understand.
No, non capisco.   No, I do not understand.
Va bene?   Is that all right? Is that clear?
Arrivederci   Good-bye *(general form)*
Arrivederla   Good-bye *(polite singular)*
Ciao   So long, *also* hello *(general form)*

B. *Conversazione* (Conversation)

Insegnante: Buọn giorno.
Studente: Buọn giorno.
Insegnante: Mi chiamo Luisa Rossi.
Studenti: Buọn giorno, signorina Rossi.
Insegnante: Come ti chiami tu?
Insegnante: Come si chiama Lei?
Studente: Mi chiamo Alberto Nesi
Insegnante: Piacere! Come stai?

Teacher: Good morning.
Student: Good morning.
Teacher: My name is Luisa Rossi.
Students: Good morning, Miss Rossi.
Teacher: What is your name? *(familiar)*
Teacher: What is your name? *(polite)*
Student: My name is Albert Nesi.
Teacher: Glad to know you! How are you? *(familiar)*

È americana Lei, signorina?

Insegnante: Piacere! Come sta Lei?	*Teacher:* Glad to know you! How are you? (polite)
Studente: Sto bene, grạzie.	*Student:* I am well, thank you.
Insegnante: Signorina, come si chiama Lei?	*Teacher:* What is your name, Miss?
Studentessa: Mi chiamo Ẹlena Spada.	*Student:* My name is Elena Spada.
Insegnante: Piacere! Come sta?	*Teacher:* Glad to know you! How are you?
Studentessa: Bene, grạzie.	*Student:* Fine, thank you.
Insegnante: È americana Lei, signorina?	*Teacher:* Are you American, Miss Spada?
Studentessa: No, sono italiana.	*Student:* No, I am Italian.
Insegnante: Sei americano Alberto?	*Teacher:* Are you American, Albert?
Alberto: Sì, signorina, sono americano.	*Alberto:* Yes, Miss Rossi, I am American.

◼ DOMANDE (QUESTIONS)

1. È americano Alberto Nesi?
2. È italiana Ẹlena Spada?
3. Lei è italiano (italiana)?
4. Tu sei italiano (italiana)?
5. Io sono americano (americana)?
6. Come stai tu? *or* Come sta Lei?

C. *I nụmeri da uno a venti*
(Numbers from one to twenty)

1 (uno) 2 (due) 3 (tre) 4 (quattro) 5 (cịnque) 6 (sei) 7 (sette) 8 (otto) 9 (nove) 10 (dieci) 11 (ụndici) 12 (dọdici) 13 (trẹdici) 14 (quattọrdici) 15 (quịndici) 16 (sẹdici) 17 (diciassette) 18 (diciotto) 19 (diciannove) 20 (venti)

D. I giorni della settimana
(The days of the week)

lunedì   Monday
martedì   Tuesday
mercoledì   Wednesday
giovedì   Thursday
venerdì   Friday
sạbato   Saturday
domẹnica   Sunday

E. Frasi ụtili *(Useful expressions)*

Ascolta!   *Listen!* (one student, familiar)
Ascolti!   *Listen!* (one student, polite)
Ascoltate!   *Listen!* (entire class)
Ripetete!   *Repeat!* (entire class)
Ripeti!   *Repeat!* (one student, familiar)
Ripeta!   *Repeat!* (one student, polite)
Leggi!   *Read!* (one student, familiar)
Legga!   *Read!* (one student, polite)
Rispondi in italiano!   *Reply in Italian!* (one student, familiar)
Risponda in italiano!   *Reply in Italian!* (one student, polite)
Chiudete i libri!   *Close your books!* (entire class)
Aprite i libri!   *Open your books!* (entire class)
Va' alla lavagna!   *Go to the board!* (one student, familiar)
Vada alla lavagna!   *Go to the board!* (one student, polite)
Come si dice... ?   *How do you say . . . ?*
Che cosa?   *What?*
Che cosa vuọl dire... ?   *What does . . . mean?*
Che giorno è oggi?   *What day is today?*

F. Conversazione *(Conversation)*

Insegnante: Aprite i libri.
Studenti: Sụbito, signorina.
Insegnante: Maria, leggi le parole nuove.
Maria: Non capisco. Ripeta, per favore.
Insegnante: Leggi le parole nuove.
Maria: La lavagna, il gesso, il cancellino...

Insegnante: Brava, basta. Ora legga Lei, si-gnọr Rossi.
Signọr Rossi: La penna, la matita, il qua-derno.
Insegnante: Bravo. Ora ripetete tutti insieme.
Studenti: La lavagna, il gesso, il cancellino, la penna, la matita, il quaderno.
Insegnante: Bravi. Alberto, va' alla lavagna.
Alberto: Sụbito, signorina.
Insegnante: Leggi la frase.

Teacher: Open your books.
Students: At once, Miss.
Teacher: Mary, read the new words.
Mary: I don't understand. Repeat, please.
Teacher: Read the new words.
Mary: The blackboard, the chalk, the eraser . . .
Teacher: Good, that's enough. Now you read, Mr. Rossi.
Mr. Rossi: The pen, the pencil, the notebook.

Teacher: That's fine. Now, repeat all together.
Students: The blackboard, the chalk, the eraser, the pen, the pencil, the notebook.
Teacher: Fine. Albert, go to the board.
Albert: Right away.
Teacher: Read the sentence.

Alberto: Studiamo l'italiano.
Insegnante: Ora ripetete tutti insieme.
Studenti: Studiamo l'italiano.
Insegnante: Rispondete in italiano. Come si dice « Thursday » in italiano?
Studenti: Giovedì.
Insegnante: Come si dice... ? ecc.
Insegnante: Che cosa vuol dire « domenica »?
Studenti: Vuol dire « Sunday ».
Insegnante: Che giorno è oggi?
Studenti: Oggi è...
Insegnante: Ora chiudete i libri.

Albert: We are studying Italian.
Teacher: Now repeat all together.
Students: We are studying Italian.
Teacher: Answer in Italian. How do you say "Thursday" in Italian?
Students: Thursday.
Teacher: How do you say . . . ? etc.
Teacher: What does "domenica" mean?
Students: It means "Sunday."
Teacher: What day is today?
Students: Today is . . .
Teacher: Now close your books.

Sei italiana o americana?

1

STUDENTI

IL TELĘFONO

Il telęfono squilla. Graziella Maratti, la madre di Adriana Maratti, alza il ricevitore:

Signora Maratti:	Pronto?
Gianni:	Pronto. Buọn giorno, Signora Maratti.
Signora Maratti:	Buọn giorno. Chi parla?
Gianni:	Sono Gianni. Come sta?
Signora Maratti:	Ah, buọn giorno, Gianni. Io sto bene grązie, e Lei?
Gianni:	Bene, grązie. C'è Adriana?
Signora Maratti:	Sì! Un momento. *(chiama)* Adriana, Adriana! Telęfono! È Gianni!... Gianni, ecco Adriana.
Adriana:	Pronto.
Gianni:	Ciao, Adriana, come stai?
Adriana:	Non c'è male, Gianni. Buọn giorno.
Gianni:	Cosa fai? Guardi la televisione?
Adriana:	Magari! Che c'è di nuovo?
Gianni:	Non trovo le dispense per il corso di economia.
Adriana:	Le ụltime dispense?
Gianni:	Sì.
Adriana:	Hai il libro?
Gianni:	Sì, i libri sì, ma non trovo le dispense.
Adriana:	Vuoi la cọpia che ho io?
Gianni:	Sì, grązie, quando?
Adriana:	Oggi, a scuola va bene?
Gianni:	Benịssimo. Arrivederci allora.
Adriana:	Ciao.

Ecco due gettoni!
In Italia per telefonare ci sono i gettoni. Che cose ci sono in America?

1. Quando alza il ricevitore la signora Maratti?
2. Chi parla quando squilla il telefono?
3. Chi è Adriana Maratti?
4. Come sta Gianni?
5. Chi chiama la signora Maratti?
6. C'è Adriana?
7. Come sta Adriana?
8. Gianni ha il libro o le dispense?

Apparecchio telefonico pubblico

■ VOCABOLARIO (VOCABULARY)

Sostantivi (Nouns)

   Adriana   *(f.)* first name
la copia   copy
il corso   course
le dispense   class notes
l' economia   economics
   Gianni   John, Johnny
   Graziella   *(f.)* first name
il gettone   token *(needed in Italy to use the public telephone)*
il libro   book
la madre   mother
il ricevitore   receiver
la scuola   school
la Signora   madam, Mrs.
il telefono   telephone

Aggettivi (Adjectives)

ultime *(f. pl.)*   last

Pronomi (Pronouns)

io   I
Lei   you *(sing. pol.)*

Verbi (Verbs)

alza   lifts
chiama   calls
è   is
ha   has
hai   you have *(sing. fam.)*
ho   I have
non trovo   I can't find
sono   I am
squilla   rings
vuoi   you want *(sing. fam.)*

Altri vocaboli (Other words)

allora   then
bene   well
che   that
chi?   who? whom?
di   of
e   and
ma   but
oggi   today
per   for
pronto   hello *(on telephone)*
quando   when
sì   yes

Espressioni (Expressions)

arrivederci   good-bye *(familiar)*
benissimo   very well
buon giorno   good morning; good day
c'è Adriana?   is Adriana there?
che c'è di nuovo?   what's new?
chi parla?   who's speaking?
ciao   hello, hi, good-bye *(familiar)*
come sta?   how are you? *(polite)*; how is?
come stai?   how are you? *(familiar)*
cosa fai?   what are you doing?
è Gianni!   it's Gianni!
grazie   thank you, thanks
guardi la televisione?   are you watching television?
magari!   don't I wish!
non c'è male   not bad
sto bene   I am well
un momento   just a moment
va bene?   is that all right?

Ciao Gianni, come stai?

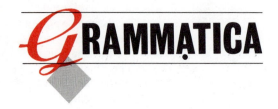

GRAMMATICA

I. Genere *(Gender)*

In Italian all nouns are either masculine or feminine in gender. A singular noun that ends in -o is generally masculine.

libro	*book*	ragazzo	*boy*
zio	*uncle*	inchiostro	*ink*
giorno	*day*	quaderno	*notebook*
corso	*course*	maestro	*teacher*

A singular noun that ends in -a is generally feminine.

casa	*house*	maestra	*teacher*
zia	*aunt*	lettura	*reading*
penna	*pen*	ragazza	*girl*
donna	*woman*	ora	*hour*

Some nouns that end in -e in the singular are masculine, while others are feminine. The gender of nouns that end in -e must be memorized on the first occurrence.

professore *m.*	*professor*
nome *m.*	*name*
esame *m.*	*examination*
cane *m.*	*dog*
insegnante *m. & f.*	*teacher*
automobile *f.*	*automobile*
notte *f.*	*night*
lezione *f.*	*lesson*
arte *f.*	*art*

It is useful to remember that nouns ending in -ione are feminine (**nazione** *nation;* **opinione** *opinion;* **televisione** *television*), and that nouns ending in -ore are masculine (**attore** *actor;* **autore** *author;* **professore** *professor*).

II. Singolare e plurale dei nomi *(Singular and plural of nouns)*

To form the plural, change the final -o or -e of the singular to -i, and the final -a to -e.

libro, libri	*book, books*
casa, case	*house, houses*
professore, professori	*professor, professors*
ragazzo, ragazzi	*boy, boys*
scuola, scuole	*school, schools*
automọbile, automọbili	*automobile, automobiles*

III. L'artịcolo determinativo *(The definite article)*

Maschile (Masculine)

The noun begins with		The singular definite article is	The plural definite article is
1. a vowel		l'	gli
2. z, or s plus a consonant		lo	gli
3. any other consonants		il	i
(1) l'anno	*the year*	gli anni	*the years*
l'errore	*the error*	gli errori	*the errors*
(2) lo zio	*the uncle*	gli zii	*the uncles*
lo stato	*the state*	gli stati	*the states*
(3) il libro	*the book*	i libri	*the books*
il maestro	*the teacher*	i maestri	*the teachers*
il saluto	*the greeting*	i saluti	*the greetings*

Femminile (Feminine)

The noun begins with		The singular definite article is	The plural definite article is
1. a vowel		l'	le
2. a consonant		la	le
(1) l'automọbile	*the auto-mobile*	le automọbili	*the automo-biles*
l'ora	*the hour*	le ore	*the hours*
(2) la casa	*the house*	le case	*the houses*
la frase	*the phrase*	le frasi	*the phrases*

NOTE 1 le may become l' before a noun beginning with e: le entrate *(entrances)* may become l'entrate.

NOTE 2 gli may become gl' before a noun beginning with i: gli inverni *(winters)* may become gl'inverni.

IV. Uso dell'artịcolo determinativo *(Use of the definite article)*

The definite article is repeated before each noun.

I ragazzi e le ragazze.   The *boys and girls.*

V. Le forme interrogative Chi? Che? Che cosa? Cosa? *(The interrogative forms* Chi? Che? Che cosa? Cosa?*)*

Chi?   *Who? Whom?*
Che?
Che cosa?   *What?*
Cosa?

These forms are invariable.

Chi parla?   Who *is speaking?*
Con chi parlo?   *With* whom *am I speaking?*
Che *(or* Che cosa *or* Cosa*)* studi?   *What are you studying?*

VI. C'è, ci sono

C'è means *there is,* and ci sono means *there are:* they are used to indicate where somebody or something is located.

C'è il telęfono a casa di Adriana?   *Is there a telephone at Adriana's house?*
A casa di Gianni ci **sono** due telęfoni.   *At John's house* **there are two telephones.**

C'è... ? in a question can mean also *Is . . . home? Is . . . in?*

C'è Gianni?   *Is John in?*

VII. Ecco

On the other hand, when showing, pointing, or directing attention to something or someone, the English *here is, here are, there is, there are* are translated by the single word ecco.

Ecco Adriana.   *Here is (There is) Adriana.*
Ecco Adriana e Gianni.   *Here are (There are) Adriana and John.*

ESERCIZI

A. Mettere i seguenti nomi maschili al plurale. *(Change the following masculine nouns to the plural.)*

1. quaderno
2. albero
3. esame
4. studente
5. ragazzo

6. gettone
7. signore
8. pronome
9. zio
10. saluto

B. Mettere i seguenti nomi femminili al plurale. *(Change the following feminine nouns to the plural.)*

1. *le* economia   6. *le* scuola
2. *le* professoressa   7. *le* opinione
3. *le* frase   8. *le* notte
4. *le* pizza   9. *le* mamma
5. *le* lezione   10. *gli* isola

C. Mettere i seguenti nomi al plurale, usando numeri dal due al venti. *(Change the following nouns to the plural, using any numbers from two to twenty.)*

ESEMPI   penna   ⟶   quattro penne
            corso   ⟶   due corsi

1. zia *tre le zia*   6. ricevitore *due*   11. esame
2. ragazzo *due i ragazzo*   7. copia   12. momento
3. automobile *tre automobili*   8. dispensa   13. ora
4. giorno *due i giorno*   9. professore   14. scuola
5. zio *sette gli zio*   10. lezione   15. cane

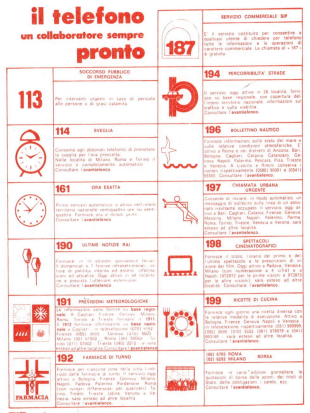

Il telefono è utile per molte cose.

D. Mettere l'articolo determinativo davanti ai seguenti nomi maschili singolari. *(Put the definite article before the following masculine singular nouns.)*

1. ___Lo___ soggetto
2. ___L___ errore
3. ___il___ numero
4. ___L___ inchiostro
5. ___Lo___ studente

6. ___il___ presidente
7. ___il___ nipote
8. ___Lo___ zucchero
9. ___L___ orso
10. ___Lo___ stato

E. Mettere l'articolo determinativo davanti ai seguenti nomi femminili singolari. *(Put the definite article before the following feminine singular nouns.)*

1. ___LA___ consonante
2. ___L___ entrata
3. ___LA___ pagina
4. ___LA___ classe
5. ___LA___ preposizione

6. ___LA___ casa
7. ___L___ uva
8. ___LA___ fantasia
9. ___L___ immaginazione
10. ___LA___ scuola

F. Mettere l'articolo determinativo davanti ai seguenti nomi maschili plurali. *(Put the definite article before the following masculine plural nouns.)*

1. ___GLI___ anni
2. ___I___ pronomi
3. ___I___ numeri
4. ___GLI___ esercizi
5. ___GLI___ salami

6. ___I___ ponti
7. ___GLI___ spaghetti
8. ___I___ nomi
9. ___GLI___ Indiani
10. ___GLI___ Anglosassoni

G. Mettere l'articolo determinativo davanti ai seguenti nomi femminili plurali. *(Put the definite article before the following feminine plural nouns.)*

1. ___Le___ professoresse
2. ___Le___ accuse
3. ___Le___ vocali

4. ___Le___ isole
5. ___le___ Americane

H. Volgere il complemento oggetto delle frasi seguenti al singolare. Osservare l'esempio. *(Following the example, change the direct object of each sentence to the singular.)*

ESEMPIO   Non trovo le copie.   ⟶   Non trovo la copia.
I CANT FIND
1. Non trovo le case.   La CASA
2. Non trovo i professori.   Professore
3. Non trovo le automobili.   l'AuTomobili
4. Non trovo gli esami.   L'esAmi
5. Non trovo le Italiane.   I iTALIAne

6. Non trovo gli errori.
7. Non trovo i ragazzi e le ragazze.
8. Non trovo gl'Italiani.
9. Non trovo le zie.
10. Non trovo gli zii.

I. Applicare l'espressione Ecco... ai seguenti nomi. Usare l'articolo determinativo quando necessario. *(Apply the expression Ecco... to the following nouns. Use the definite article when necessary.)*

ESEMPIO   telefono   ⟶   Ecco il telefono.

1. automobile
2. dispense di economia
3. Adriana

4. scuola
5. copie
6. Gianni

J. Usando C'è... o Ci sono... formare nuove risposte alla domanda seguente. *(Using C'è . . . or Ci sono . . . , formulate new answers for the following question.)*

Chi c'è oggi a scuola?

ESEMPIO   i ragazzi e le ragazze   ⟶   Ci sono i ragazzi e le ragazze.

1. il maestro
2. i professori
3. gl'insegnanti

4. Adriana
5. Adriana e Gianni

■ DOMANDE

Facendo riferimento al dialogo, rispondere alle domande seguenti. *(Referring to the dialogue, answer the following questions.)*

1. Chi ha il telefono?
2. Chi non trova le dispense?
3. Con chi parla la signora Maratti?
4. Chi alza il ricevitore?
5. Che cosa non trova Gianni?
6. Chi ha i libri ma non le dispense?

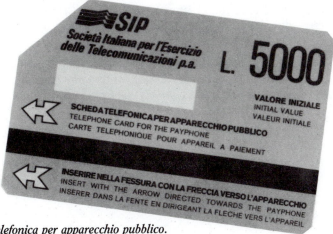

Scheda telefonica per apparecchio pubblico.
Quando si usa la scheda telefonica in Italia?

2 IL PRIMO GIORNO
DI SCUOLA

È il primo giorno di scuola per gli studenti universitari. Adriana e Gianni arrivano a scuola e incontrano due studenti.

Adriana: Buon giorno, Franco. Come va?
Franco: *(vede Adriana)* Guarda chi si vede! Ciao Adriana, come stai?
Adriana: Benissimo.
Gianni: Ciao Franco. Anche tu hai lezione ora? Franco, perchè non rispondi?
Franco: Cosa?
Gianni: Hai lezione ora?
Franco: Sì, matematica purtroppo.
Adriana: Perchè purtroppo?
Franco: Perchè oggi è il primo giorno di scuola e perchè la matematica e io non andiamo d'accordo.
Adriana: Peccato. Ah... ecco Anna! Franco, Gianni, conoscete Anna?
Franco: No, non conosco Anna.
Anna: Mi chiamo Anna Silvani, sono studentessa di primo anno.
Franco: Piacere! Io sono Franco Venturi e lui è Gianni Spinola. Io studio filosofia e lui studia il meno possibile!
Gianni: Lei che studia, signorina?
Anna: Medicina.

Mentre i ragazzi e le ragazze continuano a parlare, i professori arrivano e le lezioni cominciano.

■ DOMANDE

1. Per chi è il primo giorno di scuola?
2. Quando incontrano due studenti Adriana e Gianni?
3. Con chi parla Adriana?
4. Come sta Adriana?

5. Ha lezione di filosofia Franco?
6. Chi è Anna Silvani?
7. Chi studia filosofia?
8. Studia anche Gianni Spinola?
9. Conosce Anna, Franco?
10. Quando cominciano le lezioni?

UNIVERSITÀ
per
STRANIERI
"DANTE ALIGHIERI

C O R S I
Anno Accademico 1986

REGGIO CALABRIA
Via Mortara di Pellaro, 41

I CORSI

CORSO PREPARATORIO
CORSO MEDIO
CORSO SUPERIORE
CORSI STRAORDINARI EST

I CORSI PREPARATORIO E M
lunedì di gennaio, aprile, luglio,
Hanno la durata di un trimestre
20 ore settimanali d'insegname
Ogni corso si conclude con esar
Viene rilasciato o un attestato d
(per chi ha sostenuto il relativo

CORSO SUPERIORE
dal 1° luglio al 2 agosto
«Lettura di Poeti del Novecento:
20 ore settimanali di insegnam

dal 18 agosto al 13 settembre
«Archeologia in Calabria» (con
20 ore settimanali di insegname
Il corso si conclude con un esar
Viene rilasciato un attestato di

CORSI STRAORDINARI EST
dal 1° luglio al 2 agosto
dal 18 agosto al 13 settembre
a) corso preparatorio
b) corso medio.
20 ore settimanali di insegname
Viene rilasciato un attestato di

IL PROGRAMMA

CORSO PREPARATORIO
Durata trimestrale
20 ore settimanali
Numero massimo di studenti ammessi: 15

Consente una rapida acquisizione degli elementi fondamentali
della lingua italiana.

È diviso in tre livelli:

I Livello:
Lingua italiana I (morfologia)
Fonetica pratica
Esercitazione in lingua
Conversazione I

II Livello:
Lingua italiana II (sintassi della proposizione)
Esercitazioni scritte
Conversazione II
Letture poetiche

III Livello:
Lingua italiana III (sintassi del periodo)
Conversazione III
Esercitazioni scritte
Civiltà e cultura italiana

Il livello di preparazione viene accertato mediante un
questionario all'inizio del Corso.

CORSO MEDIO
Durata trimestrale
20 ore settimanali
Numero massimo di studenti ammessi: 15

Offre una sicura conoscenza della lingua italiana sia parlata che
scritta, svolge argomenti di letteratura italiana, con specifiche
letture di Poeti, congiunti ad argomenti di storia italiana,
soprattutto degli ultimi cento anni.

Corsi nell'Università per Stranieri «Dante Alighieri».
Quando comincia il corso superiore?

2   *Il primo giorno di scuola*

■ VOCABOLARIO

Sostantivi

Anna   Ann
l' **anno**   year
la **filosofia**   philosophy
Franco   Frank
il **giorno**   day
la **lezione**   lesson, class
la **matematica**   mathematics
la **medicina**   medicine
il **professore**   professor
la **ragazza**   girl
il **ragazzo**   boy
lo **studente**   student
la **studentessa**   (girl) student

Aggettivi

altri *(pl.)*   other
primo   first
universitario   of the university

Verbi

arrivare   to arrive
cominciare   to begin
conoscere   to be acquainted with
continuare   to continue
incontrare   to meet
parlare   to speak
rispondere   to answer
studiare   to study
vedere   to see

Altri vocaboli

a   to, at
anche   also, too
ecco   here is, here are
mentre   while
ora   now
perchè   why, because
purtroppo   unfortunately

Espressioni

come va?   how is it going?
guarda chi si vede!   look who's here!
hai lezione   you have a class
il meno possibile   as little as possible
mi chiamo   my name is
non andiamo d'accordo   we don't get along
peccato!   too bad!
piacere!   it's a pleasure (to know you), how do you do!

GRAMMATICA

I. Pronomi personali in funzione di soggetto *(Subject pronouns)*

Singolare *(Singular)*		*Plurale* *(Plural)*	
io	*I*	noi	*we*
tu	*you* (familiar)	voi	*you* (familiar)
lui (egli)	*he*	loro (essi)	*they* (m.)
(esso)		loro (esse)	*they* (f.)
lei (ella)	*she*	Loro	*you* (polite)
(essa)			
Lei	*you* (polite)		

In modern Italian *he, she,* and *they* are usually expressed by **lui, lei,** and **loro,** respectively. **Egli, ella, essi,** and **esse** are used more in written Italian than in the spoken language. **Esso** and **essa** are seldom used.

Since the personal endings of verb forms indicate person and number of a tense, the subject pronouns may be omitted in Italian except when necessary: (1) for clarity, (2) when modified by **anche** *also,* or (3) when emphasis or contrast is desired. In the case of *it* and *they* referring to things, they are almost never used in Italian, and these English pronouns need not be translated.

II. Coniugazione dei verbi
(Conjugation of verbs)

Italian verbs fall into three conjugations according to the ending of the infinitive: (1) -are, (2) -ere, (3) -ire. The stem of regular verbs is obtained by dropping the infinitive ending:

	Stem	*Ending*
parlare	parl-	are
ripetere	ripet-	ere
capire	cap-	ire

Verbs are conjugated in the various persons, numbers, and tenses by adding the proper ending to the stem.

III. *Presente indicativo della prima coniugazione* (Present indicative of the first conjugation)

Parlare   *to speak*

Singolare	(io) **parl-o** italiano	*I speak, am speaking, do speak Italian*
	(tu) **parl-i** italiano	*you (familiar) speak, are speaking, do speak Italian*
	(lui, lei, Lei) **parl-a** italiano	*he, she, it speaks, is speaking, does speak Italian* *you (polite) speak, are speaking, do speak Italian*
Plurale	(noi) **parl-iamo** italiano	*we speak, are speaking, do speak Italian*
	(voi) **parl-ate** italiano	*you (familiar) speak, are speaking, do speak Italian*
	(loro, Loro) **parl-ano** italiano	*they speak, are speaking, do speak Italian* *you (polite) speak, are speaking, do speak Italian*

Here are some verbs conjugated like **parlare**:

abitare	*to live, to dwell*	entrare	*to enter*
ascoltare	*to listen to (preposition not translated in Italian)*	guardare	*to look at (preposition not translated in Italian)*
aspettare	*to wait for (preposition not translated in Italian)*	insegnare	*to teach*
		ritornare	*to return*
		telefonare	*to telephone*
		trovare	*to find*
chiamare	*to call*		

a. It is important to note that the Italian present tense is translated by three tenses in English (see conjugation of **parlare** above).

b. Verbs like **cominciare** *to begin,* **mangiare** *to eat,* and **studiare** *to study,* whose stems end in -i, have only one i in the second person singular and first person plural: **cominci, mangi, studi; cominciamo, mangiamo, studiamo.**

   Keep in mind that in verbs like **cominciare** and **mangiare,** the i before the ending is not sounded separately; it merely indicates that the ci and gi combinations are pronounced like *ch* and *j,* respectively, in English.

c. Verbs like **cercare** *to look for* and **pagare** *to pay* add an **h** before personal endings beginning with an **i** (second person singular and first person plural): **cerchi, paghi; cerchiamo, paghiamo.**

IV. *Presente indicativo della seconda coniugazione* (*Present indicative of the second conjugation*)

Ripẹtere to repeat

Singolare	(io) **ripet-o** la domanda	*I repeat, am repeating, do repeat the question*
	(tu) **ripet-i** la domanda	*you* (familiar) *repeat, are repeating, do repeat the question*
	(lui, lei, Lei) **ripet-e** la domanda	*he, she, it repeats, is repeating, does repeat the question* *you* (polite) *repeat, are repeating, do repeat the question*
Plurale	(noi) **ripet-iamo** la domanda	*we repeat, are repeating, do repeat the question*
	(voi) **ripet-ete** la domanda	*you* (familiar) *repeat, are repeating, do repeat the question*
	(loro, Loro) **ripẹt-ono** la domanda	*they repeat, are repeating, do repeat the question* *you* (polite) *repeat, are repeating, do repeat the question*

Here are some of the verbs conjugated like **ripẹtere:**

chiụdere	*to close*	rispọndere	*to answer*
lẹggere	*to read*	scrịvere	*to write*
prẹndere	*to take*	vedere	*to see*

104

V. *Frasi interrogative* (*Interrogative sentences*)

A question in Italian may be formed: (1) by placing the subject at the end of the sentence if the question is not long; (2) by using the declarative word order and inflecting the voice.

Parla italiano **Carlo?**
Carlo parla italiano? *Does Charles speak Italian?*
Dove ạbita **Maria?** *Where does Mary live?*
Quando arriva il **professore?** *When does the professor arrive?*
Stụdia con Gianni **Maria?** *Does Mary study with John?*

NOTE The verb *to do* when used as an auxiliary is not translated in Italian.

VI. *Forme di cortesia* (Forms of address)

Tu and its plural form **voi** are used in addressing members of the family, peers, children, close friends, and animals. In all other cases **Lei** and its plural **Loro** are used. In this text, **Lei** and **Loro** are capitalized to distinguish them from lei, *she,* and loro, *they.* Note that Lei and Loro always take, respectively, the third person singular and the third person plural of the verb.

Ascolti, zio?   *Are you listening, uncle?*
Ascolti, Luisa?   *Are you listening, Louise?*
Ascoltate, ragazzi?   *Are you listening, boys?*
Ascolta Lei, signorina Rossi?   *Are you listening, Miss Rossi?*
Ascoltano Loro, signorine?   *Are you listening, young ladies?*

VII. *Negazione* (Negation)

A sentence is made negative by placing **non** *not* before the verb.

Io scrivo.   *I write.*
Io **non** scrivo.   *I do not write.*

ESERCIZI

A. Inserire la forma appropriata del pronome soggetto. *(Fill in the correct form of the subject pronoun.)*

1. _____ arrivano a scuola.
2. Anche _____ arrivi a scuola.
3. _____ alziamo il ricevitore.
4. Perchè _____ continuate a parlare?
5. _____ non trova le dispense.
6. Anche _____ studiano il meno possibile.
7. _____ incontro Franco e Anna e __noi__ cominciamo a parlare.
8. _____ parla e anche _____ parlo.
9. _____ cerchi le dispense.
10. __noi__ paghiamo.

B. Sostituire il soggetto con quelli fra parentesi e riscrivere le frasi facendo i cambiamenti necessari. *(Replace the subjects with those in parentheses and rewrite the sentences making the necessary changes.)*

ESEMPIO   Alzo il ricevitore. (noi)   ⟶   Alziamo il ricevitore.

1. Studiano matematica.
   (tu / Franco e Adriana / voi / Gianni)

2. Incontriamo due studenti.
   (lui / tu e Franco / io e Adriana / i professori)
3. Oggi pago io.
   (voi / noi / le ragazze / tu)
4. Quando studio non mangio.
   (loro / noi due / tu e Anna / Anna / tu)

C. Completare le forme verbali e leggere le frasi ad alta voce. *(Add the appropriate endings and read the sentences aloud.)*

1. Gianni non trov_____ le dispense.
2. La lezione cominci_____.
3. Le lezioni continu_____.
4. La signora alz_____ il ricevitore e noi cominci_____ a parlare.
5. Altri studenti arriv_____ e io continu_____ a parlare.
6. Gianni e Anna incontr_____ tre studenti universitari.
7. Tu pag_____ perchè loro non pag_____.
8. Io e Gianni cerc_____ le dispense di medicina.
9. Lui e Anna cominci_____ a parlare.
10. Tu e io incontr_____ il professore.

D. Sostituire il soggetto con quelli fra parentesi e riscrivere le frasi facendo i cambiamenti necessari. *(Replace the subjects with those in parentheses and rewrite the sentences, making the necessary changes.)*

ESEMPIO   Non vedo Gianni. (lui)   ⟶   Non vede Gianni.

1. Perchè non rispondi?
   (loro / tu e Anna / lo studente di primo anno)
2. Conoscete il professore?
   (tu / loro / Adriana / tu e lui / noi)
3. Che cosa legge Franco?
   (Anna Silvani / noi / gli studenti universitari / io / tu e Graziella)

E. Completare le forme verbali e leggere le frasi ad alta voce. *(Add the appropriate endings and read the sentences aloud.)*

1. Io non conosc_____ la signora Maratti.
2. Tu cominc_____ a parlare e gli studenti ripet_____.
3. Oggi pag_____ noi!
4. Anna e Franco conosc_____ il professore.
5. Mentre noi ascolt_____ voi ripet_____.
6. Io e Gianni conosc_____ due studentesse di primo anno.
7. Chi conosc_____ Anna?
8. Che cosa pag_____ voi?
9. Gianni, conosc_____ Franco Venturi?
10. Il professore arriv_____, cerc_____ le dispense, e legg_____ le frasi.

F. Dare enfasi al soggetto di ciascuna frase aggiungendo il pronome soggetto appropriato. *(Emphasize the subject of each sentence by adding the appropriate subject pronoun.)*

ESEMPIO   Non paghi.   ⟶   Tu non paghi.

1. Non conoscono Anna.
2. Cerchiamo le dispense.
3. Conosco le studentesse di primo anno.
4. Ascoltano il meno possibile.
5. Perchè continui a parlare?
6. Legge le dispense di medicina.

G. Cambiare le forme verbali seguendo le indicazioni dell'esempio e leggere le due frasi ad alta voce. *(Change the verbs as indicated in the example and read both sentences aloud.)*

ESEMPIO   Aspettiamo Gianni.   ⟶   Loro purtroppo non aspettano Gianni.

1. Ripetiamo i verbi.
2. Studiamo il presente indicativo.
3. Paghiamo le dispense.
4. Conosciamo la signora Maratti.
5. Continuiamo a studiare.
6. Leggiamo la lezione di filosofia.
7. Ascoltiamo la domanda e cerchiamo la risposta.
8. Mangiamo gli spinaci.

RIELABORAZIONE

Dare l'equivalente italiano delle seguenti frasi. *(Give the Italian equivalent of the following sentences.)*

1. Good morning, Mrs. Bellonci, how are you?
2. This is Gianni. Who's speaking?
3. It's the first day of school for Adriana and Gianni.
4. The professor speaks as little as possible.
5. What do you *(sing. fam.)* study, Adriana?
6. The professors arrive and look for the books.
7. I know fifteen students.
8. We know five university students.

Using vocabulary, phraseology, and patterns learned so far, complete the missing lines in the following dialogue. *E il primo giorno di scuola per tre studenti.*

Marisa: _____

Roberto: Oh, ciao Marisa. Benissimo, grazie, e tu?

Marisa: _____

Roberto: Piacere, Franco. Che cosa studi?

Franco: _____

Roberto: Anch'io studio matematica, ma la filosofia e io non andiamo d'accordo.

Franco: _____

Roberto: No, purtroppo non ho le dispense.

Marisa (vede il professore): _____

I tre studenti: Buon giorno professore!

Milano.
Il primo giorno di scuola gli studenti universitari si incontrano e parlano.

3 UNA CONVERSAZIONE ALLA MENSA UNIVERSITARIA

Gli studenti italiani come gli studenti americani, o come gli studenti di tutti i paesi, hanno sempre poco denaro. La mensa universitaria è popolare perchè i prezzi sono modici. È mezzogiorno e un gruppo di studenti occupa una tavola.

Bruno: Cosa mangi tu? Che c'è di buono oggi?

Franco: C'è minestra, carne, pesce e verdura. Io non mangio perchè non ho fame.

Gianni: Raccomando il pesce; è buono. Anche la minestra è buona.

Bruno: Io prendo carne e verdura.

Adriana: Allora domani partenza, eh?

Bruno: Sì, domani a mezzogiorno.

Perche è sempre popolare la mensa universitaria?

Franco:	Dove vai?
Bruno:	A un congresso di studenti universitari.
Gianni:	Dove? A Roma?
Bruno:	No, a Venẹzia.
Adriana:	Fortunato te! Vai solo?
Bruno:	No, con altri tre studenti. Siamo tre italiani e una ragazza americana.
Franco:	Buọn viạggio e buọn divertimento.
Bruno:	Grạzie. E ora ciao.
Gianni:	Perchè? Hai fretta?
Bruno:	Sì, purtroppo ho lezione.

▮ DOMANDE

1. Perchè è popolare la mensa universitạria?
2. Chi ọccupa una tạvola?
3. Cosa mạngia Franco? Perchè?
4. Perchè raccomanda il pesce Gianni?
5. Che cosa prende Bruno?
6. Che c'è a Venẹzia?
7. Chi è fortunato?
8. Perchè ha fretta Bruno?
9. Lei è americana, signorina?
10. Lei che cosa mạngia a mezzogiorno?

Cosa mangi? Che c'è di buono oggi?

◼ VOCABOLARIO

Sostantivi

Bruno   first name
la **carne**   meat
il **congresso**   convention
la **conversazione**   conversation
il **denaro**   money
il **gruppo**   group
la **minestra**   soup
il **paese**   country
la **partenza**   departure
il **pesce**   fish
il **prezzo**   price
Roma   Rome
la **tavola**   table
Venezia   Venice
la **verdura**   vegetables

Aggettivi

altro   other
americano   American
italiano   Italian
modico   moderate
popolare   popular
solo   alone
tutto   all

Verbi

mangiare   to eat
occupare   to occupy
raccomandare (di)   to recommend
vai   you go *(sing. fam.)*

Altri vocaboli

come   like, as; how
con   with
domani   tomorrow
dove   where; **dov'è?**   where is?   **dove sono?**
where are?
mezzogiorno   noon; **a mezzogiorno**   at noon
niente   nothing
o   or
poco   little
sempre   always

Espressioni

buon viaggio   have a good trip
buon divertimento   have a good time
che c'è di buono?   what's good?
fortunato te!   lucky you!
hai fretta?   are you in a hurry?
la mensa universitaria   student cafeteria
non ho fame   I am not hungry

*In una mensa universitaria all'Università di Pavia.
Chi occupa la tavola?*

GRAMMATICA

I. *L'articolo indeterminativo* *(The indefinite article)*

The English indefinite article *a* or *an* is translated into Italian by **un**, **uno** in the masculine and **una**, **un'** in the feminine.

Maschile: un e uno

un amico	*a friend*	uno studente	*a student*
un quaderno	*a notebook*	uno zio	*an uncle*
un giorno	*a day*		

The usual masculine form is **un**. **Uno** is used before a masculine word which begins with a *z* or an *s* followed by a consonant.

Femminile: una e un'

una casa	*a house*
una stanza	*a room*
un'amica	*a friend*

The feminine form **una** becomes **un'** before a word that begins with a vowel.

II. *L'aggettivo* *(The adjective)*

1. Form and agreement

The adjective is a word that qualifies a noun; for example, a *good* boy. In Italian an adjective agrees in gender and number with the noun it modifies. In Italian there are two groups of adjectives: those ending in -o and those ending in -e.

Adjectives ending in -o in the masculine singular have four forms:

	Maschile	Femminile
Singolare	-o	-a
Plurale	-i	-e

il libro italiano	*the Italian book*
i libri italiani	*the Italian books*
la signora italiana	*the Italian lady*
le signore italiane	*the Italian ladies*
il primo giorno	*the first day*
i primi giorni	*the first days*
la studentessa universitaria	*the (girl) university student*
le studentesse universitarie	*the (girl) university students*

If an adjective ends in -io, the o is dropped to form the plural.[1]

l'abito vecchio	*the old suit*
gli abiti vecchi	*the old suits*
il ragazzo serio	*the serious boy*
i ragazzi seri	*the serious boys*

Bob è americano. *Bob is American.*
Adriana è italiana. *Adriana is Italian.*
Bob e Don sono americani. *Bob and Don are American.*
Adriana e Maria sono italiane. *Adriana and Maria are Italian.*

Adjectives ending in -e are the same for the masculine and the feminine singular. In the plural the -e changes to -i.

il ragazzo francese	*the French boy*
i ragazzi francesi	*the French boys*
la ragazza francese	*the French girl*
le ragazze francesi	*the French girls*

An adjective modifying two nouns of different gender is masculine.

le madri e i padri **italiani**	*the **Italian** mothers and fathers*

[1]This is generally true also of nouns in -io.
il dizionario *the dictionary*
i dizionari *the dictionaries*

2. Position of adjectives

a. Adjectives generally follow the noun *(see examples above also)*.

la lingua italiana	*the **Italian** language*
il dizionario rosso	*the **red** dictionary*
la ragazza intelligente	*the **intelligent** girl*

NOTE   Other common adjectives denoting color, besides **rosso**, are: **giallo** *yellow;* **bianco** *white;* **verde** *green;* **nero** *black;* and **azzurro** *(light) blue.*

una cravatta verde	*a green tie*
una moto gialla	*a yellow motorcycle*

However, adjectives of color that derive from nouns are invariable.

i guanti limone	*the lemon-colored gloves*
un fazzoletto rosa	*a pink handkerchief*

Also **blu,** *blue,* which is monosyllabic, is invariable.

La giacca e i pantaloni blu.   *The blue coat and slacks.*

Dopo la lezione, dove vanno le studentesse?

b. Certain common adjectives, however, generally come before the noun. Here are the most common:

bello	*beautiful*	grande	*large, great*
bravo	*good, able*	lungo	*long*
brutto	*ugly*	nuovo	*new*
buono	*good*	piccolo	*small, little*
caro	*dear*	stesso	*same*
cattivo	*bad*	vecchio	*old*
giovane	*young*	vero	*true*

una bella ragazza	*a beautiful girl*
un piccolo dizionario	*a small dictionary*
un caro amico	*a dear friend*

But even these adjectives must follow the noun for emphasis or contrast, and when modified by an adverb.

Oggi non porta l'abito vecchio, porta un abito nuovo. *Today he is not wearing the old suit, he is wearing a new suit.*
Anna è una ragazza molto bella. *Ann is a very beautiful girl.*

It should also be noted that when vero follows the noun it means *true, actual.*

È un vero amico. *He is a real (faithful) friend.*
È una storia vera. *It is a true (actual) story.*

III. *L'aggettivo* buono *(The adjective* buono*)*

Buono, which is regular in the plural (buoni, buone), has these forms in the singular: buon', buona, buon, buono. They are used like the indefinite article un, una, un', uno.

È un buon libro. *It is a good book.*
Questa è una buona macchina. *This is a good car.*
Una buon'insalata. *A good salad.*
È un buono zio. *He is a good uncle.*

IV. *Forme dell'articolo (Forms of the article)*

As we know, the noun determines the number and gender of the article. However, since there are several articles for each gender, the word that immediately follows the article, be it a noun or an adjective, controls the choice for phonetic reasons. (Compare the English: *An elephant,* but *a large elephant.*)

uno zio	*an uncle*
un giovane zio	*a young uncle*
gli studenti	*the students*
i nuovi studenti	*the new students*

V. Presente indicativo di avere e essere
(Present indicative of avere *and* essere*)*

Avere   to have
Ho un'idea.

I have an idea.

	Singolare	
	ho	*I have*
	hai	*you (familiar) have*
	ha	*he, she, it has* *you (polite) have*

	Plurale	
	abbiamo	*we have*
	avete	*you (familiar) have*
	hanno	*they have* *you (polite) have*

Tu **hai** uno zio a Roma.   *You have an uncle in Rome.*
Luisa e Carlo **hanno** una lezione d'italiano.   *Louise and Charles have an Italian lesson.*

Essere   to be
Sono americano.

I am American.

	Singolare	
	sono	*I am*
	sei	*you (familiar) are*
	è	*he, she, it is* *you (polite) are*

	Plurale	
	siamo	*we are*
	siete	*you (familiar) are*
	sono	*they are* *you (polite) are*

Tu **sei** americano e Anna **è** italiana.   *You are American and Ann is Italian.*
Noi **siamo** a casa e loro **sono** al cinema.   *We are at home and they are at the movies.*

VI. Espressioni idiomatiche con avere *(Idiomatic expressions with* avere*)*

Avere is used in many idiomatic expressions that convey physical sensations. Here are a few common ones:

avere fame	*to be hungry*
avere sete	*to be thirsty*
avere sonno	*to be sleepy*
avere caldo	*to be warm*
avere freddo	*to be cold*
avere... anni	*to be . . . years old*
avere fretta	*to be in a hurry*

Michele **ha** sempre fame.   *Michael is always hungry.*
Noi **abbiamo** fretta e loro **hanno** sonno.   *We are in a hurry and they are sleepy.*
Questo cane **è** vecchio, **ha** dieci anni.   *This dog is old, it is ten years old.*

A. Inserire le forme corrette degli articoli determinativi e indeterminativi. *(Give the correct forms of the definite and indefinite article.)*

ESEMPIO   il quaderno; un quaderno

1. _____ conversazione	_____ conversazione
2. _____ viaggio	_____ viaggio
3. _____ studente	_____ studente
4. _____ anno	_____ anno
5. _____ entrata	_____ entrata
6. _____ zio	_____ zio
7. _____ automobile	_____ automobile
8. _____ frase	_____ frase
9. _____ errore	_____ errore
10. _____ stato	_____ stato

B. Formare nuove domande, usando le forme appropriate dell'articolo indeterminativo. Osservare l'esempio. *(Form new questions by using the appropriate forms of the indefinite article. Follow the example.)*

ESEMPIO   quaderno; dizionario   ⟶   Hai un quaderno o un dizionario?

1. moto; automobile
2. zio; zia
3. cravatta; fazzoletto
4. abito; giacca
5. pizza; minestra

C. Completare le frasi seguenti con la forma appropriata dell'articolo indeterminativo. *(Complete the following sentences with the correct form of the indefinite article.)*

1. Conosciamo _____ studente di primo anno.
2. Vai a _____ congresso?
3. Occupiamo _____ tavola con altri studenti.
4. È _____ amico molto caro.
5. È _____ copia molto vecchia.
6. Non conosco Alberto. È _____ studente italiano?
7. L'articolo « un » è _____ articolo indeterminativo.
8. Hai _____ lezione importante, oggi?

D. Volgere le frasi seguenti al plurale. *(Change the following sentences to the plural.)*

ESEMPIO   Ecco il ragazzo italiano.   ⟶   Ecco i ragazzi italiani.

1. Ecco l'articolo determinativo.
2. Ecco la tavola italiana.
3. Ecco il bravo studente.
4. Ecco la mensa universitaria.
5. Ecco il professore americano.
6. Ecco la studentessa francese.
7. Ecco la bella ragazza italiana.
8. Ecco il nuovo dizionario.
9. Ecco la ragazza fortunata.

E. Dire che le cose e le persone indicate sono italiane o italiani. *(State that the following things or persons are Italian.)*

ESEMPIO   Luigi $\longrightarrow$ Luigi è italiano.

1. Luigi e Alberto
2. il gruppo
3. i vocaboli
4. la penna blu
5. la signora Maratti
6. gl'insegnanti
7. l'insegnante giovane
8. l'abito nuovo
9. i libri vecchi
10. la madre di Franco

F. Volgere le frasi seguenti al singolare. *(Change the following sentences to the singular.)*

ESEMPIO   Ecco gli studenti giapponesi. $\longrightarrow$ Ecco lo studente giapponese.

1. Ecco le case popolari.
2. Ecco gli altri ragazzi.
3. Ecco le prime lezioni.
4. Ecco i pronomi italiani.
5. Ecco le giovani studentesse.
6. Ecco i buoni cibi.
7. Ecco gli studenti universitari.
8. Ecco le cravatte blu.
9. Ecco le parole francesi.
10. Ecco i dottori americani.

G. Inserire la forma corretta dell'aggettivo nella posizione appropriata. *(Put the correct form of the adjective in the appropriate position.)*

ESEMPIO   bravo $\longrightarrow$ È un _____ ragazzo _____.
                                              È un bravo ragazzo.

1. caro   Sono due _____ ragazzi _____.
2. francese   È una _____ studentessa _____.
3. italiano   La Fiat e l'Alfa sono _____ automobili _____.
4. universitario Ecco la _____ mensa _____.
5. vecchio   Abbiamo una _____ casa _____.
6. interessante È un _____ congresso _____.
7. piccolo   Gli studenti occupano una _____ tavola _____.
8. primo   Queste sono le _____ dispense _____.
9. popolare   Sono _____ mense _____.
10. serio   È un _____ ragazzo _____.

H. Seguendo l'esempio, formare nuove frasi inserendo la forma appropriata dell'aggettivo **buono**. *(Following the example, form new sentences by using the appropriate form of the adjective **buono**.)*

ESEMPIO   È un amico americano. $\longrightarrow$ È un buon amico americano.

1. È una mensa popolare.
2. È una lezione di filosofia.
3. È uno studente di medicina.
4. È un'insalata verde?
5. È una lezione di matematica.
6. È un professore di economia?

È buono il gelato?

I. Comporre nuove frasi usando i soggetti indicati nella forma plurale. *(Form new sentences by using the plural form of the subjects listed.)*

ESEMPIO   ... uno studente universitario   ⟶   Alla mensa ci sono due studenti universitari.

1. ... uno studente americano
2. ... un professore francese
3. ... una ragazza intelligente
4. ... un gruppo internazionale
5. ... un insegnante russo
6. ... un'insegnante russa

J. Completare le frasi seguenti con la forma corretta di **essere** o **avere**. *(Complete the following sentences with the correct form of **essere** or **avere**.)*

1. La signora Maratti _____ un'automobile rossa.
2. Gli Americani _____ fretta.
3. _____ (voi) caldo o freddo, oggi?
4. (voi) _____ giovani e intelligenti.
5. Maria _____ sete.
6. Alberto e Michele _____ sonno.
7. Alberto _____ diciotto anni.
8. Anche l'elefante _____ fame e sete.
9. Oggi (io) non _____ fame.
10. Noi _____ giovani e _____ fretta.

K. Rispondere alle seguenti domande nella prima persona singolare o plurale. *(Answer the following questions in the first person singular or plural.)*

1. Mangiate pesce, oggi?
2. Che cosa raccomandi? Il pesce o la pizza?
3. Quanti anni ha, Lei?
4. Hai sonno mentre il professore parla?
5. Avete lezione d'italiano, oggi?
6. Hai molto denaro o poco denaro?
7. Perchè hai sempre fretta?

Che cosa mangiano gli studenti? Hanno molto o poco denaro?

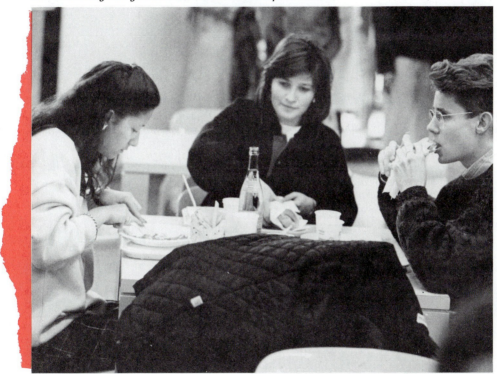

■ SITUAZIONE PRATICA ▬▬▬▬

Comporre un dialogo orale o scritto basato sulla situazione seguente. *(Prepare an oral or written dialogue based on the following situation.)*

Imagine that you are at the student dining hall. You meet some friends and ask them how they are. Ask about the food and the prices. Suddenly you realize you can't find your math notes. You are also in a hurry because, unfortunately, you have a class. Ask your friends if they too have a class; then say good-bye.

COMPAGNI DI SCUOLA

Michele e Mario sono studenti di Liceo. Sono in classe. Ora hanno lezione d'inglese. Il professore, il Dottor Centrini, apre il libro e dice: « Ecco i compiti per domani. Lettura da pagina 5 a pagina 8. Gli esercizi sono a pagina 10. » Mario scrive gli ultimi appunti quando il campanello suona.

Michele:	Dove vai ora?
Mario:	Cosa?
Michele:	Non senti? Dove vai?
Mario:	Oh, vado a casa. Vado a studiare.
Michele:	Hai molta fretta?
Mario:	No, anzi.
Michele:	Perchè non andiamo a piedi allora?
Mario:	È una buon'idea. Finisco di prendere gli appunti e andiamo.
Michele:	Ma perchè prendi tanti appunti?
Mario:	Perchè senza appunti non capisco bene le lezioni.
Michele:	Sei pronto?
Mario:	Sì. Ecco fatto. Sono pronto.
Michele e Mario:	*(vanno verso l'uscita)* Buona sera, Professor Centrini. Arrivederla.
Professor Centrini:	Buona sera. Arrivederci.
Mario:	La lingua inglese è molto difficile.
Michele:	È vero. Molte lingue sono difficili.
Mario:	Studiamo insieme per l'esame stasera?
Michele:	Sì. Dopo cena a casa mia.
Mario:	Vai a vedere la partita domenica?
Michele:	No, domenica non esco, non ho tempo. Tu esci?
Mario:	No. Neppure io esco. Non ho soldi.
Michele:	Allora, a stasera.
Mario:	A stasera.

Studenti milanesi

■ DOMANDE

1. Dove sono Mario e Michele?
2. Chi è il professore? Che cosa apre?
3. Sono a pagina nove gli esercizi?
4. Perchè ha fretta Michele?
5. Perchè Mario prende tanti appunti?
6. Quando vanno verso l'uscita Mario e Michele?
7. È molto difficile la lingua inglese?
8. Perchè Mario non va a vedere la partita domenica?
9. Quando suona il campanello?
10. Lei esce domani?

■ VOCABOLARIO

Sostantivi

l' appunto   note
il campanello   bell
la casa   house, home; a casa home
la cena   supper
la classe   class, classroom
il compagno   friend, chum;
   compagno di scuola   school friend
il compito   homework, assignment
la domenica   Sunday
il dottore   doctor
l' esame (m.)   examination
l' esercizio   exercise
l' idea (pl. idee)   idea
l' inglese   English
la lettura   reading
il libro   book
il liceo   upper secondary school
la lingua   language, tongue
   Mario   first name
   Michele   Michael
la pagina   page
la partita   game, match
la sera   evening; stasera this evening, tonight
il soldo   penny; pl. money
il tempo   time
l' uscita   exit

Aggettivi

difficile   difficult
pronto   ready
tanto   much, so much
ultimo   last

Verbi

aprire   to open
dice   says
esci (from uscire)   you go out
esco (from uscire)   I go out
finire (isc)   to finish (takes the preposition di before the infinitive)

prendere   to take
scrivere   to write
sentire   to hear
suonare   to ring (of bells)

Altri vocaboli

anzi   on the contrary
da   from
dopo   after
insieme   together
ma   but
neppure   either, not even
senza   without
verso   toward

Espressioni

(andare) a piedi   (to go) on foot
arrivederla   good-bye (pol. sing.)
a stasera   till this evening
ecco fatto   all done
è vero   it's true

GRAMMATICA

I. Presente indicativo della terza coniugazione *(Present indicative of the third conjugation)*

Verbs ending in -ire fall into two groups: those conjugated like **dormire**, *to sleep,* and those conjugated like **capire**, *to understand.* Note that the endings for both groups are identical. The verbs conjugated like **capire** insert -isc between the stem and the endings of all forms of the singular and the third person plural. A verb that follows the model of **capire** will be indicated in the vocabulary thus: **preferire (isc),** *to prefer.* Verbs conjugated like **dormire** will not be marked.

Dormire   *to sleep*
Dormo a casa.   *I sleep at home.*

Singolare	(io)	dorm-o	*I sleep, am sleeping, do sleep*
	(tu)	dorm-i	*you* (familiar) *sleep, are sleeping, do sleep*
	(lui) (lei) (Lei)	dorm-e	*he, she, it sleeps, is sleeping, does sleep* / *you* (polite) *sleep, are sleeping, do sleep*
Plurale	(noi)	dorm-iamo	*we sleep, are sleeping, do sleep*
	(voi)	dorm-ite	*you* (familiar) *sleep, are sleeping, do sleep*
	(loro) (Loro)	dọrm-ono	*they sleep, are sleeping, do sleep* / *you* (polite) *sleep, are sleeping, do sleep*

Other verbs conjugated like **dormire** are: aprire *to open;* **partire** *to leave, to depart;* **seguire** *to follow;* **sentire** *to hear, to feel.*

Capire *to understand*
Capisco la domanda. *I understand the question.*

Singolare	(io) cap-isc-o	*I understand, am understanding, do understand*
	(tu) cap-isc-i	*you (familiar) understand, are understanding, do understand*
	(lui) (lei) (Lei) cap-isc-e	*he, she, it understands, is understanding, does understand; you (polite) understand, are understanding, do understand*

Plurale	(noi) cap-iamo	*we understand, are understanding, do understand*
	(voi) cap-ite	*you (familiar) understand, are understanding, do understand*
	(loro) (Loro) cap-isc-ono	*they understand, are understanding, do understand; you (polite) understand, are understanding, do understand*

Other verbs conjugated like **capire** are: **finire** *to finish;* **preferire** *to prefer;* **pulire** *to clean;* **spedire** *to send, to mail.*

II. Possesso *(Possession)*

a. Possession is expressed by the preposition **di,** *of,* which may become **d'** before a vowel.

il maestro di Franco *Franco's teacher*
le regioni d'Italia *the regions of Italy*

b. Whose is expressed by **di chi.** Note that the verb follows immediately.

Di chi è questo libro? *Whose book is this?*
Di chi sono questi soldi? *Whose money is this?*

III. L'articolo determinativo con i titoli *(The definite article with titles)*

The definite article is required before a title, except in direct address.

Il signor Bianchi apre la porta. *Mr. Bianchi opens the door.*
Il professor Corso finisce la lezione. *Professor Corso finishes the lesson.*

Buon giorno, **signor Bianchi.** *Good morning, Mr. Bianchi.*
Come sta, **professor Corso?** *How are you, professor Corso?*

NOTE   Titles ending in -re (**signore, professore, insegnere**) drop the final e before a proper noun.

IV. *Uso idiomatico dell'articolo determinativo* (Idiomatic use of the definite article)

Contrary to English usage, the definite article in Italian is required before a noun used in a general sense.

Il denaro è necessario. *Money is necessary.*
Il tempo vola. *Time flies.*
I dizionari sono utili. *Dictionaries are useful.*

V. Molto *come aggettivo e come avverbio* (Molto *as an adjective* [*much, a lot of*] *and an adverb* [*very*])

a. Before a noun, **molto** *(much)* is an adjective and agrees with the noun it modifies in gender and number.

molti studenti italiani *many Italian students*
Mangiamo **molta** carne. *We eat a lot of meat.*
molte grazie *many thanks*

b. Before an adjective and after a verb, **molto** is an adverb and is invariable.

È **molto** bella. *She is very beautiful.*
Sono **molto** modesti. *They are very modest.*
Studiamo **molto**. *We study a great deal.*

VI. Troppo *come aggettivo e come avverbio* (Troppo *as adjective* [*too much*] *and adverb* [*too*])

a. Before a noun, **troppo** *(too much)* is an adjective and agrees with the noun it modifies in gender and number.

Mangiamo **troppa** carne. *We eat too much meat.*
Ci sono **troppe** cose. *There are too many things.*
Abbiamo **troppi** appunti. *We have too many notes.*

b. Before an adjective and after a verb, **troppo** is an adverb and is invariable.

La lezione è **troppo** lunga. *The lesson is too long.*
Sono **troppo** modesti. *They are too modest.*
Mangiamo **troppo**. *We eat too much.*

VII. *Presente indicativo di* andare (Present indicative of andare)

Andare   to go
Vado con un amico.   *I am going with a friend.*

vado   andiamo   *I go, etc.*
vai   andate
va   vanno

4   *Compagni di scuola*   **57**

Andare requires the preposition a before an infinitive or the name of a city.

Andiamo a **comprare** un dizionạrio.   *We are going to buy a dictionary.*
Vado a **Roma** con Olga.   *I am going to Rome with Olga.*

VIII. Presente indicativo di uscire (*Present indicative of uscire*)

Uscire   *to go out*
Esco nel pomerịggio.   *I go out in the afternoon.*

esco	usciamo
esci	uscite
esce	ẹscono

I go out, etc.

Olga **esce** con Ẹlena.   *Olga goes out with Helen.*
Uscite anche voi?   *Are you going out also?*

 **ESERCIZI**

A. Cambiare il verbo, seguendo le indicazioni fra parentesi; se il soggetto è un pronome, non ripeterlo. (*Change each verb to agree with the subjects indicated; if the subject is a pronoun, do not repeat it.*)

1. Non dormiamo in biblioteca.
   (voi / gli studenti universitari / Franco / io / io e Franco)
2. Gianni apre la lettera di Adriana.
   (noi / io / tu e Franco / loro / Lei)
3. Sofia finisce il pesce.
   (tu / voi / io / i ragazzi / noi)
4. Preferisco la lingua inglese.
   (tu / noi / Adriana / Gianni e Adriana / voi)

B. Completare le forme verbali e leggere le frasi ad alta voce. (*Add the verb endings and read the sentences aloud.*)

1. dormire   Io dorm_____ il meno possibile.
2. dormire   Ora Adriana non dorm_____.
3. dormire (noi)   Dorm_____ molto e bene.
4. capire   Mi dispiace, non cap_____ l'inglese.
5. capire (voi)   Cap_____ il professore?
6. capire   Michele cap_____ la matematica.
7. capire   Noi non cap_____ la domanda ma tu cap_____ sempre.
8. aprire   Anche Gianni apr_____ il libro.
9. aprire   Gianni, Mario, perchè non apr_____ il libro?

10.	finire (io)	Oggi fin_____ il corso di economia.
11.	finire	Anche voi fin_____ la lezione?
12.	finire	Michele fin_____ la pizza e ordina il pesce.

C. Formare nuove frasi usando i complementi oggetti indicati. *(Form new sentences by using the following direct object nouns.)*

ESEMPIO   la minestra / noi   ⟶   Anche noi finiamo la minestra.

1. l'esercizio / lei
2. il pesce e la verdura / Adriana e Gianni
3. il capitolo / il professore
4. le frasi / tu e Gianni
5. gli appunti / io

D. Seguendo l'esempio, rivolgere le domande alla persona indicata. *(Ask the question of the person indicated, as in the example.)*

ESEMPIO   (Mrs. Belloni)   ⟶   Dopo cena Lei dorme o preferisce scrivere?

1.	Adriana	3.	Professor Centrini	5.	your brother and sister
2.	many friends	4.	your brother	6.	Mr. and Mrs. Bellonci

E. Cambiare i verbi di ciascuna frase sostituendo il soggetto con quelli indicati. *(Change the verb in each sentence by substituting the subject indicated.)*

ESEMPIO   Capisce ma non risponde. (tu)   ⟶   Capisci ma non rispondi.

1. Domando perchè non capisco.
   Michele
   Michele e Mario
   Anche noi
2. Il professore apre il libro e incomincia l'esercizio.
   Anche voi
   Io e Michele
   Gli studenti di Liceo
3. Dormiamo sempre e non ascoltiamo.
   Gianni
   Tu e Gianni
   Anch'io

F. Secondo l'esempio cambiare le espressioni seguenti. *(Following the example, change the following statements.)*

ESEMPIO   Ecco la signora Maratti.   ⟶   Come sta, signora Maratti?

1. Ecco il professor Miccoli.
2. Ecco il signor Corso.
3. Ecco i signori.
4. Ecco la professoressa Bellonci.
5. Ecco il dottor Centrini.

G. Completare ciascuna frase con la forma corretta del titolo. *(Change each sentence by using the correct form of the word indicated.)*

ESEMPIO   dottore _____ Miccoli è a Venezia.   →   Il dottor Miccoli è a Venezia.

1. dottore   Buon giorno, _____ Miccoli, come sta?
2. signorina   _____ Pertini arriva a scuola.
3. signora   Arriverderla, _____ Maratti.
4. signora   _____ Maratti è a Venezia.
5. professore   Quando esce Lei, _____ Centrini?
6. professore   Come sta Lei, _____?
7. professore   Come sta _____?
8. dottore   _____ raccomanda questa medicina.
9. dottore   _____, che cosa raccomanda Lei?
10. signori   Arrivederci, _____.

H. Inserire la forma corretta di **molto**. *(Give the correct forms of molto.)*

Michele e Mario sono due studenti _____ bravi. Oggi studiano insieme in biblioteca per-chè hanno _____ compiti. Non hanno _____ tempo e non vanno a vedere la par-tita. Ora parlano e Michele dice: « Anche stasera ho _____ fame! Purtroppo io mangio sempre _____. E tu? » Mario dice: « No. Non ho fame, ma ho _____ sonno e ora ho anche _____ fretta ». I due studenti scrivono _____ e prendono _____ appunti. In biblioteca non vedono _____ studentesse. Ora vanno a casa. Stasera dormono _____.

I. Inserire la forma corretta di **troppo**. *(Insert the correct form of troppo.)*

1. Mario mangia sempre _____.
2. Tu hai sempre _____ fretta.
3. Molte lingue sono _____ difficili per me.
4. Chi ha _____ soldi?
5. Alla mensa mangiate _____ minestra.

▮ RIELABORAZIONE

Dare l'equivalente italiano delle seguenti espressioni. *(Give the Italian equivalent of each of the following sentences.)*

1. We take many notes in class.
2. I am not going to the game because I am sleepy.
3. Gianni has a lot of money.
4. Here are the notes for tomorrow.
5. I am in a hurry! I don't have time.
6. Are we going to the game together?
7. Many Americans study Italian.
8. Adriana is very intelligent.

Sono compagni di scuola?

COME DOMANDIAMO? (HOW DO WE ASK?)

Facendo riferimento al dialogo del Capitolo 4, formulare le domande appropriate. *(Referring to the dialogue in Chapter 4, supply the appropriate questions.)*

1. Sono studenti di liceo.
2. No, non sono alla mensa, sono in classe.
3. Michele e Mario hanno lezione d'inglese.
4. Si chiama Centrini.
5. Studiano a casa di Michele.
6. Michele non ha tempo e Mario non ha soldi.

SITUAZIONE PRATICA

Comporre un dialogo orale o scritto basato sulla situazione seguente. *(Prepare an oral or written dialogue based on the following situation.)*

You are phoning a friend. Greet him (her) and ask if he (she) is going to the game after dinner. The friend replies that he (she) does not have the time or the money, and suggests instead that you go to the library together, as there are many assignments for tomorrow. Answer that it is a good idea and that you agree to meet this evening.

LA SCUOLA

Secondo la legge italiana, tutti i ragazzi e le ragazze devono frequentare la scuola fino a quattordici anni. I bambini italiani cominciano la scuola a sei anni. Frequentano la scuola elementare per cinque anni e la scuola media unica per tre anni. Dopo possono frequentare il liceo, o un istituto commerciale o tecnico, o le scuole magistrali, e infine l'università. L'università di Bologna, in particolare, è molto antica e molto famosa.

In Italia quasi tutte le scuole—le elementari, le medie e l'università—sono statali. Infatti, il Ministero della Pubblica Istruzione, che è a Roma, ha il controllo di quasi tutto il sistema scolastico italiano.

antico *ancient, old* / l'aspetto *aspect* / il bambino *child* / devono *they must* / infine *finally* / fino a *until, up to* / infatti *in fact* / l'istituto *institute* / l'Italia *Italy* / la legge *law* / il Ministero della Pubblica Istruzione *Ministry of Public Education* / quasi *almost* / possono *(from* potere*) they may, they can* / la scuola media unica *junior high school* / le scuole magistrali *teacher's college* / secondo *according to* / statale *of the state* / tecnico *technical* / tutto + *def. art. the whole*

Lezione di geografia in una scuola media

DOMANDE

1. In Italia i ragazzi e le ragazze frequentano la scuola fino a diciotto anni?
2. Quando cominciano la scuola i bambini italiani?
3. Dov'è un'antica e famosa università?
4. Cosa è il liceo?
5. Dov'è il Ministero della Pubblica Istruzione?
6. Anche in America quasi tutte le scuole sono statali?

L'Università di Pavia a Milano

Andiamo a casa mia o a casa tua a fare la merenda?

RIPETIZIONE I

A. Mettere i seguenti nomi al plurale e completare con la forma appropriata dell'aggettivo **molto**. *(Change the following nouns to the plural and give the correct form of molto.)*

ESEMPIO frase ⟶ molte frasi

1. dottore
2. studentessa
3. professoressa
4. dottoressa
5. idea

6. lezione
7. compagno
8. gettone
9. vocabolo
10. opinione

11. prezzo
12. paese
13. isola
14. signore
15. medicina

B. Mettere i seguenti nomi al singolare e completare con la forma dell'articolo determinativo e indeterminativo. *(Change the following nouns to the singular and give the correct forms of the definite and indefinite article.)*

ESEMPIO le espressioni ⟶ l'espressione; un'espressione

1. gli esami _____ _____
2. gli stati _____ _____
3. gl'Indiani _____ _____
4. le insalate _____ _____
5. le pagine _____ _____
6. gli esercizi _____ _____
7. i cani _____ _____
8. i tempi _____ _____
9. i pesci _____ _____
10. gli appunti _____ _____

C. Formare nuove frasi, includendo la forma corretta dell'aggettivo **buono**. *(Form new sentences by including the appropriate forms of the adjective buono.)*

ESEMPIO il salame ⟶ È un buon salame.

1. la carne
2. lo zucchino
3. l'anno
4. il congresso
5. la mensa

6. l'insalata
7. l'esercizio
8. il divertimento
9. l'automobile
10. lo stato

D. Completare con la terminazione verbale appropriata e leggere la frase ad alta voce. *(Complete each sentence with the correct verb form and read aloud.)*

1. raccomandare   Che cosa (tu) raccomand_____? I broccoli o gli zucchini?
2. raccomandare   Noi sempre raccomand_____ la carne.
3. mangiare   Voi mangi_____ molte insalate.
4. mangiare   Perchè Gianni non mangi_____?
5. mangiare   Anche i professori mangi_____.
6. pagare   Pag_____ tu o pag_____ io?
7. pagare   Gli studenti francesi pag_____ la pizza.
8. vedere   No. Lui non ved_____ l'elefante.
9. vedere   Ved_____ (voi) Adriana oggi?
10. conoscere   (noi) Non conosc_____ la professoressa.
11. conoscere   Michele, (tu) conosc_____ Mario?
12. conoscere   Loro non conosc_____ il dottor Centrini.
13. conoscere   Dottore, conosc_____ questa signora?
14. aprire   Tutti apr_____ il libro.
15. aprire   Perchè (voi) non apr_____ il dizionario?
16. capire   Purtroppo io e Michele non cap_____ il nuovo professore.
17. capire   Peccato! Gli studenti di primo anno non cap_____ il francese.
18. capire   Io non cap_____ ma lui cap_____ benissimo.
19. uscire   _____ anche tu?
20. finire   Ragazzi, perchè non fin_____ i compiti?

E. Formare le domande che corrispondono alle seguenti risposte. *(Form questions that correspond to the following answers.)*

ESEMPIO   Studio economia.   ⟶   Che cosa studi?

1. Sono gli appunti di Adriana.
2. Andiamo al congresso con due studenti americani.
3. Vado a casa.
4. Gianni raccomanda la carne.
5. Sto benissimo, grazie.
6. Studiamo sempre in biblioteca.
7. Sì, anche noi abbiamo lezione ora.
8. No, non ho fretta.
9. La lezione finisce.
10. Noi capiamo la domanda.

F. Cambiare secondo l'esempio. *(Change the following sentences according to the example.)*

ESEMPIO   Lui è americano.   ⟶   Anche lei è americana.

1. Lui è francese.
2. Lui è buono.
3. Lui è molto giovane.
4. Lui è molto cattivo.
5. Lui è fortunato.

ESEMPIO   Loro sono italiani.   ⟶   Anche lei è italiana.

1. Loro sono popolari.
2. Loro sono molto modesti.
3. Loro sono universitari.

4. Loro sono molto intelligenti.
5. Loro sono seri.

G. Domandare a un altro studente o studentessa se lui o lei... *(Ask another student if he or she . . .)*

1. is hungry after dinner.
2. is sleepy after the game.
3. is cold now.

4. is in a hurry when he (she) has a class.
5. is thirsty when he (she) eats pizza.
6. is nineteen years old.

H. Formare delle frasi usando il verbo **andare** e le espressioni indicate. *(Form sentences using the verb **andare** and the words listed.)*

ESEMPIO   a Roma / noi   ⟶   Andiamo a Roma.

1. a casa / tu
2. alla partita / anche il professore
3. a comprare un abito nuovo / io
4. a scuola, non a casa / loro
5. a mangiare / anch'io e Adriana

I. Rispondere alle seguenti domande includendo la forma appropriata di **molto**. *(Answer the following questions using the appropriate form of **molto**.)*

ESEMPIO   Avete sete?   ⟶   Sì, abbiamo molta sete.

1. Hai sempre fretta?
2. Studiate oggi?
3. È vecchio il cane?
4. È intelligente Anna?
5. Sono modici i prezzi alla mensa?
6. Capite bene?

J. Completare con la forma corretta di **molto**. *(Complete the following with the correct forms of **molto**.)*

1. Mangio sempre _____ carne.
2. Abbiamo _____ sonno.
3. Vediamo _____ studenti universitari.
4. Quando hanno fame, mangiano _____.
5. Adriana e Gianni sono _____ giovani.
6. Anna e Maria sono _____ brave.
7. Perchè hai _____ caldo oggi?
8. Gianni dice: « Arriverderci e _____ grazie! »
9. L'elefante è _____ vecchio. Ha _____ anni.
10. Perchè avete sempre _____ fretta?

◼ DOMANDE

Rispondere alle domande seguenti in modo affermativo o negativo e in prima persona singolare o plurale. *(Answer the following questions using the first person singular or plural, negative or positive.)*

1. Preferisci la matematica o l'italiano?
2. Che cosa studiate ora?
3. Dove studi tu? A casa o in biblioteca?
4. Preferite la carne o il pesce?
5. Chi vede (Lei) ora?
6. Che cosa vede (Lei) ora?
7. Chi incontrate a scuola?
8. Con chi studia Lei?
9. Capisci sempre bene le lezioni?
10. Che cosa scrivi ora?

Studenti della Facoltà di Legge all' Università di Roma

Un esame difficile

L'ITALIA

Una veduta del Foro Romano

L'Italia è una lunga penisola che ha la forma di uno stivale. In Italia ci sono due catene di monti, le Alpi e gli Appennini. Le Alpi e il Mare Mediterraneo circondano l'Italia. Le Alpi separano l'Italia dagli altri paesi d'Europa. Il Mediterraneo che circonda l'Italia ha quattro nomi: Mare Adriatico, Mare Ionio, Mar Tirreno e Mar Ligure. L'Italia ha due isole grandi: la Sicilia e la Sardegna, e molte isole piccole. Vicino a Napoli c'è un'isola piccola ma famosa: Capri. Famosi sono anche il Lago Maggiore, il Lago di Como e il Lago di Garda. Il fiume principale d'Italia è il Po. Altri fiumi famosi sono l'Arno, che passa per Firenze e Pisa, il Tevere che passa per Roma e l'Adige che passa per Verona. Il Vesuvio vicino a Napoli e l'Etna in Sicilia sono due vulcani italiani.

L'Italia è una repubblica divisa in venti regioni: il Piemonte, il Veneto, la Toscana, l'Umbria, il Lazio, la Calabria, gli Abruzzi, la Sicilia, eccetera. La capitale d'Italia è Roma.

gli Appennini *Apennines* / la catena *chain* / circondare *to surround* / dagli *from the* / diviso *divided* / Firenze *Florence* / il fiume *river* / la forma *shape* / l'isola *island* / il lago *lake* / il Lazio *Latium* / il mare *sea* / il monte *mountain* / Napoli *Naples* / il nome *name* / passare per *to flow through* / la penisola *peninsula* / separare *to separate* / lo stivale *boot* / il Tevere *Tiber* / vicino (a) *near*

*Names of countries are usually preceded by the definite article in Italian.

Il Lago di Como

*Una veduta di Pompei
e il Vesuvio*

Che fiume famosa passa per Firenze?

1. Che forma ha la penịsola italiana?
2. Cosa sono le Alpi?
3. Per dove passa l'Ạdige?
4. Dov'è Capri?
5. Che fiume passa per Roma?
6. C'è un vulcano in Itạlia? Dove?
7. Che cosa sono il Lạzio e gli Abruzzi?
8. Per che città passa l'Arno?

II

VITA GIORNALIERA

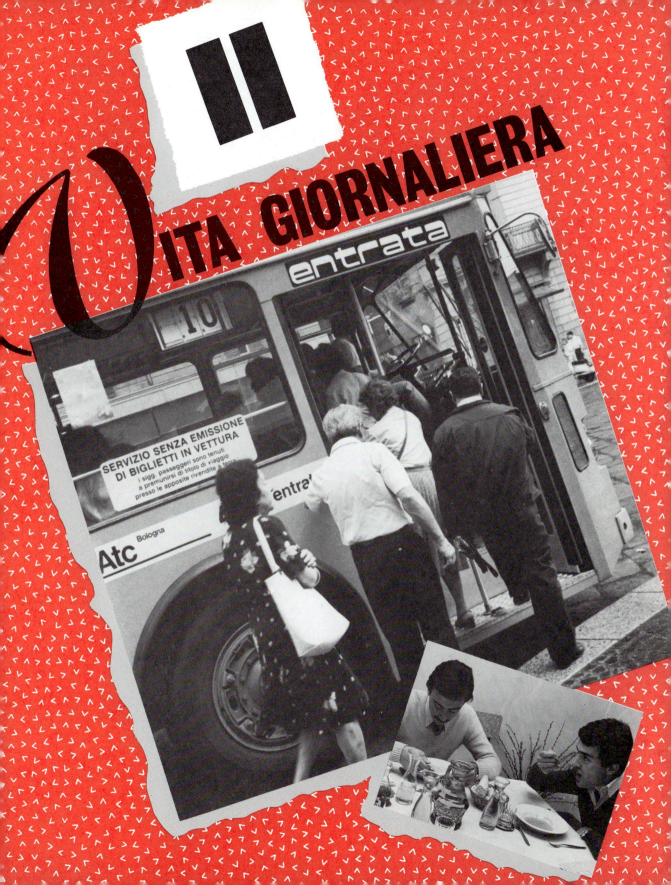

LA FAMIGLIA BORGHINI

5

La famiglia Borghini abita in un appartamento in un bell'edificio in periferia. In quest'appartamento ci sono due camere, il salotto, la sala da pranzo, la cucina e il bagno. Non è un appartamento grande ma è comodo. I Borghini hanno due figlie, Marina e Vanna. Marina ha diciotto anni e va alla scuola magistrale. Vanna ha venti anni ed[1] è impiegata in un'agenzia di viaggi. Il signor Borghini è ragioniere e lavora per una ditta di elettrodomestici. Oggi è venerdì. La signora Borghini ha bisogno di calze e di scarpe ed è pronta a uscire per andare al centro. Parla con Marina.

Signora Borghini:	Marina, vado al centro a fare delle compre. Vieni anche tu?
Marina:	No, mamma, non vengo perchè ho un appuntamento. Che compri?
Signora Borghini:	Delle scarpe e delle calze. Queste scarpe blu sono vecchie.
Marina:	Dove vai, alla Rinascente?
Signora Borghini	No, vado a quel negozio in Via Verdi.
Marina:	È una buon'idea. È un bel negozio. Là hanno dei bei vestiti e anche delle scarpe molto eleganti e non troppo care.
Signora Borghini:	Quando ritorni dall'appuntamento?
Marina:	Presto, perchè?
Signora Borghini:	Perchè stasera mangiamo presto. Io e papà andiamo al cinema. Ciao.
Marina:	Ciao, mamma.

---

[1]**Ed** is often used instead of **e** before a word beginning with an "e," and occasionally with one of the other vowels.

◼ DOMANDE

1. Dove ạbita la famịglia Borghini?
2. Com'è l'appartamento della famịglia Borghini?
3. Chi sono Marina e Vanna?
4. Quanti anni ha e dove va Marina?
5. Dove lavora Vanna?
6. Chi ha bisogno di scarpe?
7. Perchè Marina non va al centro con la mamma?
8. Perchè mạngiano presto quella sera?
9. Quando va al centro Lei?
10. Che cosa desịdera comprare?

◼ VOCABOLẠRIO

Sostantivi

l' **agenzia di viaggi** travel agency
l' **appartamento** apartment
l' **appuntamento** appointment
il **bagno** bathroom
la **calza** stocking
la **cạmera** bedroom
il **cịnema** movies
la **cucina** kitchen
la **ditta** firm
l' **edifịcio** building
l' **elettrodomẹstico** home appliance
la **famịglia** family
la **fịglia** daughter
la **mamma** mother, mama
  Marina first name
il **negọzio** store
il **papà** father, dad
la **periferia** suburbs
il **ragioniere** bookkeeper
La Rinascente a department store (proper name)
la **sala da pranzo** dining room
il **salotto** living room
la **scarpa** shoe
  Vanna first name
il **vestito** dress, suit
la **via** street, road

Aggettivi

blu blue
caro dear, expensive
cọmodo comfortable
elegante elegant
vẹcchio old

Verbi

abitare to live
comprare to buy
impiegata employed
lavorare to work
ritornare (a) to return (to)
vengo (from venire) **(a)** I come (to)
vieni (from venire) you come

Altri vocạboli

presto early, soon

Espressioni

andare al centro to go downtown
avere bisogno (di) to need
fare delle compre to shop
là there

GRAMMATICA

<table>
<tr><td colspan="2">I. Preposizioni articolate
(Contractions)</td><td colspan="2">Certain prepositions combine with the definite article as follows:</td></tr>
</table>

Preposition	+	il	lo	l'	la	i	gli	le
a *(to, at)*		al	allo	all'	alla	ai	agli	alle
da *(from, by)*		dal	dallo	dall'	dalla	dai	dagli	dalle
di *(of)*		del	dello	dell'	della	dei	degli	delle
in *(in)*		nel	nello	nell'	nella	nei	negli	nelle
su *(on)*		sul	sullo	sull'	sulla	sui	sugli	sulle

The prepositions **con** *with* and **per** *for* are seldom combined with the definite article. The only two forms occasionally used are **col** (con + il) and **coi** (con + i).

ESEMPI:

all'entrata della biblioteca	*at the entrance of the library*
ai ragazzi italiani	*to the Italian boys*
allo studente americano	*to the American student*
all'amico di Carlo	*to Charles' friend*
dal treno di Napoli	*from the Naples train*
dallo studio del maestro	*from the teacher's study*
dello studente di geografia	*of the geography student*
del professore di greco	*of the Greek professor*
dell'amico dello zio	*of the uncle's friend*
degli amici preferiti	*of the favorite friends*
nell'esame di lingua	*in the language examination*
nella lettera da Pisa	*in the letter from Pisa*
sui libri della biblioteca	*on the library books*
sulla finestra del salotto	*on the living room window*
col compagno di scuola	*with the school companion*
coi nomi degli autori	*with the names of the authors*

II. *Il partitivo* (The partitive)

The partitive *some* or *any* is generally expressed by the preposition di plus the *definite article.*

Compro **dei** giornali.   *I am buying some newspapers.*
Scrive **delle** lẹttere.   *He is writing some letters.*
Desịdero **del** caffè.   *I want some coffee.*

In interrogative and negative sentences the partitive *any* is usually not expressed in Italian. Do you have *any relatives* in Italy?—Ha parenti in Itạlia? I do not have *any brothers.*— Non ho fratelli.

III. *Aggettivi dimostrativi* (Demonstrative adjectives)

The common demonstrative adjectives are: **questo** *this* and **quello** *that.*

1. Like all adjectives in -o, **questo** has four forms: **questo** and **questa, questi** and **queste.** Before a vowel **questo** and **questa** may drop the final -o or -a.

questa giacca	*this coat*
quest'ạbito	*this suit*
questi cappotti	*these overcoats*
queste borsette	*these handbags*

2. The forms of **quello**, which always precedes the noun it modifies, are similar to those of the *definite article* combined with di.

(del)	(dei)	(dello)	(dell')	(della)	(degli)	(delle)
quẹl	quei	quello	quell'	quella	quegli	quelle

Quẹl fazzoletto è nuovo.   *That handkerchief is new.*
Quell'ạbito è vẹcchio.   *That suit is old.*
Quei guanti sono neri.   *Those gloves are black.*

IV. *Pronomi dimostrativi* (Demonstrative pronouns)

1. **Questo** and **quello** are also demonstrative pronouns. The forms of **questo** are the same as those given above. Quello, as a pronoun, has four forms: **quello, quella, quelli, quelle.**

Mi dispiace, ma preferisco **questo** (questa).   *I'm sorry, but I prefer this one.*
Non viene a **questo** magazzino, va a **quello**.   *She does not come to this department store, she goes to that one.*

2. Quello di translates English "one's," meaning *the one of, the one that belongs to.*

Il portafoglio di Mario e **quello di** Giovanni.　*Mario's wallet and John's.*

V. *L'aggettivo* bello *(The adjective* bello)

When bello, *beautiful,* precedes a noun, as does **quello,** it takes forms that are similar to those of the definite article combined with **di: bel, bei, bello, bell', bella, begli, belle.**

Nella vetrina ci sono delle **belle** pantofole.　*In the show window there are some beautiful slippers.*
È una **bella** camicia.　*It is a lovely shirt.*
Mio padre compra un **bell'**impermeabile.　*My father is buying a beautiful raincoat.*
Ho molti **bei** libri.　*I have many beautiful books.*

VI. *Avverbi di luogo* qui *e* là *(Adverbs of place* qui *and* là)

The following adverbs of place correspond to the demonstrative adjectives and pronouns **questo** and **quello: qui** (also **quà**) *here;* **lì** (also **là**) *there.*

Signora, le scarpe non sono **qui,** sono **là,** vicino all'ascensore.　*Madam, the shoes are not here, they are there, near the elevator.*

VII. *Presente indicativo di* venire *(Present indicative of* venire)

Venire　*to come*
Vengo dalla biblioteca.　*I am coming from the library.*

vengo	*I come, etc.*
vieni	
viene	
veniamo	
venite	
vengono	

La maggioranza delle famiglie nelle città italiane abita in condomini moderni.

A. Completare con le preposizioni articolate appropriate. *(Complete the expressions by using the correct forms of the prepositions and articles.)*

ESEMPIO   di   l'automobile   ⟶   dell'automobile

1. di   l'appuntamento   _____
2. di   il negozio   _____
3. di   le figlie   _____
4. di   la mamma   _____
5. di   gli appartamenti   _____
6. di   lo studente   _____
7. di   gli zii   _____
8. di   i vestiti   _____

ESEMPIO   da   i telefoni   ⟶   dai telefoni

1. da   le agenzie   _____
2. da   l'economia   _____
3. da   i salotti   _____
4. da   l'amico   _____
5. da   gli studi   _____
6. da   l'Italiano   _____
7. da   la frase   _____
8. da   i vocaboli   _____

B. Seguendo gli esempi, formare frasi con le espressioni indicate. *(Form sentences using the indicated cues.)*

ESEMPIO   Gianni / l'agenzia di viaggi   ⟶   Oggi Gianni va all'agenzia di viaggi.

1. Michele ed io / l'appartamento di Marina
2. tu / la Rinascente
3. Anche loro / le scuole magistrali
4. voi / il liceo
5. altri studenti / i corsi universitari
6. io / le lezioni
7. chi / Venezia?
8. noi / l'uscita

ESEMPIO   Anche lui / la casa di Adriana   ⟶   Anche lui viene dalla casa di Adriana.

1. anche tu / l'agenzia di viaggi
2. anche voi / la mensa universitaria
3. anche il professore / Roma
4. anche gli studenti di liceo / il congresso
5. anche la mamma / i negozi del centro
6. anche queste studentesse / le scuole italiane
7. anch'io / gli edifici del centro
8. anche Michele / lo stato di Nuova York

C. Completare con la forma della preposizione **in** + articolo. *(Complete with the correct form of the preposition in + the article.)*

1. Tutta la famiglia è _____ salotto.
2. Andiamo a fare delle compre _____ negozi del centro.
3. Mangiano _____ sala da pranzo.
4. Gli studenti universitari studiano _____ biblioteche universitarie.
5. Abito _____ nuovo edificio.
6. Abito _____ edificio nuovo, non in quello vecchio.
7. Troviamo queste parole _____ ultimi appunti.
8. Questo aggettivo è _____ ultima dispensa.

D. Completare con la forma della preposizione **di** + articolo. *(Complete with the correct form of the preposition di + the article.)*

1. Mangio _____ spaghetti.
2. Preferiscono _____ insalata.
3. Comprano _____ quaderni e _____ penne.
4. Oggi mangio _____ pesce.
5. Vedo _____ altri studenti.
6. Lui ha sempre _____ denaro.
7. Hanno sempre _____ soldi.
8. A scuola vediamo _____ Italiani.

E. Dare risposte negative alle domande seguenti. *(Answer the following questions in the negative.)*

ESEMPIO   Prendi molti appunti?   ⟶   No, non prendo appunti.

1. Conosci molti studenti stranieri?
2. Conoscete molti autori francesi?
3. Mangi molta carne?
4. Raccomandate molti cibi italiani?
5. Scrivi molte lettere in Italia?
6. Hai molti appuntamenti?

F. Completare con la forma appropriata della preposizione necessaria. *(Complete with the correct form of the appropriate preposition.)*

1. Stasera non andiamo _____ partita.
2. Andiamo _____ cinema.
3. _____ finestra vediamo un bell'edificio.
4. È la casa _____ Marina.
5. È la casa _____ famiglia Borghini.
6. _____ periferia le case sono modeste ma comode.
7. Ecco i nomi _____ autori!
8. Questo treno va _____ Firenze.
9. Compriamo _____ insalata e _____ carne.
10. La famiglia _____ studente italiano abita _____ Roma.
11. La ragazza ritorna _____ appuntamento.
12. Gli elettrodomestici sono _____ appartamenti.

G. Dare risposte negative alle seguenti domande. Osservare l'esempio attentamente. *(Answer the following questions in the negative. Observe the example carefully.)*

ESEMPIO   È un bel ragazzo?   ⟶   No, quel ragazzo non è bello.

1. È una bella donna?
2. È un bell'edificio?
3. È una bell'idea?

4. È un bello stato?
5. È un bel vestito?

H. Completare con parole singole appropriate. *(Fill in the blanks with pertinent single words.)*

I signori Borghini _____ un appartamento _____ periferia. _____ appartamento _____ sono molte stanze. Il signor Borghini _____ sempre fretta ma oggi _____ al cinema con la signora Borghini. Marina _____ un appuntamento e quando ritorna _____ appuntamento _____ alla Rinascente a _____ delle compre.

I. Completare con la forma appropriata di **quello**. *(Complete with the correct form of **quello**.)*

1. Non trovo _____ dispense.
2. Dalla finestra vedo _____ ponte.
3. Questi ponti? No, _____.
4. Questi appartamenti non sono comodi. Preferisco _____ in periferia.
5. Gli studenti non occupano questa tavola. Occupano sempre _____.
6. In _____ negozio i prezzi sono modesti.
7. Vado alla lezione d'italiano e a _____ di economia.
8. Vanna lavora in _____ agenzia, non in questa.
9. Queste scarpe non sono eleganti. Compro _____.
10. _____ elettrodomestici sono molto comodi.

◼ RIELABORAZIONE ▬▬▬▬▬▬▬▬

Dare l'equivalente italiano delle domande seguenti. *(Give the Italian equivalent of the following questions.)*

1. How many persons are there in the Borghini family?
2. How many daughters do the Borghinis have? What are their names?
3. Where does Marina work?
4. Where is Mrs. Borghini going to do her shopping?
5. How old is Marina?
6. Is Mr. Borghini a teacher or a bookkeeper?
7. Who has an appointment?

Dare risposte complete alle seguenti domande. *(Answer the following questions with complete sentences.)*

1. Abiti in una casa o in un appartamento?
2. Preferisci abitare nel centro o in periferia?
3. Quanti anni hai?
4. Che cosa compri oggi?
5. Studi all'università, al liceo o alla scuola magistrale?
6. Vai a dormire quando ritorni dal cinema?
7. Esci stasera? Dove vai?
8. Hanno molti appuntamenti gli studenti?

Milano
La Rinascente è un grande maggazzino.
Che compri oggi?

E un bel negozio?
Dove vanno a fare delle compre le ragazze?
Hanno delle scarpe eleganti? Sono care?

Comporre un dialogo basato sulla situazione seguente. *(Formulate a dialogue based on the following situation.)*

You and your mother are having a talk. She asks how your classes are coming. You answer and then tell her how you are going to spend your day (studying, shopping, visiting friends, and maybe going to a movie . . .).

DA GIACOMO—IL FRUTTIVENDOLO

La signora Borghini è una vecchia cliente di Giacomo. I supermercati sono ormai molto comuni in tutte le città italiane, ma la signora Borghini preferisce fare la spesa all'antica. La frutta e la verdura le compra da Giacomo, la carne dal macellaio, e il pane dal fornaio.

Signora Borghini:	Che belle fragole, Giacomo, quanto costano?
Giacomo:	Sono belle, vero? Le vuole?
Signora Borghini:	Sì, ma quanto costano?
Giacomo:	Novantacinque lire l'etto.
Signora Borghini:	Sono molto care.
Giacomo:	Sono le prime della stagione, signora; siamo ancora in primavera.
Signora Borghini:	Sono veramente troppo care; oggi non le prendo.
Giacomo:	Perchè non va a comprarle al supermercato? Là vendono anche la frutta surgelata.
Signora Borghini:	No, Giacomo, noi non mangiamo frutta surgelata.
Giacomo:	Ma le fragole surgelate sono buone, sa?
Signora Borghini:	È vero, però preferisco la frutta fresca. Stamani prendo soltanto verdura.
Giacomo:	Ecco le carote e i fagiolini. Desidera altro?
Signora Borghini:	No. Che ore sono?
Giacomo:	Le undici e venti... no, le undici e mezzo.
Signora Borghini:	È ancora presto. Il signor Borghini ritorna a mezzogiorno e mezzo. Ora vado dal fornaio a comprare il pane. Arrivederci, Giacomo.
Giacomo:	Buon giorno, signora.

Le signora è una vecchia cliente del fruttivendolo.
Che compra oggi da Giacomo?

1. Dove compra la carne e il pane la signora Borghini?
2. Che cosa sono comuni in Italia?
3. Perchè non vuole le fragole la signora Borghini?
4. Che verdura prende?
5. Perchè non torna a casa presto?
6. Che cosa mangiano a casa della famiglia Borghini?
7. Come sono le fragole surgelate?
8. Che frutta preferisce Lei?

■ VOCABOLARIO

Sostantivi

la **carota** carrot
la **città** city
il **cliente** (*also f.* la cliente) client
l' **etto** hectogram (= 100 grams)
il **fagiolino** string bean
il **fornaio** baker
la **fragola** strawberry
la **frutta** fruit
il **fruttivendolo** greengrocer
   Giacomo James
la **lira** Italian monetary unit
il **macellaio** butcher
il **mezzogiorno** noon
il **pane** bread
la **primavera** spring
la **stagione** season
il **supermercato** supermarket

Aggettivi

comune common
fresco fresh
surgelato frozen

Verbi

costare to cost
desiderare to wish
preferire (isc) to prefer
sa (*from* sapere) you know (*pol. sing.*)
vendere to sell
vuole (*from* volere) you want (*pol. sing.*)

Altri vocaboli

ancora still
oggi today
ormai by now
però however
quanto? how much?
soltanto only
stamani this morning
troppo too, too much
veramente really, truly

Espressioni

all'antica the old-fashioned way
altro? anything else?
che... ! what . . . !
che ore sono? what time is it?
fare la spesa to shop (for food)
vero? right?

GRAMMATICA

I. Pronomi personali in funzione di complemento oggetto: forme ạtone *(Direct object pronouns: unstressed forms)*

Direct object pronouns are always used in conjunction with a verb, and therefore are called *conjunctive pronouns*. Here are the Italian direct object pronouns.

mi	*me*	ci	*us*
ti	*you* (familiar, singular)	vi	*you* (familiar, plural)
lo	*him, it* (masculine)	li	*them* (masculine)
la	*her, it* (feminine)	le	*them* (feminine)
La	*you* (polite, singular)	Li	*you* (polite, masculine)
		Le	*you* (polite, feminine)

1. In general they precede the verb.

Mi, ti, lo, la, and **vi** generally drop the vowel before another vowel or an h, and replace it with an apostrophe. When **La, Li, Le** mean "you," they are normally capitalized. When the pronoun refers to a mixed group, the masculine form **li** or **Li** is used.

Sono mele mature, le vuole? *They are ripe apples; do you want them?*

Ci incontrano davanti alla drogheria. *They meet us in front of the grocery store.*

Conosci Mạrio e Luisa? *Do you know Mario and Louise?*

Sì, li conosco bene. *Yes, I know them well.*

Questo latte non è fresco, non lo compro. *This milk is not fresh, I will not buy it.*

NOTE (last example above): In a negative sentence the conjunctive pronoun comes between **non** and the verb.

2. But, in general, they are attached to infinitives, which in this case drop the final vowel.

Telefona a Gino per invitarlo.	*He telephones Gino to invite him.*
Vengo per vederti.	*I am coming to see you.*

3. They are always attached to ecco.

Eccomi! *Here I am!*
Eccoli! *Here they are!*

II. Le stagioni dell'anno (*The seasons of the year*)

la primavera	*spring*	l'autunno	*fall*
l'estate	*summer*	l'inverno	*winter*

Primavera and estate are feminine, autunno and inverno are masculine. *In the spring, in the summer, etc.,* are best translated in primavera, in estate, in autunno, in inverno.

III. Numeri cardinali da 21 a 100 (*Cardinal numbers from 21 to 100*)

21 ventuno	28 ventotto	40 quaranta
22 ventidue	29 ventinove	50 cinquanta
23 ventitrè	30 trenta	60 sessanta
24 ventiquattro	31 trentuno	70 settanta
25 venticinque	32 trentadue	80 ottanta
26 ventisei	33 trentatrè	90 novanta
27 ventisette	38 trentotto	100 cento

NOTE (a) **venti, trenta, quaranta, cinquanta, sessanta, settanta, ottanta,** and **novanta** drop the final vowel when they combine with **uno** or **otto**; (b) when **tre** is added to **venti, trenta,** etc., it requires an accent.

Cento means *one hundred;* therefore, the English *one* before *hundred* is never translated into Italian.

IV. L'ora (*Time of day*)

1. The Italian equivalent of the question "What time is it?" is either **che ora è?** or **che ore sono?** The reply, or statement, is (a) singular for *one o'clock, noon,* and *midnight;* (b) plural for the other hours.

È l'una.	*It is one o'clock.*
È mezzogiorno.	*It is noon.*
È mezzanotte.	*It is midnight.*
Sono le due (le tre, le cinque, ecc.)	*It is two (three, five, etc.) o'clock.*
Sono le tre in punto.	*It is exactly three o'clock.*

It should be noted that the word for *time* (ora in the singular, ore in the plural) is implied but not expressed in giving the time of day.

2. The following idiomatic constructions are used to express fractions of time.

È l'una e dieci (quịndici, venti, etc.).   *It is one ten (fifteen, twenty, etc).*
Sono le tre e un quarto.   *It is a quarter past three.*
Sono le cịnque e mezzo.   *It is five-thirty.*
Sono le otto **meno venti** (*lit.,* "eight minus twenty").
or **Mạncano venti minuti alle** otto (*lit.,* "twenty minutes are lacking to eight").   *It is twenty minutes to eight.*
È mezzogiorno **meno un quarto.**
or **Manca un quarto a mez-**zogiorno.   *It is a quarter to twelve (noon).*
A che ora?   *At what time?*
A mezzogiorno, alle sei, alle nove e mezzo.   *At noon, at six, at nine-thirty.*

3. In referring to train (boat, etc.) schedules, theatrical performances, and office hours, Italians sometimes continue counting after twelve (noon) to twenty-four (midnight). In everyday conversation, however, when clarification is needed, it is more common to count from 1 to 12 and to use **di mattina** *A.M.* (*lit.,* "of the morning"); **del pomerịggio,** *early P.M.* (*lit.,* "of the afternoon"); and **di sera,** *late P.M.* (*lit.,* "of the evening").

Il treno parte alle venti.   *The train leaves at 8 P.M.*
I cugini arrịvano alle sette di mattina (di sera).   *The cousins will arrive at 7 A.M. (P.M.).*

V. Uso idiomatico della preposizione da (Idiomatic use of the preposition da)

Before a name, surname, and pronoun, and before a noun referring to a person, da translates in English as *at somebody's office, place, at the house of,* etc.

Stasera mangiamo da Alfredo.	*Tonight we will eat at Alfredo's.*
Non è a casa, è dal barbiere.	*He is not at home, he is at the barber's.*
Tutte le sere vanno dai Caracci.	*Every evening they go to the Caraccis'.*

NOTE No article is needed with a first name.

VI. Plurale dei nomi, continuazione (Plural of nouns, continued)

Nouns ending in an accented vowel (including the monosyllabic il re *king* and il tè *tea*) are invariable.

la città	*the city*	le città	*the cities*
l'università	*the university*	le università	*the universities*
il tassì	*the taxi*	i tassì	*the taxis*

Nouns ending in a consonant are also invariable.

il film	*the film*	i film	*the films*
lo sport	*the sport*	gli sport	*the sports*

Bologna
I supermercati sono ormai molto comuni in tutte le città italiane.

A. Dare risposte affermative e sostituire al complemento diretto il pronome corrispondente. *(Answer the following questions affirmatively, using the appropriate direct object pronouns.)*

ESEMPIO   Studi il pronome?   ⟶   Sì, lo studio.

1. Studi i verbi?
2. Studi le parole nuove?
3. Studi la matematica?
4. Studi l'italiano?

5. Studi l'italiano e il francese?
6. Studi la matematica e l'economia?
7. Studi la grammatica e il vocabolario?
8. Studi i vocaboli e le espressioni?

B. Rispondere negativamente alle domande seguenti e sostituire al complemento diretto il pronome corrispondente. *(Answer the following questions in the negative, using the appropriate direct object pronouns.)*

ESEMPIO   Alzate il ricevitore?   ⟶   No, non lo alziamo.

1. Trovate le dispense di economia?
2. Studiate i verbi italiani?
3. Capite il pronome complemento oggetto?
4. Occupate questa tavola?
5. Vedete sempre Anna e Franco?
6. Scrivete il compito di italiano e quello di francese?
7. Comprate queste belle fragole?
8. Avete il salotto e la sala da pranzo?
9. Preferite la frutta fresca?

C. Rispondere alle domande secondo le indicazioni e sostituire al complemento oggetto il pronome corrispondente. *(Answer the questions as indicated and use the correct form of the direct object pronoun.)*

ESEMPIO   Comprate questo elettrodomestico? (no)   ⟶   No. Non lo compriamo.
          Mi conoscete? (sì)   ⟶   Sì, ti conosciamo.

1. Capite i pronomi congiuntivi? (sì)
2. Comprate le fragole surgelate? (no)
3. Mangiate la carne e il pesce? (sì)
4. Finisci questo esercizio? (sì)
5. Conoscete bene Anna e Franco? (sì)
6. Hai un appuntamento stasera? (no)
7. Mi capisci? (no)
8. Ci conosci? (sì)
9. Mi conoscete? (no)
10. Ci vedi? (sì)
11. Vi vedo? (sì)
12. Ti capisco sempre? (no)

D. Dire che ora è in italiano. *(Say what time it is in Italian.)*

1. It is 5:00.
2. It is 3:45.
3. It is 1:15.

4. It is 1:45.
5. It is 4:00 A.M.
6. It is 10:00 P.M.

E. Usando l'orario ufficiale basato sulle ventiquattro ore, formare frasi con il verbo **arrivare** e i soggetti indicati. *(Using the twenty-four-hour time system, form sentences with the verb **arrivare** and suggested subjects.)*

ESEMPIO   3:00 A.M. / i signori Borghini   ⟶   I signori Borghini arrivano alle tre.

1. 7:30 A.M. / (noi)
2. 1:00 P.M. / i Caracci
3. 4:15 P.M. / il treno

4. 12:00 A.M. / le vecchie clienti
5. 8:00 P.M. / il fruttivendolo
6. 1:30 P.M. / anch'io

F. Volgere le frasi seguenti al plurale. *(Change the following sentences to the plural.)*

1. Il bel supermercato è in periferia.
2. Quella città non è troppo bella.
3. Il tassì francese è verde.
4. Preferisco vedere lo sport e il film.
5. Il re non va dal fruttivendolo.
6. La verdura non è blu.

G. Completare con le parole singole appropriate. *(Fill in each blank with a correct word.)*

La signora Borghini compra _____ verdure _____ fruttivendolo e _____ pane _____ fornaio, ma va _____ supermercato a comprare la frutta surgelata. Il _____ Borghini _____ la frutta fresca, ma _____ primavera la frutta è _____ cara. Le fragole oggi _____ eccezionali ma sono anche le prime _____ stagione e la signora non _____ prende perchè costano _____.

■ **RIELABORAZIONE** ████████████████

Dare l'equivalente italiano delle frasi seguenti. *(Give the Italian equivalent of the following sentences.)*

1. I see many beautiful buildings?—Yes, I see them.
2. We're going to Mary's (place); we see her in the living room.
3. I buy carrots and string beans at the greengrocer's.
4. I buy lots of strawberries. I always buy them.
5. Mrs. Borghini buys fresh fruit. She prefers it.
6. String beans are expensive today because they are the first of the season.
7. It isn't spring, unfortunately.
8. In the winter I am always cold and in the summer I am warm.

Che belle nocciuole! Quanto costano? Preferisci fare la spesa all'antica?

Rispondere alle domande seguenti. *(Answer the following questions.)*

1. A che ora arrivi all'università?
2. A che ora mangi?
3. A che ora ritorni a casa oggi?
4. A che ora hai lezione?
5. A che ora vai a dormire?
6. A che ora ritorni dal cinema?
7. A che ora vai al supermercato?

LA PRIMA COLAZIONE

Sono le sette e mezzo di mattina e la famiglia Borghini è già seduta a tavola per la prima colazione.

Signor Borghini:	Buon giorno Emilia, buon giorno, ragazze.
Vanna e Marina:	Buon giorno, papà.
Signora Borghini:	Buon giorno, Paolo, hai dormito bene?
Signor Borghini:	Come un ghiro. E ora ho fame.
Signora Borghini:	Ecco i panini, i cornetti e la marmellata.
Vanna:	Ecco il caffè, papà. È bello caldo.
Marina:	Io prendo[1] il caffellatte stamani.
Signora Borghini:	Com'è andata la riunione ieri sera, Paolo?
Signor Borghini:	È stata molto interessante. È venuto anche il direttore... Lo zucchero, per favore.
Vanna:	Eccolo. Ancora caffè, papà?
Signor Borghini:	No, grazie. Com'è forte questo caffè! Ho parlato con molte persone.
Signora Borghini:	Hai visto anche il Dottor Corso?
Signor Borghini:	No, non l'ho visto. *(Prende un altro panino, del burro e della marmellata.)* E quà a casa che c'è di nuovo? Come va la scuola, Marina?
Marina:	Sempre la stessa storia. Niente di nuovo.
Signor Borghini:	*(a Vanna)* E all'agenzia?
Vanna:	Abbiamo due novità: una gita a Parigi per il quindici d'agosto e una a Londra per il primo di settembre.
Marina:	Mamma, c'è ancora caffellatte?
Signora Borghini:	No, è finito.
Marina:	Che peccato!
Signor Borghini:	*(Guarda l'orologio.)* Sono le otto e un quarto e al solito sono in ritardo. Ciao.

[1]In Italian the present indicative is often used for the future to indicate an immediate act.

Cosa prendono per la prima colazione?
Che ora è? Dov'è seduta la famiglia?

 **DOMANDE**

1.   A che ora è già seduta a tạvola la famịglia Borghini?
2.   Ha dormito bene il signọr Borghini?
3.   Chi è andato alla riunione?
4.   Che mạngia il signọr Borghini per la prima colazione?
5.   Cosa c'è di nuovo a scuola?
6.   Prende il caffè Marina?
7.   Perchè Marina dice « Che peccato! » ?
8.   Che novità ci sono all'agenzia di viaggi?
9.   Che ore sono quando il signọr Borghini guarda l'orologio?
10.   Lei che mạngia per la prima colazione?

■ VOCABOLARIO

Sostantivi

il **burro**   butter
il **caffè**   coffee
il **caffellatte**   coffee with milk
la **colazione**   lunch; la **prima
colazione**   breakfast
il **cornetto**   croissant
il **direttore**   director
  Emilia   Emily
la **gita**   trip, excursion
  Londra   London
la **marmellata**   jam
la **novità**   news
l' **orologio**   watch, clock
il **panino**   roll
  Paolo   Paul
  Parigi *(f.)*   Paris
la **persona**   person
la **riunione**   meeting
la **storia**   story
lo **zucchero**   sugar

Aggettivi

forte   strong
interessante   interesting
stesso   same

Verbi

guardare   to look (at)
seduto   seated
stata *(p.p. of essere)*   been
venuto *(p.p. of venire)*   come

Altri vocaboli

ancora   more, still
come   how
già   already
ieri   yesterday

Espressioni

al solito   as usual
bello caldo   nice and hot
che peccato! *(or peccato!)*   what a pity!
come va la scuola?   how is school?
dormire come un ghiro   to sleep like a log
essere in ritardo   to be late *(of a person or
  thing)*
ieri   yesterday; **ieri sera**   last night
niente di nuovo   nothing new
per favore   please

Prima colazione all'americana

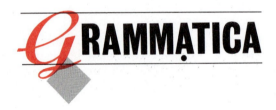

GRAMMATICA

I. Il participio passato *(The past participle)*

The past participle of regular verbs is formed by dropping the infinitive ending and adding to the stem: -ato for verbs in -are, -uto for verbs in -ere, and -ito for verbs in -ire.

parl-are	*to speak*	parl-ato	*spoken*
ripet-ere	*to repeat*	ripet-uto	*repeated*
cap-ire	*to understand*	cap-ito	*understood*

Many verbs, particularly those in -ere, have irregular past participles. Some common irregular past participles are:

scrivere	*to write*	scritto	*written*
leggere	*to read*	letto	*read*
rispondere	*to answer*	risposto	*answered*
prendere	*to take*	preso	*taken*
vedere	*to see*	visto[1]	*seen*
aprire	*to open*	aperto	*opened*
venire	*to come*	venuto	*come*

The past participle is often used as an adjective. In such cases it agrees in number and gender with the noun it modifies:

Il mio colore **preferito**.	*My favorite (preferred) color.*
La lezione è **finita**.	*The lesson is finished.*
Gli esami sono **scritti** in italiano.	*The examinations are written in Italian.*
Le canzoni **cantate** a Natale.	*The songs sung at Christmas.*

[1]Vedere also has a regular past participle: veduto.

II. *Il passato prọssimo* (The present perfect)

The present perfect is used to express a completed past action or event. As the Italian term indicates, it is usually used to refer to an action completed in a recent past. It is formed by adding the past participle of the verb to the present indicative of the auxiliary verb. Italian has two auxiliaries, avere *to have* and ẹssere *to be.*

1. In general, transitive verbs are conjugated with avere. Transitive verbs express an action that carries over from a subject to a direct object: e.g., The teacher *explains* the lesson.

Avere parlato *to have spoken*

In Itạlia ho parlato italiano ogni giorno.	*In Italy I spoke Italian every day.*

Singolare		
	io ho parlato	*I have spoken, I spoke*
	tu hai parlato	*you have spoken, you spoke*
	lui ha parlato	*he has spoken, he spoke*
	lei ha parlato	*she has spoken, she spoke*
	Lei ha parlato	*you have spoken, you spoke*

Plurale		
	noi abbiamo parlato	*we have spoken, we spoke*
	voi avete parlato	*you have spoken, you spoke*
	loro ⎤ Loro ⎦ hanno parlato	*they* ⎤ *you* ⎦ *have spoken, spoke*

The past participle of verbs conjugated with avere agrees with the preceding direct object pronouns la, le, li; it may agree with the preceding direct object pronouns mi, ti, ci, vi.

Ho mangiato la frittata.	*I have eaten the omelet.*
L'ho mangiata.	*I have eaten it.*

Abbiamo comprato il sale e il pepe.	*We bought the salt and the pepper.*
Li abbiamo comprati.	*We bought them.*
Ci hanno veduti (*or* veduto).	*They saw us.*

Agreement is optional when the direct object is not a personal pronoun, but when the past participle is followed by an infinitive there is no agreement.

Questa è l'automọbile che abbiamo veduto (*or* veduta) ieri.	*This is the automobile that we saw yesterday.*

but	i mirtilli che ho dimenticato di mangiare	*the blueberries I have forgotten to eat*
	le pere che ho desiderato comprare	*the pears I wished to buy*

2. Many intransitive verbs (those that do not take a direct object), especially those expressing motion (such as **arrivare** *to arrive;* **partire** *to depart, to go away;* **entrare** *to enter;* **uscire** *to go out;* **restare** *to stay, to remain;* **andare** *to go;* **ritornare** (or **tornare**) *to return;* and **venire** *to come* [the past participle of **venire** is **venuto**], etc.), are conjugated with the auxiliary **ẹssere** *to be,* and their past participles always agree with the subjects.

Ẹssere arrivato   *to have arrived*

Io sono arrivato(-a) presto.	*I have arrived early.*

io sono arrivato(-a)	*I have arrived, I arrived, etc.*
tu sei arrivato(-a)	
lui è arrivato	
lei è arrivata	
Lei è arrivato(-a)	

noi siamo arrivati(-e)
voi siete arrivati(-e)
loro sono arrivati(-e)
Loro sono arrivati(-e)

Benvenuta, **signorina,** quando è arrivata? *Welcome, Miss, when did you arrive?*
Benvenuti, **signori,** quando sono arrivati? *Welcome, gentlemen, when did you arrive?*
Sono venuti, ma non sono restati molto. *They came, but they did not stay long.*
Siamo usciti presto e siamo ritornati tardi. *We left early and we returned late.*

BUON GIORNO

PRIMA COLAZIONE COMPLETA «REGINA»

Caffè, caffè espresso, tè, cioccolata, o latte, panini, brioches, pane, burro, Zwieback o toast, marmellata a scelta o miele.

Lire 4.000

(compreso nel prezzo della pensione)

1. Caffè, tè, cioccolata, latte semplice	L 1000
2. Nescafé o Nescafé decaiffeinizzato (HAG)	» 1000
3. Spremute d'arance	» 1500
4. » di limone, pompelmo, pomodoro	» 1500
5. Mezzo pompelmo (grapefruit)	» 2000
6. Frutta fresca di stagione p. pezzo	» 2000
7. Composta di frutta mista	» 2000
8. Uova a la coque	» 1000
9. Due uova al piatto o strapazzate	» 2500
10. Come 9 con pancetta aff. o prosciut. o salsiccia	» 3000
11. Omelette naturale	» 3000
12. Omelette al bacon o al prosciutto	» 3000
13. Yoghourt o cornflakes o puffed rice	» 1000
14. Porridge con crema o latte	» _____
15. Prosciutto crudo o cotto (di Parma)	» 6000
16. Formaggi vari	» 2500

SERVIZIO COMPRESO

Il menù per la prima colazione completa alla «Regina Palace».
Quanto costano due uova strapazzate?

III. *Il passato prossimo di* avere *e* ęssere *(Present perfect of* avere *and* ęssere*)*

Avere avuto to have had

Io ho avuto molto tempo.	*I have had lots of time.*

io ho avuto	*I have had, I had, etc.*
tu hai avuto	
lui ha avuto	
lei ha avuto	
Lei ha avuto	

noi abbiamo avuto
voi avete avuto
loro hanno avuto
Loro hanno avuto

Non **ho avuto** tempo di studiare.	*I did not **have** time to study.*
Avete avuto la lezione d'italiano oggi?	***Did you have** the Italian lesson today?*
Ieri **abbiamo avuto** Maria a pranzo.	*Yesterday **we had** Mary to dinner.*

Ęssere stato(-a) to have been

Io sono stato(-a) a Venęzia.	*I have been in Venice.*

io sono stato(-a)	*I have been, I was, etc.*
tu sei stato(-a)	
lui è stato	
lei è stata	
Lei è stato(-a)	

noi siamo stati(-e)
voi siete stati(-e)
loro sono stati(-e)
Loro sono stati(-e)

Siamo stati a Londra, ma **non siamo stati** a Parigi.	*We **have been** to London, but **we haven't been** to Paris.*
Ieri **sono stato** a casa tutto il giorno.	*Yesterday, **I was** at home the whole day.*
È stata una lezione molto interessante.	***It was** a very interesting lesson.*

Sono le nove e al solito sono tutti in ritardo. Dove vanno?

IV. *Avverbi di tempo (Adverbs of time)*

In a compound tense, certain adverbs of time such as **già** *already*, **mai** *ever, never*, **ancora** *yet, still*, and **sempre** *always* are placed between the auxiliary verb and the past participle.

Il caffè è **già** pronto.	*The coffee is ready **already**.*
Non hanno **mai** assaggiato questo formaggio.	*They have **never** tasted this cheese.*
Non sono **ancora** arrivati?	*Haven't they arrived **yet**?*
Sono **sempre** venuti in ritardo.	*They **always** came late.*

In an interrogative sentence, **mai** may follow the compound tense.

Hai mangiato **mai** il risotto alla milanese?	*Have you ever eaten rice Milanese style?*

V. *Uso idiomatico di* **Che!, Come!, Quanto!** *(Idiomatic use of* Che!, Come!, Quanto!*)*

In exclamatory sentences:

a. **Che!** translates in English as "What!," "What a!"

Che fortuna!	*What luck!*
Che disastro!	*What a disaster!*
Che bei fiori!	*What beautiful flowers!*

b. **Come!** and **Quanto!** (the latter is invariable in such constructions) translate in English as "How!," but note that they are immediately followed by the verb.

Com'è (*or* **Quant'è**) bella!	*How beautiful she is!*
Come (*or* **Quanto**) sono interessanti!	*How interesting they are!*

VI. *I mesi dell'anno; le date (The months of the year; dates)*

gennaio	*January*	luglio	*July*
febbraio	*February*	agosto	*August*
marzo	*March*	settembre	*September*
aprile	*April*	ottobre	*October*
maggio	*May*	novembre	*November*
giugno	*June*	dicembre	*December*

Oggi è il primo (di) giugno.	*Today is **the first** of June.*
Domani è **il due** (tre, quattro, ecc.) (di) novembre.	*Tomorrow is **the second** (**third, fourth,** etc.) of November.*

Note that the preposition **di** is optional, and that, except for the first day of the month, which is an ordinal number, the other days are expressed with cardinal numbers.

I giorni, i santi e le feste di dicembre

ESERCIZI

A. Dare il participio passato di ciascuno dei seguenti infiniti. *(Give the past participle of each of the following infinitives.)*

guardare	continuare	vedere	abitare	parlare
avere	vendere	occupare	finire	preferire

B. Dare l'infinito di ciascuno dei seguenti participi passati. *(Give the infinitive of each of the following past participles.)*

conosciuto	partito	mangiato	invitato	costato
ritornato	dormito	pagato	capito	squillato

C. Sostituire il soggetto con quelli indicati fra parentesi e riscrivere la frase facendo i cambiamenti necessari. *(Replace the subject with the ones indicated in parentheses and rewrite the sentence, making the necessary changes.)*

ESEMPIO   Il signor Borghini ha guardato l'orologio. (noi)   ⟶
              Anche noi abbiamo guardato l'orologio.

1. Hai mangiato il risotto alla milanese?
   (voi / Emilia / il signor Paolo / le ragazze)
2. Le due ragazze hanno dormito bene.
   (io / voi due / tutti noi / tu)

D. Rispondere alle domande seguenti secondo le indicazioni. *(Answer the following questions according to the cues.)*

ESEMPIO   Ha pagato Giovanni? (io)   ⟶   No, ho pagato io.

1. Ha cominciato Giovanni? (noi)
2. Ha lavorato Giovanni? (Anna)
3. Giovanni ha parlato? (loro)
4. Giovanni ha trovato le dispense? (io)
5. Giovanni ha cominciato a parlare? (io e Anna)
6. Giovanni ha raccomandato il pesce? (Anna e Michele)
7. Giovanni ha occupato questa tavola? (tu)
8. Giovanni ha veduto quel bell'edificio? (voi)

E. Formare nuove frasi secondo gli esempi. *(Form new sentences, as indicated in the examples.)*

ESEMPIO   Gina   ⟶   Anche Gina è andata a casa.

1. i signori Borghini   3. io *(masc.)* e Marina
2. io   4. tu *(fem.)* e Marina

ESEMPIO   voi   ⟶   Anche voi siete ritornati all'una?

1. Giacomo, il fruttivendolo   3. quei due studenti
2. il fornaio e il macellaio   4. Marina e Emilia

ESEMPIO   Mariella   ⟶   Perchè Mariella non è uscita?

1. le ragazze   3. io *(masc.)* e Graziella
2. il professore e la professoressa   4. tu *(fem.)* e Vanna

F. Rispondere alle domande seguendo le indicazioni date. *(Answer the questions by following the given cues.)*

ESEMPIO   Dove siete stati in gennaio? (Venezia)   ⟶   Siamo stati a Venezia.

1. Dove sei stata in agosto? (Pisa)
2. Dove sono state Vanna e Marina? (Parigi)
3. Quando sei arrivato? (il primo di novembre)
4. Quando sono venuti? (il cinque di maggio)
5. A che ora siete arrivati? (8:15)

G. Volgere le frasi seguenti al passato prossimo aggiungendo l'avverbio ieri. *(Change the following sentences to the present perfect, adding the adverb ieri.)*

ESEMPIO   Non capiamo bene.   ⟶   Ieri non abbiamo capito bene.

1. La signora Maratti ripete le istruzioni.
2. Non trovo le dispense.
3. Mario e Michele restano qui.
4. Loro vedono i nuovi elettrodomestici.
5. A che ora arrivi tu *(fem.)?*
6. Ho lezione d'italiano.
7. Gianni dorme otto ore.
8. Lui ritorna dal liceo alle tre del pomeriggio.
9. Lui e lei vanno al cinema.
10. Tutti gli studenti ripetono il participio.

H. Rispondere alle domande seguendo le indicazioni date nell'esempio. *(Answer the questions in complete sentences, according to the example.)*

ESEMPIO   Studi?   ⟶   No, non studio perchè ho studiato molto ieri.

1. Studiate?
2. Mangi?
3. Mangiamo noi?
4. Dormi?
5. Dormo io?
6. Parli?
7. Parlate?
8. Lavori?
9. Lavorate?
10. Lavoro io?

I. Volgere le frasi seguenti al passato prossimo e sostituire ai complementi diretti i pronomi corrispondenti, facendo i cambiamenti necessari. *(Change the following sentences to the present perfect, using the correct form of the direct object pronouns.)*

ESEMPIO   Mario trova le dispense.   ⟶   Mario le ha trovate.

1. Anche io compro le fragole surgelate.
2. Mangiamo il pesce e il panino.
3. Vende tutti i fagiolini.
4. Vedi il dottor Corso?
5. Perchè non capite i pronomi?
6. Capisci questa spiegazione?
7. Scrivono gli esami in italiano.
8. Comprate il pane dal fornaio?
9. Non abbiamo tempo.
10. A Venezia visito i musei.

Comporre un dialogo basato sulla situazione seguente. *(Formulate a dialogue based on the following situation.)*

As you are having breakfast with a friend, you ask her (him) if she (he) slept well and how long. You also ask about her (his) previous day and briefly describe your own. You may also comment on what you are eating and talk about what you plan to do today.

Hai dormito bene?
Che c'è di nuovo?
Come va la scuola?

◼ DOMANDE

Rispondere alle domande seguenti. *(Answer the following questions.)*

1. Che data è oggi?
2. Che data è domani?
3. Quali sono i mesi dell'inverno?
4. Quali sono i mesi della primavera?
5. Quanti giorni ci sono in gennaio?
6. Quanti giorni ci sono in giugno?
7. Quanti giorni ci sono in un anno?
8. Quale stagione preferisce (Lei)? Perchè?

Rispondere alle domande seguendo l'esempio. *(Answer the questions, according to the example.)*

ESEMPIO   Scrivi questo esercizio?   ⟶   No, l'ho già scritto.

1. Comprate lo zucchero?
2. Vedete Vanna e Marina?
3. Compri la verdura e la frutta?
4. Vendete quell'appartamento?
5. Guardi l'orologio?
6. Guardate l'ora?
7. Inviti Gianni e Franco?
8. Visiti quel museo?
9. Cominciate la nuova lezione?
10. Mangiate i cornetti con la marmellata?

◼ RIELABORAZIONE

Dare l'equivalente italiano delle frasi seguenti. *(Give the Italian equivalent of the following sentences.)*

1. I slept eight hours and I am still sleepy.
2. How good this roll is!
3. The class notes? I didn't find them.
4. Frozen vegetables are very expensive.
5. What a beautiful city!
6. Tomorrow is November fourth.
7. Why are you *(sing. fam.)* always late?
8. We went to the meeting with Emily.
9. What a pity! This coffee is not very strong.
10. Today is the first of August.

8

CHE BELLA GIORNATA!

Oggi è domenica. È il cinque aprile. È una bella giornata di primavera. Vanna è vicino alla porta, pronta a uscire di casa, e parla con sua sorella.

Vanna:	Che bella giornata!
Marina:	Fantastica. È un peccato stare a casa.
Vanna:	Davvero. Io, infatti, non resto a casa.
Marina:	No? Dove vai?
Vanna:	A fare una scampagnata con alcuni amici.
Marina:	Quali amici?
Vanna:	I miei soliti amici, Gianni, Carlo, Adriana e Luisa.
Marina:	Andate con la nostra macchina?
Vanna:	No. Carlo porta la sua; è più grande. E poi lui guida bene. E tu che fai?
Marina:	Sto qui, purtroppo. Il professor Tucci ha dato un sacco di lavoro per domani.
Vanna:	Che brutto scherzo! È domenica, è una splendida giornata. Oggi non è una giornata per studiare.
Marina:	Pazienza!
Vanna:	Hai visto i miei occhiali da sole?
Marina:	No. Se non li trovi, ti do i miei.
Vanna:	Grazie. Li ho trovati. Eccoli, nella mia borsetta.
Marina:	Oh, ecco papà e mamma.
Signor Borghini:	Noi stiamo per andare a fare due passi alle Cascine. Voi che fate?
Vanna:	Io vado con alcuni amici.
Marina:	Io, invece, resto a casa a studiare.
Signora Borghini:	Mi dispiace. Desideri qualche cosa?
Marina:	No, grazie.
Vanna:	*(a Marina)* Ciao. Buon divertimento!
Marina:	Quanto sei spiritosa!

Il tempo oggi

VARIABILE

DA POCO NUVOLOSO

A NUVOLOSO

ANNUVOLAMENTI INTERMITTENTI

AERONAUTICA MILITARE
SERVIZIO METEOROLOGICO

FENOMENI
nebbia / rovesci
pioggia / temporali
nevicate / grandine

MARE
quasi calmo
poco mosso
mosso
molto mosso
agitato
morto agitato

VENTO
moderato
(10 - 20 nodi = forza 4-5)
forte
(21-33 nodi = forza 6-7)
molto forte
(34-47 nodi = forza 8-9)

tempo previsto: sulle regioni settentrionali condizioni di variabilità con possibilità di occasionali e brevi piogge o temporali sul settore orientale e schiarite più ampie sul settore occidentale. Al Sud annuvolamenti intermittenti con qualche precipitazione più probabile sui versanti adriatico e ionico.

temperatura: in lieve aumento al Centro Nord e sulla Sardegna; senza variazioni sulle altre zone.

venti: sulle regioni centro settentrionali e sulla Sardegna deboli o temporaneamente moderati di direzione variabile. Sulle altre zone deboli o moderati intorno a Nord.

città italiane

Bolzano	10	26	Pescara	11	25
Verona	12	26	Roma	15	25
Trieste	18	24	Campobasso	12	20
Venezia	14	27	Bari	16	24
Milano	11	26	Napoli	13	27
Torino	11	27	Potenza	12	18
Cuneo	13	21	S. M. di Leuca	17	26
Genova	16	25	R. Calabria	20	26
Bologna	15	27	Messina	23	28
Firenze	10	31	Palermo	22	25
Pisa	11	25	Catania	15	28
Ancona	12	23	Alghero	13	25
Perugia	15	23	Cagliari	15	28

città estere

Amsterdam	9	18	sereno	Lisbona	15	28	sereno
Atene	18	28	sereno	Londra	10	20	sereno
Beirut	23	29	sereno	Los Angeles	24	32	sereno
Belgrado	12	18	nuvoloso	Madrid	15	32	sereno
Berlino	13	18	nuvoloso	C. del Messico	13	24	sereno
Bruxelles	8	16	sereno	Montreal	16	24	sereno
Buenos Aires	9	16	sereno	Mosca	11	22	sereno
Il Cairo	21	34	sereno	New York	16	35	sereno
Copenaghen	13	18	sereno	Oslo	12	15	sereno
Dublino	10	16	nuvoloso	Parigi	10	17	sereno
Francoforte	10	19	pioggia	Pechino	17	27	sereno
Ginevra	6	22	sereno	Rio de Janeiro	18	28	pioggia
Helsinki	13	15	nuvoloso	Stoccolma	12	17	nuvoloso
Hong Kong	27	31	nuvoloso	Sydney	13	24	sereno

Bollettino meteorologico

 DOMANDE

1. Che giorno è quando Vanna è pronta a uscire?
2. Con chi va a fare una scampagnata?
3. Con quale macchina vanno e perchè?
4. Vanna parla di un brutto scherzo. Quale brutto scherzo?
5. Che cosa non trova Vanna?
6. Vanno a fare una scampagnata anche il papà e la mamma?
7. E Marina cosa fa?
8. Perchè Marina dice « Quanto sei spiritosa! » a Vanna?
9. Lei dove va quando è una bella giornata?
10. Che giorno è oggi?

■ VOCABOLARIO

Sostantivi

la **borsetta** handbag, purse
Carlo Charles
le **Cascine** a park in Florence
la **giornata** day *(descriptive)*
il **lavoro** work
Luisa Louise
la **macchina** car, automobile; machine
gli **occhiali da sole** sunglasses
la **pazienza** patience
la **porta** door
la **scampagnata** outing, picnic
lo **scherzo** joke, prank; **che brutto scherzo!**
what a dirty trick!

Aggettivi

fantastico fantastic
solito usual
splendido splendid

Verbi

guidare to drive
portare (a) to take, bring
restare (a) to remain
stare to stay, remain
trovare to find

Altri vocaboli

davvero really
eccoli here they are
infatti in fact
invece instead
qui here
se if, whether
vicino (a) near

Espressioni

è un peccato it's a shame
fare due passi to take a short walk
fare una scampagnata to go on an outing, a
picnic
stiamo per we are about to
un sacco di a lot of
quanto sei spiritosa! aren't you funny!

È una bella giornata. Dove vanno i ragazzi?
Vanno con la macchina? Con alcuni
amici?

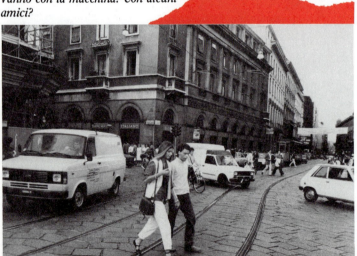

GRAMMATICA

I. Aggettivi e pronomi possessivi *(Possessive adjectives and pronouns)*

Singolare		Plurale		
Maschile	*Femminile*	*Maschile*	*Femminile*	
il mio	la mia	i miei	le mie	*my, mine*
il tuo	la tua	i tuoi	le tue	*your, yours* (familiar)
il suo	la sua	i suoi	le sue	*his, her, hers, its*
il Suo	la Sua	i Suoi	le Sue	*your, yours* (polite)
il nostro	la nostra	i nostri	le nostre	*our, ours*
il vostro	la vostra	i vostri	le vostre	*your, yours* (familiar)
il loro	la loro	i loro	le loro	*their, theirs*
il Loro	la Loro	i Loro	le Loro	*your, yours* (polite)

As shown in the preceding chart, the forms for the possessive pronouns and adjectives are identical.

1. Possessive adjectives and pronouns are usually preceded by the definite article and agree in gender and number with the object *possessed* not, as in English, with the *possessor.*

Anna ama **i suoi** nonni. *Ann loves **her** grandparents.*
Gino vede **sua** zia. *Gino sees **his** aunt.*
Io porto **i miei** cugini e tu porti **i tuoi**. *I'll bring **my** cousins and you will bring **yours**.*
Noi preferiamo il **nostro** giardino e voi preferite il vo-stro. *We prefer **our** garden and you prefer **yours**.*

Studiando all'aperto

2. The definite article, which precedes the Italian possessive adjectives, is omitted in direct address and before a singular, unmodified noun denoting family relationship, except **mamma** *(mom)*, **papà** *(dad)*, and **babbo** *(daddy)*.

	Buọn giorno, mio caro nipote.	*Good morning, my dear nephew.*
	Anna scrive a **sua** madre.	*Ann is writing to her mother.*
but	La mia mamma è ancora giọvane.	*My mom is still young.*
	Anna scrive **alla sua** vẹcchia madre.	*Ann is writing to her old mother.*
	Anna scrive **ai suoi** fratelli.	*Ann is writing to her brothers.*

With the possessive **loro**, the article is never omitted.

Conosco il loro zio.	*I know **their uncle**.*

3. Possessive adjectives are usually repeated before each noun to which they refer.

La tua camịcia e la tua cravatta sono sulla sẹdia. *Your shirt and tie are on the chair.*

4. To avoid ambiguity, instead of saying **il suo libro**, *his (her) book,* one may say **il libro di lui (lei)**, *his (her) book.*

Prendiamo l'ombrello di lei, non di lui. *We are taking **her** umbrella, not **his**.*

II. Gli aggettivi e pronomi interrogativi quale e quanto
(The interrogative adjectives and pronouns quale *and* quanto*)*

Quale? *Which? Which one?* Quanto? *How much?*
Quanto has these forms: **quanto, quanta, quanti, quante.**

Quanto pane?	*How much bread?*
Quanta carne?	*How much meat?*
Quanti pomodori desịdera?	*How many tomatoes do you wish?*
Compro delle mele. — Quante?	*I will buy some apples.— How many?*
Quanto costa (cọstano)?	*How much does it (do they) cost?*

Quale has these forms: **quale, quali.**

Quale zio è in Itạlia?	*Which uncle is in Italy?*
Quale automọbile preferisce?	*Which car do you prefer?*
Quali occhiali vuole?	*Which eyeglasses do you want?*
Quali ragazze ci sono?	*Which girls are there?*

Before **è** *(is)*, **quale** usually drops the **e.**

Quạl è la pronụnzia corretta?	*Which is the correct pronunciation?*

III. Il partitivo, continuazione
(*The partitive*, continued)

As we saw in Chapter 5, the partitive idea, *some* or *any*, may be expressed by **di** plus the definite article. It may also be expressed as follows:

1. By **alcuni** (-e), which is used only in the plural.

Ho **alcune** cugine e **alcuni** cugini, ma non molti.   *I have some cousins, but not many.*
Oggi è mezza festa e **alcuni** negozi sono chiusi.   *Today is a half-holiday and some stores are closed.*

2. By **qualche**, which is always followed by the singular form of the noun.

Ogni giorno scrivo **qualche** lẹttera.   *Every day I write some letters.*
Ha comprato **qualche** cravatta.   *He bought a few ties.*

NOTE   **alcuni** and **qualche** may be used only when *some* or *any* stands for *several, a few.*

3. By **un po' di**, when *some, any* mean *a little, a bit of.*

Ho mangiato **un po' di** pane e **un po' di** burro.   *I ate some bread and some butter.*

4. Note that only **alcuni** (-e) and **un po'** can be used as pronouns.

Quante persone ci sono nella banca?—**Alcune.**   *How many people are there in the bank?—Some.*
Parla inglese tuo padre?—**Un po'.**   *Does your father speak English?—Some.*

Una gita in motocicletta o a piedi?

IV. Presente indicativo di dare e stare *(Present indicative of dare and stare)*

Both verbs are irregular in the present indicative.

Dare to give	**Stare** to stay*
Oggi do un ricevimento.	Sto a casa tutto il giorno.
Today I am giving a reception.	*I stay at home all day.*
do	sto
dai	stai
dà	sta
diamo	stiamo
date	state
danno	stanno

Note these idioms with dare: **dare la mano (a)** *to shake hands (with)*, **dare del tu (del Lei)** *to address someone with* **tu** *(with* **Lei**).

Gianni **dà** sempre **la mano** agli amici.   *Johnny always **shakes hands** with his friends.*

Il professore mi **dà del tu**.   *The professor uses "tu" when he speaks to me.*

Also note that **stare per** + *infinitive* means *to be about to.*

Stanno per partire per l'Italia.   ***They are about to** leave for Italy.*

ESERCIZI

A. Volgere le frasi seguenti al plurale, facendo i cambiamenti necessari. *(Change the following sentences to the plural, making all necessary changes.)*

ESEMPIO   Ecco la sua automobile!   ⟶   Ecco le sue automobili!

1. Ecco il suo professore!
2. Ecco il mio amico!
3. Ecco la tua macchina!
4. Ecco la loro casa!
5. Ecco il tuo vestito!
6. Ecco il nostro giardino!

B. Volgere le frasi seguenti al singolare, facendo i cambiamenti necessari. *(Change the following sentences to the singular, making all necessary changes.)*

ESEMPIO   Questi sono i miei vestiti.   ⟶   Questo è il mio vestito.

1. Queste sono le mie calze.
2. Sono questi i tuoi cani?
3. Queste sono le nostre camere.
4. Sono queste le loro cugine?
5. Questi sono i miei clienti.
6. Questi sono i loro amici.

*As we saw in the introductory lesson on common phrases, stare is used to express health: **Come stanno i tuoi genitori?** *How are your parents?*

C. Rispondere alle domande seguenti, adoperando la forma appropriata dell'aggettivo e del pronome possessivo della prima persona singolare. *(Answer the following questions in the first person singular, using the correct form of the possessive adjective and the possessive pronoun.)*

ESEMPIO   Sono gli amici di Marina?   ⟶   No, non sono i suoi amici. Sono i miei.

1. È l'appartamento di Vanna?
2. È la scuola di Carlo?
3. È la città di Vanna e di Marina?
4. È il macellaio della signora Borghini?
5. Sono le idee di Luisa?
6. Sono gli occhiali dei tuoi amici?

D. Seguendo l'esempio, comporre frasi interrogative facendo tutti i cambiamenti necessari. *(Following the example, form questions making all the necessary changes.)*

ESEMPIO   figlio   ⟶   Hai conosciuto suo figlio?

1. figlia	6. giovane fratello	11. papà
2. figlie	7. fratelli	12. madre
3. zii	8. fratello	
4. zia	9. mamma	
5. padre	10. vecchio zio	

E. Comporre frasi con le parole indicate aggiungendo la forma appropriata del possessivo **mio**. *(Form sentences using the words listed and the appropriate form of the possessive adjective mio.)*

ESEMPIO   ditta   ⟶   È la mia ditta.

1. appartamento
2. compagne di scuola
3. madre
4. ombrelli
5. fratello
6. famiglia
7. figlie
8. fiori
9. vecchia madre
10. caro padre

F. Riscrivere le frasi seguenti sostituendo un'altra appropriata espressione partitiva. *(Change the following sentences, using another appropriate form of the partitive.)*

ESEMPIO   Abbiamo comprato dei libri interessanti.   ⟶   Abbiamo comprato alcuni libri interessanti. *o*
    Abbiamo comprato qualche libro interessante.

1. Ogni giorno scrivo qualche lettera.
2. Il signor Borghini ha comprato alcuni vestiti.
3. La signora visita alcuni negozi.
4. Ho comprato dei cornetti dal fornaio.
5. Ieri ho comprato qualche mela e alcuni zucchini.

G. Riscrivere le frasi seguenti sostituendo un'altra espressione partitiva. *(Change the following sentences, using another appropriate form of the partitive.)*

ESEMPIO   Perchè non compri del pane?   ⟶   Perchè non compri un po' di pane?

1. Oggi mangia della carne e dell'insalata.
2. Grazie, perferisco un po' di pesce.
3. Signora, desidera della frutta o della verdura?
4. Papà, ecco un po' di caffellate e un po' di marmellata.
5. Alla mensa abbiamo ordinato solamente un po' di carne.

H. Completare le frasi seguenti con la forma adatta del partitivo, senza fare altri cambiamenti. *(Complete the following sentences with the correct partitive expression, without making any other changes.)*

1. Oggi preferisco _____ vino.
2. Abbiamo _____ lezioni nell'edificio nuovo.
3. Vuole _____ pomodoro o _____ fagiolini?
4. Grazie. Preferisco comprare _____ fragole.
5. _____ studenti non rispondono.

I. Formulare domande che corrispondono alle risposte seguenti. *(Formulate questions that correspond to the following answers.)*

ESEMPIO   Le carote costano molto.   ⟶   Quanto costano le carote?
                                                Che cosa costa molto?

1. Questa è la pronunzia corretta.
2. Noi abbiamo comprato molte fragole.
3. I fagiolini costano 80 lire all'etto.
4. Il padre guida molto bene.
5. La madre mangia due panini.
6. Gli studenti preferiscono quegli esercizi, non questi.
7. Arrivano oggi, non domani.
8. Il fruttivendolo ha raccomandato i pomodori.

■ DOMANDE

Rispondere alle seguenti domande con frasi complete e originali. *(Answer the following questions in complete and original sentences.)*

1. Hai molte lezioni di solito? Quante lezioni hai avuto ieri?
2. Quale macchina preferisci?
3. Che cosa scrivi ora?
4. Quanti caffè prendi ogni giorno?
5. Quanti centesimi costa un caffè alla mensa dello studente?
6. Quali esercizi preferisci?

Come viaggiano i due ragazzi?
Sai andare tu in bicicletta?

■ RIELABORAZIONE

Dare l'equivalente italiano delle frasi seguenti. *(Give the Italian equivalent of the following sentences.)*

1. Every day Vanna eats some rolls with a little butter.
2. My father and my mother are not American.
3. Professor Tucci addresses the students with *Lei.*
4. How much does that fish cost?
5. They are about to go to the *Cascine.*
6. I don't have my sunglasses today. I did not bring them.
7. I finished all my exercises. Now I am going downtown.
8. We are in a hurry because we are about to go out.

LA CASA E LA FAMIGLIA

Quando un Italiano dice: « Perchè non vieni a casa mia? » la casa è molto probabilmente un appartamento. Come la famiglia Borghini, la maggioranza delle famiglie nelle città italiane abita in appartamenti e molto spesso in condomini. Il condominio è una novità in America, ma in Italia esiste da quasi sessant' anni.

Anche oggi la famiglia è molto importante nella vita italiana. Di solito la famiglia italiana consiste dei genitori e di uno o due figli; ma spesso, a volte per ragioni economiche, anche uno o due nonni abitano nella stessa casa, e a volte qualche zia. I legami che uniscono la famiglia italiana sono sempre stati molto forti. Bisogna notare, però, che le nuove generazioni hanno idee diverse; hanno partecipato a polemiche sul femminismo, sul divorzio, e sull'aborto, cosicchè i legami familiari non sono forti come una volta.

Gli Italiani preferiscono abitare vicino al centro della città, ma gli appartamenti vicino al centro sono molto cari mentre in periferia costano meno. Le città italiane di solito hanno un ottimo servizio di autobus o filobus, e a Roma e a Milano c'è anche la metropolitana.

aborto *abortion* / a volte *sometimes* / di solito *usually* / il figlio *son;* figli *children* / il filobus *trackless trolley* / il genitore *parent* / il legame *bond, tie* / la maggioranza *majority* / meno *less* / la metropolitana *subway* / il nonno *grandfather;* i nonni *grandparents* / la novità *novelty* / ottimo *excellent* / polemiche *discussions* / spesso *often* / una volta *in former times* / unire *to unite* / vicino (a) *near* / la zia *aunt*

Pomeriggio nei giardini pubblici

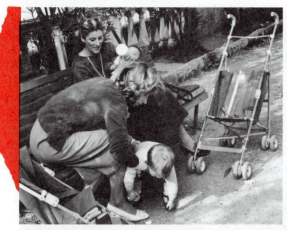

Padre e figlio ad un caffè

La famiglia si diverte con i video games (giochi elettronici)

◼ DOMANDE ◼

1. È una novità il condomịnio in Itạlia?
2. Chi ạbita spesso nella stessa casa in Itạlia?
3. Dove preferịscono abitare gli Italiani?
4. Dove cọstano meno gli appartamenti nelle città italiane?
5. Com'è il servịzio di ạutobus nelle città italiane?
6. Perchè i nonni ạbitano spesso nella stessa casa?

RIPETIZIONE II

A. Preporre la forma corretta dell'aggettivo **quello** e della preposizione **di** + **articolo**, facendo i cambiamenti necessari. *(Add the correct form of the adjective quello and of the preposition di + article, making all necessary changes.)*

ESEMPIO   il negozio   ⟶   quel negozio, del negozio

1. la scampagnata
2. l'appartamento
3. le calze
4. gli edifici

5. le automobili
6. lo scherzo
7. i bagni
8. il supermercato

B. Dare l'equivalente italiano, usando la forma corretta della preposizione articolata **di**. *(Give the Italian equivalents, using the correct partitive forms of di.)*

ESEMPIO   some fruit   ⟶   della frutta

1. some string beans
2. some bread
3. some rolls
4. some pranks

5. some coffee with milk
6. some excursions
7. some jam
8. some sugar

C. Invertire il soggetto e il complemento oggetto diretto. Aggiungere la congiunzione **anche**. *(Change the direct object to the subject and vice versa, adding the word **anche**.)*

ESEMPIO   Loro mi vedono   ⟶   Anche io li vedo.

1. Io ti conosco bene.
2. Vi capiamo sempre.
3. Li invito a colazione.
4. Voi ci guardate attentamente.

5. Lei li conosce.
6. Lui ci vede.
7. Tu mi inviti la domenica.

D. Completare le frasi seguenti con la forma corretta del passato prossimo. *(Complete the following sentences with the correct form of the present perfect.)*

Ieri Vanna e Marina *(andare)* _____ al centro. In Via Verdi *(incontrare)* _____ Gianni. Gianni, Vanna e Marina *(arrivare)* _____ alla Rinascente. Vanna e Marina *(entrare)* _____. Gianni *(restare)* _____ nella via. Le ragazze *(comprare)* _____ delle scarpe. Alle quattro *(uscire)* _____ ma non *(trovare)* _____ Gianni. Marina *(preferire)* _____ andare a casa. Vanna *(restare)* _____ alla Rinascente.

E. Rispondere alle domande seguenti facendo i cambiamenti suggeriti nell'esempio. *(Answer the following questions, making the suggested changes.)*

ESEMPIO   Visitate quel museo?   ⟶   No, l'abbiamo visitato ieri.

1. Compri le fragole?
2. Mangiate i fagiolini?
3. Guardate la televisione?
4. Porti la macchina?

5. Lei ordina il pesce e l'insalata?
6. Comprate le carote e i fagiolini?
7. Hai visto il ragioniere?

F. Completare le frasi seguenti con la forma appropriata dell'aggettivo possessivo. *(Complete the following sentences with the appropriate form of the possessive adjective.)*

ESEMPIO   Ho delle dispense. Sono _____ dispense.   ⟶   Sono le mie dispense.

1. Vanna e Marina hanno degli amici. Sono _____ amici.
2. Anche tu hai dei vestiti. Sono _____ vestiti.
3. La signora Borghini è una cliente di Giacomo. È _____ cliente.
4. Abbiamo ordinato del caffè. È _____ caffè.
5. Vanna ha molti vestiti. Sono _____ vestiti.
6. Ho due zii. Sono _____ zii.
7. Avete un negozio in periferia. È _____ negozio.
8. I signori Borghini hanno due figlie. Sono _____ figlie.

G. Completare le frasi seguenti con l'espressione partitiva appropriata senza fare nessun altro cambiamento. *(Complete the following sentences with the correct partitive form without making any other changes.)*

1. Ho _____ amici inglesi.
2. Buon giorno, Giacomo! Desidero _____ fragole surgelate e _____ frutta fresca.
4. _____ agenzia di viaggi non ha escursioni a Londra.
5. Ha dormito _____ ore.
6. Come al solito, vuole _____ caffè forte.
7. Ho _____ vestito nuovo ma non ho scarpe.
8. Vuole _____ altro libro?

DOMANDE

Rispondere con frasi complete. (*Answer in complete sentences.*)

1. Che cosa hai comprato ieri?
2. Preferisci fare delle compre o fare una scampagnata?
3. Quando scrivi delle lettere, a chi scrivi?
4. Conosce (Lei) il caffè italiano? Preferisce il caffè italiano o quello americano?
5. Quanti panini o cornetti mangia Lei a colazione? Quanti panini ha mangiato ieri?
6. Hai dei fratelli? Quanti? Dove abitano? Quanti anni hanno?
7. È già andata in Italia Lei? Quando? Quali città ha visitato?
8. Hai veduto qualche film italiano? Quale? Quale attore italiano preferisci?

DIALOGO APERTO

Formulare domande appropriate per completare il seguente dialogo fra due studenti. (*Formulate suitable questions to complete the following dialogue between two students.*)

Anna: _____

Giovanni: Buon giorno, sono Giovanni Borghini.

Anna: _____

Giovanni: No, non sono così giovane... Sono uno studente universitario.

Anna: _____

Giovanni: Due: filosofia e lingue straniere.

Anna: _____

Giovanni: Francese e inglese.

Anna: _____

Giovanni: No, l'inglese non è molto difficile.

Anna: _____

Giovanni: È il dottor Centrini.

Anna: _____

Giovanni: Sì, abbiamo un libro e anche delle dispense.

Anna: _____

Giovanni: Sì, purtroppo sono molto care!

*L*A CUCINA ITALIANA

Ci sono molti ricettari di cucina scritti in Italia attraverso i secoli. Molti libri sulla cucina italiana hanno titoli interessanti: *La Scienza della Cucina, Il Re dei Cuochi, Il Talismano della Felicità, Firenze in Padella,* eccetera.

La cucina italiana è conosciuta e apprezzata in tutti i paesi del mondo perchè i suoi piatti sono sani e saporiti. Ogni regione ha la sua cucina tipica. Chi non ha gustato la pastasciutta, il risotto alla milanese, i saltimbocca alla romana, la pizza napoletana, o i cannoli siciliani? Oggi, in alcuni ristoranti delle grandi città è di moda la « nuova cucina » che è un po' diversa dalla cucina tradizionale.

In Italia ci sono tre pasti principali: la prima colazione, la colazione o pranzo, e la cena. La prima colazione consiste

Degli antipasti italiani

★ **MINESTRE IN BRODO**

Cappelletti	L.	4000
Passatelli di Romagna	L.	4000
Pasta e fagioli	L.	3500
Tagliolini in brodo	L.	3500
Fagioli con cotiche	L.	4500
Pastina in brodo	L.	3500
Fagioli con salsiccia	L.	5500

★ **MINESTRE ASCIUTTE**

Penne all'arrabbiata	L.	4000
Penne basilico	L.	4500
Spaghetti alla carbonara	L.	4500
Spaghetti alla bolognese	L.	4000
Spaghetti aglio olio peperoncino	L.	4000
Tagliatelle ai fagioli	L.	4500
Tagliatelle al ragù	L.	4500
Maccheroncini alla panna	L.	4500
Maccheroncini al pasticcio	L.	4500
Maccheroncini alla boscaiola	L.	4500
Tortellini al pasticcio	L.	5000
Tortellini alla boscaiola	L.	5000
Tortellini al ragù	L.	5000
Tortellini alla panna	L.	5000

★ **PIZZERIA**
FRUTT. MARE   5500

	L.	3000
Marinara	L.	3000
Napoletana	L.	3900
Margherita	L.	5000
Pizza alla Casaccia	L.	5000
Pizza ai funghi	L.	5000
Pizza al prosciutto (CRUDO 5500)	L.	5000
Pizza alla capricciosa	L.	5000
Pizza alla Rossini	L.	5000
Quattro Stagioni	L.	5500
Calzone ripieno	L.	4500
Ciclista	L.	4000
Crostini	L.	2500
Toast	L.	3000
Toast farcito	L.	4000

★ **ANTIPASTI** D. PESCE

Antipasto casa	L.	4000
Piadina con prosciutto	L.	3500
Piadina con salame	L.	3500
Prosciutto	L.	5000
Salame	L.	5000
Lonza	L.	5000
Prosciutto e ananas	L.	
Prosciutto e melone	L.	6500
Prosciutto e fichi	L.	6500
Piadina	L.	4000
Coperto e pane	L.	8000
Cozze alla marinara	L.	4000
Cozze al grattè	L.	6000

★ **SECONDI**
PICCIONE

Piatto di lesso		
Arrosto misto		
Coniglio arrosto	L.	7000
	L.	6000
Faraona arrosto	L.	10.000
Coniglio alla cacciatora	L.	8000
Coniglio in porchetta	L.	8000
Salsiccia alla brace	L.	8000
Braciola di maiale	L.	6000
Filetto alla brace	L.	6000
Castrato alla brace	L.	13.000
Bistecca alla brace	L.	8000
Cotoletta alla milanese	L.	8000
Scaloppine a piacere	L.	6000
Costarelle alla brace	L.	8000
Wurstell	L.	6000
Spiedini di carne alla griglia	L.	4000
" " PESCE	L.	8000
		8000

★ **CONTORNI**

Insalata verde		
Insalata mista		
Radicchi di campagna	L.	1500
Verdura cotta	L.	2000
Patate fritte	L.	8000
Patate al forno	L.	2000
Cipolline al forno	L.	2500
Melanzane al graten	L.	2500
Pomodori al graten	L.	2500
Ortaggi in pinzimonio	L.	2500
	L.	3000

Cucina casalinga del ristorante «La Casaccia».
Cosa desidera ordinare? Quanto costa?

CARNE ALLA PIZZAIOLA

Dosi per 2 persone:

2 fette di coscia da 100 gr cadauna - 4 pomodori da sugo o pelati - basilico - prezzemolo - sedano - cipolla - carota - rosmarino - 100 gr di fontina - 1 pizzico di origano - 2 capperi - vino bianco secco - olio - farina.

Tritate finemente tutti gli aromi da cucina, fateli rosolare nell'olio (l'olio e i gusti vanno messi sul fuoco a freddo), quando saranno un po' rosolati passate nella farina la carne, aggiungetela nella padella con i gusti.

Fate rosolare insieme carne e gusti, salate, aggiungete un po' di vino bianco. Fate evaporare il vino, aggiungete i pelati o pomodoro tagliuzzati, fate cuocere due o tre minuti. Aggiungete la fontina tagliata a fettine, i capperi e l'origano.

Coprite il tegame e fate cuocere per cinque minuti.

È gustosissima e facile, però dovete rispettare ogni suggerimento perché è una ricetta che può anche deludere.

Questo procedimento vale anche per cucinare i petti di pollo o tutto il pollo tagliato a pezzi. In questo caso dovete far cuocere almeno per 45 minuti. Va benissimo anche per cucinare il petto di tacchino oppure le svizzere, le quaglie, il fagiano, la faraona.

Una ricetta per la carne alla pizzaiola

generalmente di caffè o caffellatte e panini con burro o marmellata. Il pranzo è il pasto principale, mentre la cena è più leggera. Con i due pasti principali quasi tutti bevono vino bianco o rosso.

Di solito, molti Italiani finiscono il pranzo o la cena con formaggio e frutta.

apprezzare *to appreciate* / attraverso *through* / bevono *(from bere) drink* / bianco *white* / il cannolo *a Sicilian pastry* / la cucina *cuisine, cooking* / il cuoco *cook* / di moda *fashionable* / la felicità *happiness* / la fine *end* / il formaggio *cheese* / gustare *to taste* / leggero *light* / il mondo *world* / ogni *every* / la padella *frying pan* / la pastasciutta *noodles with sauce and cheese* / il pasto *meal* / il piatto *dish, specialty* / il pranzo *dinner* / quasi *almost* / il ricettario di cucina *cookbook* / risotto *a rice dish* / rosso *red* / saltimbocca *(lit., "jump into my mouth") Roman specialty of veal cooked with Italian ham and sage* / sano *wholesome* / saporito *tasty* / scritto *(from scrivere) written* / il secolo *century* / il titolo *title* / tradizionale, *traditional* / tutto *all* / il vino *wine*

 DOMANDE

1. Conosci tre piatti della cucina italiana? Quali?
2. È *Il Talismano della Felicità* un buon titolo per un ricettario?
3. Quali sono i pasti principali in Italia?
4. Cosa bevi a pranzo? Caffè? Caffellatte? Latte? Vino rosso? Vino bianco? Acqua *(water)?* Coca-Cola?
5. Cosa prendono molti Italiani alla fine del pranzo?
6. Mangi spesso cibo italiano? C'è un piatto che preferisci?

III

La storia di molte città

$\mathcal{L}$A CITTÀ DEI CANALI 9

Due Americani, il signor Wheaton e la signora Wheaton, sono andati in Italia per vedere quattro città: Venezia, Firenze, Roma e Napoli. Sono arrivati a Venezia ieri sera e in questo momento il signor Wheaton entra in un'agenzia di viaggi.

Impiegato:	Buona sera, desidera?
Signor Wheaton:	Desidero qualche informazione; desidero fare un giro della città.
Impiegato:	C'è un ottimo giro turistico domani. Comincia alle nove di mattina e finisce alle quattro del pomeriggio.

Pianta parziale di Venezia

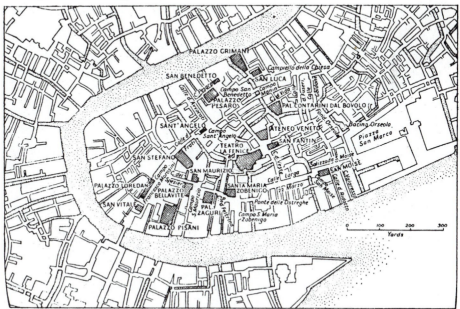

Signor Wheaton:	Bene.
Impiegato:	Comincia da Piazza San Marco...
Signor Wheaton:	Un momento... ha una... come si dice... « map of Venice » ?
Impiegato:	Una pianta di Venezia?
Signor Wheaton:	Precisamente.
Impiegato:	*(Dà una pianta al signor Wheaton.)* Ecco, se guarda sulla pianta vede qui Piazza San Marco. Il giro comincia qui a piedi perchè facciamo prima una visita alla chiesa di San Marco e al Palazzo dei Dogi.
Signor Wheaton:	E il Campanile?
Impiegato:	No, mi dispiace, il Campanile non è mai incluso in questo giro turistico.
Signor Wheaton:	Scusi, cosa dice?
Impiegato:	Dico, il Campanile non fa mai parte del giro. Poi con il vaporetto da Piazza San Marco andiamo all'isola di Murano. Lì visitiamo una vetreria e poi facciamo colazione. Dopo colazione, sempre in vaporetto, andiamo al Lido.
Signor Wheaton:	Ah bene, bene.
Impiegato:	Al Lido, se fa bel tempo, facciamo una passeggiata sulla spiaggia.
Signor Wheaton:	E se fa cattivo tempo?
Impiegato:	In estate non fa quasi mai cattivo tempo, però se piove o tira vento, il gruppo torna invece direttamente a Piazza della Stazione, e da lì a San Marco sul Canal Grande in vaporetto o in gondola.
Signor Wheaton:	Molto bene.
Impiegato:	Allora, desidera un biglietto?
Signor Wheaton:	Due biglietti, per favore, perchè viene anche mia moglie.

Biglietti di vaporetto

◼ DOMANDE ▬▬▬▬▬▬▬▬▬▬

1. Perchè sono andati in Italia il signore e la signora Wheaton?
2. Quando comincia e quando finisce il giro turistico?
3. Il giro comincia in gondola o in autobus?
4. Come vanno all'isola di Murano i turisti?
5. Se fa bel tempo cosa fanno al Lido?
6. E se piove o tira vento cosa fa il gruppo?
7. Perchè il signor Wheaton desidera due biglietti?
8. Perchè non ci sono vaporetti nella nostra città?
9. Che cosa fa Lei quando fa cattivo tempo?

■ VOCABOLARIO

Sostantivi

il **biglietto**   ticket
il **campanile**   belfry
il **canale**   canal
   Canal Grande   Grand Canal, Venice's largest canal
la **chiesa**   church
   Chiesa di San Marco   Saint Mark's Church
il **Doge**   Doge; the head of the old Venetian Republic
   Firenze *(f.)*   Florence
il **giro**   tour
l' **impiegato**   clerk
l' **informazione** *(f.)* a piece of information *(pl.* **informazioni)**
l' **isola**   island
il **Lido**   a small island near Venice with a large beach
la **moglie**   wife
il **momento**   moment
   Napoli *(f.)*   Naples
il **palazzo**   palace
la **pianta**   map
la **piazza**   square; **Piazza San Marco** Saint Mark's Square
il **pomeriggio**   afternoon
la **spiaggia**   beach
la **stazione**   station
il **vaporetto**   ferryboat *(typical of Venice)*
la **vetreria**   glassworks

Aggettivi

incluso   included
ottimo   very good, excellent
turistico   touristic

Verbi

desidera?   what can I do for you?
entrare   to enter
tornare = ritornare   to return

Altri vocaboli

direttamente   directly
più   more
poi   after, afterwards
precisamente   precisely
quasi   almost

Espressioni

come si dice?   how do you say?
da lì   from there
fa cattivo tempo   the weather is bad
fare un giro   to tour, take a tour
fare parte di   to be part of
mi dispiace   I'm sorry
tira vento   the wind is blowing

Il vaporetto e la gondola sul Canal Grande di Venezia

GRAMMATICA

I. Negazione, continuazione
(*Negatives*, continued)

1. A verb is made negative by placing **non**, *not*, before it.

Non capisco. *I do **not** understand.*

2. Negative words such as **mai** *never (ever),* **niente** or **nulla** *nothing (anything),* **nemmeno** or **neanche** *not even,* **nessuno** *no one,* and **ne... nè** *neither . . . nor* usually follow the verb and require **non** before the verb.

Il treno **non** arriva **mai** presto. *The train **never** arrives early.*
Nel traghetto **non** c'è **nessuno**. *There is **no one** on the ferry-boat.*
Non capisce **niente** se il gondoliere parla veneziano. *He does **not** understand **anything** if the gondolier speaks Venetian.*
Carlo **non** conosce **nè** Anna **nè** Gina. *Charles knows **neither** Ann nor Gina.*

When, usually for emphasis, the negative words precede the verb, **non** is not needed.

Io **mai** viaggio in prima classe. *I **never** travel first-class.*
Nessuno li saluta. *No one greets them.*
Nemmeno il signor Bianchi vuole fare due passi. *Not even Mr. Bianchi wants to take a stroll.*

3. Note these three common negative expressions: **non... ancora** *not yet,* **non... affatto** *not at all,* and **non... più** *no more, no longer.*

Non scrive **più**.	*She **no longer** writes.*
Non è **affatto** vero.	*It **isn't** true **at all**.*
Non sono **ancora** arrivati.	*They **haven't** arrived **yet**.*

4. The English *any* is generally not translated in negative or interrogative sentences when the noun in Italian is plural (see Chapter 5).

	Hanno invitati?	*Do you have (any) guests?*
	Non ho sorelle.	*I do not have (any) sisters.*
but	Ha del pane?	*Do you have any bread?*
	Non ho **nessuna** sorella.[1]	*I do not have any sisters.*

NOTE In Italian a double negative does not make an affirmative.

Note that **non... più** is the equivalent of English *no (not any) more, no (not any) longer.*

Non c'è **più** vino.   *There is no more wine.*
Non abitano **più** a Pạdova.   *They do not live in Padua any longer.*

[1]nessuno as a modifier of a noun has the same forms as the indefinite article: nessun libro, nessuno zio, nessuna casa, nessun'amica.

Piazza San Marco

II. Presente indicativo di dire e fare (Present indicative of dire and fare)

Both verbs are irregular in the present tense.

Dire to say, tell

Dico che è andata a Pisa.	I say she went to Pisa.
dico	I say, tell, etc.
dici	
dice	
diciamo	
dite	
dicono	

Fare to do, make

Faccio una passeggiata sulla spiaggia.	I am taking a walk on the beach.
faccio	I do, make, etc.
fai	
fa	
facciamo	
fate	
fanno	

III. Espressioni idiomatiche con fare (Idiomatic expressions with fare)

fare una domanda	to ask a question
fare un viaggio	to take a trip
fare una passeggiata	to take a walk
fare una fotografia (a)	to take a picture (of)
fare due passi	to go for a stroll, to take a short walk
fare colazione	to have breakfast
fare caldo	to be warm (of the weather)
fare freddo	to be cold (of the weather)
fare il bagno	to take a bath
fare la doccia	to take a shower

Non faccio mai colazione tardi. *I never **have** breakfast late.*
Fanno sempre una passeggiata dopo cena. *They always **take** a walk after dinner.*
Mio padre ha fatto molte fotografie alla mia sorellina. *My father **took** many pictures of my little sister.*

Dire and fare have an irregular past participle: detto, fatto.

Ha detto di no. *He said no.*
Hanno fatto molte passeggiate. *They **took** many walks.*

IV. Il tempo *(The weather)*

1. Fare in weather expressions.

Che tempo fa?	*How is the weather?*
Fa bel tempo.	*It is fine weather.*
Fa cattivo (*or* brutto) tempo.	*It is bad weather.*
Ha fatto caldo (molto caldo) oggi.	*It has been warm (hot) today.*
Qui fa sempre freddo.	*It's always cold here.*
In primavera fa sempre fresco.	*In spring it's always cool.*

NOTE In the preceding examples, *it* is an impersonal subject and is not translated into Italian.

2. Some other impersonal verbs and expressions that denote weather conditions are:

piovere	*to rain*	Piove.	*It is raining.*
nevicare	*to snow*	Pioveva.	*It was raining.*
tirare vento	*to be windy*		
grandinare	*to hail*	Nevica.	*It is snowing.*
lampeggiare	*to flash (of lightning)*	Tira vento.	*It is windy.*
		Grandina.	*It is hailing.*
tuonare	*to thunder*	Lampeggia.	*It is lightning.*
		Tuona.	*It is thundering.*

These verbs are conjugated with either essere or avere.

È (*or* Ha) piovuto.	*It rained.*
È (*or* Ha) nevicato.	*It snowed.*

exception Ha tirato vento.   It was windy.

◼ ESERCIZI

A. Rispondere alle domande, usando la forma appropriata di **nessuno**.

ESEMPIO   Hai fatto molti errori?   ⟶   No, non ho fatto nessun errore.
1. Hai visitato molti palazzi a Venezia?
2. Conoscete molti Italiani?
3. Hai molti zii in Italia?
4. Comprano molte automobili straniere gli Italiani?
5. Avete conosciuto molti studenti francesi?

B. Cambiare le frasi seguenti secondo l'esempio, facendo i cambiamenti necessari.

ESEMPIO   Mai dormo in classe!   ⟶   Non dormo mai in classe.
1. Nessuno mi capisce!
2. Niente capisci, purtroppo!
3. Mai prendiamo il vaporetto!
4. Nulla mangia e nulla beve. Perchè?
5. A Venezia mai fa cattivo tempo.

Carnevale a Venezia

C. Rispondere alle seguenti domande, usando le forme appropriate del doppio negativo.

ESEMPIO   Hai molti amici?   ⟶   No, non ho nessun amico.

1. Signore, desidera caffè o latte?
2. Lei ha molti invitati?
3. Fa sempre fresco qui?
4. Mangi tutto?
5. Chi vedi dalla finestra del salotto?
6. C'è una parola nuova in questo esercizio?
7. Signorina, desidera qualche informazione?
8. Capite sempre tutto?

D. Dare il contrario delle frasi seguenti, usando le forme appropriate del doppio negativo.

ESEMPIO   Sono già arrivati.   ⟶   Non sono ancora arrivati.

1. Il Campanile è ancora incluso nel giro.
2. Il vaporetto arriva sempre presto.
3. Facciamo sempre una visita al Palazzo dei Dogi.
4. Siete già andati all'isola di Murano?
5. Il tempo è molto cattivo.

E. Cambiare i verbi di ciascuna frase, seguendo le indicazioni date.

1. Se tu fai la domanda, io do la risposta.
   voi / noi; io / tu; lui / Lei
2. Quando noi diciamo una parola, loro la ripetono.
   io / tu; tu / voi; loro / Alberto
3. Quando stiamo bene, facciamo due passi insieme.
   loro / tu e Alberto / tu

F. Domandare a un altro studente o a un'altra studentessa se lui (lei)...

1. is asking many questions in class.
2. has breakfast at home.
3. prefers to go for a stroll or to take a walk.
4. shops at the supermarket.
5. goes on a picnic in summer.
6. has taken a trip to Venice.

G. Formulare domande che corrispondano alle risposte seguenti.

1. No, qui fa sempre caldo.
2. Sì, di solito faccio colazione a casa.
3. No, non facciamo mai una passeggiata prima di cena.
4. No, non ho mai visitato una vetreria.
5. Di solito facciamo la spesa al supermercato.

■ DOMANDE

Rispondere alle domande seguenti con frasi complete.

1. Che tempo fa oggi?
2. Che tempo ha fatto ieri?
3. Che tempo fa qui in estate?
4. Fa molto freddo a Miami?
5. Quando fa freddo, avete caldo o avete freddo?
6. A che ora fai colazione?
7. Fai la doccia la mattina o la sera?
8. Di solito, fai molte fotografie?
9. Quando hai fatto un viaggio interessante?

Dare l'equivalente italiano delle seguenti espressioni.

1. I have never taken a trip to Rome.
2. His wife always goes for a stroll before dinner.
3. We don't shop at the supermarket any longer.
4. Do you (Lei) have a map of Venice?
5. It is windy today?
6. Yesterday it didn't rain; it snowed.

■ **SITUAZIONE PRATICA**

Comporre un dialogo basato sulla situazione seguente.

Un gruppo di turisti italiani desidera visitare la Sua città. Lei li accompagna e li aiuta a conoscere luoghi, edifici e persone.

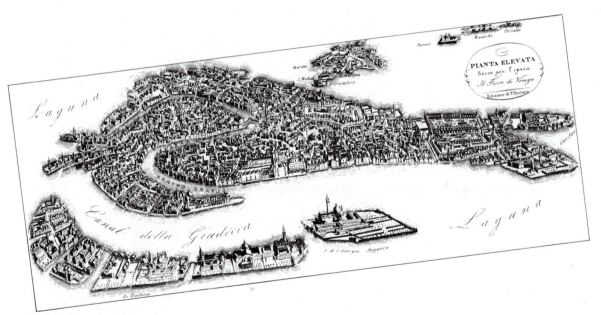

Pianta elevata di Venezia

 **FIRENZE**  **10**

Ieri i signori Wheaton sono partiti da Venęzia per andare a
Firenze. Hanno affittato una Fiat e hanno fatto tutto il viąg-
gio in mącchina. A Firenze hanno trovato un albergo che gli
piace molto, specialmente perchè la loro cąmera dà sull'Arno.
Ora la signora Wheaton parla con il portiere perchè desįdera
impostare alcune lęttere.

Portiere: Buọn giorno, signora, ha già fatto colazione così presto?

Signora Wheaton: Sì, oggi abbiamo fatto colazione presto perchè stamani vogliamo visitare gli Uffizi, e nel pomerįggio il Duomo. Ma
prima devo impostare queste lęttere. Sa dov'è la posta?

Portiere: L'uffįcio postale è lontano, ma vęndono francobolli anche quị
all'ąngolo.

Signora Wheaton: Benįssimo! Sa se è già aperto il negọzio?

Portiere: Sì, sì, a quest'ora è già aperto.

Signora Wheaton: *(al commesso)* Dieci francobolli per posta aęrea per gli Stati
Uniti, per piacere.

Commesso: Per lęttere o per cartoline?

Signora Wheaton: Per lęttere. Che bei francobolli!

Commesso: Sono nuovi, Le piącciono?

Signora Wheaton: Molto. Non ho spįccioli. Va bene se Le do cinquemila lire?

Commesso: Sì, certo! Ecco il resto. ArrivederLa, signora.

Portiere: È ritornata presto, signora. È vero che a quest'ora non c'è
quasi nessuno nei negozi. Oh, ecco Suo marito. Buọn giorno,
Signọr Wheaton.

Signọr Wheaton: Buọn giorno.
Allora, signori, gli piace Firenze?
Non lo sappiamo ancora. Non la conosciamo affatto.
Se desįderano vedere il panorama di tutta la città, gli consị-
glio di andare a Piazzale Michelạngelo.
Grązie.

Pianta parziale di Firenze

DOMANDE

1. Sono andati a Firenze in treno i signori Wheaton?
2. Perchè l'albergo piace ai signori Wheaton?
3. Cosa desidera la signora?
4. Cosa visitano i signori Wheaton nel pomeriggio?
5. Dov'è l'ufficio postale?
6. Perchè dà cinquemila lire al commesso?
7. Chi arriva mentre la signora Wheaton parla con il portiere?
8. Come conoscono Firenze i signori Wheaton?
9. Cosa consiglia il portiere ai signori Wheaton?
10. Lei scrive molte cartoline? A chi?

■ VOCABOLARIO

Sostantivi

l' albergo (*pl.* alberghi)   hotel
l' angolo   corner
l' Arno   river in Florence
la cartolina   postcard
il commesso   clerk
il duomo   cathedral
il francobollo   postage stamp
la lettera   letter
il panorama   view
   Piazzale Michelangelo   a large, open ter-
   race overlooking Florence
la posta = ufficio postale   post office; posta
   aerea   air mail
il portiere   hotel desk clerk
il resto   change
gli spiccioli   small change
gli Stati Uniti   the United States
gli Uffizi   Florence's largest museum

Aggettivi

aperto   open

Verbi

affittare   to rent
consigliare (di)   to advise
devo (*from* dovere)   I must
impostare   to mail
vendere   to sell
visitare   to visit
vogliamo (*from* volere)   we want

Altri vocaboli

affatto   at all
ancora   yet
così   so, thus
lontano   far
prima   before, first

Espressioni

dare su   to face *(for a place)*
in macchina   by car
per piacere = per favore   please
tutto il (tutta la, *etc.*)   the entire

Firenze—Il Ponte Vecchio

GRAMMATICA

I. Pronomi personali come complementi di termine

(Personal pronouns as indirect objects)

The indirect object pronoun replaces the indirect object noun of a sentence. For example:

I am writing *to Mary* (indirect object noun).
I am writing *to her* (indirect object pronoun).
He is writing *Mary* (indirect object noun) a letter.
He is writing *her* (indirect object pronoun) a letter.

Santa Maria del Fiore (il «Duomo» di Firenze) e il Campanile di Giotto

1. Like the direct object pronouns, the indirect object pronouns are used in conjunction with verbs and are called conjunctive pronouns. Italian has the following indirect object pronouns. (See Chapter 6, which refers to direct object pronouns.)

Singolare		*Plurale*	
mi	*to me*	ci	*to us*
ti	*to you (familiar)*	vi	*to you (familiar)*
gli	*to him, to it (m.)*	loro	*to them (m. and f.)*
le	*to her, to it (f.)*	Loro	*to you (polite, m. and*
Le	*to you (polite, m. and f.)*		*f.)*

Mi, ti, vi may drop the vowel before another vowel or an h, and replace it with an apostrophe: m', t', v'. **Ci** may drop the vowel only before an i or an e (c'). Like the direct object pronouns, the indirect object pronouns generally precede the verb; **loro (Loro)**, however, always follows it. It should be noted that in present-day colloquial usage **gli** is often used instead of **loro (Loro)**.

Gli parlo in sala d'aspetto.	*I speak to him in the waiting room.*
Non **mi** ha presentato sua zia.	*He did not introduce his aunt to me.*
Mi hanno scritto due cartoline.	*They wrote me two postcards.*
Le ho mandato un espresso da Palermo.	*I sent her a special delivery letter from Palermo.*
C' (*or* **Ci**) insegna la strada.	*She teaches us the way.*
Portiamo **loro** (*or* **Gli** portiamo) dei libri.	*We bring them some books.*
Maria ha telefonato **Loro** (*or* **gli** ha telefonato) ieri.	*Mary telephoned you yesterday.*

2. Like the direct object pronouns, the indirect object pronouns generally follow and are attached to dependent infinitives.

È andato a parlar**gli**.	*He went to talk to him.*
Desidero telefonar**le**.	*I wish to phone her.*

Quattro francobolli per posta aerea per gli Stati Uniti

3. Certain Italian verbs, such as **consigliare, mandare, scrivere, insegnare,** and **telefonare,** which appear in the chapter's reading and in the above examples, take an indirect object when they indicate that the action is done *for* or *to* a person. Here are a few other examples with **comprare, dare, dire, fare, scrivere,** and **rispondere.**

Gli ho comprato un libro.   *I bought **him** a book.*
Le ho dato l'indirizzo.   *I gave **her** the address.*
Le abbiamo detto che non ci piace.   *We told **her** that we do not like her.*
Mi fa un favore?   *Will you do **me** a favor?*
Gli scrivo subito una lettera.   *I'll write **him** a letter at once.*
Non **gli** hanno mai risposto.   *They never answered **them**.*

II. *Il verbo* piacere *(The verb piacere)*

Piacere is used to translate the English *to like.* However, it is essential to remember that since the English verb "to like" is transitive, it carries the action to the direct object: *I* (subject) like *beer* (object). In Italian, however, the verb **piacere** is intransitive and requires the indirect object, so that "I like beer" is translated as *"Beer is pleasing to me."* Note carefully the following examples:

Mi piace questa veduta.   *I like this view. (This view is pleasing to me.)*
Ti piace questa veduta.   *You like this view. (This view is pleasing to you.)*
Gli piace (**Le** piace) questa veduta.   *He (She) likes this view. (This view is pleasing to him, her.)*
Ci piace questa veduta.   *We like this view. (This view is pleasing to us.)*
Vi piace questa veduta.   *You like this view. (This view is pleasing to you.)*
Gli piace questa veduta (*or* Questa veduta piace **loro**).   *They (you) like this view. (This view is pleasing to them, to you.)*

And these: **Ti** piace la musica italiana?   *Do you like Italian music?*
Le è piaciuto quel film?   *Did you like that film?*
A Maria non piace la scultura.   *Mary does not like sculpture.*
Ai miei genitori piacciono i vini italiani.   *My parents like Italian wines.*

Note that **piacere** is conjugated with **essere** in the compound tenses. Note also that when the indirect object is a noun or a pronoun, the preposition **a** is needed. The past participle of **piacere** is **piaciuto.**

In a negative sentence, **non** precedes the object pronoun:

Non mi piacciono questi libri. *I do not like these books.*
Non vi piace la veduta? ***Don't you like the view?***

The third person singular form of **piacere** is used when **pia-cere** is followed by an infinitive, because the infinitive is used as a singular noun.

Le piace lẹggere. *She likes to read.*
Ci piace ascoltare la mụsica. *We like to listen to music.*

The verb **piacere** is irregular in the present indicative. Its forms, given below, are seldom used.

Io piạccio a Luisa. (Io le piạccio.) *Louise likes me. (She likes me.)*
Tu piaci a Luisa. (Tu le piaci.) *Louise likes you. (She likes you.)*
Lui (lei, Lei) piace a Luisa. (Lui, lei, Lei le piace.) *Louise likes him (her, you). (She likes him, her, you.)*
Noi piacciamo a Luisa. (Noi le piacciamo.) *Louise likes us. (She likes us.)*
Voi piacete a Luisa. (Voi le piacete.) *Louise likes you. (She likes you.)*
Loro piạcciono a Luisa. (Loro le piạcciono.) *Louise likes them (you). (She likes them, you.)*

III. *Presente indicativo di* **sapere** *(Present indicative of* sapere)

Sapere *to know*	
So perchè non studi.	*I know why you do not study.*
so	I know, I can (i.e., know how)
sai	
sa	
sappiamo	
sapete	
sanno	

Whereas **conọscere** means *to know a person, to be acquainted with, to meet,* **sapere** means *to know a fact, to know how (to do something).*

La conosco molto bene, **l'ho** conosciuta a Roma. *I know her very well, I met her (became acquainted with her) in Rome.*
Mịa madre **non** conosce Gẹnova. *My mother does not know Genoa.*
Sa quando parte? *Do you know when she is leaving?*
Non so guidare. *I do not know how to drive.*
Non sanno lẹggere l'orạrio dei treni. *They do not know how to read the train schedule.*

A. Formare nuove frasi con la forma corretta dei pronomi personali suggeriti.

ESEMPIO   Dà i biglietti. (to Marina) ⟶ Le dà i biglietti.

1. to me
2. to us
3. to Mr. and Mrs. Wheaton
4. to Gianni

5. to you and Gianni
6. to Gianni and me
7. to you (*sing. fam.*)
8. to her and her brother

B. Riscrivere ogni frase, seguendo le indicazioni date nell'esempio.

ESEMPIO   Scrivo a Maria. ⟶ Scrivo a Maria: sì, le scrivo sempre.

1. Rispondo a mio marito.
2. Giacomo vende le fragole ai clienti.
3. Il signor Wheaton telefona a sua moglie.
4. Gli impiegati danno informazioni ai turisti.
5. Il professore dà un sacco di lavoro a quella studentessa.
6. Il commesso dà il resto ai due signori.

C. Riscrivere ogni frase seguendo le indicazioni date nell'esempio.

ESEMPIO   Ha dato i biglietti. (ci) ⟶ Ci ha dato i biglietti.

1. Anche lui ha scritto molte cartoline. (vi)
2. Chi ha telefonato? (ti)
3. Quando ha risposto? (vi)
4. Ha dato i biglietti. (loro)
5. Ha dato i biglietti. (gli)
6. Ieri sera ho telefonato. (le)

Tabellone all'entrata degli Uffizi—Firenze
Quanto costa un biglietto d'ingresso?

D. Rispondere alle domande seguenti nella forma negativa.

ESEMPIO   Avete scritto a Graziella? $\longrightarrow$ No, non le abbiamo ancora scritto.

1. Hai scritto a quei tuoi amici?
2. Mi hai scritto?
3. Avete scritto a Gianni?
4. Ho scritto a Marina?

5. Ci avete scritto?
6. Vi abbiamo scritto?
7. Ti abbiamo scritto?
8. Hai scritto a Marina e a Vanna?

E. Volgere le frasi seguenti al passato prossimo. Sostituire alle parole in corsivo *(in italics)* la forma corretta del pronome.

ESEMPIO   Diamo le informazioni *a questo signore.* $\longrightarrow$
            Anche ieri *gli* abbiamo dato le informazioni.
            Diamo *le informazioni* a questo signore. $\longrightarrow$
            Anche ieri *le* abbiamo date a questo signore.

1. Do *gli spiccioli* all'impiegato.
2. Il commesso vende i francobolli *alla turista.*
3. I genitori scrivono *una cartolina* alle ragazze.
4. Lui scrive una cartolina *alla moglie.*
5. Il portiere dà *l'indirizzo e la pianta* alla signora.
6. Bruno raccomanda l'albergo *agli amici.*
7. Lo Stato vende *il sale e il tabacco* agli Italiani.
8. La mamma compra *a Vanna* calze e scarpe.

F. Usando le espressioni suggerite, dite ciò che vi piace o non vi piace.

ESEMPIO   i fagiolini $\longrightarrow$ Non mi piacciono i fagiolini. Mi piacciono molto i fagiolini.

1. il panorama di Firenze
2. le sigarette
3. il caffè forte
4. visitare i musei

5. il vaporetto
6. andare in gondola
7. le automobili Fiat
8. questa agenzia di viaggi

G. Seguendo le indicazioni date nell'esempio, formare nuove frasi.

ESEMPIO   Gianni / il corso di economia $\longrightarrow$ Gli piace molto il corso di economia.
                                                        Non gli piace affatto il corso di economia.

1. io / il Lido di Venezia
2. la signora Wheaton / visitare le vetrerie
3. i signori Wheaton / i vaporetti e le gondole
4. Giacomo / la frutta surgelata
5. tu / mangiare alla mensa dello studente
6. noi / gli elettrodomestici
7. Vanna / ascoltare la musica classica
8. voi / il palazzo dei Dogi

H. Usando le espressioni suggerite nell'esercizio G e seguendo l'esempio, formare nuove frasi.

ESEMPIO   Gianni / il corso di economia $\longrightarrow$ A Gianni è piaciuto molto il corso di economia.
                                                        A Gianni non è piaciuto affatto il corso di economia.

I. Completare le frasi seguenti con la forma corretta di **sapere** o di **conoscere**.

ESEMPIO   Loro _____ Venezia molto bene.   ⟶
            Loro conoscono Venezia molto bene.

1. Anche noi _____ fare la pizza.
2. (voi) _____ il signor Wheaton?
3. Scusi, Lei _____ quando parte il treno per Firenze?
4. Che peccato! Neanche lui _____ questa città.
5. No, io non _____ Adriana.
6. Ieri loro _____ Graziella e suo marito.
7. Purtroppo questo studente non _____ niente.

▣ DOMANDE

Rispondere alle domande seguenti con frasi complete.

1. Conosci il nome di qualche persona di origine italiana?
2. Sai dov'è l'ufficio postale vicino a casa tua?
3. Sai se è ancora aperto?
4. Conosci il nome di un'isola vicino a Venezia?
5. Hai mai affittato un'automobile Fiat?

▣ ALTRE DOMANDE

Rispondere in italiano alle domande seguenti usando la forma corretta di **sapere** o di **conoscere**.

1. Are you familiar with Florence?
2. Do you know where Piazzale Michelangelo is?
3. Do you know how to make good coffee?
4. Where did you meet your professor?
5. Do you know where he (she) is now?
6. Do you know Italian well?
7. Do you know how to read the train schedule?
8. When did you meet Mrs. Borghini?
9. Do you know where she lives?
10. Do you know how to drive?

*L*A CITTÀ ETERNA

I signori Wheaton sono a Roma. Stamani si sono svegliati molto presto; si sono vestiti alla svelta e sono usciti. Ora sono le dieci, e dopo una visita al Colosseo, dove hanno fatto molte fotografie, sono a una fermata dell'autobus e parlano con un vigile.

Signor Wheaton: Scusi, passa di qui l'autobus per Piazza San Pietro?
Vigile: Sì, è il numero trentuno. Vanno a visitare il Vaticano?
Signora Wheaton: Sì, desideriamo vedere la Basilica di San Pietro e specialmente gli affreschi di Michelangelo nella Cappella Sistina.
Vigile: Vale proprio la pena. Sono opere magnifiche.

«La creazione di Adamo» di Michelangelo

Signor Wheaton:	Ma quando arriva l'autobus? È in ritardo?
Vigile:	No, non è affatto in ritardo. Il numero trentuno passa alle dieci e mezzo, fra sette minuti.
Signora Wheaton:	Allora mi siedo e mi riposo un po'. *(Si siede sulla panchina della fermata dell'autobus.)*
Signor Wheaton:	È lontano Piazza San Pietro?
Vigile:	Eh sì, è un po' lontano. Ma con l'autobus bastano dieci minuti.
Signor Wheaton:	Ah, ecco l'autobus!
Vigile:	Sì, è proprio il trentuno. Buon giorno e buon divertimento.
Signori Wheaton:	Grazie. Buon giorno.

◼ DOMANDE

1. Quando si sono svegliati i signori Wheaton?
2. Con chi parlano alla fermata dell'autobus?
3. Dove sono gli affreschi di Michelangelo?
4. È in ritardo l'autobus?
5. Perchè si siede la signora Wheaton?
6. Dove si siede la signora Wheaton?
7. Come va Lei a casa, in autobus?
8. Chi era Michelangelo?

Il Colosseo a Roma

▮ VOCABOLARIO

Sostantivi

l' **affresco** (*pl.* **affreschi**)   fresco painting
l' **autobus** (*m.*)   bus
la **cappella**   chapel; **Cappella Sistina**   Sistine
  Chapel
il **Colosseo**   Colosseum
la **fermata**   stop
  Michelangelo (Buonarroti) (1475–
  1564)   Renaissance artist
l' **opera**   work
la **panchina**   bench
la **Piazza San Pietro**   St. Peter's Square
il **Vaticano**   the Vatican
il **vigile**   police officer

Aggettivi

eterno   eternal
magnifico   magnificent

Verbi

bastare   to be enough, to be sufficient
riposarsi   to rest
svegliarsi   to wake up
vestirsi   to get dressed

Altri vocaboli

lontano   far
proprio   exactly, really
un po' (*abbreviation of* **un poco**)   a little
specialmente   especially

Espressioni

alla svelta   quickly
eh sì!   yes indeed!
essere in ritardo   to be late
passa di qui?   does it come through here?
scusi   excuse me
vale proprio la pena   it is well worth it

Una sala nel Palazzo del Vaticano

GRAMMATICA

I. Forme riflessive *(Reflexive forms)*

In a reflexive sentence the action of the verb reverts back to the subject, as in the following examples: *I* wash *myself, They* enjoy *themselves.* In reflexive sentences Italian verbs, like English verbs, are conjugated with the reflexive pronouns.

a. Italian has the following reflexive pronouns (**pronomi riflessivi**):

Singolare		
	mi	*myself*
	ti	*yourself* (familiar)
	si	*himself, herself, itself, yourself* (polite)

Plurale		
	ci	*ourselves*
	vi	*yourselves* (familiar)
	si	*themselves, yourselves* (polite)

Mi, ti, si, and vi may drop the i before another vowel or an h and replace it with an apostrophe. Ci may drop the i only before an i or e.

b. The infinitive form of an Italian reflexive verb ends in -si (alzarsi, sedersi, vestirsi, etc.). When the verb is conjugated, -si is replaced by the appropriate reflexive pronoun, which is usually placed *before* the verb.

c. The present indicative of the reflexive form of a verb is as follows:

Divertirsi   *to amuse oneself, to have a good time*

La domenica (io) mi diverto.	*On Sundays I have a good time.*

io mi diverto	*I amuse myself, etc.*
tu ti diverti	
lui (lei) si diverte	
Lei si diverte	
noi ci divertiamo	
voi vi divertite	
loro si divertono	
Loro si divertono	

d. In general, when a verb is reflexive in English, it is also reflexive in Italian.

Anna si diverte.   *Ann amuses herself.*
Noi ci divertiamo.   *We enjoy ourselves.*
Io mi lavo.   *I wash myself.*

Certain verbs, however, are reflexive in Italian but not in English.

Mi vesto in cinque minuti.   *I get dressed in five minutes.*
Giovanni s'alza presto.   *John gets up early.*

e. In the compound tenses (we have studied only the present perfect so far) reflexives always take the auxiliary essere; therefore, the past participle agrees with the subject.

Mi sono divertito(-a).   *I had a good time. (I enjoyed myself.)*
Si sono lavati(-e).   *They washed themselves.*

f. Forma reciproca *(Reciprocal form)*
The plural reflexive pronouns are also used with the reciprocal meaning of *each other* or *one another.*

Maria e Carlo si scrivono.   *Mary and Charles write to each other.*
Ci vediamo tutti i giorni.   *We see one another every day.*
Vi siete mandati molte cartoline?   *Did you send each other many postcards?*
Si sono visti la settimana scorsa.   *They saw one another last week.*

*Veduta parziale di Piazza
San Pietro*

g. In a negative sentence, reflexive pronouns come between
non and the verb.

Carlo **non si alza** presto.   *Charles does not get up early.*
Non ci siamo divertiti.   *We did not have a good time.*

h. Reflexive pronouns are attached to the infinitive.

Ti scrivo per **invitarti**.   *I am writing to you to **invite you.***
Si sono telefonati per **parlarsi**.   *They called each other to
   speak to each other.*

II. *Nomi e aggettivi femminili*
(Feminine nouns and adjectives)

Feminine nouns and adjectives ending in **-ca** and **-ga** take an
h in the plural.

amica *(sing.)*	*friend*	lunga *(sing.)*	*long*
amiche *(pl.)*	*friends*	lunghe *(pl.)*	*long*

III. *Il presente indicativo di*
sedersi *(Present indicative of se-*
dersi)

Sedersi   *to sit down*
Io mi siedo a questa
tạvola.

*I'm going to sit down at this
table.*

io mi siedo
tu ti siedi
lui, lei (Lei) si siede
noi ci sediamo
voi vi sedete
loro (Loro) si siẹdono

I sit down, etc.

A. Formare nuove frasi seguendo le indicazioni nell'esempio.

ESEMPIO   I signori Wheaton   ⟶   I signori Wheaton si divertono molto a Roma.

1. anch'io
2. anche tu
3. i Romani

4. io e Marina
5. tu e la tua amica
6. quel signore

B. Formare nuove frasi, seguendo le indicazioni date nell'esempio.

ESEMPIO   (noi)   ⟶   Quando siamo in Piazza San Pietro, ci riposiamo.

1. loro due
2. io
3. tu e la tua compagna di scuola

4. tutti noi
5. tu
6. questi turisti

C. Formare nuove domande, seguendo l'esempio.

ESEMPIO   (tu)   ⟶   Dove ti siedi?

1. io
2. voi due
3. i vigili

4. Giacomo
5. il portiere e l'impiegato
6. io e la mia amica

D. Seguendo l'esempio, formare nuove frasi.

ESEMPIO   Alberto   ⟶   Anche ieri Alberto si è vestito alla svelta.

1. Adriana
2. io *(f.)* e Vanna
3. tu *(m.)* e Alberto

4. i signori Wheaton
5. noi due
6. tu *(f.)*

E. Seguendo l'esempio, formare nuove frasi.

ESEMPIO   tu *(f.)* / a Pompei   ⟶   Ti sei divertita a Pompei?

1. tu *(m.)* / a Capri
2. voi *(m.)* / ad Amalfi
3. loro *(f.)* / nella Città Eterna

4. voi *(f.)* / al cinema
5. loro *(m.)* / alla spiaggia
6. tu *(f.)* e Alberto / al Colosseo

F. Formare nuove frasi, seguendo le indicazioni nell'esempio.

ESEMPIO   io   ⟶   Adesso mi siedo e mi riposo un po'.

1. gl'impiegati
2. Adriana
3. noi tre

4. tu e Luisa
5. Anna e sua madre
6. tu

G. Rispondere alle domande con frasi complete, seguendo l'esempio.

ESEMPIO   Vi parlate in italiano?   ⟶   Sì, ci parliamo in italiano ogni giorno.

1. Vi scrivete?
2. Vi vedete?
3. Vi parlate?

4. Vi mandate cartoline?
5. Vi visitate?
6. Vi telefonate?

H. Cambiare le frasi seguenti, usando la forma reciproca.

ESEMPIO   Vanna scrive a Gianni e Gianni scrive a Vanna.   ⟶   Vanna e Gianni si scrivono.

1. Vanna piace a Gianni e Gianni piace a Vanna.
2. Carlo telefona a Maria e Maria telefona a Carlo.
3. Lidia ha visitato Adriana e Adriana ha visitato Lidia.
4. Il professore aspetta lo studente e lo studente aspetta il professore.
5. L'impiegato parla al turista e il turista parla all'impiegato.
6. Il portiere ha visto il signore e il signore ha visto il portiere.

Piazza Venezia e Via dei Fori Imperiali

I. Cambiare le frasi seguenti al passato prossimo.

ESEMPIO   Ci telefoniamo quasi ogni giorno.   ⟶   Vi siete telefonati anche ieri?

1. Ci vediamo quasi ogni giorno.
2. Ci visitiamo quasi ogni giorno.
3. Ci scriviamo quasi ogni giorno.
4. Ci troviamo davanti alla Basilica quasi ogni giorno.
5. Ci aspettiamo quasi ogni giorno.
6. Ci parliamo quasi ogni giorno.

DOMANDE

Rispondere alle domande seguenti con frasi complete.

1. A che ora ti alzi di solito?
2. A che ora ti sei alzato(-a) stamani?
3. Sei uscito domenica scorsa? Con chi?
4. Ti sei divertito(-a)?
5. Ci sono molti vigili nella tua città?
6. Dove ti siedi quando vai al parco?
7. Prendi l'autobus qualche volta? Che numero?
8. È lontana la tua università?
9. Sei mai in ritardo?
10. Vedi i tuoi amici tutti i giorni?

DIALOGO APERTO

Formulare domande appropriate per completare il seguente dialogo fra la signora Wheaton e una sua amica.

L'amica: _____
La signora Wheaton: Sì, la conosciamo molto bene. È una città affascinante.
L'amica: _____
La signora Wheaton: L'abbiamo visitata nell'estate del 1985.
L'amica: _____
La signora Wheaton: Sì, quando abbiamo visitato il Vaticano abbiamo visto gli affreschi di Michelangelo.
L'amica: _____
La signora Wheaton: Naturalmente: ci sono piaciuti moltissimo.
L'amica: _____
La signora Wheaton: Sì, anch'io ho fatto numerose fotografie.
L'amica: _____
La signora Wheaton: Abbiamo affittato una Lancia.
L'amica: _____
La signora Wheaton: Ci siamo divertiti moltissimo!

12

A NAPOLI

Tre giorni fa i signori Wheaton sono arrivati a Napoli in treno. Ieri l'altro hanno visitato Amalfi e Capri, e ieri sono andati a Pompei. Per oggi hanno in programma diverse cose interessanti. Prima faranno una passeggiata in tassì lungo il mare, poi ceneranno ad un noto ristorante vicino al porto, e più tardi andranno a ballare in una discoteca al centro. In questo momento stanno per salire in un tassì.

Tassista:	Sono pronti? Andiamo?
Signora Wheaton:	Sì, andiamo.
Tassista:	Bene. Dunque, ora passiamo davanti al Teatro San Carlo... Là, a destra, c'è il Palazzo Reale. Fra pochi minuti saremo a Santa Lucia.
Signor Wheaton:	È la Santa Lucia della famosa canzone?
Tassista:	Sì, una delle antiche canzoni napoletane. Eccoci a Santa Lucia. Scendono un momento? C'è una veduta bellissima. Ecco, là c'è il Vesuvio, e quell'isola azzurra è Capri.
Signora Wheaton:	Sì, è una veduta meravigliosa; e che bella giornata!
Tassista:	Qui a Napoli ogni giorno è una bella giornata.
Signor Wheaton:	Lei ci prende in giro.
Tassista:	No, no, Le pare. È la verità. A Napoli c'è sempre il sole.
Signor Wheaton:	Sarà, ma non ci credo.
Tassista:	Be', non tutti i giorni, ma quasi ogni giorno. Scherzi a parte, Napoli ha veramente un clima eccellente... Perchè non fanno un paio di fotografie?
Signor Wheaton:	Perchè ho dimenticato di comprare un rollino.
Tassista:	Peccato davvero!

La baia di Napoli e il Vesuvio

DOMANDE

1. Come sono arrivati a Napoli i signori Wheaton?
2. Quando va in treno Lei?
3. Dove andranno a ballare i signori Wheaton?
4. Perchè prendono un tassì?
5. Dove c'è una veduta bellissima di Napoli?
6. Lei prende in giro i Suoi amici? Quando?
7. Cosa non crede il signor Wheaton?
8. Cosa ha dimenticato il signor Wheaton?

■ VOCABOLARIO

Sostantivi

Amalfi *(f.)*   city near Naples
la canzone   song
Capri *(f.)*   island off Naples
il clima   climate
la cosa   thing
la discoteca   discotheque
la fotografia   photograph, picture
il mare   sea
il paio   couple
il rollino   roll of film
Pompei *(f.)*   ancient city buried by an erup-
    tion of Vesuvius in A.D. 79
Santa Lucia   a section of Naples
il sole   sun
il tassì   taxi
il (la) tassista   taxi driver
il Teatro San Carlo   theater in Naples
il treno   train
la veduta   view
la verità   truth
il Vesuvio   Vesuvius, a volcano near Naples

Aggettivi

antico *(pl. antichi)*   ancient, old
azzurro   blue, azure
bellissimo   very beautiful
diverso   different; *(pl.)* several
eccellente   excellent
meraviglioso   marvelous
napoletano   Neapolitan
noto   known, well-known
reale   royal

Verbi

ballare   to dance
cenare   to have supper
dimenticare   to forget
passare   to pass
salire   to get on, to get in
scendere *(p.p. sceso)*   to get off

La costa di Amalfi vicino a Ravello

Altri vocąboli

be' *(abbr. for* bene) well
davanti (a)   in front (of); before
dųnque   well, well then
fa   ago
ieri l'altro *(or* l'altro ieri)   the day before yesterday
lungo   along
ogni   each
tardi   late

Espressioni

a destra   to the right
avere in programma   to have plans for
fra pochi minuti   in a few minutes
in tassì   by taxi, in a taxi
in treno   by train, on the train
le pare   not at all
non ci credo   I don't believe it
prẹndere in giro   to joke, to kid, to make fun of
scherzi a parte   all joking aside

Pompei

GRAMMATICA

I. Il futuro *(The future tense)*

The future tense of regular verbs is formed by adding the endings to the infinitive after dropping the final -e. Verbs of the first conjugation change the **a** of the infinitive ending (-are) to e. The future endings are identical for all verbs, regular and irregular.

Parlare *to speak*
Parlerò con l'autista.   *I will speak with the driver.*

parler-ò	*I will speak*
parler-ai	*you* (familiar) *will speak*
parler-à	*he, she, it, you* (polite) *will speak*
parler-emo	*we will speak*
parler-ete	*you* (familiar) *will speak*
parler-anno	*they, you* (polite) *will speak*

Ripetere *to repeat*
Ripeterò la nuova domanda.   *I will repeat the new question.*

ripeter-ò	*I will repeat*
ripeter-ai	*you* (familiar) *will repeat*
ripeter-à	*he, she, it, you* (polite) *will repeat*
ripeter-emo	*we will repeat*
ripeter-ete	*you* (familiar) *will repeat*
ripeter-anno	*they, you* (polite) *will repeat*

Capire   *to understand*

Capirò la ragazza genovese.   *I will understand the Genoese girl.*

capiro-ò	*I will understand*
capir-ai	*you* (familiar) *will understand*
capir-à	*he, she, it, you* (polite) *will understand*
capir-emo	*we will understand*
capir-ete	*you* (familiar) *will understand*
capir-anno	*they, you* (polite) *will understand*

a. Verbs ending in -care and -gare add an h to the stem to retain the hard sound: **dimenticare: dimenticherò,** *etc.;* **pagare: pagherò,** *etc.*

b. Verbs ending in -ciare and -giare drop the -i of the stem: **cominciare: comincerò,** *etc.;* **mangiare: mangerò,** *etc.*

II.   *Uso idiomatico del futuro*
(Idiomatic use of the future)

1. The future tense may be used to express conjecture or probability in the present.

Dove **sarà**?   *Where can he be?*
Non lo conosco, ma **sarà** americano.   *I do not know him, but he is probably an American.*
Che ora **sarà**?   *I wonder what time it is.*
Saranno le dieci.   *It's probably ten o'clock.*

2. The future is often used if the future is implied in the English sentence.

Se **visiterò** il Colosseo, **visiterò** anche il Foro.   *If I visit the Colosseum, I will also visit the Forum.*
Quando **arriveranno**, **pranzeremo**.   *When they arrive, we will dine.*
Appena **ritornerà**, **telefonerò**.   *As soon as she returns, I'll telephone.*

3. The future is used to translate the English progressive present of *to go* when denoting futurity and no motion.

Quando **partirete**?   *When are you going to leave?*

4. The English future is often rendered in Italian by the present, when the action is about to take place.

Lo **compro** io, se tu non lo vuoi.   *I'll buy it, if you do not want it.*

5. The English future, when used to make a suggestion, is rendered in Italian by the present.

Andiamo insieme? *Shall we go together?*

III. Il futuro di avere e essere
(Future tense of avere *and* essere*)*

Avere *to have*
Avrò l'indirizzo di Gina. *I will have Gina's address.*

avrò	*I will have*
avrai	*you (familiar) will have*
avrà	*he, she, it, you (polite) will have*
avremo	*we will have*
avrete	*you (familiar) will have*
avranno	*they, you (polite) will have*

Essere *to be*
Sarò all'aeroporto. *I will be at the airport.*

sarò	*I will be*
sarai	*you (familiar) will be*
sarà	*he, she, it, you (polite) will be*
saremo	*we will be*
sarete	*you (familiar) will be*
saranno	*they, you (polite) will be*

Pianta di Napoli.
Dove si trovano Pompei
e l'isola di Capri?

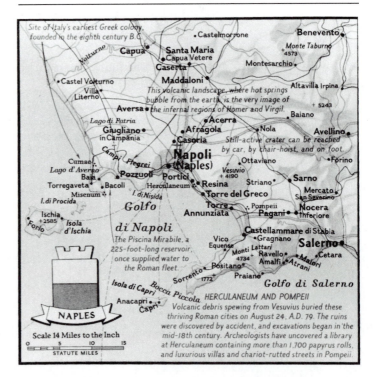

IV. Il futuro di alcuni verbi irregolari (The future tense of a few irregular verbs)

Some verbs have an irregular future stem, but regular endings. Here are some of them:

andare: andrò, andrai, andrà, andremo, andrete, andranno
dare: darò, darai, darà, daremo, darete, daranno
fare: farò, farai, farà, faremo, farete, faranno
dovere: dovrò, dovrai, dovrà, dovremo, dovrete, dovranno
potere: potrò, potrai, potrà, potremo, potrete, potranno
sapere: saprò, saprai, saprà, sapremo, saprete, sapranno
vedere: vedrò, vedrai, vedrà, vedremo, vedrete, vedranno
venire: verrò, verrai, verrà, verremo, verrete, verranno
volere: vorrò, vorrai, vorrà, vorremo, vorrete, vorranno

■ ESERCIZI

A. Sostituire il soggetto con quelli indicati e riscrivere (o ripetere) le frasi, facendo i cambiamenti necessari.

ESEMPIO Quando arriveremo, manderemo una cartolina. (loro) ⟶
Quando arriveranno, manderanno una cartolina.

1. Se studierò, capirò tutto.
   voi / anche tu / noi due / quegli studenti
2. Non dimenticherete di pagare?
   tu / noi / il turista / le turiste
3. Scenderemo dal tassì davanti al teatro.
   anche noi / tutti / tu ed io / tutti voi / quel turista
4. Scherzi a parte, mi divertirò molto.
   anche loro / tutti noi / tu e tua moglie / questo signore

B. Completare le frasi seguenti con la forma corretta del futuro.

1.	(ballare)	Sì, in quella discoteca _____ anche noi.
2.	(arrivare)	Lui _____ in aeroplano.
3.	(passare)	Fra pochi minuti (voi) _____ davanti al Teatro San Carlo.
4.	(visitare)	Che cosa _____ quando arriverai a Capri?
5.	(mangiare)	Naturalmente, (noi) _____ bene!
6.	(scendere)	Forse quei turisti _____ al lungomare.
7.	(cenare)	Dove _____ (tu)?
8.	(riposarsi)	Quando arriveremo ad Amalfi _____.
9.	(riposarsi)	Sì, tutti _____.
10.	(divertirsi)	In discoteca, anche voi _____.
11.	(imbarcarsi)	I signori Wheaton _____ a Napoli.
12.	(divertirsi)	(Tu) _____ al Teatro San Carlo?

C. Volgere le forme verbali seguenti al futuro.

ESEMPIO   cambiano ⟶ cambieranno

1. cambio
2. dimentichi
3. scendete
4. ballano
5. raccomanda

6. ripetiamo
7. cenate
8. pulisci
9. seguiamo
10. ritorna

11. partono
12. entriamo
13. esco
14. aprite
15. capisco

D. Riscrivere le frasi seguenti, seguendo l'esempio.

ESEMPIO   No, oggi loro non pagano il tassì. ⟶ No, domani loro non pagheranno il tassì.

1. No, oggi non vado alla discoteca.
2. No, oggi tu non puoi nuotare.
3. No, oggi non piove.
4. No, oggi non fanno fotografie.
5. No, oggi non ci ricordiamo nulla.
6. No, oggi non dimentico il biglietto.
7. No, oggi non dovete venire.
8. No, oggi non li vediamo.

E. Rispondere alle domande seguenti al futuro.

ESEMPIO   Hai già scritto a Marina? ⟶ No, ma le scriverò presto.

1. Avete già telefonato a Bob?
2. Avete già visto la zia?
3. Hai già preso l'autopullman?
4. Hai già studiato le forme del futuro?
5. Vi siete già riposati?
6. Hai già pagato il conto?
7. Signor Wheaton, ha già visitato Amalfi e Capri?
8. Avete già chiamato il tassì?

L'isola di Capri

F. Dare l'equivalente in inglese.

1. Che ore sono? Non sono sicuro; saranno le quattro o le quattro e un quarto.
2. Dov'è Marina? Non sono sicuro, sarà all'agenzia.
3. Quanti anni ha Giacomo? Non sono sicuro; avrà cinquanta o cinquantacinque anni.
4. Che cosa mangia quel turista? Non sono sicuro; mangerà una pizza o un panino.
5. Chi è quella ragazza? Non la conosco ma sarà italiana.
6. Quando i miei genitori arriveranno, faranno molte fotografie.
7. Appena finiremo questo esercizio, ci riposeremo.
8. Quando sarai in Italia, mi scriverai?

DOMANDE

Rispondere alle domande seguenti in frasi complete.

1. A che ora si è alzato(-a) Lei ieri? A che ora si alzerà domani?
2. Che cosa farà Lei in autunno?
3. Dove andrà domani?
4. Dove passerà l'estate?
5. Quanti anni avrà nel 1989?
6. Che cosa mangerà domani a colazione?
7. Sa Lei che ore saranno adesso?
8. Sa Lei quanti anni avrà lo studente vicino a Lei?
9. Chi conoscerà quando andrà in Italia?
10. Chi vedrà domani?

RIELABORAZIONE

Dare l'equivalente italiano.

1. As soon as we arrive in Capri, I will have dinner.
2. Are you joking? He is probably fifty years old.
3. I will never go downtown by bus. I will take a cab.
4. Yes, you will have to take a cab.
5. If I visit Naples, I will see the Vesuvius.
6. How is the weather in Amalfi? I don't know; it may be raining.

SITUAZIONE PRATICA

Parli con un amico del viaggio che farà in Italia, dei luoghi e delle città che visiterà e delle persone che spera di conoscere.

PAESE CHE VAI, USANZA CHE TROVI

Durante la loro visita a quattro città italiane, i signori Wheaton hanno notato certamente una cosa: la varietà del loro aspetto, delle loro usanze, della loro cucina e del modo come gli abitanti parlano italiano. Ma hanno notato anche che, in generale, il tenore e il ritmo della vita sono quasi gli stessi in tutte le città.

Gli Italiani preferiscono una lunga sosta per la colazione di mezzogiorno. Quasi tutti gli uffici e i negozi chiudono fra il mezzogiorno e l'una, e aprono di nuovo verso le tre. Gli operai, però, come in America, lavorano dalle otto di mattina alle quattro o alle cinque del pomeriggio. La sera, gli Italiani cenano verso le otto o le nove.

Un caffè di Milano. Il ritmo e il tenore della vita sono quasi gli stessi in tutte le città.

Roma
Agli Italiani piace ancora passeggiare per le vie delle loro città.

Malgrado il grande numero di macchine, agli Italiani piace ancora passeggiare per le piazze e per le vie delle loro città. Il centro della città rimane il centro della vita cittadina, non solo durante i giorni della settimana ma anche il sabato e la domenica. E i caffè? I caffè, molti con tavolini all'aperto sul marciapiede davanti all'entrata del caffè, sono dappertutto. Una città senza caffè... non è una città italiana.

l'abitante *(m. & f.) inhabitant* / il caffè *coffee shop, café* / cenare *to have supper* / certamente *certainly* / chiudere *to close* / cittadino *(adj.) of the city* / dappertutto *everywhere* / di nuovo *again* / durante *during* / fra *between* / malgrado *in spite of* / il modo *manner* / il numero *number* / l'operaio *worker* / « Paese che vai, usanza che trovi » *"When in Rome, do as the Romans do"* / passeggiare *to stroll* / rimanere *to remain* / il ritmo *rhythm* / solo *(adv.) only* / la sosta *break* / il tenore *tone, character* / l'ufficio *office* / l'usanza *custom*

DOMANDE

1. Cosa hanno notato i signori Wheaton nelle città italiane?
2. Perchè i negozi chiudono per due o tre ore dopo mezzogiorno in Italia?
3. Sono aperti tutto il giorno i negozi e gli uffici in Italia?
4. Lavorano solo la mattina gli operai italiani?
5. Che cosa piace agl'Italiani?
6. Perchè vanno al centro la domenica gl'Italiani?
7. Dove sono i tavolini in molti caffè italiani?

Roma: Al fresco a Piazza Navona

« *Paese che vai, usanza che trovi* » **167**

RIPETIZIONE III

A. Formare domande e risposte seguendo le indicazioni date nell'esempio.

ESEMPIO   fare delle passeggiate   ⟶   Hai fatto delle passeggiate recentemente?
                                              No, non ho fatto nessuna passeggiata.

1. comprare dei rollini
2. impostare delle cartoline
3. vedere delle isole italiane

4. conoscere degli italiani
5. ammirare degli affreschi
6. fare delle fotografie

B. Formare domande e risposte seguendo l'esempio.

ESEMPIO   i francobolli / Marina   ⟶   Hai dato i francobolli a Marina?
            No, non le ho dato i francobolli perchè non l'ho vista.

1. gli spiccioli / Bruno e Vanna
2. quelle lettere / gl'impiegati
3. il passaporto / il portiere

4. i rollini / tuo fratello
5. il denaro / il gondoliere
6. gli appunti / la professoressa

C. Formare domande e risposte usando pronomi di complemento oggetto indiretto singolari e plurali, come nell'esempio.

ESEMPIO   la birra / il vino   ⟶   Ti piace la birra? No, la birra non mi piace. Preferisco il vino.

            ascoltare / parlare   ⟶   Vi piace ascoltare? No, ascoltare non ci piace. Preferiamo parlare.

1. aspettare / andare alla posta
2. il vaporetto / la gondola
3. gli affreschi / il Colosseo

4. Capri / Pompei e Amalfi
5. le lire / i dollari
6. camminare / prendere il tassì

D. Formare nuove frasi seguendo le indicazioni nell'esempio.

ESEMPIO   quegli edifici / io   ⟶   Quegli edifici? No, purtroppo non mi sono piaciuti.

1. le fragole / noi
2. questa canzone napoletana / il signor Wheaton
3. andare in gondola / io
4. il Lido di Venezia / gli studenti sardi
5. visitare le vetrerie / voi
6. queste antiche basiliche / mia zia

E. Dare il contrario delle frasi seguenti, usando le forme appropriate del doppio negativo.

ESEMPIO   Il numero trentuno è già passato.   ⟶   Il numero trentuno non è ancora passato.

1. Quell'autobus arriva sempre presto.
2. Vale proprio la pena.
3. Ci riposeremo ancora.
4. I tuoi cugini sono già arrivati.
5. Quel ristorante è un po' lontano.

F. Formare nuove domande, seguendo l'esempio.

ESEMPIO   (voi)   ⟶   Dove vi riposerete?

1. loro due
2. il vigile
3. tutti noi
4. tu e tua cugina
5. i tuoi amici

G. Formare nuove frasi, seguendo l'esempio.

ESEMPIO   io / il Colosseo   ⟶   Se avrò tempo, visiterò il Colosseo e farò delle fotografie.

1. noi / Amalfi e Pompei
2. anche loro / l'isola di Murano
3. tu e Luisa / il Teatro San Carlo
4. tu / il Palazzo Reale
5. mio padre / quelle basiliche

■ **SITUAZIONE PRATICA**

Progetti per una domenica d'inverno. Domani è domenica e siamo in inverno. Quali sono i tuoi progetti? Che cosa farai? Chi vedrai? (ecc.)

LE CITTÀ ITALIANE

La storia d'Italia è la storia di Napoli, Venezia, Roma, Genova, Milano e di tutte le altre città. L'Italia come la conosciamo oggi, cioè come una nazione unita e indipendente, ha una storia piuttosto breve. Infatti, la storia dell'Italia moderna incomincia nel 1861 (mille ottocento sessantuno). Prima di questa data e per circa undici secoli, l'Italia era divisa in piccoli stati, repubbliche marinare e territori feudali.

Dopo la caduta dell'Impero Romano e durante il periodo medioevale, il comune e la repubblica erano le due forme di governo di molte città italiane. Anche durante il Rinascimento e fino al secolo scorso, la penisola non ha mai avuto un governo centrale. Questo ha dato al paese una diversità eccezionale.

Roma, la capitale moderna e anche dell'antico Impero Romano, è nell'Italia centrale, sul fiume Tevere. Le altre grandi città sono al nord e al sud di Roma. E poi ci sono molte piccole città pittoresche, specialmente sulle colline e lungo le coste: Siena, Perugia, Orvieto, Salerno, Ragusa, Taormina, San Remo e molte altre.

Le città italiane sono costruite di pietra, hanno molte piazze, e le vie sono strette. Una delle caratteristiche delle città italiane, grandi e piccole, è la varietà, e questo è vero anche del paesaggio, dei costumi, dei dialetti e dei tipi etnici.

la bellezza *beauty* / breve *brief* / la caduta *fall* / cioè *namely* / circa *about* / la collina *hill* / il comune *city-state* / il costume *custom* / diverso *different* / era, erano *(past descriptive of* essere*)* *was, were* / il governo *government* / marinaro *maritime* / il nord *north.* / il paesaggio *landscape* / la pietra *stone* / piuttosto *rather* / poco *little* / poi *then* / il regno *kingdom* / il Rinascimento *Renaissance* / scorso *last* / il secolo *century* / la storia *history* / lo straniero *foreigner* / stretto *narrow* / subito *right away, at once* / il sud *south*

Il vecchio e il moderno di Napoli

I portici di Bologna

■ DOMANDE

1. Sai il nome di cinque città italiane? Quali sono?
2. Perchè è breve la storia dell'Italia moderna?
3. Quando non ha avuto un governo centrale l'Italia?
4. Dove ci sono molte piccole città pittoresche?
5. Che cosa notano gli stranieri in Italia?
6. Quale città italiana è chiamata la Città Eterna? Perchè?

IV

SVAGHI E DIVERTIMENTI

ANDIAMO AL CINEMA
ANDIAMO AL CINEMA
ANDIAMO AL CINEMA
ANDIAMO AL CINEMA
ANDIAMO AL CINEMA

ANDIAMO AL CINEMA?

Anche se, come in molti paesi del mondo, oggi in Italia generalmente tutti hanno un televisore in casa, il cinema continua a essere popolare e ad attirare molte persone. In questi giorni è in visione un film di un giovane regista che ha avuto molto successo, non solo in Italia, ma particolarmente negli Stati Uniti dove ha vinto un Oscar.
Adriana e una sua amica, Lidia, fanno la coda al botteghino del cinema.

Adriana:	Quanto tempo è che non ci vediamo?
Lidia:	Almeno due mesi. Non ho avuto un momento libero. Sai che stai molto bene?
Adriana:	Anche tu stai bene.
Lidia:	Senti, sei sicura che questo sarà un bel film?
Adriana:	Tutti dicono che è un film stupendo.
Lidia:	È un giallo?
Adriana:	No, no. È un film storico del Risorgimento, verso il 1848.
Lidia:	Io di solito preferisco i film che affrontano la politica, l'energia, oppure l'inquinamento dell'ambiente.
Adriana:	Ma sei ancora appassionata dei film di Antonioni e di Visconti, no?
Lidia:	Sì, e tu dei film dell' *underground* americano e di quelli di fantascienza.
Adriana:	È vero, ma non mi entusiasmo più facilmente; i miei gusti sono cambiati.
Lidia:	Eccoci allo sportello.
La ragazza del botteghino:	Quanti biglietti vogliono?
Lidia:	Due.
Adriana:	Dove ci sediamo?
Lidia:	Dove vuoi tu.
Adriana:	Allora, nelle prime file perchè ho dimenticato gli occhiali a casa.
Lidia:	Troveremo posto perchè molte persone escono in questo momento.

Roma CINEMA

PRIMA VISIONE

EMPIRE v.le Reg. Margherita 29　L. 6000 ✆ 857719　　　　(16-22,30)	**Chewingum** di B. Proietti - commedia, C
ESPERO v. Nomentana Nuova 11 L. 3500 ✆ 893906　　　(16,30-22,30)	■ **Jesus Christ superstar** di N. Jewison - musicale, C
ETOILE p.za in Lucina 41　　　L. 6000 ✆ 6797556　　　　(16-22,30)	**Mosca e New York** di P. Mazursky - commedia, C
EURCINE via Liszt 32　　　　L. 6000 ✆ 5910986　　　(16,15-22,30)	**Breakdance** di J. Silberg - commedia, C
EUROPA Corso d'Italia 107　　L. 6000 ✆ 865736　　　(16,30-22,30)	**Una donna allo specchio** di P. Quaregna - commedia erotica, C, V 18
FIAMMA (Sala A) via Bissolati 47　　　L. 7000 ✆ 4751100　　(16,15-19-22)	■ **Carmen** di F. Rosi - musicale, C
FIAMMA (Sala B) via Bissolati 47　　　L. 7000 ✆ 4751100　　　(16,35-22,30)	■ **Piano forte** di F. Comencini - commedia drammatica, C
GARDEN viale Tastevere 246　L. 4500 ✆ 582848　　　(16,30-22,30)	**Una donna allo specchio** di P. Quaregna - commedia erotica C, V 18
GIARDINO p.zza Volture (M. Sacro) L. 4000 ✆ 894946　　　(16,30-22,30)	**Breakdance** di J. Silberg - commedia, C
GIOIELLO via Nomentana 43　　L. 5000 ✆ 864149　　　(16-22,30)	◆ **Metropolis** di F. Lang - fantastico, BN e C
GOLDEN via Taranto 36　　　L. 5000 ✆ 7596602　　(16,30-22,30)	▼ **Maria's Lovers** di A. Konchalovsky - comm., C
GREGORY via Gregorio VII 180　L. 6000 ✆ 6380600　　(16,45-22,30)	**Una donna allo specchio** di P. Quaregna - commedia erotica C, V 18
HOLIDAY largo Ben. Marcello　L. 6000 ✆ 858326　　　(16,30-22,30)	▼ **Maria's Lovers** di A. Konchalovsky - commedia, C, V 14
INDUNO via Girolamo Induno, 1　L. 5000 ✆ 582495　　　(16,30-22,30)	**All'inseguimento della pietra verde** di R. Zemeckis - avventuroso, C
KING via Fogliano 37　　　L. 6000 ✆ 8319541　　(16,30-22,30)	**Conan il distruttore** di R. Fleischer - avventuroso, C
MADISON .via G. Chiabrera 121　L. 5.000 ✆ 5126926　　(16-19-22,15)	▼ **Uomini veri** di P. Kauffman - drammatico, C
MAESTOSO via Appia Nuova 176　L. 6000 Tessera L. 100　(16,30-22,30) ✆ 786086	**Conan il distruttore** di R. Fleischer - avventuroso, C
MAJESTIC via S.S. Apostoli 20　L. 5000 ✆ 6794908　　　(16,30-22,30)	**Bachelor Party** (addio al celibato) si N. Israel - comm. brillante, C

DOMANDE

1. Chi ha il televisore in Italia?
2. Perchè fanno la coda Adriana e Lidia?
3. Quanto tempo è che Adriana e Lidia non si vedono?
4. Sta bene solamente Adriana?
5. È un bel film perchè è un giallo?
6. Quali film preferisce Lidia?
7. E Lei quali film preferisce?
8. Perchè le due amiche si siedono nelle prime file?

▪ VOCABOLARIO

Sostantivi

l' **ambiente** *(m.)*   environment
Antonioni, Michelangelo   Italian movie director
il **botteghino**   ticket booth
il **cinema**   movies, movie theater
l' **energia**   energy
la **fantascienza**   science fiction
la **fila**   line, row
il **giallo**   "whodunit"
il **gusto**   taste
l' **inquinamento**   pollution
il **mondo**   world
la **politica**   politics
il **posto**   place
il **regista**   movie director
il **Risorgimento**   movement for Italian independence in the 19th century
lo **sportello**   window (of booth)
il **successo**   success
il **televisore**   television set
Visconti, Luchino   Italian movie director

Aggettivi

appassionato   very fond of
libero   free
sicuro   sure
storico   historical
stupendo   stupendous

Verbi

affrontare   to face up (to), to deal (with)
attirare   to attract
entusiasmarsi   to be carried away
vinto *(p.p. of* **vincere**)   won

Altri vocaboli

almeno   at least
anche   also
facilmente   easily
generalmente   generally
oppure   or else
particolarmente   particularly
solo   only

Espressioni

di solito   usually
fare la coda   to wait in line
in visione   being shown
quanto tempo   how long
senti   listen; tell me
stare bene   to look well

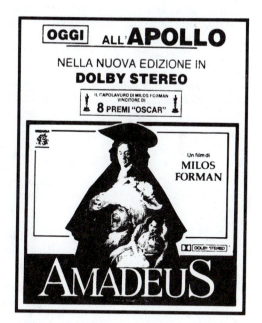

GRAMMATICA

I. Numeri cardinali, continuazione (Cardinal numbers, continued)

100	cento	300	trecento	1200	milleduecento
101	cento uno	400	quattrocento	1500	millecinquecento
102	cento due	500	cinquecento	2000	duemila
103	cento tre	600	seicento	100.000	centomila
110	cento dieci	700	settecento	1.000.000	un milione
121	cento ventuno	800	ottocento	2.000.000	due milioni
130	cento trenta	900	novecento	1.000.000.000	un miliardo
143	cento quarantatrè	1000	mille	2.000.000.000	due miliardi
200	duecento	1001	milleuno		

Numbers above one hundred are often written as one word: **centoquattro, trecentocinquanta, milleduecento, duemila, cinquemila,** etc. Note that Italians use a period instead of a comma when dividing numbers into groups.

II. Uso dei numeri cardinali (Use of cardinal numbers)

1. We saw (Chapter 6) that the English *one* is not translated before **cento**: the same is true of **mille**, which means *one thousand*. Note that mille has the irregular plural mila.

2. The English *eleven hundred, seventeen hundred, twenty-four hundred, etc.,* are always broken down into *thousands* and *hundreds*.

Quest'automobile costa **ottomilanovecento** dollari.   *This car costs **eighty-nine hundred dollars**.*

3. Milione and its plural, milioni, miliardo and its plural, miliardi, unless followed by another number, take the preposition di.

La nostra biblioteca ha un **milione di** libri.   *Our library has **one million** books.*

Quella città ha due **milioni di** abitanti.   *That city has **two million inhabitants**.*

Un **milione di** dollari corrisponde a quasi un **miliardo di** lire.   *One million dollars is equivalent to nearly **one billion lire**.*

III. Date, continuazione
(Dates, continued)

1. When used alone, the year requires the definite article.

il mille novecento cinquan-tasette	*1957*
nel mille trecento ventuno	*in 1321*

2. In Italian a date that includes the month, day, and year is expressed in this order: *day, month, year.* As we saw in Chapter 7, except for the first day of the month, which is always **il primo**, the other days are expressed by the cardinal numbers. Note that the English *on* is translated by the definite article.

Siamo partiti **il primo** luglio, mille novecento ottanta.   *We left on July 1, 1980.*
L'anno scolastico è finito **il trenta** giugno.   *The school year ended on June 30th.*

3. The expression *What's today's date?* is **Quanti ne abbiamo oggi?** and the answer is either **Oggi ne abbiamo...** or **Oggi è il...**

Oggi ne abbiamo tre. (*or* Oggi è il tre.)   *Today is the third.*
Ieri ne avevamo dieci. (*or* Ieri era il dieci.)   *Yesterday was the tenth.*

4. The English *What day is today?* is expressed by **Che giorno è oggi?**

Che giorno era ieri?   *What day was yesterday?*
Ieri era martedì.   *Yesterday was Tuesday.*

IV. Presente indicativo di volere *(Present indicative of volere)*

Volere to want	
Vuole una bella cravatta.	*He wants a lovely tie.*
Voglio andare a cavallo.	*I want to go horseback riding.*

voglio	*I want, etc.*
vuoi	
vuole	
vogliamo	
volete	
vogliono	

V. Gli avverbi e la loro formazione (Adverbs and their formation)

An adverb is a word used to modify an adjective, a verb, or another adverb; for example, "It is a *very* beautiful book," "He always sings *well*." We have already met such adverbs as bene *well*, male *badly*, molto *very*, and poco *little*. Most Italian adverbs, however, are formed by adding -mente (equivalent to English -*ly*) to the feminine singular of the adjective.

Adjective		*Adverb*	
chiaro	*clear*	chiaramente	*clearly*
vero	*true*	veramente	*truly*
recente	*recent*	recentemente	*recently*

Aveva una bella voce e parlava **chiaramente**. *She had a beautiful voice and spoke **clearly**.*

If the last syllable of the feminine adjective is -le or -re, and is preceded by a vowel, the final -e is dropped before -mente is added.

făcile	*easy*	facilmente	*easily*
regolare	*regular*	regolarmente	*regularly*

Leggeva facilmente un libro in due ore. *He **easily** read a book in two hours.*

VI. Costruzione idiomạtica con gli aggettivi possessivi (Idiomatic construction with the possessive adjectives)

The Italian equivalent of the English expressions *a . . . of mine (yours, his,* etc.*)* and *this* (or *two, some, many,* etc.*) . . . of mine (yours, his,* etc.*)* are un mio (tuo, suo, etc.) . . . questo (or due, alcuni, etc.) mio (miei or mie) . . .

Un mio cugino. *A cousin of mine.*
Tre tuoi libri. *Three books of yours.*
Alcuni nostri amici. *Some friends of ours.*

Note that with the above construction, the definite article is not needed before the possessive adjective.

▮ ESERCIZI

A. Formare nuove frasi seguendo le indicazioni nell'esempio.

ESEMPIO   il caffè / 1,800 l'etto ⟶ Il caffè costa milleottocento lire l'etto.

1. le scarpe / 155.000 lire
2. il parmigiano / 1.400 l'etto
3. il pane / 120 l'etto
4. l'appartamento / 360.000.000
5. le fragole / 1.200 l'etto
6. i biglietti / 12.000 lire

Un film del giovane regista americano Steven Spielberg.
Ha avuto molto successo questo film negli Stati Uniti?

B. Leggere le frasi seguenti ad alta voce.

1. Ci sono 112 chiese in questa città.
2. In Italia, abbiamo visitato 222 musei.
3. L'appartamento di mio zio è costato 200.000.000 di lire.
4. A Venezia ci sono 176 vaporetti.
5. La prima colazione costa 5.000 lire.
6. Abbiamo cambiato 1.600 dollari.

C. Rileggere le frasi nell'esercizio B, aggiungendo *(adding)* venti a ogni numero.

D. Seguendo l'esempio, assumere il ruolo di un impiegato di banca. Fare il cambio sulla base di 1.900 lire a dollaro.

ESEMPIO   30   ⟶   Lei mi ha dato trenta dollari e io le do cinquantasettemila lire.

1. 50   3. 250   5. 500
2. 100   4. 335   6. 875

E. Scrivere i numeri corrispondenti.

ESEMPIO   trecentotrentatrè   ⟶   333

1. un milione duecentomila   4. settecentodiciannove
2. quattrocentosedici   5. duemilaottocentodieci
3. milletrecento   6. millenovecentottanta

F. Completare le frasi seguenti con l'avverbio che corrisponde all'aggettivo fra parentesi.

ESEMPIO   (chiaro)   ⟶   Il professore ha parlato chiaramente.

1. (libero)   Quello studente risponde sempre...
2. (recente)   Siamo andati al cinema...
3. (aperto)   Il dottor Centrini parlerà molto...
4. (regolare)   Gl'Italiani prendono il tram...
5. (sicuro)   Troveranno posto...

DOMANDE

Rispondere alle domande seguenti.

1. Quali sono i mesi dell'inverno?
2. Quali sono i mesi dell'autunno?
3. Quali sono i mesi dell'estate?
4. Quali sono i mesi della primavera?
5. Che data è oggi?
6. Che data sarà domani?
7. Quante lire ci sono in un dollaro?
8. Quanti dollari hai oggi?
9. Quando finirà l'anno accademico?
10. Quanti giorni ci sono nel mese di gennaio?
11. Quanto è costato il tuo libro di italiano?
12. Che giorno sarà domani?

RIELABORAZIONE

Dare l'equivalente italiano.

1. We don't like to wait in line.
2. I visited Amalfi yesterday and Capri the day before yesterday.
3. This car probably costs too much.
4. She never wants to call a taxi.
5. I prefer Visconti. He won many Oscars.
6. Today the dollar is worth 1900 lire.
7. She is easily carried away.
8. At least I will not wait in line.

SITUAZIONE PRATICA

Comporre un dialogo basato sulla situazione seguente.

Lei desidera andare al cinema: telefona a un'amica (a un amico) e la invita (lo invita) ad andare a vedere un film. L'amica (amico) risponde...

« PISTA » 14

Ieri, così, all'improvviso Gianni e Franco hanno deciso di andare a sciare all'Abetone. Erano le sette di mattina quando sono partiti da Firenze, e alle nove erano già sulla sciovia per passare una piacevole giornata sui campi di sci. Dopo l'ultima discesa, mentre si levavano gli stivali, parlavano e si riscaldavano davanti a un allegro fuoco nel caminetto dell'albergo.

Gianni:	Abbiamo smesso presto; eri stanco?
Franco:	No, ma avevo fame.
Gianni:	C'era troppa gente sulle piste, non credi?
Franco:	Sì, era quasi difficile sciare.
Gianni:	E la sciovia non funzionava troppo bene.
Franco:	Già, infatti quando siamo venuti via non funzionava affatto.
Gianni:	Non importa. Io mi sono veramente divertito. Lo sci è il mio sport preferito.
Franco:	A proposito; dove hai imparato a sciare così bene?
Gianni:	Vicino a casa mia, in montagna. Quando ero piccolo mio padre mi portava a sciare tutti gli inverni.
Franco:	Ora capisco; non lo sapevo.
Gianni:	Mio padre era un ottimo maestro.
Franco:	E tu, evidentemente eri un ottimo studente.
Gianni:	Ti ringrazio del complimento... e ti offro una birra.
Franco:	Bravo. Se non l'offrivi tu, l'offrivo io!

Più tardi...

Franco:	Be', torniamo a Firenze?
Gianni:	Io sono pronto.
Franco:	Benissimo, ma prima facciamo il pieno di benzina qui alla stazione di servizio.

Cortina d'Ampezzo

 **DOMANDE**

1. Quando hanno deciso di andare a sciare Gianni e Franco?
2. Dove erano alle nove?
3. Dove si riscaldavano dopo l'ultima discesa?
4. Perchè hanno smesso presto?
5. Perchè era quasi difficile sciare?
6. Quando ha imparato a sciare Gianni?
7. Chi offre la birra?
8. Cosa fanno prima di partire per Firenze?
9. È mai stato a sciare Lei? Dove?
10. Qual è il Suo sport preferito?

■ VOCABOLARIO

Sostantivi

l' **Abetone** *(m.)*   ski resort near Florence
la **birra**   beer
il **caminetto**   fireplace
il **campo**   field; **campo di sci**   (skiing) slopes
la **discesa**   descent, run
il **fuoco**   fire
la **gente**   people
l' **inverno**   winter
il **maestro**   teacher
la **mattina**   morning
la **montagna**   mountain; **in montagna**   in the
  mountains
il **padre**   father
la **pista**   trail, ski run (word shouted by skiers
  to warn others of their approach)
lo **sci**   ski
la **sciovia**   ski lift
lo **stivale**   boot
la **stazione di servizio**   service station

Aggettivi

allegro   cheerful
piacevole   pleasant
piccolo   little, small
preferito   favorite
stanco   tired

Verbi

capire   to understand
credere   to believe, think
deciso *(p.p. of* **decidere***)*   decided
divertirsi   to have a good time
imparare   to learn
funzionare   to function, to work
levarsi   to take off
offrire   to offer
ringraziare   to thank
riscaldarsi   to warm up
sciare   to ski
smesso *(p.p. of* **smettere***)*   quit

Altri vocaboli

così   so, thus
evidentemente   evidently

Espressioni

a casa mia   at (to) my house
all'improvviso   all of a sudden
a proposito   by the way
fare il pieno di benzina   to fill up with gas
non importa   it doesn't matter
venire via   to come away, to leave

. . . e dopo, la discesa!

GRAMMATICA

I. L'imperfetto *(The past descriptive tense)*

This tense, which is also called the imperfect, expresses the duration or the frequent repetition of an action in the past. The past descriptive is formed by adding the personal endings to the stem of the infinitive. The past descriptive of the three model verbs is:

Parlare   *to speak*

Parlavo a Maria ogni giorno.	*I used to speak to Mary every day.*
parl-avo	*I was speaking, used to speak, spoke (habitually), etc.*
parl-avi	
parl-ava	
parl-avamo	
parl-avate	
parl-avano	

Ripetere   *to repeat*

Ripetevo sempre le stesse cose.	*I always repeated the same things.*
ripet-evo	*I was repeating, used to repeat, repeated (habitually), etc.*
ripet-evi	
ripet-eva	
ripet-evamo	
ripet-evate	
ripet-evano	

Capire   *to understand*

Di solito non lo capivo.	*I usually didn't understand him.*
cap-ivo	*I was understanding, used to understand, understood (habitually), etc.*
cap-ivi	
cap-iva	
cap-ivamo	
cap-ivate	
cap-ivano	

II. L'imperfetto di avere e essere (Past descriptive of avere and essere)

Avere to have
Avevo i capelli neri.

I used to have black hair.

avevo	*I was having, used to have,*
avevi	*had (habitually), etc.*
aveva	
avevamo	
avevate	
avevano	

Essere to be
La mattina ero sempre a casa.

I was (habitually) always at home in the morning.

ero	*I was, used to be, etc.*
eri	
era	
eravamo	
eravate	
erano	

III. L'imperfetto di dire e fare (Past descriptive of dire and fare)

Dire to say, to tell
Dicevo una preghiera.

I was saying a prayer.

dicevo	*I was saying (telling), used to*
dicevi	*say (tell), etc.*
diceva	
dicevamo	
dicevate	
dicevano	

Fare to make, to do
Facevo troppe cose.

I was doing too many things.

facevo	*I was doing (making), used to*
facevi	*do (make), etc.*
faceva	
facevamo	
facevate	
facevano	

IV. Uso dell'imperfetto *(Use of the past descriptive)*

Like the present perfect, the past descriptive indicates a past action. However, while the present perfect always indicates an action completed in the past *(what actually did happen),* the past descriptive indicates what *was* happening. It is used as follows:

1. To describe or express a state of being (physical or mental) in the past (not what happened, but what *was*).

Era una bella giornata. *It was a beautiful day.*
Era giovane. *She was young.*
Eravamo felici. *We were happy.*

2. To express an action going on in the past, in progress (not what happened, but *what was happening*) when another action took place.

Impostava una lettera raccomandata quando l'ho visto. *He was mailing a registered letter when I saw him.*
Studiavamo quando è arrivato tuo zio. *We were studying when your uncle arrived.*

3. To express an habitual or regularly recurring action in the past (not what happened, but *what used to happen* or *would happen regularly*).

Giovanni **guardava** sempre le porte della cattedrale. *John always looked at the cathedral's doors.*
Andavo a scuola alle otto. *I used to go to school at eight.*
Se era tardi, restavo in pensione. *If it was late, I stayed (would stay) in the boarding house.*
Leggeva il giornale ogni giorno. *He read the paper every day.*
Quando faceva bel tempo, studiavo in giardino. *When the weather was nice, I would study in the garden.*

4. To express the time of day in the past, the weather, and age.

Ẹrano le sette.   *It was seven o'clock.*
Faceva caldo.   *It was warm.*
Avevo dọdici anni.   *I was twelve years old.*

V. *Paragone dei tempi passati*
(Comparison of past tenses)

For a comparison of the present perfect and the past descriptive, study the following examples:

Stamani è arrivato alle otto.   *This morning he arrived at eight.*
Tutte le mattine arrivava alle otto.   *Every morning he arrived at eight.*
Abbiamo visitato il museo.   *We visited the museum.*
Ci piaceva visitare il museo perchè era bello.   *We liked to visit the museum because it was beautiful.*
Hanno comprato due cartoline illustrate ma non le hanno ancora scritte.   *They bought two picture postcards but they have not written them yet.*
Andạvano in Itạlia nell'estate e scrivẹvano molte cartoline. *They used to go to Italy in the summer and would write many postcards.*
Era una giornata calda e così abbiamo bevuto una Coca-Cola.   *It was a hot day and so we drank a Coke.*

ESERCIZI

A. Formare nuove frasi, usando i soggetti indicati e seguendo l'esempio.

ESEMPIO   Anche lui desiderava molto andare a sciare ma non aveva soldi.

1. mio fratello e sua moglie
2. io
3. tu e Bruno
4. io e Vanna
5. tu
6. noi
7. Vanna
8. voi

B. Secondo l'esempio, riscrivere le frasi seguenti al passato.

ESEMPIO   Quando Gianni ritorna in albergo, sono le otto.   ⟶
Quando Gianni è ritornato in albergo, erano le otto.

1. Quando arrivano all'Abetone è molto tardi.
2. Vediamo il Campanile mentre andiamo a Murano.
3. Franco fa una passeggiata mentre Gianni dorme.
4. Quando arrivo a Firenze piove sempre.
5. Prendo il tassì perchè sono in ritardo.
6. Mi dice che desidera visitare la Cappella Sistina.
7. Bruno ci telefona mentre studiamo.
8. Non visitiamo gli Uffizi perchè non fanno parte del giro.

C. Rispondere alle domande seguenti, usando la forma corretta dell'imperfetto.

ESEMPIO   Mangi la pizza?   ⟶   No, ma la mangiavo ogni giorno in Italia.

1. Compri i gettoni?
2. Parlerete l'italiano?
3. Visitate molti musei?

4. Prendo il tram, io?
5. Farai due passi domani?
6. Hai offerto la birra?

D. Completare con un'espressione scelta secondo il contesto. *(Complete with an expression, in keeping with the context.)*

ESEMPIO   Bruno non è andato a sciare perchè...   ⟶
                  Bruno non è andato a sciare perchè non aveva soldi.

1. La signora non ha impostato la lettera perchè...
2. Abbiamo mangiato molto perchè...
3. Si sono levati gli stivali perchè...
4. Lui ha imparato a sciare perchè...
5. Non mi è piaciuto quel film perchè...
6. Sono tornati a Firenze perchè...
7. Abbiamo fatto la coda al botteghino perchè...
8. Ha cambiato dei dollari perchè...

Sui campi di sci—Val Gardena

E. Formare frasi, usando i verbi all'imperfetto e seguendo l'esempio.

ESEMPIO   io, sciare / lui, dormire   ⟶   Io sciavo mentre lui dormiva.

1. tu, guidare / tua sorella, riposarsi
2. noi, fare la coda / Lidia, aspettare gli amici
3. mio padre e mia madre, visitare i musei / voi due, sciare a Cortina
4. tu, aspettare / lui, comprare i francobolli
5. Franco, fare il pieno di benzina / Gianni, parlare con l'impiegato

F. Completare le frasi seguenti con la forma corretta dell'imperfetto o del passato prossimo, secondo il contesto.

1. Ogni estate i signori Wheaton *(andare)* _____ in Italia.
2. Ieri Bruno *(ritornare)* _____ molto tardi.
3. Mentre la signora *(scrivere)* _____ delle lettere, suo marito *(andare)* _____ a comprare i francobolli.
4. Alcuni miei amici *(essere)* _____ a Firenze una settimana.
5. Franco *(restare)* _____ all'Abetone solamente un giorno.
6. Ieri tutti *(imparare)* _____ la lezione.
7. Nessuno *(sapere)* _____ dov'è il Vaticano?
8. Perchè tu non *(capire)* _____ mai niente?

🔲 DOMANDE

Rispondere alle domande con frasi complete.

1. Sei un buon sciatore o una buona sciatrice?
2. Abiti vicino alle montagne?
3. Quando offrirai la birra, o il caffè o il gelato ai tuoi amici?
4. Perchè dobbiamo fare il pieno di benzina?
5. È cara la benzina negli Stati Uniti?

🔲 RIELABORAZIONE

Dare l'equivalente italiano.

1. I was listening to a student.
2. Those three students were talking with the traffic policeman.
3. We visited the Coliseum this morning at 8:00.
4. It was raining while we waited in line.
5. Almost every day Adriana went (was going) to the movies.
6. We stayed in Amalfi (for) two weeks last year.
7. The travel agency was not open yet.
8. Thank you! We already had breakfast.

Completare il dialogo seguente con espressioni appropriate al contesto.

Mario: _____
Maria: Sì, mi piace sciare.
Mario: _____
Maria: No, non vado a sciare molto spesso.
Mario: _____
Maria: Lo sci è uno sport molto caro, non lo sai? E tu, sei un buono sciatore?
Mario: _____
Maria: Come erano le piste ieri?
Mario: _____
Maria: La sciovia purtroppo non funzionava.
Mario: _____
Maria: Be', valeva la pena perchè mi sono divertita molto.

E tu, sei un buono sciatore?

A UN BAR

Gl'Italiani vanno al bar o al caffè per cento ragioni: per appuntamenti, per fare due chiacchiere con gli amici, per scrivere lettere, per leggere il giornale e, naturalmente, per prendere l'espresso, il cappuccino, un gelato o l'aperitivo.

Adriana entra in un bar con Bob, un Italo-Americano che studia all'università per stranieri da sei mesi e con cui Adriana fa pratica d'inglese da poche settimane.

Cameriere: Preferiscono sedersi fuori?
Bob: Come « fuori »? Non vede che piove?
Cameriere: Scherzavo. È già una settimana che piove. Va bene questo tavolo in un angolo?
Adriana: Sì.
Cameriere: Che prendono, un gelato?
Adriana: Veramente Le piace scherzare. Con questo freddo? Io, un caffè ristretto.
Bob: E io un cappuccino bollente.
Cameriere: Benissimo, signori.
Adriana: Allora che facciamo stasera? Vuoi andare a ballare?
Bob: Stasera non posso, devo studiare.
Adriana: Studierai un'altra volta. Stasera vieni a ballare.
Bob: Se proprio ci tieni. Dove?
Adriana: A casa di Anna, una mia cugina. Ti ricordi... la ragazza con cui abbiamo giocato a tennis la settimana scorsa.
Bob: Sì, sì, mi ricordo. Una simpatica ragazza, bella anche, che aveva una splendida macchina fotografica.
Adriana: Precisamente. Allora, vieni?
Bob: Come posso rifiutare un tale invito!
Cameriere: È quello che dico anch'io! Prego, signori: ecco il tè per la signorina e il cappuccino freddo per il signore.
Adriana: Ma Lei scherza sempre?
Cameriere: No, soltanto quando piove.

Venezia
Due ragazzi seduti fuori al caffè.
Che prende il ragazzo, un cappuccino o un aperitivo?

DOMANDE

1. Perchè gl'Italiani vanno al bar?
2. Dove studia Bob?
3. Dove sono Adriana e Bob?
4. Perchè non prendono il gelato?
5. Chi vuole andare a ballare? Dove?
6. Chi è Anna?
7. Quando hanno giocato al tennis?
8. Lei preferisce ballare o giocare a tennis?
9. Ha mai bevuto un cappuccino Lei? Dove?
10. Con chi Le piace scherzare, signorina (signor)?

■ VOCABOLARIO

Sostantivi

l' **aperitivo**   aperitif (a light alcoholic drink usually taken before meals)
il **bar**   café, bar
il **caffè**   coffee shop, café
il **cameriere**   waiter
il **cappuccino**   espresso coffee with steamed milk
la **cugina**   cousin
l' **espresso**   espresso (coffee)
il **gelato**   ice cream
il **giornale**   newspaper
l' **invito**   invitation
l' **Italo-Americano**   Italian-American
la **macchina fotografica**   camera
la **ragione**   reason
la **ragazza**   young woman, girl
la **settimana**   week
la **signorina**   young lady, miss
lo **straniero**   foreigner
il **tavolo**   table
il **tè**   tea
il **tennis**   tennis
la **volta**   time, occurrence

Aggettivi

bollente   boiling hot
freddo   cold
ristretto   concentrated, strong
scorso   past; last
simpatico   likeable, nice

Verbi

giocare (a + *noun*)   to play (a game or sport)
leggere   to read
ricordarsi   to remember
rifiutare   to refuse
scherzare   to joke, to kid

Altri vocaboli

fuori   outside
naturalmente   naturally

Espressioni

Che prendono?   What will you have?
Come... !   What do you mean . . . !
fare due chiacchiere   to chat
fare pratica (di)   to practice
prego   beg your pardon
se proprio ci tieni (*from* tenerci [a])   if you really insist (care)
un tale...   such a . . .

Molti preferiscono il dolcificante allo zucchero.

GRAMMATICA

I. Pronomi relativi *(Relative pronouns)*

1. The relative pronoun replaces a noun or a pronoun. It relates to an antecedent and adds a modifying clause; for example, "I bought a book *that* has many illustrations." In Italian the relative pronouns are *che, cui, quale, chi.*

a. che *(who, whom, that, which)* is invariable, and is never used with prepositions.

Il ragazzo **che** gioca a tennis è italiano.   *The boy **who** is playing tennis is Italian.*
La signorina **che** abbiamo incontrato(-a) è una studentessa.   *The young lady **whom** we met is a student.*
Gli sci **che** abbiamo comprato(-i) sono usati.   *The skis we bought are used.*

NOTE 1   As we saw in Chapter 7, the agreement of the past participle of a transitive verb is optional in a relative clause introduced by **che**.

NOTE 2   (last example): The relative pronoun is never omitted in Italian as it frequently is in English.

b. cui *(whom, which)* replaces che: it is also invariable and may be used only after a preposition.

Questa è la bicicletta **di cui** ti ho parlato.   *This is the bicycle **of which** I spoke to you.*
È la professoressa **con cui** ho studiato l'italiano.   *She is the professor **with whom** I studied Italian.*
È l'esame **in cui** il professore ha trovato molti sbagli.   *It is the exam **in which** the teacher has found many mistakes.*

c. quale *(who, whom, that, which)* is variable and is always preceded by the definite article il (la) quale, i (le) quali. This form is not common in speech. It is occasionally used after a preposition and to avoid ambiguity.

La signorina **con la quale** sono andato allo stadio fa il tifo per il Milan. *The young lady **with whom** I went to the stadium cheers for the Milan team.*
È la cugina di Mario, **la quale** va al liceo. *She is Mario's cousin, **who is going** to high school.*

d. chi, which is also an interrogative pronoun, is invariable and translates *he who, the one who, whoever.*

Chi studia, impara. *He who studies, learns.*
Chi dorme, non piglia pesci. *The early bird catches the worm.* (lit., *"He who sleeps, catches no fish."*)
Ho dato i pattini a chi ha finito prima. *I gave the skates to the one who finished first.*
Risponderà a chi le scriverà. *She will reply to whoever writes her.*

2. *What,* with the meaning of *that which,* is expressed by quello che (or its shortened form quel che) and also by ciò che.

È quello che (*or* ciò che) le ho detto. *That's what I told her.*

II. Uso idiomatico del presente e dell'imperfetto *(Idiomatic use of the present and imperfect)*

1. The present indicative can be used to indicate an action or a condition that began in the past and is still going on in the present. Note that this can be expressed in two different ways.

Sono due anni che non ci vediamo. (*or* Non ci vediamo da due anni.) *We **haven't seen** each other **for** two years.*
Sono molti mesi che Barbara è a Firenze. (*or* Barbara è a Firenze da molti mesi.) *Barbara **has been** in Florence **for** many months.*

2. Likewise, the imperfect followed by the preposition da is used to indicate that an action or condition which had begun in the past was still going on at a certain time. This, too, can be expressed in two ways.

Quando l'ho conosciuto, **studiava** l'italiano **da** un anno (*or* era un anno che studiava l'italiano). *When I met him, he **had been studying** Italian **for** one year.*

III. *Presente indicativo di* **dovere e potere** *(Present indicative of* dovere *and* potere*)*

Dovere   *to have to, must*
Devo imparare a nuotare.   *I must learn to swim.*

devo	*I have to, I must, etc.*
devi	
deve	
dobbiamo	
dovete	
dẹvono	

Potere   *to be able, can, may*
Non **posso** giocare oggi.   *I can't play today.*

posso	*I can, am able, may, etc.*
puoi	
può	
possiamo	
potete	
pọssono	

Dovere, potere, and volere (which we met in Chapter 13) are often called "servile" verbs in Italian (modal auxiliaries in English) because they serve to express the mood of a dependent infinitive.

Devo imparare a sciare.   *I must learn to ski.*
Stasera non **possiamo** uscire.   *Tonight we cannot go out.*
Voleva vedere la sciovia.   *She wanted to see the ski lift.*

■ **ESERCIZI**

A. Usando il pronome relativo **che**, formare delle frasi seguendo l'esempio.

ESEMPIO   Il signore parla. È italiano.   ⟶   Il signore che (soggetto!) parla è italiano.

1. La ragazza è andata al bar. Si chiama Adriana.
2. Le persone prendono l'espresso. Di solito preferiscono il caffè forte.
3. Il giovane fa due chiacchere con gli amici. Aspetta Adriana.
4. I ragazzi vogliono andare a ballare. Studieranno un'altra volta.
5. Il signore ha sempre caldo. Preferisce sedersi fuori.

ESEMPIO   Il bar non è affollato. Lo preferisco.   ⟶
              Il bar che (complemento oggetto!) preferisco non è affollato.

1. Gli studenti non sono italiani. Li abbiamo conosciuti ieri.
2. Il cameriere scherza volentieri. L'ho chiamato.
3. Gli occhiali sono necessari. Li dimentico sempre.
4. La pista è all'Abetone. La preferiamo.
5. La birra sarà fresca. Il cameriere la porterà.

Roma
Allora, che facciamo stasera?

B. Formare nuove domande, usando il verbo riflessivo **chiamarsi** e il pronome relativo **che.**

ESEMPIO   Ho conosciuto un signore americano.   ⟶
           Come si chiama il signore americano che hai conosciuto?

1. A Roccaraso abbiamo incontrato degli sciatori canadesi.
2. Sul lungomare ho visto un amico americano.
3. Sulla pista dell'Abetone abbiamo conosciuto un Italo-Americano.
4. Ho trovato una discoteca vicino al Colosseo.
5. Ammiro gli affreschi.
6. Abbiamo ascoltato un'antica canzone napoletana.

C. Completare le frasi seguenti, correttamente e usando espressioni plausibili.

ESEMPIO   Preferisco i bar...   ⟶   Preferisco i bar che sono sul lungomare.

1. Preferisco gli autobus...
2. Preferivamo i film...
3. Anche voi preferite il tavolo...
4. Gianni preferisce le discese...
5. Mio padre preferiva i giornali...
6. Tutti preferiscono le lingue...

D. Dare nuove risposte alle domande **Chi è?** o **Chi sono?**, seguendo l'esempio.

ESEMPIO   Italo-Americano $\longrightarrow$ È l'Italo-Americano di cui (del quale) ti parlavo ieri.
            amici $\longrightarrow$ Sono gli amici di cui (dei quali) ti parlavo ieri.

1. aperitivi; 2. sciovia; 3. giornale; 4. campi di sci; 5. albergo; 6. maestri; 7. antica canzone napoletana; 8. basiliche

E. Inserire la forma corretta del pronome relativo. Usare una sola parola.

1. Questa è la sciovia _____ tutti preferiscono.
2. Questo è il bar nel _____ servono un ottimo cappuccino.
3. Questa è la ragazza con _____ giocherò a tennis.
4. Questi sono i pronomi _____ dovete studiare.
5. Questo è il vigile al _____ ho fatto una fotografia.
6. _____ dorme in classe non impara molto.

F. Completare le frasi seguenti con il relativo **cui** e un'espressione appropriata al contesto.

ESEMPIO   Ecco gli sciatori con... $\longrightarrow$ Ecco gli sciatori con cui ho fatto colazione.

1. Ecco il bar in...
2. Ecco l'Università di...
3. Ecco il caminetto davanti a...
4. Ecco la simpatica ragazza con...
5. Ecco gli amici a...
6. Ecco la professoressa con...

G. Cambiare le frasi seguenti, usando l'espressione alternativa.

ESEMPIO   Non vado a sciare da tre anni. $\longrightarrow$ Sono tre anni che non vado a sciare.

1. È un mese che non piove.
2. Sono due giorni che non vuole mangiare.
3. Studiano l'inglese da molti anni.
4. Aspetto il mio cappuccino da molto tempo.
5. È molto tempo che studiate l'italiano?

H. Completare le frasi seguenti con la forma appropriata e corretta del verbo **volere** o **potere**.

ESEMPIO   Devo scrivere alcune lettere ma... $\longrightarrow$ Devo scrivere alcune lettere ma non voglio.

1. Anche Gianni deve alzarsi presto ma...
2. Preferisco sedermi fuori ma...
3. Lui vuole andare a ballare ma io...
4. Molta gente deve fare esercizio ma...
5. Preferiamo andare a piedi ma...
6. Mi hanno invitato ad andare a sciare ma...

■ DOMANDE

Rispondere con frasi complete e originali.

1. Ti piace ballare?
2. Scherzi tu, qualche volta *(sometimes)*?
3. Quando vai al bar, ti siedi fuori o dentro *(inside)*?
4. Quando vai al bar, che cosa ordini?
5. Giochi a tennis? Con chi?
6. Hai una macchina fotografica? Ti piace fare fotografie?
7. Dove leggi il giornale, di solito?
8. Con chi fai pratica d'italiano?

■ SITUAZIONE PRATICA

Al bar, in Italia.

Comporre un dialogo fra due amici e un cameriere.

Gl'Italiani vanno al bar per fare due chiacchiere con gli amici.

16

UN INCONTRO DI CALCIO

Il calcio è popolare in tutti i paesi del mondo, ma in particolare in Europa e nell'America Latina. Oggi il calcio comincia a essere popolare anche negli Stati Uniti. Agl'Italiani piacciono tutti gli sport: il calcio, lo sci, il tennis, il pugilato e le corse, ma lo sport preferito è il calcio, e in Italia ogni domenica milioni di tifosi seguono le partite di calcio o negli stadi o alla televisione.

Mario e Michele sono appassionati di calcio. Oggi è domenica e, seduti davanti al televisore, seguono la trasmissione di una partita fra il Milan e la Fiorentina.

Michele:	Va male per la Fiorentina perchè l'arbitro è partigiano.
Mario:	I nostri calciatori non gli sono simpatici!
Michele:	È invidia, perchè i nostri sono in ottima forma.
Mario:	Ecco Fattori; bravo Fattori, forza!
Michele:	Dai, bravo! Evviva, ha segnato.
Mario:	Ora siamo due a due.
Michele:	Ricordi quando la nostra squadra ha giocato in Spagna?
Mario:	Come no! Volevo andare a fare il tifo, ma il viaggio era troppo caro.
Michele:	Ma che fa Parducci? Dove ha imparato a giocare?
Mario:	Gli ultimi minuti sono sempre lunghi.
Michele:	Se continuano a giocare così, stiamo freschi.
Mario:	Finalmente! La partita è finita.
Michele:	Be', meglio un pareggio che una sconfitta. Che ore sono?
Mario:	Sono appena le quattro e dieci.
Michele:	È presto. Usciamo?
Mario:	È un'ottima idea.

Qual è lo sport preferito degl'Italiani?

🟥 **DOMANDE** ▬▬▬▬▬▬▬▬

1. Dove è popolare il calcio?
2. Dove seguono le partite di calcio gl'Italiani?
3. Quali altri sport piacciono agl'Italiani?
4. Chi segue l'incontro fra il Milan e la Fiorentina? Dove, allo stadio?
5. Chi vince l'incontro?
6. Che cosa dice Mario all'arbitro?
7. Chi è Parducci?
8. Dopo la trasmissione che fanno Mario e Michele?
9. E domani che faranno?
10. Signor... , Le piace il calcio o preferisce un altro sport?

■ VOCABOLARIO

Sostantivi

l' arbitro   referee
il calciatore   soccer player
il calcio   soccer
la corsa   race
l' Europa   Europe
la Fiorentina   Florentine soccer team
la forma   form
l' incontro   match
l' invidia   envy
il Milan   Milan's soccer team
il minuto   minute
il pareggio   tie
il pugilato   boxing
la sconfitta   defeat
la squadra   team
la trasmissione   telecast
il tifoso   sports fan

Aggettivi

latino   Latin
partigiano   partisan, biased
preferito   favorite
simpatico   likeable

Verbi

imparare   to learn
segnare   to score

Altri vocaboli

finalmente   finally
fra   between, among
male   badly

Espressioni

bravo   good for you, great
come no!   of course!
dai!   go!
eh?   OK?
evviva!   hurrah!
fare il tifo   to cheer *(as a fan)*
forza!   keep it up! go to it!
in particolare   in particular
non gli sono simpatici   he does not like them
stiamo freschi   we're in trouble

Il viaggio del calcio

3ª giornata

Atalanta-Roma	0-0
Avellino-Juventus	0-0
Como-Fiorentina	0-0
Lazio-Inter	1-1
Milan-Cremonese	2-1
Sampdoria-Ascoli	2-0
Torino-Napoli	3-0
Verona-Udinese	1-0

Prossimo turno

ASCOLI-LAZIO
CREMONESE-AVELLINO
FIORENTINA-ATALANTA
INTER-VERONA
JUVENTUS-MILAN
NAPOLI-COMO
ROMA-SAMPDORIA
UDINESE-TORINO

OGGI in TV

RAI2

Varie — Ore 22,20: nella rubrica «Sportsette», sintesi dell'incontro Italia-Camerun dei mondiali '82; da Perugia campionati italiani di tennis; storia del medagliere olimpico; inchiesta sul pentathlon; vela, i 12 metri ai campionati di Porto Cervo.
Hochey-prato — Ore 14,30: da Riano, Italia-Germania

GRAMMATICA

I. Uso idiomatico dell'articolo determinativo *(Special uses of the definite article)*

1. Contrary to English usage, the definite article is required in Italian before a noun used in a general or abstract sense. (See also Chapter 4.)

Preferisco la lotta al pugilato. *I prefer wrestling to boxing.*
La vita è breve. *Life is short.*

2. In Italian the definite article is used before names of languages, unless they are preceded by the preposition *in*.

Le piace l'italiano, ma ha studiato anche il francese. *She likes Italian, but she has also studied French.*

but Come si dice questa parola in inglese? *How do you say this word in English?*

In Italia milioni di tifosi seguono le partite di calcio allo stadio.

3. The name of a continent, country, region, or large island is always preceded by the definite article.

	L'Italia è una nazione.	*Italy is a nation.*
	L'Europa ha molti paesi.	*Europe has many countries.*
	Vuole visitare la Sicilia.	*He wants to visit Sicily.*
	Sono venuti dall'Inghilterra.	*They came from England.*
	i laghi della Svizzera	*the lakes of Switzerland*
but	Capri è una piccola isola.	*Capri is a small island.*

The article, however, is dropped when the name of an *unmodified* feminine continent, country, region, or large island is preceded by the preposition in, which means both *in* and *to*.

	L'Italia è in Europa.	*Italy is in Europe.*
	Andiamo in America.	*We are going to America.*
	Mosca è in Russia.	*Moscow is in Russia.*
but	Roma è nell'Italia centrale.	*Rome is in central Italy.*
	I miei amici andranno nell'Africa equatoriale.	*My friends will go to equatorial Africa.*

When the name of a country, region, or island is masculine, the article is usually retained after *in*.

	Acapulco è nel Messico (*or* in Messico).	*Acapulco is in Mexico.*
	Siamo stati nel Giappone (*or* in Giappone).	*We have been in Japan.*
	Torino è nel Piemonte (*or* in Piemonte).	*Turin is in Piedmont.*
exception	Sono in Egitto.	*They are in Egypt.*

For phonetic reasons the article is always retained with the two Italian regions, Veneto and Lazio.

Venezia è nel Veneto.	*Venice is in Veneto.*
Roma è nel Lazio.	*Rome is in Latium.*

II. La preposizione a con i nomi di città (The preposition a with names of cities)

The English *to* and *in* are translated by the Italian preposition a when used in connection with the name of a city.

Vado a Venezia.	*I am going to Venice.*
Abitano a Venezia.	*They live in Venice.*

It should be noted that a is used in the same manner with the names of small islands.

Vanno a Capri.	*They are going to Capri.*
Abitano a Ischia.	*They live in Ischia.*

III. La preposizione a con l'infinito (The preposition a with infinitives)

Certain verbs that indicate motion, or the beginning or continuation of an action such as **andare, continuare, imparare, incominciare, invitare, insegnare, portare,** and **venire** require the preposition **a** before an infinitive.

V**o**glio **imparare a parlare** italiano.	*I want to learn to speak Italian.*
Sono **venuti a vedere** Giovanni.	*They have come to see John.*
Inc**o**m**i**ncia **a cantare.**	*She begins to sing.*

IV. Plurale dei nomi e degli aggettivi in -co (Plural of nouns and adjectives in -co)

If a noun or an adjective ends in -co and the stress falls on the preceding syllable, it takes an h in the plural and retains the hard sound of the singular.

l'affresco	*the fresco painting*
gli affreschi	*the fresco paintings*
il fuoco	*the fire*
i fuochi	*the fires*
il rinfresco	*the refreshment*
i rinfreschi	*the refreshments*
bianco *(sing.)*	*white*
bianchi *(pl.)*	*white*
fresco *(sing.)*	*fresh*
freschi *(pl.)*	*fresh*
poco *(sing.)*	*little*
pochi *(pl.)*	*few*
ricco *(sing.)*	*rich*
ricchi *(pl.)*	*rich*

The others form the plural in -ci.

il m**e**dico	*the physician*
i m**e**dici	*the physicians*
il mecc**a**nico	*the mechanic*
i mecc**a**nici	*the mechanics*
magn**i**fico *(sing.)*	*magnificent*
magn**i**fici *(pl.)*	*magnificent*
simp**a**tico *(sing.)*	*likeable*
simp**a**tici *(pl.)*	*likeable*

There are, however, a few exceptions, the most common of which are **amico** *friend,* **nemico** *enemy,* and **greco** *Greek,* whose plurals are **amici, nemici, greci.**

Una dura polemica con la Fiorentina

FORZA ITALIA!

V. Plurale dei nomi e degli aggettivi in -go *(Plural of nouns and adjectives in -go)*

These usually take an **h** to retain the hard sound of the g.

l'albergo	*the hotel*	gli alberghi	*the hotels*
il catalogo	*the catalogue*	i cataloghi	*the catalogues*
lungo *(sing.)*	*long*	lunghi *(pl.)*	*long*
largo *(sing.)*	*wide*	larghi *(pl.)*	*wide*

There are a few exceptions, among them nouns ending in -logo that refer to scientists: **geologi** *geologists,* **radiologi** *radiologists,* etc.

ESERCIZI

A. Dare l'equivalente italiano.

1. Life was not always easy.
2. She does not like ice cream.
3. Books are expensive.
4. They are leaving for Spain.
5. My parents came from Italy.
6. Winter is a season.
7. Today is May 1.
8. Rome is in central Italy.

B. Completare le frasi seguenti con la forma appropriata dell'articolo quando è necessario.

1. Agl'Italiani piace molto _____ calcio.
2. _____ calciatori italiani sono molto bravi.
3. _____ sci è uno sport caro.
4. Visiterai _____ America Latina.
5. _____ signori Wheaton hanno visitato anche _____ Svizzera.
6. Come sta Lei oggi _____ signora Wheaton?
7. _____ Sicilia è un'isola.
8. Non capisco _____ invidia.

C. Volgere le frasi seguenti al plurale o al singolare, secondo il contesto.

ESEMPIO   Il lago è molto grande.   ⟶   I laghi sono molto grandi.

1. A Fattori è piaciuto il rinfresco.
2. Questo impianto è magnifico.
3. I meccanici ricchi non sono simpatici.
4. Stai fresco!
5. Questo meccanico è napoletano.
6. Siete stanche? State fresche: qui non ci sono alberghi!
7. Quel catalogo è troppo lungo.
8. Quegli affreschi erano davvero magnifici.
9. I medici non scherzavano.
10. Il calciatore greco non è molto ricco.
11. I miei amici non vogliono i rinfreschi.
12. Perchè gli arbitri non sono simpatici ai calciatori?

D. Completare le frasi seguenti con la forma appropriata della preposizione.

1. Andrete _____ Pompei?
2. So che loro sono _____ Italia ma non so se sono _____ Roma.
3. No, Napoli non è _____ Italia centrale.
4. Voglio andare _____ Europa e precisamente _____ Europa centrale.
5. Mio nipote abitava _____ Capri; mia nipote invece abitava _____ Sicilia.
6. _____ Italia ci sono molti laghi.

E. Formare delle domande seguendo le indicazioni nell'esempio.

ESEMPIO   tu *(f.)* / Italia   ⟶   Sei mai stata in Italia?

1. voi *(m.)* / Cortina
2. tu *(m.)* / Africa
3. loro *(m.)* / Africa centrale
4. lei / America
5. lui / America Latina
6. loro / Spagna

■ **DOMANDE**

Rispondere alle seguenti domande con frasi complete e originali.

1. Ti sono simpatici gli arbitri?
2. Fai il tifo qualche volta?
3. C'è una squadra di calcio nella tua città?
4. Giochi al tennis o al calcio?
5. Ti piace il pugilato?
6. Chi ti ha insegnato a leggere?
7. Continuerai a studiare la lingua italiana?
8. Oggi sei in forma o desideri soltanto riposarti davanti al fuoco?

*Un biglietto d'ingresso per una
partita di calcio allo stadio.
C'è una squadra di calcio nella
tua città? Fai il tifo qualche
volta?*

◼ RIELABORAZIONE

Dare l'equivalente italiano.

1. Where did he learn how to play?
2. Hurrah! They play very well today.
3. Now you *(tu)* are in trouble.
4. That referee is biased, and I don't like him.
5. She came from Spain.
6. Italy is a nation, and there are many cities in Italy.

Follow-up: using a world atlas, preferably in Italian, ask small groups of students to plan extensive trips to countries—including countries that require different prepositions as seen in this chapter. Have each group present its itinerary to the rest of the class.

◼ SITUAZIONE PRATICA

A un amico, o ad un'amica, spiega perchè uno sport ti piace o non ti piace. Allo stesso amico o alla stessa amica chiedi quali sport piacciono a lui (a lei) e perchè.

ASPETTI DI VITA ITALIANA

U SANZE CURIOSE

La fine dell'anno vecchio e l'inizio di quello nuovo sono festeggiati in vari modi nelle varie regioni d'Italia. Per esempio, in alcune parti d'Italia nelle campagne la notte di Capodanno accendono fuochi. Chi sa qual era il significato di questi fuochi secoli fa?

C'è poi l'usanza del veglione, cioè di un grande ballo, spesso in maschera, che dura quasi tutta la notte. Molto importante, naturalmente, è l'usanza universale di festeggiare l'attimo in cui scocca la mezzanotte. In quel momento tutti vogliono trovarsi uniti; o in casa, o al ristorante o al veglione: i brindisi, gli abbracci e gli auguri sono le manifestazioni dell'allegrezza per l'arrivo del nuovo anno.

Natale a Napoli

Ma c'è un'altra usanza, un'usanza curiosa davvero, che è viva tuttora in molte città italiane: a mezzanotte in punto, molti aprono le finestre e gettano fuori oggetti vecchi, preferibilmente di ceramica e di metallo. Naturalmente, quando questi oggetti cadono per terra fanno molto rumore e quelli di ceramica si frantumano in mille pezzi. Secondo gli antichi, i forti rumori scacciavano gli spiriti maligni. Oggi l'usanza continua perchè il rumore degli oggetti che si frantumano aumenta l'allegria, e perchè molti vogliono liberarsi degli oggetti vecchi all'arrivo dell'anno nuovo. Per fortuna poche sono le persone che rischiano di trovarsi per la via a mezzanotte di Capodanno.

E poi, il primo dell'anno c'è una tradizione che non è ancora scomparsa, la « strenna ». In alcune città i datori di lavoro danno agl'impiegati la « strenna », che può essere in denaro o in varie forme di regali.

abbraccio *hug* / accendere *to light* / l'allegria *cheer, joy* / l'attimo *moment* / auguri *(m. pl.) best wishes* / brindisi *(m.) toast* / cadere *to fall* / la campagna *countryside* / il Capodanno *New Year's Day* / datore di lavoro *employer* / davvero *indeed* / durare *to last* / la fine *end* / la finestra *window* / forte *loud* / frantumarsi *to break up* / gettare *to throw* / gettar fuori *to throw out* / impiegato *employee* / l'inizio *beginning* / in punto *on the dot* / liberarsi *to get rid of* / maligno *evil, malignant* / la maschera *mask* / la notte *night* / o... o *either . . . or* / per fortuna *fortunately* / per la via *in the street* / per terra *on the ground* / il pezzo *piece* / poi *then* / regalo *gift* / il rumore *noise* / scacciare *to drive away* / scoccare *to strike (of a clock)* / scomparso *disappeared* / il significato *meaning* / spesso *often* / strenna *New Year's gift* / trovarsi *to be, to happen to be* / tuttora *even now* / vario *various* / il veglione *masked ball* / vivo *alive*

▮ DOMANDE

1. Sappiamo qual era il significato dei fuochi che accendono nelle campagne?
2. Cos'è il veglione?
3. Quando fanno i brindisi e gli auguri?
4. Che cosa gettano dalla finestra molti Italiani a mezzanotte in punto?
5. Secondo gli antichi cosa facevano i forti rumori?
6. Perchè molti gettano gli oggetti vecchi dalla finestra quando arriva l'anno nuovo?
7. In Italia ci sono molte persone per le vie a mezzanotte di Capodanno? Perchè?
8. Che cos'è la « strenna » ?

RIPETIZIONE IV

■ **ESERCIZI**

A. Rispondere alle domande, seguendo le indicazioni date nell'esempio.

ESEMPIO   C'è un affresco in questa chiesa?   ⟶   No, ma ci sono molti affreschi in quella là.

1. C'è un medico americano in questa città?
2. C'è un bar in questo piccolo paese?
3. C'è una buona discesa in questo centro invernale?
4. C'è una squadra di calcio in questo stato?
5. C'è un giocatore argentino in questa squadra?
6. C'è uno studente greco in questa classe?

B. Formare nuove frasi, seguendo le indicazioni date nell'esempio.

ESEMPIO   Spagna / noi *(masc.)*   ⟶   In Spagna non ci siamo divertiti affatto.

1. Perugia / loro *(fem.)*
2. Sicilia / voi *(masc.)*
3. Ischia / Guido e Vanna
4. Africa equatoriale / io *(fem.)*
5. Capri / tu *(masc.)*
6. Egitto / noi *(fem.)*

C. Completare con la forma appropriata del pronome relativo. Usare una sola parola.

ESEMPIO   Ecco l'arbitro a _____ la nostra squadra non è simpatica.   ⟶
              Ecco l'arbitro a cui la nostra squadra non è simpatica.

1. _____ gioca male non ha tifosi.
2. Questi sono gli sport _____ mi piacciono.
3. Ecco il paese nel _____ abita mia zia.
4. Ci riposeremo nell'albergo di _____ ci hai parlato.
5. Nessuno ha capito _____ che dicevi.
6. È la figlia di quel professore il _____ insegnava al liceo.

D. Volgere al plurale, facendo tutti i cambiamenti necessari.

1. L'arbitro era partigiano ma il portiere era meraviglioso.
2. Là c'è una chiesa antica e immensa.
3. Quello è un albergo elegante e molto comodo.
4. Oggi la verdura è ottima perchè è fresca.
5. La lezione non sarà nè lunga nè difficile.
6. La trasmissione della partita non è sempre brillante.

E. Seguendo l'esempio, formulare nuove risposte per la domanda.

Chi avete conosciuto?

ESEMPIO   due giocatori / giocano malissimo $\longrightarrow$
                Abbiamo conosciuto due giocatori che giocavano malissimo.

1. due ragazzi / fanno il pieno di benzina
2. uno sciatore / scia davanti all'albergo
3. un arbitro / capisce poco
4. molti tifosi / si divertono molto
5. un cameriere / scherza sempre
6. due persone / aspettare allo sportello

F. Volgere il brano seguente al passato, usando le forme appropriate dell'imperfetto o del passato prossimo. Cominciare con: **Ieri pomeriggio…**

Oggi io e Fulvio andiamo a una partita di calcio. Il tempo è splendido e c'è molta gente. I tifosi sono molto allegri perchè i giocatori sono in forma e giocano proprio bene. Ci sediamo nella prima fila perchè vogliamo vedere tutto. Nella nostra squadra ci sono due calciatori italo-americani. Fulvio non fa (mai) il tifo. Tutti e due, però, seguiamo il gioco perchè è interessante. Ci ricordiamo di una partita vista in Spagna e parliamo di quell'arbitro partigiano. La partita finisce alle cinque con un pareggio. Abbiamo freddo e andiamo a prendere un espresso bollente.

G. Rispondere alle domande, seguendo le indicazioni date nell'esempio.

ESEMPIO   **Tu ti entusiasmi? (facile)** $\longrightarrow$ Sì, mi entusiasmo facilmente.

1. Quando avete fatto la coda a un botteghino? (recente)
2. Come guida Guido? (splendido)
3. Hai imparato a giocare bene al tennis? (fantastico)
4. Dimentichi mai gli occhiali? (solito)
5. Vi vedrete al cinema? (sicuro)

■ **DOMANDE** ████████████████████████

Rispondere con frasi complete e originali.

1. Che cosa farà Lei subito dopo la lezione?
2. Che cosa ha mangiato stamattina?
3. Chi ha visto ieri?
4. Quando prende il caffè?
5. Quando Lei e i Suoi amici si incontrano, dove vanno?
6. Le piace scherzare? Le piacciono le persone che scherzano?
7. Le piace il pugilato?
8. È vero che Lei incomincia a parlare italiano?

A VITA CITTADINA

Una delle parole italiane che ormai fa parte del vocabolario internazionale è *galleria*. C'è una galleria a Roma, a Milano, a Napoli, a Genova e in molte altre città italiane. Un'altra parola italiana internazionale è *piazza*. Anche il più piccolo paese italiano ha una piazza. Le grandi città hanno molte piazze e alcune sono famose per la loro bellezza, come per esempio Piazza San Marco a Venezia, Piazza Navona a Roma, Piazza del Plebiscito a Napoli, Piazza dei Miracoli a Pisa, Piazza della Signoria a Firenze, e tante altre.

Gl'Italiani «vivono» nelle loro città. Le piazze sono per gli abitanti come un'estensione della loro casa.

La piazza di solito è il centro del paese o della città e, se la città è grande, la piazza è il centro di un rione. Gli Italiani « vivono », nel vero senso della parola, nelle loro città. Le piazze e le strade sono per gli abitanti come un'estensione della loro casa. Nei piccoli villaggi gli artigiani portano il loro lavoro sulla strada. Nelle grandi città ogni piazza ha un caffè all'aperto e i ristoranti spesso mettono i loro tavoli sui marciapiedi delle vie o in piazza. E tanto nelle grandi città come nei piccoli paesi c'è sempre una piazza o una strada dove ha luogo la passeggiata la sera o la domenica. Alla passeggiata s'incontrano gli amici di tutto il paese, o del rione della città, e perfino della città stessa. Mentre passeggiano, parlano di politica o di sport, e poi si fermano al caffè preferito per l'espresso o per l'aperitivo, e magari per una pasta o per un gelato.

Basta pensare a Piazza San Marco. È come un grande salotto dove (sembra che) tutti i Veneziani e tanti turisti si ritrovano per passare un'ora o due insieme.

all'aperto *in the open* / l'artigiano *artisan* / aver luogo *to take place* / bastare *to be sufficient, to be enough* / il marciapiede *sidewalk* / magari *perhaps even* / mettere *to put* / la parola *word* / la passeggiata *promenade* / la pasta *pastry* / pensare *to think* / perfino *even* / il rione *neighborhood* / ritrovarsi *to meet* / sembrare *to seem* / stesso *itself* / la strada *street, road* / tanto... come *both . . . and* / vivere *to live*

Milano—*La Galleria Vittorio Emanuele*

▮ DOMANDE

1. Ci sono gallerie nelle città americane?
2. Cosa c'è in ogni paese italiano?
3. Qual è una piazza famosa di Pisa?
4. Perché le piazze e le vie sono un'estensione della casa di molti Italiani?
5. Cos'è un caffè o un ristorante all'aperto?
6. Cosa fanno gl'Italiani alla passeggiata?
7. Quando ha luogo la passeggiata?
8. Perchè Piazza San Marco a Venezia è una piazza tipica?

V

Lingua e Letteratura

17

UN PERSONAGGIO IMPORTANTE

Useful here is either the film or even a children's record of Pinocchio. If using the record, you may wish to give students a script to follow.

Francesca e Giancarlo s'incontrano per caso vicino al Ponte Santa Trinita a Firenze. Si conoscono da quasi un anno e si vedono spesso. Giancarlo si è accorto che ogni volta che vede Francesca la trova sempre più simpatica.

Francesca:	Ciao, Giancarlo.
Giancarlo:	Ciao, Francesca, da dove vieni?
Francesca:	Sono stata a visitare la Chiesa di Santa Croce.
Giancarlo:	Perchè? Non c'eri mai stata? Io che sono romano e abito a Firenze da solo due anni ci sono stato tante volte, e tu che sei fiorentina...
Francesca:	*(l' interrompe)* Ma non è mica la prima volta, sai! Anch'io ci sono stata tante volte. Sarà la quarta volta.
Giancarlo:	E allora perchè ci sei andata? Con chi?
Francesca:	Uh... quante domande! Mi ha invitato un famoso artista cinematografico.
Giancarlo:	Ora mi prendi in giro.
Francesca:	Se proprio devi saperlo, sono andata con una mia zia di Venezia che è in visita a Firenze. Abbiamo fatto tutto il giro, e con la guida.
Giancarlo:	Povera te!
Francesca:	Abbiamo visto le tombe di molti personaggi importanti: Michelangelo, Rossini, Machiavelli, Galileo, e anche quella di Dante, ma quella è vuota perchè Dante è sepolto a...
Giancarlo:	*(l'interrompe)* Sì, lo so, a Ravenna.
Francesca:	E che guida!... parlava così presto che sembrava una macchina; e per di più con un forte accento genovese, ed era quasi impossibile capire quello che diceva.
Giancarlo:	Già, voi Fiorentini credete che voi soltanto sapete parlare bene l'italiano. Ma è meglio cambiare discorso. Da molto tempo mi hai promesso di fare una gita con me.

La Chiesa di Santa Croce e la statua di Dante

Francesca:	È vero. Va bene. Verrò con te. Dove mi porti?
Giancarlo:	Domenica ti porto in campagna — nei boschi di querce dove ci sono molti fiori — e a fare la conoscenza di un altro famoso personaggio.
Francesca:	Chi?
Giancarlo:	Il re delle bugie, il famoso burattino, Pinocchio. Ti porto a Collodi a vedere il paese di Pinocchio.

Small-group activity: Italian-only, working off the names of the famous **personaggi** mentioned in the dialog, ask students to prepare short biographies for presentation in class on Michelangelo, Rossini, Machiavelli, Galileo, Dante, and other Florentines or Tuscans famous in the arts or history. **Suggest** that they research their **personaggi** in one of the Italian encyclopedias, biographical dictionaries, or literary histories. **Follow** each presentation with a question-answer period.

 **DOMANDE**

1. Dove s'incontrano Francesca e Giancarlo?
2. Da dove viene Francesca?
3. Con chi è andata Francesca a Santa Croce?
4. È la prima volta che Francesca visita Santa Croce?
5. Dov'è sepolto Dante?
6. Come parlava la guida?
7. Cosa aveva promesso Francesca?
8. Giancarlo dove porterà Francesca?
9. Lei quando va in campagna?
10. Chi è Pinocchio?

■ VOCABOLARIO

Sostantivi

l' **accento**   accent
Dante Alighieri (1265–1321)   Italy's greatest poet
l' **artista** (*m. & f.*)   artist
il **bosco**   wood, forest
la **bugia**   lie
il **burattino**   puppet
la **campagna**   countryside
Chiesa di Santa Croce   Church of the Holy Cross
Collodi   a town not far from Florence
la **conoscenza**   acquaintance
la **domanda**   question
il **fiore**   flower
Galileo Galilei (1564–1642)   astronomer, scientist
la **guida**   guide
Machiavelli, Niccolò (1469–1527)   writer, historian
il **paese**   country, town, hometown
il **personaggio**   personage
il **Ponte Santa Trinita**   Holy Trinity Bridge
la **quercia**   oak
Ravenna   city south of Venice
Rossini, Gioacchino (1792–1868)   composer
la **tomba**   tomb
la **zia**   aunt

Aggettivi

cinematografico   of the movies
famoso   famous
fiorentino   Florentine
genovese   from, of Genoa
importante   important
impossibile   impossible
romano   Roman
vuoto   empty

Verbi

accorgersi   to realize
incontrarsi   to meet with someone
interrompere   to interrupt
invitare   to invite
promesso (*p.p. of* **promettere**)   promised
sembrare   to seem
sepolto (*p.p. of* **seppellire**)   buried

Altri vocaboli

meglio   better
mica   at all
presto   quickly, fast
spesso   often

Espressioni

anch'io   even I
cambiare discorso   to change the subject
essere in visita   to be visiting
già   of course
per caso   by chance
per di più   furthermore
povera te   you poor thing
sempre più   more and more
uh!   goodness!

GRAMMATICA

I. Pronomi personali in funzione di complemento oggetto: forme toniche (*Object pronouns: stressed forms*)

Here is a list of these pronouns, which are often called disjunctive pronouns:

Singolare	me	*me*
	te	*you* (familiar)
	lui	*him*
	lei	*her*
	Lei	*you* (polite)
	sè	*himself, herself, itself, yourself,* (polite)
Plurale	noi	*us*
	voi	*you* (familiar)
	loro	*them*
	Loro	*you* (polite)
	sè	*themselves, yourselves* (polite)

These pronouns are used as follows:

1. After a preposition.

Enzo canta **con me.**	*Enzo sings **with me.***
Lei ha molti amici **fra noi.**	*You have many friends **among us.***
Mario lo fa **per Lei.**	*Mario is doing it **for you.***
Parla spesso **di te.**	*He speaks often **of you.***
L'ha fatto **da sè.**	*She did it **by herself.***
Studiano **da sè.**	*They study **by themselves.***

2. In place of the other object pronouns for emphasis or contrast, or after the verb when it has two or more objects.

Conjunctive (unstressed) use	Mi vede.	*He sees me.*
	Ci riconoscono.	*They recognize us.*
	L'inviterà.	*He will invite her.*
Disjunctive (stressed) use	Vede **me**.	*He sees me.*
	Riconoscono **noi** non **lui**.	*They recognize us, not him.*
	Inviterà **lei** e **me**.	*He will invite her and me.*

3. In a few exclamations.

Povero me! I biglietti sono esauriti.   *Poor me! The tickets are sold out.*

Fortunato te che vai in vacanza!   *Lucky you to be going on a vacation!*

La tomba di Michelangelo nella Chiesa di Santa Croce—Firenze

II. Numeri ordinali (Ordinal numbers)

primo	1st	dodicęsimo	12th
secondo	2nd	tredicęsimo	13th
terzo	3rd	quattordicęsimo	14th
quarto	4th	ventęsimo	20th
quinto	5th	ventunęsimo	21st
sesto	6th	ventiduęsimo	22nd
sęttimo	7th	ventitreęsimo	23rd
ottavo	8th	trentęsimo	30th
nono	9th	centęsimo	100th
dęcimo	10th	millęsimo	1,000th
undicęsimo	11th	milionęsimo	1,000,000th

NOTE After **dęcimo**, one can easily get any ordinal number merely by dropping the last vowel of a given cardinal number and adding **-ęsimo.** If a cardinal number ends in **-tre** *(three)*, the final **-e** is retained. Ordinal numbers are adjectives and agree with the noun modified in gender and number.

la **prima** volta	*the first time*
le **prime** scene	*the first scenes*
il **quarto** programma	*the fourth program*
i **secondi** posti	*the second places*
il **primo** violinista	*the first violinist*
un biglietto di **seconda** classe	*a second-class ticket*
Ạbitano al **sesto** piano.	*They live on the seventh floor.**

In Italian the ordinal numbers precede a noun and require the definite article. As in English, they follow the names of dignitaries but do *not* require the definite article.

Napoleone **Terzo**	*Napoleon the Third*
Pio **Nono**	*Pius the Ninth*

III. Plurale dei nomi e degli aggettivi in -cia e -gia (Plural of nouns and adjectives in -cia and -gia)

These words drop the **i** in the plural, unless the **i** is stressed in the singular.

l'arạncia	*the orange*	le arance	*the oranges*
la quẹrcia	*the oak*	le querce	*the oaks*
mạrcia *(sing.)*	*rotten*	marce *(pl.)*	*rotten*
la valịgia	*the suit-case*	le valige	*the suitcases*
grịgia *(sing.)*	*gray*	grige *(pl.)*	*gray*
but la farmacia	*the drug-store*	le farmacie	*the drug-stores*
la bugịa	*the lie*	le bugie	*the lies*

*The **sesto piano** corresponds to the *seventh floor* because in Italy the first floor is not called **primo piano,** but **piạn terreno,** *ground floor.*

IV. *I giorni della settimana*
(The days of the week)

lunedì	*Monday*	venerdì	*Friday*
martedì	*Tuesday*	sạbato	*Saturday*
mercoledì	*Wednesday*	domẹnica	*Sunday*
giovedì	*Thursday*		

With the exception of **domẹnica**, which is feminine, all the other days are masculine. They are not capitalized in Italian.

Il lunedì vado a scuola. *On Mondays I go to school.*
La domẹnica non ci sono rappresentazioni. *On Sundays there are no performances.*
Parto **martedì**. *I am leaving on Tuesday.*

Note that the English expressions *on Mondays, on Tuesdays,* etc., are rendered in Italian by using the singular name of the day preceded by the definite article. When only one day is meant (*on Monday, on Tuesday,* etc.), or when the word *last* or *next* is understood, the article is omitted.

ESERCIZI

A. Completare le frasi seguenti con la forma disgiuntiva del pronome o del nome fra parentesi.

ESEMPIO   Mi dispiace ma oggi non posso venire con _____ (tu).   ⟶
    Mi dispiace ma oggi non posso venire con te.

1. Ho chiamato _____ (voi), non _____ (loro).
2. Questo artista parla troppo velocemente. Preferisco _____ (Mastroianni).
3. Vogliono visitare Santa Croce con _____ (io) non con _____ (Francesca).
4. Giancarlo non è simpatico a _____ (tu) ma è molto simpatico a _____ (noi).
5. La guida parlava di _____ (Michelangelo, Rossini, Machiavelli).

From Italian magazines or newspapers, cut out the horoscope sections. Ask students to find out each other's birthday and sign; then discuss the horoscopes as they relate (or don't) to the students.

ARIETE

dal 21-3 al 19-4

Persona e lavoro: le decisioni da prendere nel lavoro dipendono soprattutto da voi. Preparatevi adeguatamente e riflettete a lungo prima di qualsiasi azione. **Affetti:** in amore avete imboccato una strada pericolosa. muovetevi con cautela e non fate promesse affrettate. **Salute:** leggeri reumatismi. **Giorno favorevole:** domenica.

TORO

dal 20-4 al 20-5

Persona e lavoro: il progetto che avete in animo di varare è decisamente ambizioso ma sussistono buone possibilità di realizzarlo. Agite con molta prudenza. **Affetti:** gli astri parlano di una piacevole sorpresa in questo settore. Cercate di fare nuove conoscenze. **Salute:** in generale soddisfacente. **Giorno favorevole:** giovedì.

GEMELLI

dal 21-5 al 20-6

Persona e lavoro: un fatto nuovo si insinuerà in sordina nell'ambito del vostro lavoro. Per ora però non ne apprezzerete i vantaggi che non tarderanno ad arrivare. **Affetti:** proseguite nella linea di condotta adottata senza prestare orecchio alle critiche della gente. **Salute:** qualche leggera emicrania. **Giorno favorevole:** martedì.

B. Rispondere a ciascuna delle domande seguenti, usando la forma appropriata del pronome disgiuntivo.

ESEMPIO   Rossini? (noi)   ⟶   Sì, parlavamo proprio di lui.

1. Adriana? (io)
2. Laura e Carmela? (Eugenia)
3. Tu e Adriana? (noi)
4. Tu? (io)
5. Tuo padre e tua madre? (noi)
6. Carmela ed io? (i suoi fratelli)

C. Completare ciascuna delle frasi seguenti, usando la forma appropriata del pronome disgiuntivo.

ESEMPIO   Mia cugina? Sì, vado spesso da _____.   ⟶   Sì, vado spesso da lei.

1. I signori Wheaton? Sì, ho fatto due passi con _____.
2. Il cameriere? Sì, abbiamo chiamato proprio _____.
3. Parducci e Fattori? Tutti parlano di _____.
4. Sarai a Roma? Allora visiterò anche _____.
5. Quando eravate in Italia durante l'estate, abbiamo visitato anche _____.
6. Avrà comprato quel vestito o l'avrà fatto da _____?

D. Riscrivere ciascuna delle frasi seguenti, facendo i cambiamenti suggeriti nell'esempio.

ESEMPIO   Io gli piaccio ma lui non mi piace.   ⟶   Io piaccio a lui ma lui non piace a me.

1. Lui ti interrompeva sempre ma tu non lo interrompevi mai.
2. Eugenia ci ascolta ma noi non l'ascoltiamo.
3. Io li ho invitati ma loro non mi hanno invitato.
4. Lui le telefonava sempre ma lei non gli telefonava mai.
5. Io vi scrivo sempre ma voi non mi scrivete mai.
6. Se tu mi scriverai, anch'io ti scriverò.

E. Formare domande e risposte, usando le parole indicate.

ESEMPIO   mercoledì   ⟶   Che giorno è mercoledì? È il terzo giorno della settimana.
               febbràio   ⟶   Che mese è febbraio? È il secondo mese dell'anno.

1. sabato
2. lunedì
3. gennaio
4. domenica
5. agosto
6. giovedì
7. aprile
8. ottobre
9. martedì
10. dicembre

F. Completare le frasi seguenti, usando la forma corretta del numero ordinale appropriato. Osservare l'esempio.

ESEMPIO   Il _____ programma non mi piace. (2)   ⟶   Il secondo programma non mi piace.

1. Quel Papa era Pio _____. (11)
2. Sono andata a Santa Croce per la _____ volta. (3)
3. Giancarlo era seduto nella _____ fila. (13)
4. Questa è la _____ lezione di oggi. (4)
5. Io sono la _____ persona che è entrata nello stadio. (1000)
6. Fulvio è il loro _____ figlio. (1)

G. Riscrivere le frasi seguenti al singolare. Rileggere ad alta voce.

ESEMPIO   Quelle belle querce non sono vecchie.   ⟶   Quella bella quercia non è vecchia.

1. Le mie valige erano grandi e grige.
2. Purtroppo queste verdure sono marce.
3. Queste arance non mi sono piaciute.
4. Le bugie non sono facili.
5. Quelle case grige sono molto vecchie.
6. In quegli edifici c'erano delle farmacie.

H. Formulare nuove risposte alla domanda: *Siete stati a Ravenna (per) molto tempo?* Seguire l'esempio.

ESEMPIO   martedì, giovedì   ⟶   Siamo stati a Ravenna dal martedì al giovedì.

1. giovedì, domenica
2. lunedì, venerdì
3. domenica, martedì
4. sabato, domenica
5. venerdì, sabato

I. Riscrivere in italiano.

1. The university is closed on Sundays.
2. We will go to the game on Thursday.
3. We go to the game on Thursdays.
4. On Saturdays we used to go shopping downtown.
5. Giancarlo and Francesca will meet Friday.
6. Last Sunday we waited in line for the tickets.

J. Descrivere le posizioni degli studenti della classe di italiano. Cominciare con: Joan e Joel sono seduti nella prima fila. Joan è seduta al primo posto, Joel è seduto al secondo posto...

Richiesta del prestito
locale modello a ricalco

Mod. 23
(Art. 92 del Regolamento)

N. d'ordine dell'operazione di prestito ....

BIBLIOTECA NAZIONALE CENTRALE - FIRENZE

Data...............

Io sottoscritto chiedo in prestito l'opera seguente:

Autore...............   anno...............
Titolo...............
Luogo di edizione...............
Numero dei volumi...............
stato di conservazione...............
Collocazione...............
Da restituire il...............   Il richiedente

La tomba di Dante—sepolto a Ravenna

DOMANDE

Rispondere con frasi complete e originali.

1. Conosci qualcuno che interrompe sempre gli altri?
2. Tu parli rapidamente o lentamente?
3. Quando incontri un Italiano che parla come una macchina, lo capisci?
4. Quando preferisci cambiare discorso?
5. Preferisci studiare da solo(-a) o con altri studenti?

Ask students to identify the grammar points covered in the opening dialog of this chapter.

SITUAZIONE PRATICA

Diario di una settimana. Cerca di ricordare un'azione importante che hai compiuto ogni giorno della settimana scorsa.

ESEMPIO   Lunedì ho fatto la conoscenza di un famoso personaggio... Martedì...

TELEFONATA SERALE

Giancarlo alza il ricevitore e forma il numero di Francesca.

Assign parts and ask students to read the dialog aloud. Likewise have them ask one another the follow-up questions. **Option:** ask students to translate dialog and to pay special attention to making the English "everyday" in tone.

Giancarlo:	Pronto? Francesca? Buona sera. Disturbo?
Francesca:	No, no, ti pare. Buona sera, Giancarlo.
Giancarlo:	Che facevi?
Francesca:	Leggevo. Devo leggere una diecina di poesie di Montale per la lezione di letteratura di domani. Ne ho già lette cinque.
Giancarlo:	Ti piace la poesia di Montale?
Francesca:	Sì, molto. Poeti come lui ce ne sono pochi oggi. Del resto a me mi piace la poesia in generale.
Giancarlo:	Se ti piacciono tanto le poesie te ne scriverò io qualcuna.
Francesca:	Sei anche poeta? Non lo sapevo. Cosa scrivi, poesie comiche o versi per pagliacci?
Giancarlo:	Sei molto spiritosa stasera. A proposito, domenica mi hai promesso di rileggere *Le Avventure di Pinocchio*—anche quel libro è poesia; lo hai riletto?
Francesca:	Non ancora, ma te l'ho promesso e lo farò. La gita di domenica è stata splendida; te ne sono veramente grata.
Giancarlo:	Ti sei divertita?
Francesca:	Oh sì! Il museo di Pinocchio è un tesoro. E la campagna vicino a Collodi è così bella e tranquilla.
Giancarlo:	Quando ci rivediamo?
Francesca:	Fra due settimane. Non ti ricordi? Il quindici sera andiamo al teatro.
Giancarlo:	Già. La rappresentazione della Commedia dell'Arte.
Francesca:	In ogni modo, ci risentiamo domani, va bene?
Giancarlo:	Benissimo. Buona notte.

Personaggi della Commedia dell'Arte

Cultural note: a brief overview of the **Commedia dell'arte** is interesting to students. You may wish to tie the discussion into the one on stereotypes introduced in Chapter 5.

■ DOMANDE

1. Che numero forma Giancarlo?
2. Che cosa leggeva Francesca?
3. Chi è Montale?
4. Cosa ha promesso Francesca?
5. Dove vanno Giancarlo e Francesca il quindici sera?
6. Quante volte ha letto *Le Avventure di Pinocchio* Lei?
7. Ha mai scritto una poesia Lei? Perchè?
8. Di che cosa è grata a Giancarlo Francesca?
9. Quando andranno al teatro Francesca e Giancarlo?
10. Quando si risentiranno?

■ VOCABOLARIO

Sostantivi

l' avventura   adventure
    Commedia dell'Arte   improvised comedy; a
    theater form dating back to the Renaissance
la letteratura   literature
    Montale, Eugenio   20th-century poet
il museo   museum
la notte   night
il numero   number
il pagliaccio   clown
la poesia   poem, poetry
il poeta   poet
la rappresentazione   performance
il teatro   theater
la telefonata   telephone call
il tesoro   treasure
il verso   verse

Aggettivi

comico   comical, funny
generale   general
grato   grateful
mezzo   half
serale   of the evening
spiritoso   witty
tranquillo   peaceful, tranquil

Verbi

disturbare   to disturb
formare   to dial (phone number)
letto *(p.p. of* leggere)   read
promesso *(p.p. of* promettere)   promised
rileggere *(p.p.* riletto)   to read again
risentirsi   to talk again
rivedersi   to see each other again *(p.p.* rivi-
    sto)

Altri vocaboli

diecina   about ten
fra   in, within, between, among
poco   a little; *(pl.)* pochi   a few
qualcuno   someone, some, a few

Espressioni

a proposito   by the way
avere da fare   to have to do
del resto   besides, after all
essere grato (-a) (a)   to be grateful (to), to
    appreciate (something)
in generale   generally
in ogni modo   at any rate
non ancora   not yet
ti pare   not at all

Review espressioni to date.
These might be supplemented
by standard fillers: **dunque,
comunque, quindi, ecc.**
Also, add **figurati** as synonym
for **ti pare.**

GRAMMATICA

***I.** **Plurale dei nomi e degli aggettivi,** **continuazione** (Plural of nouns and adjectives, continued)*

1. Masculine nouns and adjectives ending in unstressed -io have only one i in the plural.

il figlio	*the son*	i figli	*the sons*
un vecchio libro	*an old book*	dei vecchi libri	*some old books*
but lo zio	*the uncle*	gli zii	*the uncles*

2. Masculine nouns ending in -a (there are not many) form the plural in -i, the typical masculine plural ending. Most of them are of Greek origin and exist in almost identical form in English.

il programma	*the program*	i programmi	*the programs*
il telegramma	*the telegram*	i telegrammi	*the telegrams*
il poeta	*the poet*	i poeti	*the poets*

EXCEPTIONS: il cinema, i cinema; il vaglia *(money order)* i vaglia.
Students should learn these nouns as they meet them.

3. Several nouns, which usually refer to professions, end in -ista in the singular. These nouns are masculine if they refer to a man, feminine if they refer to a woman. The masculine forms the plural in -i, the feminine in -e.

il violinista	*the (man) violinist*	i violinisti	*(pl.)*
la violinista	*the (woman) violinist*	le violiniste	*(pl.)*

4. Certain common abbreviations do not change in the plural: il cinema *(from* cinematografo), i cinema; la foto *(from* fotografia), le foto; l'auto *(from* automobile), le auto.

5. Nouns ending in: (a) -ie [except la moglie *(wife)* whose plural is le mogli]; (b) nouns in -i, and (c) modern technology nouns ending in -o are invariable.

la serie	*the series*	le serie	*the series*
la crisi	*the crisis*	le crisi	*the crises*
la radio	*the radio*	le radio	*the radios*
lo stereo	*the stereo*	gli stereo	*the stereos*

To the above must be added family names, which are also invariable.

la signora Rossi	*Mrs. Rossi*
i signori Rossi	*Mr. & Mrs. Rossi*
i fratelli Recchia	*the Recchia brothers*

II. Cambiamento di posizione del soggetto *(Position of subject in emphatic statements)*

When the subject of a verb is especially stressed, it is placed after the verb.

Se non lo vuole fare **lui**, lo farò **io**.   *If **he** doesn't want to do it, **I** will.*
Lo dice **lui**.   ***He** says it.*
L'ha mandato **Carlo**.   ***Charles** sent it.*

III. Il pronome congiuntivo **ne** *(The conjunctive pronoun* ne*)*

The pronoun **ne** is used:

1. When referring back to a noun preceded by the preposition **di**. Its meaning, therefore, is *of it, of him, of her, of them,* etc.

Il professore ha parlato **di Dante**? **(di Beatrice?)**   *Did the professor speak **of Dante**? **(of Beatrice?)***
Sì **ne** ha parlato stamani.   *Yes, he spoke **of him (of her)** this morning.*

Ha parlato **dei poeti moderni**?   *Did he speak **of modern poets**?*
No, non **ne** ha parlato.   *No, he did not speak **of them**.*

2. When referring back to a noun preceded by the partitive. Its meaning is, therefore, *of it, of them.*

Avete **delle belle cravatte**?   *Do you have **any beautiful ties**?*
Sì, **ne** abbiamo.   *Yes, we do **(have some)**.*

Vuole **un po' di formaggio**?   *Do you want **some cheese**?*
No, non **ne** voglio.   *No, I do not want **any**.*

Comparative language: Ne has no equivalent in Spanish, but French has **en**. This and **ci** (French equivalent **y**) are colloquial and ubiquitous in Italian.

Remind students that **ne** can serve as both direct and indirect object pronouns as well as a prepositional phrase.

3. When referring back to a number or an amount.

Quanti dischi hai?   *How many records do you have?*
Ne ho cinque.   *I have five (of them).*

Vuole **un chilo** di carne?   *Do you want **one kilogram** of meat?*
No, ne voglio **mezzo chilo**.   *No, I want **half a kilogram**.*

Note that the English *of it, of them,* etc., is often not expressed. The Italian equivalent ne must always be expressed.

4. The position of **ne** in the sentence is the same as that of other object pronouns. Besides the examples given above, note the following:

Mi piace la poesia moderna ma non desidero **parlarne** ora.   *I like modern poetry, but I do not wish to talk about it now.*

5. When **ne** is used in a compound tense, such as the present perfect, in place of a direct object, the past participle agrees with it in number and gender.

Quante opere hai visto?   *How many operas have you seen?*
Ne ho viste molte.   *I have seen many.*
Avete letto **i romanzi** di Moravia?   *Have you read Moravia's novels?*
Ne abbiamo letti sei.   *We have read six (of them).*

CARLO BETOCCHI
TUTTE LE POESIE

Introduzione di Luigi Baldacci
note ai testi di Luigina Stefani

Tutta l'opera in versi di uno dei maggiori
poeti del nostro Novecento
(con una sezione di straordinari inediti).

Premio Librex - Guggenheim
"Eugenio Montale per la poesia"
1984

I poeti dello Specchio

MONDADORI

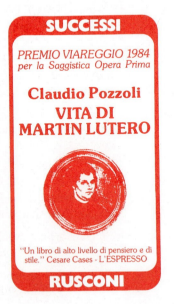

SUCCESSI

PREMIO VIAREGGIO 1984
per la Saggistica Opera Prima

Claudio Pozzoli
VITA DI MARTIN LUTERO

"Un libro di alto livello di pensiero e di stile." Cesare Cases - L'ESPRESSO

RUSCONI

Ask students to
construct practice
sentences with
double object
pronouns. Have
them build the
sentences
backwards.
I gave it to him.
　　1　2　3
Glielo ho dato.
　　3　2　1
Stress the multiple
meanings of the
phrase **glielo**: *it to
him, it to her, it to
them, it to you.*

IV. I verbi con il doppio oggetto (Double object verbs)

When a verb has two object pronouns, the indirect object comes before the direct, and both precede or follow the verb according to the rules given for a single object pronoun. (See Chapters 6, 7 and 10.) Note, however, that the indirect object pronouns:

a. mi, ti, si, ci, vi, when followed by the direct object pronouns lo, la, li, le, ne, change the final -i to -e and become, respectively, me, te, se, ce, ve.

Ci danno un libro.   *They give us a book.*
Ce lo danno.   *They give it to us.*

Mi parla.   *He speaks to me.*
Me ne parla.   *He speaks of it to me.*

Vi legge la lettera.   *He reads you the letter.*
Ve la legge.   *He reads it to you.*

Non c'è pane.   *There is no bread.*
Non ce n'è.   *There isn't any.*

Ci sono molti libri.   *There are many books.*
Ce ne sono molti.   *There are many (of them).*

Mi sono lavato le mani.   *I washed my hands.*
Me le sono lavate.   *I washed them.*

Si sono scritti una lettera ogni settimana.   *They wrote each other a letter every week.*
Se la sono scritta ogni settimana.   *They wrote it to each other every week.*

Additional vocabulary: sample expressions using **ci** and **ne:** ce ne sono tanti (pochi, troppi); non ne vale la pena; non ne sono sicuro(a); non ne ho colpa.

b. gli and le, when followed by the direct object pronouns lo, la, li, le, ne, become glie and combine with the pronoun that follows: glielo, gliela, glieli, gliele, gliene.

Gli parlo dell'Italia.   *I speak to him of Italy.*
Gliene parlo.   *I speak of it to him.*

Le scrivo queste lettere.   *I write her these letters.*
Gliele scrivo.   *I write them to her.*

c. Loro *(to you, to them)* always follows the verb.

Ne parlo loro (*also* gliene parlo).   *I speak of it to them.*
Ne parlo Loro (*also* gliene parlo).   *I speak of it to you.*

It should be noted that today the combinations of lo, la, li, le, and ne + loro are frequently replaced by the colloquial forms glielo, gliela, glieli, gliele, and gliene.

A. Volgere ciascuna delle espressioni seguenti al singolare.

ESEMPIO   Ecco dei bravi violinisti!   ⟶   Ecco un bravo violinista!

1. Ecco delle vere artiste!
2. Ecco dei programmi interessanti!
3. Ecco delle città italiane moderne!
4. Ecco due poeti famosi!
5. Ecco due bravi pianisti!
6. Ecco delle auto giapponesi!

B. Rispondere a ciascuna delle domande seguenti, usando il pronome congiuntivo **ne**.

ESEMPIO   Parlate di letteratura in classe?   ⟶   Sì, ne parliamo.

1. Parlate di sport a casa?
2. Discutete spesso di cinema?
3. Ha mai parlato di poesia il professore?
4. Parla sempre di Pinocchio Giancarlo?
5. Parlerete della Commedia dell'Arte anche voi?

C. Rispondere a ciascuna delle domande seguenti, usando il pronome congiuntivo **ne**.

ESEMPIO   di politica, loro   ⟶   Di politica? No, non ne hanno parlato.

1. di musica, noi
2. di calcio e di pugilato, tu
3. di molti personaggi importanti, io
4. di quel famoso artista, io e Francesca
5. dei loro figli, i signori Wheaton

D. Rispondere a ciascuna delle domande seguenti, usando il pronome congiuntivo **ne**.

ESEMPIO   Conoscete qualche regista italiano?   ⟶   Sì, ne conosciamo. (No, non ne conosciamo.)

1. Vuoi dei panini?
2. Hai dei biglietti per la rappresentazione?
3. Conosci delle poesie di Montale?
4. Signorina, visiterà qualche museo italiano?
5. Visiterete qualche città del Lazio?
6. Studiate qualche dramma del Goldoni?

E. Rispondere a ciascuna delle domande seguenti, usando il pronome congiuntivo **ne** e un numerale.

ESEMPIO   Comprerai dei biglietti della lotteria?   ⟶   Sì, ne comprerò due. (quattro, uno...)

1. Leggerete delle poesie in classe?
2. Farete qualche giro con la guida?
3. Conoscete qualche città italiana?
4. Conosci delle squadre di calcio?
5. Visiterai qualche chiesa fiorentina?

F. Rispondere a ciascuna delle domande seguenti, usando il pronome congiuntivo **ne** e la forma corretta dell'aggettivo **molto**.

ESEMPIO   Quanti dischi hai ascoltato? $\longrightarrow$ Ne ho ascoltati molti.

1. Quante poesie avete già letto?
2. Quanti teatri avete visitato in Italia?
3. Quanti artisti del cinema avete conosciuto?
4. Quanto caffè avete bevuto stamattina?
5. Quanta carne ha comprato la signora Borghini?

G. Formare nuove frasi seguendo le indicazioni date nell'esempio.

ESEMPIO   La ragazza vende il biglietto a noi. $\longrightarrow$ a. La ragazza lo vende a noi.
b. La ragazza ci vende il biglietto.
c. La ragazza ce lo vende.

1. No, non diremo le bugie a voi.
2. Dà gli spiccioli a me.
3. Il fornaio non ha venduto il pane alla cliente.
4. Perchè il professore ha parlato di Beatrice agli studenti?
5. Gianni offrirà una birra all'amico.
6. Michele spiegava a Francesca le regole del calcio.

H. Formare nuove frasi usando la forma appropriata del pronome di complemento oggetto indiretto, secondo le indicazioni.

ESEMPIO   a me $\longrightarrow$ I biglietti? Sì, me li ha dati.

1. a noi
2. a Bruno e a Vanna
3. a te
4. a te e a tua madre
5. allo sciatore
6. a me e a te

I. Rispondere a ciascuna delle domande seguenti, usando i pronomi congiuntivi doppi.

ESEMPIO   Può dare questa lettera al professore? $\longrightarrow$ Sì, gliela darò domani.

1. Può parlare di Dante a questa classe?
2. Può dire questo ai Suoi studenti?
3. Può raccomandare un buon ristorante a me e a mio marito?
4. Può trovare un buon posto a mia sorella?
5. Può comprarmi i biglietti per la partita?
6. Può dare il conto al nostro amico?

J. Rispondere a ciascuna delle domande seguenti.

ESEMPIO   Scriverai a Maria, oggi? $\longrightarrow$ No, oggi non posso proprio scriverle.

1. Professore, spiegherà i pronomi, oggi?
2. Farete una gita, oggi?
3. Professoressa, parlerà della Commedia dell'Arte, oggi?
4. Prenderai un tassì, oggi?
5. Pagherete il conto, oggi?
6. Vedrai questo film musicale, oggi?

K. Rispondere a ciascuna delle domande seguenti, usando entrambe *(both)* le forme grammaticalmente corrette.

ESEMPIO   Professore, può darci un altro esercizio? ⟶   Sì, posso darvelo.
                                                             Sì, ve lo posso dare.

1. Maria, puoi darmi un panino?
2. Dottore, può darci dei consigli?
3. Cameriere, può darmi un gelato e una pizza?
4. Cameriere, può dare il conto al mio amico?
5. Professore, può parlarci di Michelangelo?
6. Mamma, puoi darmi diecimila lire?

L. Rispondere alle seguenti domande, usando i pronomi congiuntivi doppi.

ESEMPIO   Mi manderai una cartolina da Vicenza? ⟶   Sì, te la manderò.
                                                            No, non te la manderò.

1. Mi dici il nome di qualche regista italiano?
2. Professore, ci parlerà dei vari accenti regionali?
3. Mi presenterete la ragazza del botteghino?
4. Bruno, mi puoi raccomandare un buon film di fantascienza?
5. Mamma, ci compri un gelato?
6. Mi date i vostri biglietti?

Stress pronunciation of verbs with attached pronouns: the tonic stress of the infinitive does not change when pronouns are attached.
dare: darmelo;
parlare: parlargliene

![ ] **SITUAZIONE PRATICA**

Tu e un amico (o un'amica) parlate per telefono di un poeta italiano di cui il professore ha parlato in classe. A uno di voi il poeta e la poesia in generale piacciono; all'altro no. La vostra discussione è amichevole e animata.

Che leggono questi ragazzi fiorentini?

*A*RLECCHINO

Francesca e Giancarlo sono nel ridotto del Teatro della Pergola durante l'intervallo fra i due atti di « Arlecchino, Servitore di Due Padroni » , un'antica rappresentazione della Commedia dell'Arte.

Giancarlo: Vieni qui, guarda, c'è una sedia libera. Vuoi sedere?
Francesca: No. Preferisco stare in piedi.
Giancarlo: Allora che ne pensi di questo spettacolo della Commedia dell'Arte?
Francesca: Mi piace, sai... mi piace molto.
Giancarlo: È così diversa dal teatro moderno, non trovi?
Francesca: Sì. I libri di scuola parlano spesso della Commedia dell'Arte, ma vederla così, dal vero, con attori vivi è un'esperienza originale.

Due personaggi della Commedia dell'Arte

Giancarlo:	Sì, è vero. Chi sono gli attori?
Francesca:	Vediamo cosa dice il programma.
Giancarlo:	Ecco. È qui. Sono gli attori di una compagnia padovana.
Francesca:	Cosa credi, improvvisano il dialogo come facevano anticamente, oppure usano un copione con un dialogo preciso?
Giancarlo:	Improvvisano, credo. Vediamo cosa dice il programma. Ascolta! *(legge)* « Gli attori continuano la vecchia tradizione del dialogo improvvisato. »
Francesca:	È suonato il campanello. Sta per incominciare il secondo atto. Su, facciamo presto.

Alla fine dello spettacolo, mentre escono dal teatro, Francesca e Giancarlo incontrano due amiche, Clara e Maria e si fermano a salutarle.

Francesca:	V'è piaciuto?
Maria:	Interessante e divertente.
Francesca:	Dove andate ora?
Clara:	Non so. Forse a letto.
Francesca:	Ma no, è ancora presto. Andiamo a casa mia e facciamo due chiacchiere.

■ DOMANDE

1. Dove sono Francesca e Giancarlo?
2. Perchè non vuole sedere Francesca?
3. Cos'è la Commedia dell'Arte?
4. Cosa legge Giancarlo?
5. Quale vecchia tradizione continuano gli attori?
6. Quando suona il campanello?
7. Chi incontrano mentre escono dal teatro?
8. Che cosa fanno Francesca e Giancarlo quando incontrano le due amiche?
9. Perchè è piaciuto lo spettacolo a Maria?
10. Preferisce andare al teatro o al cinema? Perchè?

■ VOCABOLARIO

Sostantivi

l' amica friend
  Arlecchino Harlequin
l' atto act
l' attore *(m.)* actor
il campanello bell
il copione script
il diạlogo dialogue
l' esperienza experience
la fine end
l' intervallo intermission
il letto bed
il padrone master
il programma program
il ridotto lobby, foyer
la sẹdia chair
il servitore servant
lo spettạcolo performance
  Teatro della Pẹrgola Pergola Theater
la tradizione tradition

Aggettivi

divertente amusing
improvvisato improvised
lịbero free
moderno modern
originale original
padovano of, from Padua, a city near Venice
preciso precise, exact
vivo alive, live

Verbi

ascoltare to listen to
fermarsi to stop
improvvisare to improvise
pensare to think
salutare to greet
usare to use

Altri vocạboli

anticamente in the old days
durante during
oppure or, or else

Espressioni

dal vero in real life
fare presto to hurry
non trovi? don't you think?
stare in piedi to stand up
su come on

GRAMMATICA

I. L'imperativo *(The imperative)*

The imperative mood expresses the will to influence the behavior of someone.

Parlare *to speak*
(tu) **Parla** ad alta voce!   *Speak up (aloud)!*

First conjugation

(tu)	**parl-a**	*speak*
(Lei)	**parl-i**	*speak*
(noi)	**parl-iamo**	*let's speak*
(voi)	**parl-ate**	*speak*
(Loro)	**parl-ino**	*speak*

Ripetere *to repeat*
(tu) **Ripeti** questa parola!   *Repeat this word!*

Second conjugation

(tu)	**ripet-i**	*repeat*
(Lei)	**ripet-a**	*repeat*
(noi)	**ripet-iamo**	*let's repeat*
(voi)	**ripet-ete**	*repeat*
(Loro)	**ripet-ano**	*repeat*

La Commedia dell'Arte italiana del XVIII secolo

Dormire to sleep; *finire* to finish
(tu) **Dormi** in questo letto!   *Sleep in this bed!*

Third conjugation

(tu)	dorm-i	*sleep*
(Lei)	dorm-a	*sleep*
(noi)	dorm-iamo	*let's sleep*
(voi)	dorm-ite	*sleep*
(Loro)	dorm-ano	*sleep*

(tu) Finisci, è un ọrdine!   ***Finish, it's an order!***

(tu)	fin-isci	*finish*
(Lei)	fin-isca	*finish*
(noi)	fin-iamo	*let's finish*
(voi)	fin-ite	*finish*
(Loro)	fin-ịscano	*finish*

The imperative is used to express commands, requests, advice, etc., and its usage in Italian is much the same as in English. Subject pronouns are not used with the imperative. Note that in the second and third conjugations the forms for **tu, noi,** and **voi** are the same as for the present indicative. In the first conjugation, the forms for **noi** and **voi** only are the same as for the present indicative forms.

II. *L'imperativo di* avere e ẹssere (*Imperative of* avere *and* ẹssere)

Avere to have
(tu) **Abbi** pazienza!   *Have patience! Be patient!*

(tu)	abbi	*have*
(Lei)	ạbbia	*have*
(noi)	abbiamo	*let's have*
(voi)	abbiate	*have*
(Loro)	ạbbiano	*have*

Ẹssere to be
(tu) Sii buono!   *Be good!*

(tu)	sii	*be*
(Lei)	sia	*be*
(noi)	siamo	*let's be*
(voi)	siate	*be*
(Loro)	sịano	*be*

III. *L'imperativo negativo (The negative imperative)*

The negative imperative of the familiar singular (tu) is an infinitive.

(tu) **Non** parlare.   *Do not speak.*
(tu) **Non** leggere.   *Do not read.*

but   (Lei) **Non** scriva.   *Do not write.*
(voi) **Non** aprite.   *Do not open.*
(Loro) **Non** rispondano.   *Do not answer.*

IV. *Alcuni imperativi irregolari (Some irregular imperatives)*

Fare   to do, make
(tu) Fa' presto!   *Hurry up! (lit., Do quickly!)*

(tu)	fa'	do
(Lei)	faccia	do
(noi)	facciamo	let us do
(voi)	fate	do
(Loro)	facciano	do

Venire   to come
(tu) Vieni subito!   *Come at once!*

(tu)	vieni	come
(Lei)	venga	come
(noi)	veniamo	let us come
(voi)	venite	come
(Loro)	vengano	come

Andare   to go
(tu) Va' a casa!   *Go home!*

(tu)	va'	go
(Lei)	vada	go
(noi)	andiamo	let us go
(voi)	andate	go
(Loro)	vadano	go

Sapere   to know
(tu) Sappi che il telegiornale   *I want you to know that the*
comincia alle otto!   *TV news starts at eight!*

(tu)	sappi	know
(Lei)	sappia	know
(noi)	sappiamo	let us know
(voi)	sappiate	know
(Loro)	sappiano	know

A. Sostituire il verbo con quelli indicati fra parentesi e riscrivere la frase.

1. tu: Leggi questo dialogo!
   (scrivere; improvvisare; ripetere; finire)
2. voi: Vedete cosa dice il programma!
   (ricordare; rileggere; spiegare; sentire)
3. Loro: Non usino questo copione!
   (ripetere; ascoltare; scrivere; spiegare)

B. Osservare l'esempio e formare frasi con l'imperativo nella forma **tu.**

ESEMPIO   rileggere questa poesia $\longrightarrow$ Rileggi questa poesia!

1. pagare questo conto
2. ricordare i versi di Montale
3. cominciare a scrivere
4. continuare a mangiare
5. prendere la sciovia
6. scendere dal tassì

7. scrivere questi verbi
8. aprire il libro
9. finire il gelato
10. partire con me
11. pulire la macchina

C. Formare frasi con l'imperativo, usando le espressioni suggerite nell'esercizio B, nella forma **voi.**

ESEMPIO   rileggere questa poesia $\longrightarrow$ Rileggete questa poesia!

D. Rispondere alle domande seguenti, usando l'imperativo nella forma **Lei.** Osservare l'esempio.

ESEMPIO   Devo scrivere queste frasi? (quelle) $\longrightarrow$ No, signorina (signora, professore), non scriva queste frasi. Scriva quelle.

1. Devo cominciare a scrivere? (a leggere)
2. Devo prendere il tram? (l'autobus)
3. Devo spiegare il dialogo? (la poesia)
4. Devo finire questo libro? (quel copione)
5. Devo insegnare l'indicativo? (l'imperativo)

E. Formulare nuove frasi, facendo il cambiamento suggerito.

ESEMPIO   Francesca, non prendere il tassì. $\longrightarrow$ Signor Pardini, non prenda il tassì.

1. Francesca, non essere spiritosa.
2. Francesca, non avere fretta.
3. Francesca, non ripetere queste parole.
4. Francesca, non chiamare Giancarlo.
5. Francesca, non venire qui.
6. Francesca, non andare a Collodi.

7. Francesca, non fare due passi quando piove.
8. Francesca, non finire tutto il gelato.
9. Francesca, non leggere le mie lettere.
10. Francesca, non pagare il mio conto.
11. Francesca, non cominciare un altro giro.
12. Francesca, non giocare al tennis.

F. Completare le frasi seguenti, usando la forma appropriata dell'imperativo.

ESEMPIO   (ripetere) Professore, _____ questo esempio, per favore.   ⟶
             Professore, ripeta questo esempio, per favore.

1. (mangiare)   Figlia mia, _____ anche un po' di pane, non _____ solo carne.
2. (prendere)   Papà, _____ un po' di caffè.
3. (entrare)   Signorina, non _____ nel teatro, _____ nel ridotto.
4. (entrare)   Mamma, non _____ nella mia stanza.
5. (fare)   Signorina, _____ presto, per favore.
6. (dormire)   Figlie mie, non _____ di giorno.
7. (andare)   Professoressa, _____ alla biblioteca adesso.
8. (andare)   Adriana, _____ a lezione, non _____ alla partita.
9. (venire)   Adriana, _____ a lezione con me.
10. (venire)   Adriana, non _____ a casa tardi.
11. (seguire)   Signorine, non _____ questi corsi, _____ quelli.

▮ DOMANDE

Rispondere con frasi complete e originali.

1. Le piace il teatro moderno o preferisce quello classico?
2. Qual è l'ultimo spettacolo teatrale che ha visto?
3. Qual è il drammaturgo *(playwright)* americano che preferisce?
4. C'è un teatro nella Sua università?
5. Sono sempre buoni attori gli studenti?

Personaggi della commedia italiana nel 1697

▪ RIELABORAZIONE

Dare l'equivalente italiano.

1. Miss Borghini, hurry please!
2. Let's go. And you, Giancarlo, listen. Don't talk.
3. Tourists often ask who Arlecchino is.
4. Dial his number, please.
5. This performance is too traditional. I don't like it.
6. Giancarlo, be patient. Don't bother!

▪ DIALOGO APERTO

Completare il dialogo seguente con espressioni appropriate al contesto.

Gigi: _____

Marina: O, ciao Gigi. Sto bene e vengo dalla biblioteca.

Gigi: _____

Marina: Mi dispiace. Non posso andare alla mensa con te. Devo andare a casa.

Gigi: _____

Marina: Nessuno mi aspetta. Ho fame e preferisco mangiare a casa.

Gigi: _____

Marina: Non lo so, esattamente. Probabilmente studierò per qualche ora. Poi andrò a nuotare.

Gigi: _____

Marina: No, domani non ho niente da fare. Perchè?

Gigi: _____

Marina: Se desideri vedermi, puoi telefonarmi.

Gigi: _____

Marina: Sai benissimo che non mi disturbi mai. Ci risentiamo, va bene?

Gigi: _____

▪ SITUAZIONE PRATICA

Un amico (o un'amica) che abita in un'altra città desidera visitare la città dove Lei abita. Gli dia i suggerimenti e le istruzioni necessarie. Poi dia gli stessi suggerimenti e le stesse istruzioni a un amico della Sua famiglia, con il quale userà il Lei.

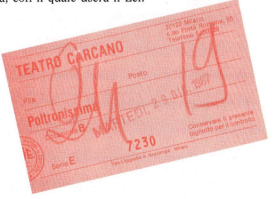

20 UNO ALLA VOLTA!

Un gruppo di studenti di liceo si prepara per l'esame di letteratura moderna che avrà luogo la settimana prossima. Questo esame è considerato più difficile degli altri per molte ragioni. La discussione è animata—infatti, troppo animata.

Franco: Zitti! Zitti! Fatemi il favore, parlate uno alla volta o qui non combiniamo niente.

Graziella: Be', dicci tu come dobbiamo fare.

Franco: Uno di noi propone una domanda piuttosto generale. Poi uno alla volta ognuno esprime la sua opinione, e dopo, sempre in modo ordinato, cercheremo di intavolare una discussione generale.

Graziella: Bene. Comincia tu, Franco. Facci la prima domanda.

Franco sta per parlare quando entra Giancarlo. È affannato e un po' sudato.

Giancarlo: Abbiate pazienza e scusatemi se sono in ritardo. C'era un tale ingorgo di traffico al centro che sono sceso dall'autobus e sono venuto a piedi.

Franco: Stiamo per cominciare. Mettiti a sedere, Giancarlo.

Una discussione fra un gruppo di studenti all'Università di Pavia

Giancarlo si siede vicino a Francesca.

Francesca: *(sottovoce)* Ero davvero preoccupata. Sei così in ritardo!
Giancarlo: Non è colpa mia. Dimmi, cosa avete fatto finora?
Francesca: Ben poco.
Franco: Eccovi la prima domanda: « Perchè la poesia ermetica è considerata più importante delle altre correnti letterarie di questo secolo? »

La discussione ricomincia e dopo pochi minuti è più animata di prima.

 DOMANDE

1. Per cosa si preparano gli studenti?
2. Quando avrà luogo l'esame?
3. Come è considerato l'esame di letteratura?
4. Cosa dice Franco agli altri studenti?
5. Chi era affannato? Perchè?
6. Perchè Giancarlo è in ritardo?
7. Cosa dice Franco a Giancarlo?
8. Perchè era preoccupata Francesca?
9. Lei quando studia per gli esami?
10. Quando ci sono ingorghi di traffico nella nostra città?

■ VOCABOLARIO

Sostantivi

la **corrente**   current
la **discussione**   discussion
il **favore**   favor
il **modo**   manner, fashion
l' **opinione** *(f.)*   opinion
il **secolo**   century

Aggettivi

affannato   out of breath
animato   lively
ermetico   hermetic
letterario   literary
ordinato   orderly
preoccupato   worried
prossimo   next
sudato   perspired

Verbi

cercare   to seek, to look for, to try
combinare   to accomplish
considerato *(p.p. of* **considerare***)*   considered
esprimere   to express
intavolare   to start (a discussion)
prepararsi   to prepare
propone *(from* **proporre***)*   proposes
ricominciare   to begin again
scusare   to excuse

Altri vocaboli

finora   till now
ognuno   each one
piuttosto   rather
sottovoce   whispering

Espressioni

aver luogo   to take place
ben poco   very little
di prima   than before
ingorgo di traffico   traffic jam
mettersi a sedere   to sit down
non combiniamo niente   we'll get nowhere
non è colpa mia   it's not my fault
zitti!   be quiet! silence!

GRAMMATICA

I. Imperativi irregolari, conti-nuazione (*Irregular imperatives, continued*)

Dare *to give*
(tu) Da' questo libro a Maria!   *Give this book to Mary!*

(tu)	da'	*give*
(Lei)	dia	*give*
(noi)	diamo	*let's give*
(voi)	date	*give*
(Loro)	diano	*give*

Stare *to stay*
(tu) Sta' a Firenze un'altra settimana!   *Stay in Florence another week!*

(tu)	sta'	*stay*
(Lei)	stia	*stay*
(noi)	stiamo	*let's stay*
(voi)	state	*stay*
(Loro)	stiano	*stay*

Dire *to say, tell*
(tu) Di' a Carlo che arriverò domenica!   *Tell Charles I'll arrive on Sunday!*

(tu)	di'	*tell, say*
(Lei)	dica	*tell, say*
(noi)	diciamo	*let's tell, say*
(voi)	dite	*tell, say*
(Loro)	dicano	*tell, say*

II. I pronomi personali con l'imperativo *(Conjunctive pronouns with the imperative)*

1. The conjunctive pronouns, we have learned, almost always precede a conjugated verb. But they precede or follow the imperative forms, as will be explained below.

a. They *precede* all forms of command (affirmative or negative) of Lei and Loro.

Ecco il mio libro. **Lo legga** (non lo legga). *Here is my book. Read it (do not read it).*

Signorina, ecco le caramelle. **Le assaggi** (non le assaggi). *Miss, here is the candy. Taste it (do not taste it.)*

Questi dolci non sono cari, signori: **li comprino** (non li comprino). *These sweets are not expensive gentlemen: buy them (do not buy them).*

b. They *follow* the affirmative imperative forms of tu, noi, and voi and are directly attached to the verb. (Loro is the only exception and is not attached to the verb.)

Alzati, è tardi! *Get up, it's late!*

Ecco il sonetto. **Imparatelo** a memoria! *Here is the sonnet. Memorize it!*

Alziamoci, è tardi! *Let's get up, it's late!*

Questo è il dramma che ho comprato, Maria. **Leggilo!** *This is the play I bought, Mary. Read it!*

C'è un vecchio presepio; **mostriamolo loro.** *There is an old Nativity scene; let's show it to them.*

c. They usually precede the negative forms of tu, noi, and voi, but they may also follow.

Non **ti vestire** (*or* non **vestirti**), è ancora presto. *Don't get dressed, it is still early.*

Non **vi avvicinate** (*or* non **avvicinatevi**). Sono raffreddato. *Don't come near me. I have a cold.*

2. When combining with a monosyllabic imperative (da', fa', sta', di', va'), the initial consonant of the conjunctive pronoun is doubled (gli being the only exception).

Ecco il mio libro: **dallo** a Maria! *Here is my book: give it to Mary.*

Fammi questo favore! *Do me this favor!*

Dicci quali romanzi preferisci. *Tell us which novels you prefer.*

but   Quando vedi Giovanni, **dagli** questo libro! *When you see John, give him this book!*

3. As we saw in Chapter 6, the conjunctive pronouns are always attached to ecco.

Ẹccomi!   *Here I am!*
Ẹccoli!   *Here they are!*
Ẹccone due!   *Here are two of them!*

As additional illustration, here is a reflexive verb conjugated in the imperative:

Affirmative			*Negative*	
(tu)	Lạvati.	*Wash yourself.*	Non ti lavare!⎤ Non lavarti!⎦	*Do not wash yourself.*
(Lei)	Si lavi.	*Wash yourself.*	Non si lavi!	*Do not wash yourself.*
(noi)	Laviạmoci!	*Let's wash ourselves.*	Non ci laviamo!⎤ Non laviạmoci!⎦	*Let us not wash ourselves.*
(voi)	Lavạtevi.	*Wash yourselves.*	Non vi lavate!⎤ Non lavạtevi!⎦	*Do not wash yourselves.*
(Loro)	Si lạvino.	*Wash yourselves.*	Non si lạvino.	*Do not wash yourselves.*

Studenti seduti in classe all'Università di Bologna

III. *Comparativo* (Comparison)

1. When making a comparison of equality, the English *as (so)* . . . *as* is translated as **così... come** (also by **tanto... quanto**). It should be noted, however, that the first part of the comparison is usually omitted, unless it is needed for emphasis.

Questa chiesa è (**così**) bella **come** quella.   *This church is as beautiful as that one.*

Queste caramelle sono (**così**) dolci **come** il miele.   *This candy is as sweet as honey.*

Ęlena è (**tanto**) bella **quanto** sua sorella.   *Helen is as beautiful as her sister.*

but   Questa poesia non è **così** difficile **come** credevo.   *This poem is not as difficult as I thought.*

When the comparison of equality is made with nouns, only **tanto... quanto** can be used, and the agreement is made with the appropriate noun.

In questa classe ci sono **tanti** ragazzi **quante** ragazze.   *In this class there are as many boys as (there are) girls.*

2. When making a comparison of inequality *more* (or *less*) . . . *than, more* is translated by **più**, *less* by **meno**. *Than* is translated as follows:

a. Generally by **di**.

Lisa è **più** bella **di** sua sorella.   *Lisa is more beautiful than her sister.*

Giovanni è **più** alto **di** me.   *John is taller than I.*

L'italiano è **più** fącile **del** francese.   *Italian is easier than French.*

Leonardo ha dipinto **meno** affreschi **di** Micheląngelo.   *Leonardo painted fewer frescoes than Michelangelo.*

Parla **più di** due lįngue.   *She speaks more than two languages.*

b. By **che** when the comparison concerns the same subject and is made between two nouns, two adjectives, two verbs, or two adverbs.

A Venęzia ci sono **più** ponti **che** canali.   *In Venice there are more bridges than canals.*

È **più** ricca **che** bella.   *She is more rich than beautiful.*

Mi piace **più** nuotare **che** camminare.   *I like swimming more than walking.*

L'ąria è **più** buona quį **che** là.   *The air is better here than there.*

Vediamo męglio da vicino **che** da lontano.   *We see better from closeup than from far away.*

c. By **di quel che** before a conjugated verb, namely, when *than* introduces a clause.

È più vicino **di quel che sembra**.   *It is nearer **than it seems**.*
Questa antologia costa meno **di quel che credevo**.   *This anthology costs less **than I thought**.*

ESERCIZI

A. Completare le frasi seguenti usando la forma appropriata dell'imperativo.

1. (fare; discutere)   Ragazzi, _____ il favore. Non _____ tutti insieme!

2. (dire; proporre)   Signorina, _____ la sua opinione. _____ qualche domanda!

3. (stare; parlare)   Franco, _____ zitto. Non _____ sempre come una macchina!

4. (avere; interrompere)   Signori, _____ un po' di pazienza. Non _____ la guida!

5. (essere; ricominciare)   Giancarlo, _____ buono. Non _____!

B. Rispondere alle seguenti domande.

ESEMPIO Mamma, posso stare a Firenze un altro giorno? ⟶   Sì, sta' a Firenze un altro giorno.

1. Posso dire questo ad alta voce?
2. Devo avere pazienza?
3. Dobbiamo andare a scuola?
4. Possiamo dire la verità?
5. Posso fare la prima domanda?
6. Possiamo dare i biglietti a Gianni?

C. Riscrivere ciascuna delle frasi seguenti, facendo il cambiamento suggerito dall'esempio.

ESEMPIO Mi dica la verità. ⟶   Dimmi la verità.

1. Mi faccia questo favore.
2. Ci parli di Dante, non di Montale.
3. Gli mandi delle cartoline.
4. Mi porti un espresso bollente.
5. Le dia qualche spicciolo.
6. Mi spieghi i pronomi congiuntivi.
7. Ci proponga una domanda meno generale.
8. Si prepari per l'esame.

D. Riscrivere ciascuna delle frasi seguenti, facendo i cambiamenti suggeriti dall'esempio.

ESEMPIO Vestiamoci in fretta. ⟶   Vestitevi in fretta.
             Si vestano in fretta.

1. Risentiamoci domani.
2. Alziamoci subito.
3. Divertiamoci se possiamo.
4. Sediamoci davanti al fuoco.
5. Ricordiamoci di telefonare.
6. Telefoniamoci giovedì.

E. Riscrivere ciascuna delle frasi seguenti, facendo il cambiamento suggerito dall'esempio.

ESEMPIO Dacci i biglietti. ⟶ Dacceli subito!

1. Dagli una caramella.
2. Leggimi questo dialogo.
3. Falle questo favore.
4. Mostraci il museo di Pinocchio.
5. Parlami delle tombe di Santa Croce.
6. Dimmi la tua opinione.

F. Rispondere alle seguenti domande nelle forme positive e negative.

ESEMPIO Devo comprarti un gelato? ⟶ Sì, compramelo.
No, non comprarmelo.
No, non me lo comprare.

1. Devo darti una risposta?
2. Devo mostrarvi il Ponte Santa Trinita?
3. Devo parlarti della poesia ermetica?
4. Devo spiegarle i pronomi congiuntivi e i disgiuntivi?
5. Devo dirvi il mio nome?
6. Devo fargli un caffè?

G. Formare frasi singole che abbiano un'espressione comparativa.

ESEMPIO Adriana è intelligente. Anche Vanna è intelligente. ⟶
Vanna è così intelligente come Adriana. *o*
Vanna è intelligente come Adriana.

1. Machiavelli è conosciuto. Anche Galileo è conosciuto.
2. La chiesa era antica. Anche la tomba era antica.
3. Gli affreschi di Michelangelo sono famosi. Anche gli affreschi di Giotto sono famosi.
4. Quel bar è popolare. Anche questo bar è popolare.
5. Quell'albergo è lontano. Questo albergo invece non è così lontano.
6. Il tuo accento è forte. Il suo accento non è così forte.

H. Formare frasi singole che abbiano un'espressione comparativa.

ESEMPIO I film storici sono abbastanza divertenti. I film di fantascienza sono molto divertenti. ⟶
I film di fantascienza sono più divertenti dei film storici. *o*
I film storici sono meno divertenti dei film di fantascienza.

1. Il caffè è abbastanza caldo. Il cappuccino è molto caldo.
2. La mensa dello studente è abbastanza cara. Quel ristorante è molto caro.
3. L'aria di Firenze è abbastanza inquinata. L'aria di Venezia è molto inquinata.
4. La discussione di oggi è abbastanza animata. La discussione di ieri non era affatto animata.
5. Io sono abbastanza simpatico. Tu sei molto simpatico.
6. Questo esame è abbastanza difficile. L'esame di domani sarà molto difficile.

I. Cambiare ciascuna delle frasi seguenti, facendo il cambiamento suggerito.

ESEMPIO   Questo spettacolo è interessante ma poco divertente.   ⟶
                   Questo spettacolo è più interessante che divertente.
                   Questo spettacolo è meno divertente che interessante.

1. La poesia moderna è semplice ma non molto facile.
2. Questa discesa è lunga ma non molto difficile.
3. Era una giornata bella ma molto fredda.
4. Ho mangiato delle fragole abbastanza buone ma molto care.
5. È una discussione animata ma non molto intelligente.
6. È un giro molto lungo ma non molto interessante.

J. Completare le frasi seguenti con la forma appropriata della preposizione **di** o con la congiunzione **che**.

1. Mangi molto. Sei più largo _____ lungo.
2. Quegli studenti non sono affatto più studiosi _____ voi.
3. Questa esperienza è più originale _____ utile.
4. Il gelato è più caro _____ cappuccino.
5. Il Palazzo dei Dogi non è più lontano _____ chiesa di San Marco.
6. Parlare in italiano è più difficile _____ parlare in inglese.
7. L'aria è più pura in montagna _____ in città.
8. Il calcio è più popolare _____ pugilato.

▮ DOMANDE ▬▬▬▬▬▬▬▬▬▬▬▬▬▬

Rispondere con frasi complete e originali.

1. Ti piacciono le discussioni?
2. Che tipo di discussione preferisci?
3. Con chi discuti, di solito?
4. Quando discuti, come esprimi la tua opinione?
5. Ti piace la letteratura moderna?
6. Con chi, dove e come discuti di letteratura moderna?
7. Discuti di politica, qualche volta? Con chi?

VITA CULTURALE

politica estera

Tradurre in italiano.

1. Vanna, Marina, get up. It's late.
2. Waiter, bring me an ice cream, please.
3. Montale is not as well-known here as he is in Italy.
4. Going shopping downtown is less fun than going to the theater.
5. The air is cleaner in the suburbs than downtown.
6. Do you like all modern poetry?
7. I only like poetry when I understand it.
8. And now, please take me home.

SITUAZIONE PRATICA

Presentare una discussione molto animata fra alcuni amici che desiderano parlare di sport, di cinematografo o di politica, ma che non si capiscono...

Studenti dell'Università di Napoli

Ecco che cosa resta	All that is left
di tutta la magia della fiera:	of the magic of the fair
quella trombettina,	is this little trumpet
di latta azzurra e verde,	of blue and green tin,
che suona una bambina	blown by a girl
camminando, scalza, per i campi.	as she walks, barefoot, through the fields.
Ma, in quella nota sforzata,	But within its strained note
ci sono dentro i pagliacci bianchi e rossi,	are all the clowns, white ones and red ones,
c'è la banda d'oro rumoroso,	the band all dressed in gaudy gold,
la giostra coi cavalli, l'organo, i lumini.	the merry-go-round, the calliope, the lights.
Come, nel sgocciolare della gronda,	Just as in the dripping of the gutter
c'è tutto lo spavento della bufera,	is all the fearfulness of the storm
la bellezza dei lampi e dell'arcobaleno;	the beauty of lightning and the rainbow;
nell'umido cerino d'una lucciola	and in the damp flickers of a firefly
che si sfa su una foglia di brughiera,	whose light dissolves on a heather branch
tutta la meraviglia della primavera.	is all the wondrousness of spring.

*Corrado Govoni, the author of this poem, was active in the early part of the 20th century and was known for his impressionistic and vivid images. In *La trombettina* the image he evokes of the village fair transcends quickly into a deeper consciousness of life. (Translated by Carlo L. Golino)

■ DOMANDE

1. Cosa resta della fiera?
2. Chi suona la trombettina?
3. Dove cammina la bambina?
4. Com'è la nota della trombettina?
5. Dov'è la meraviglia della primavera?

RIPETIZIONE V

A. Rispondere a ciascuna delle domande seguenti, usando la forma appropriata del pronome disgiuntivo.

ESEMPIO   Signorina, va a teatro con sua zia?   ⟶   No, non voglio andare a teatro con lei.

1. Parlate di Montale oggi?
2. Partirai per Pompei con Gianni e Guido?
3. Signora, va da Giacomo a comprare i broccoli?
4. Vieni con me in libreria?
5. Adriana, studi da te anche oggi?
6. Puoi fare la spesa per me e per Vanna?

B. Riscrivere le frasi seguenti al singolare.

1. Le ultime repliche erano eccellenti.
2. Gli accenti stranieri sono sempre diversi.
3. Queste poesie sono comiche e non molto interessanti.
4. Quei drammi erano un po' lunghi ma allegri e originali.
5. Di solito i poeti moderni sono impegnati.
6. Gli ingorghi di traffico sono molto comuni.

C. Rispondere a ciascuna delle domande seguenti, usando il pronome congiuntivo **ne**.

ESEMPIO   Ha qualche amico in Italia?   ⟶   Sì, ne ha molti.

1. Ha qualche opinione?
2. Ha fatto qualche domanda intelligente?
3. Ha qualche parente nel Veneto?
4. Ha visitato qualche chiesa antica?
5. Ha conosciuto qualche regista italiano?
6. Ha visto qualche affresco di Michelangelo?

D. Rispondere a ciascuna delle domande seguenti, usando le due forme indicate dell'imperativo.

ESEMPIO   Devo proprio parlare?   ⟶   Sì, signore, parli!
                                                                    Sì, parla!

1. Devo proprio partire?
2. Devo proprio pagare?
3. Devo proprio ricominciare?
4. Devo proprio andare?
5. Devo proprio venire?
6. Devo proprio stare qui?

E. Rispondere a ciascuna delle domande seguenti, usando le due forme indicate dell'imperativo.

ESEMPIO   Posso fare una domanda?   ⟶   No, signorina, non la faccia.
                                                              Sì, falla.

1. Posso leggere questo libro?
2. Posso parlare della Commedia dell'Arte?
3. Posso affrontare questo problema?
4. Posso rispondere al regista?
5. Posso avvicinarmi?
6. Posso mostrare i burattini?

F. Riscrivere le frasi seguenti, sostituendo il nome complemento oggetto col pronome appropriato. Fare tutti i cambiamenti necessari.

ESEMPIO   Ci legge le poesie di Montale.   ⟶   Ce le legge.

1. Gli vende quattro biglietti.   4. Ti mostrerò il museo di Pinocchio.
2. Mi fa un favore.   5. Vi insegnavano la letteratura moderna.
3. Ci ha fatto molti favori.   6. Le ha portato un cappuccino bollente.

G. Rispondere a ciascuna delle domande seguenti.

ESEMPIO   Comprerai dei dischi ai tuoi figli?   ⟶   No, preferisco non comprargliene.

1. Professore, farà questa domanda ai Suoi studenti?
2. Gianni, leggerai questa poesia a Graziella?
3. Signorina, porterà i biglietti a Gianni?
4. Farai questo favore a tua cugina?
5. Ripeterà le sue opinioni agli amici?
6. Dirà delle bugie ai clienti?

H. Rispondere a ciascuna delle domande seguenti.

ESEMPIO   Chi è più simpatico? Tu o lui?   ⟶
                Lui è più simpatico di me e io sono meno simpatico di lui.

1. Chi è più spiritoso? Tu o lei?
2. Chi è più allegro? Voi o loro?
3. Chi è più noioso? Lui o lei?
4. Chi è più giovane? Tu o loro?
5. Chi è più fortunato? Noi o voi?
6. Chi è più animato? Io o tu?

I. Riscrivere il brano seguente al passato, usando le forme corrette del passato prossimo e dell'imperfetto, secondo il contesto. Incominciare con: Nel 1982, Joan e Mary...

Joan e Mary sono a Firenze e vogliono vedere un dramma italiano originale. Il teatro è chiuso ogni lunedì. Una bella domenica le due ragazze prendono un tassì alle sette di sera e arrivano al teatro verso le sette e mezza. Mentre Joan aspetta, Mary fa la coda al botteghino. L'impiegata le vende due biglietti di seconda fila. Poi le due amiche si siedono nel ridotto, dove ci sono molte persone che parlano fra loro. La rappresentazione incomincia alle otto precise e finisce alle undici. È una commedia in tre atti che affronta molti problemi essenziali. Joan e Mary si divertono e imparano molto. Prima di ritornare all'albergo si fermano in un bar e ordinano due cappuccini.

J. Completare le frasi con la forma corretta e appropriata di uno dei tre verbi seguenti: **andare, avere, essere.**

1. Anche stamattina (io) _____ venuto a piedi.
2. Francesca, perchè _____ sempre in ritardo?
3. Perchè io non _____ mai fretta.
4. Con chi (voi) _____ a teatro, domani?
5. Il professore _____ sempre molto da fare.
6. A che ora (tu) _____ a letto, di solito?
7. Su, (noi) _____ a casa mia.
8. Giancarlo si _____ alzato tardi anche ieri.

DOMANDE

Rispondere con frasi complete e originali.

1. Quando parli italiano, che accento hai?
2. Quando ti alzi, sei animato(a) oppure no?
3. Preferisci le persone allegre e vivaci o quelle tranquille?
4. Sei abitualmente in ritardo o ti consideri una persona puntuale?
5. Qual è un soggetto di conversazione, o di discussione, per te e per i tuoi amici? Perchè?

«Ecco che cosa resta di tutta la magia della fiera: quella trombettina, . . .»

ℒA LINGUA ITALIANA

La lingua italiana moderna è piena di parole inglesi. Quante parole inglesi ci sono in questo cartellone pubblicitario?

La lingua italiana deriva dal latino, la lingua dell'antica Roma. Naturalmente, tutti gl'Italiani parlano italiano, ma molti Italiani parlano anche un dialetto. Come abbiamo visto, l'Italia è divisa in regioni—il Piemonte, l'Umbria, il Lazio, eccetera—e, in generale, ogni regione ha il suo dialetto. Cosicchè, per esempio, un Veneziano parla italiano, ma anche il dialetto di Venezia, cioè il veneziano; un Napoletano parla italiano, ma anche il dialetto di Napoli, cioè il napoletano. Alcuni dialetti si somigliano, altri sono molto differenti l'uno dall'altro. Come l'italiano, i dialetti derivano dal latino parlato che si è trasformato in modi diversi attraverso i secoli. L'italiano è la lingua nazionale, la lingua che tutti studiano a scuola, e la lingua della radio, della televisione e della stampa; è difficile dire, quindi, per quanto tempo i dialetti sopravviveranno. Oggi molti, specialmente i giovani, non parlano più il dialetto fra di loro.

Negli ultimi decenni il mondo è diventato « più piccolo » di una volta e le comunicazioni più frequenti. Non deve sor-

«Jeans» ormai fa parte dell'italiano moderno oggi.

prendere, quindi, se l'italiano si è arricchito non solo di termini tecnici, ma anche di parole straniere. Molte parole sono entrate in italiano dall'inglese, specialmente a causa dell'influenza economica e politica degli Stati Uniti. Ecco alcune parole che ormai fanno parte dell'italiano moderno: *sport, hostess, jet, leader, staff, summit, boom, jazz, weekend, bestseller, design* e, fra varie altre, *blue jeans.*

a causa di *because of* / arricchirsi *to become enriched* / attraverso *through* / cosicchè *so that* / il decennio *decade* / diventare *to become* / la lingua *language, tongue* / quindi *therefore* / somigliarsi *to resemble (each other)* / sopravvivere *to survive* / la stampa *press* / straniero *foreign* / il termine *term* / trasformarsi *to change*

 DOMANDE

1. Com'è divisa l'Italia?
2. Da quale lingua derivano l'italiano e i dialetti?
3. Come si è trasformato il latino attraverso i secoli?
4. Perchè è difficile dire se i dialetti sopravviveranno?
5. Che lingua parlano alla televisione in Italia?
6. È diventato più piccolo il mondo?
7. Che cosa non deve sorprendere?
8. Quale lingua straniera ha contribuito molte parole nuove all'italiano?
9. Lei conosce alcune parole italiane che sono entrate nell'inglese? Quali?

VI

L'EREDITÀ CULTURALE

5° CONCORSO
INTERNAZIONALE DI CANTO

Enrico Caruso

ALLA STAZIONE FERROVIARIA

Ieri Adriana ha ricevuto un telegramma da Roma. « Parto domani ore diciotto. Arriverò alle ventitrè col rapido. Vieni alla stazione. Marina » Adriana è alla stazione da pochi minuti quando il rapido arriva.

Adriana: Ciao, Marina. Hai fatto buon viaggio?
Marina: Sì. Infatti ho avuto una piacevole sorpresa durante il viaggio.
Adriana: Hai conosciuto un milionario che si è subito innamorato di te.
Marina: Magari!
Adriana: Dimmi tutto. Non mi tenere sulle spine.
Marina: Mi ero appena seduta e avevo cominciato a leggere quando è entrata una ragazza più o meno della mia età.

Il rapido arriva alla stazione ferroviaria.

Adriana:	E così?
Marina:	Figụrati! Era Silvana Mancini. Non ci vedevamo da più di quịndici anni. Eravamo state compagne di scuola nella seconda elementare. Abbiamo parlato durante tutto il viạggio. Per fortuna eravamo sole nello scompartimento. Lei ha proseguito per Bologna.
Adriana:	Allora, che c'è di nuovo a Roma?
Marina:	Finalmente hanno finito un altro tratto della metropolitana, e hanno aumentato il nụmero di ịsole pedonali. E Roma... Roma è sempre la più bella città d'Itạlia.
Adriana:	Sarà! Io preferisco Firenze. Ma guarda un po', non c'è nemmeno un facchino.
Marina:	Non importa, ho soltanto queste due pịccole valige.
Adriana:	Lo sapevi che c'è lo sciọpero dei tassisti a Firenze?
Marina:	Pazienza, prenderemo il fịlobus.

■ DOMANDE

1. Da chi ha ricevuto un telegramma Adriana?
2. È già alla stazione Adriana quando arriva il treno?
3. Chi è Silvana Mancini?
4. Chi c'era nello scompartimento con Marina e Silvana?
5. Che c'è di nuovo a Roma?
6. Secondo Marina qụal è la più bella città d'Itạlia?
7. Prẹndono un tassì Marina e Adriana? Perchè?
8. Quante valige ha Marina?
9. Lei preferisce viaggiare in treno o in mạcchina? Perchè?

Due compagne di scuola arrivano
alla stazione di Firenze.

■ VOCABOLARIO

Sostantivi

Bologna   city in northern Italy
l' età   age
il facchino   porter
il filobus   trackless trolley
l' isola pedonale   pedestrian zone
la metropolitana   subway
il milionario   millionaire
il rapido   express train
lo sciopero   strike
lo scompartimento   compartment
la sorpresa   surprise
la stazione ferroviaria   railroad station
il telegramma   telegram
il tratto   section, tract
la valigia   suitcase

Aggettivi

elementare   elementary; seconda elementare
     second grade

Verbi

aumentare   to increase
innamorarsi (di)   to fall in love (with)
proseguire   to continue on
ricevere   to receive

Altri vocaboli

nemmeno   not even
subito   right away, immediately

Espressioni

compagno di scuola   classmate
figurati!   can you imagine!
guarda un po'   of all things
fare (un) buon viaggio   to have a good trip
per fortuna   fortunately
più o meno di   more or less
essere (tenere) sulle spine
     to be (to keep) on pins and needles

Scheda di treni in partenza e in arrivo—Milano

GRAMMATICA

I. Il trapassato prossimo *(The past perfect)*

As in English, the past perfect is used in Italian to express what *had taken place*. The **trapassato prossimo** is formed with the past descriptive of **avere** or **essere** plus the past participle of the verb.

a. *Avere parlato* *to have spoken*

Avevo parlato ad alta voce.   *I had spoken aloud.*

avevo		*I had*	
avevi		*you had*	
aveva	parlato	*he (she) had*	spoken
avevamo		*we had*	
avevate		*you had*	
avevano		*they had*	

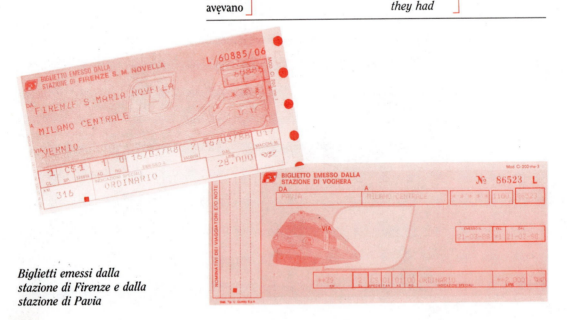

Biglietti emessi dalla stazione di Firenze e dalla stazione di Pavia

b. Ẹssere arrivato(-a)   *to have arrived, come*
Ero arrivato(-a) presto.   *I had come early.*

ero		*I had*	
eri	arrivato(-a)	*you had*	
era		*he (she) had*	*arrived*
eravamo		*we had*	
eravate	arrivati(-e)	*you had*	
ẹrano		*they had*	

Sapevo che aveva comprato l'ạcqua minerale.   *I knew **she had
   bought** the mineral water.*
Il treno era arrivato in ritardo.   *The train **had arrived** late.*

II. *Gli avverbi di luogo* ci *e* vi
(Adverbs of place ci *and* vi*)*

Ci and vi (they are interchangeable, but the latter is not common in everyday speech) are used as unstressed adverbs of
place and mean *there, here*. They are used to refer to a place
already mentioned in the sentence and precede or follow the
verb according to the rules already given for ci and vi as conjunctive pronouns (see Chapter 6).

Conosce molte persone a Roma, così ci va tutti gli anni.   *He
   knows many people in Rome, so he goes **there** every year.*
Sono andati alla stazione; andiạmoci anche noi.   *They went
   to the station; let us go **there** too.*
Vogliamo andarci insieme.   *We want to go **there** together.*

**III. *Il superlativo relativo* (The
relative superlative)**

1. The relative superlative is formed by placing the definite
article before the comparative più or meno. Thus, *the most
interesting (beautiful, etc.), the tallest (greatest, etc.)* is translated by **il più, la più, i più, le più** plus the adjective; or, if
the idea of *least* is implied, by **il meno, la meno, i meno, le
meno** plus the adjective.

Roma è la più grande città d'Itạlia.   *Rome is **the largest** city
   in Italy.*
Questo è il meno interessante parco della città.   *This is the
   least interesting park in the city.*

2. Note that in the relative superlative construction, the English preposition *in* is rendered in Italian by **di**.

3. When the superlative immediately follows the noun, the
definite article is not repeated with più or meno.

Il *Corriere della Sera* è il più noto giornale d'Itạlia.   *The Corriere della Sera is the best-known newspaper in Italy.*
but   Il *Corriere della Sera* è il giornale più noto d'Itạlia.   *The Corriere della sera is the best-known newspaper in Italy.*

A. Riscrivere ogni frase al **trapassato prossimo**. Inserire l'avverbio di tempo **già**.

ESEMPIO   L'hai conosciuto?   ⟶   L'avevi già conosciuto?

1. Sì, l'ho saputo anch'io.
2. Anna e Marina si sono scusate del ritardo.
3. Purtroppo hanno intavolato una discussione molto animata.
4. Avete ricevuto il telegramma?
5. È arrivato il rapido da Bologna?
6. A Firenze c'è stato lo sciopero dei tassisti.

B. Completare ciascuna delle frasi seguenti con la forma appropriata del **trapassato prossimo** del verbo fra parentesi.

ESEMPIO   (studiare fino a mezzanotte)   ⟶
             Avevo sonno perchè avevo studiato fino a mezzanotte.

1. (camminare tutto il giorno) Volevamo sederci perchè...
2. (non finire l'esercizio) Adriana scriveva ancora perchè...
3. (incominciare a leggere) Marina non desiderava parlare perchè...
4. (non capire niente) Voi avete fatto molte domande perchè...
5. (non portare i gelati) Non abbiamo pagato perchè il cameriere...
6. (non trovare i biglietti) Le ragazze non sono andate a teatro perchè...

C. Osservare attentamente l'esempio e formare frasi singole.

ESEMPIO   Sono arrivata alla stazione. Il rapido non è ancora partito.   ⟶
             Quando sono arrivata alla stazione il rapido non era ancora partito.

1. È entrata Silvana. Non mi sono seduta.
2. Siamo stati a Roma. Non hanno finito il secondo tratto della metropolitana.
3. Gianni è arrivato. Non abbiamo ordinato.
4. Ho telefonato. Non sono ritornati.
5. Sono andata in classe. Non mi sono preparata per l'esame.

D. Rispondere a ciascuna delle domande, usando il pronome avverbiale congiuntivo **ci**.

ESEMPIO   Andrai a Roma? (in agosto)   ⟶   Sì, ci andrò in agosto.

1. Verrete a Bologna? (fra una settimana)
2. Signora, quando andrà alla Rinascente? (domani)
3. Ritornerai a Padova? (in primavera)
4. Andrete al parco? (presto)
5. Professoressa, quando andrà in biblioteca? (fra due ore)
6. Quando verrà a Capri suo cognato? (l'anno prossimo)

E. Rispondere alle domande, usando il pronome avverbiale **ci** nella posizione indicata nell'esempio.

ESEMPIO   Volete andare al cinema? $\longrightarrow$ No, non ci vogliamo andare.

1. Vuoi ritornare al Lido?
2. Signora, vuole abitare al centro della città?
3. Volete andare alla partita?
4. Vuoi venire dal macellaio con me?
5. Vuoi andare in un altro scompartimento?
6. Vuole ritornare all'università suo cugino?

F. Formare frasi singole, includendo il superlativo relativo e la forma appropriata della preposizione **di**. Alternare le due forme.

ESEMPIO   È una piazza famosa. È a Firenze. $\longrightarrow$ È la piazza più famosa di Firenze.
                                                                  È la più famosa piazza di Firenze.

1. È una ragazza scortese. È in questa classe.
2. È un albergo comodo. È in questa città.
3. Era un parco interessante. Era nel Lazio.
4. È una rivista nota. È in Italia.
5. È un professore divertente. È nel vostro Liceo.
6. È un edificio moderno. È in quella piazza.

G. Osservare l'esempio e formare frasi includendo il superlativo relativo e la forma appropriata della preposizione **di**.

ESEMPIO   professore / erudito / università $\longrightarrow$ È il professore più erudito dell'università.

1. poeta / conosciuto / Italia
2. Liceo / antico / Roma
3. sorpresa / piacevole / viaggio
4. museo / conosciuto / città
5. esercizio / difficile / questo libro
6. arbitro / partigiano / America Latina

▪ RIELABORAZIONE

Dare l'equivalente italiano.

1. I remembered that they had not been here since 1980.
2. Ladies and gentlemen, close your books.
3. Please go to the railroad station, Ann. The express train will arrive in half an hour.
4. They finally built a subway in our city.
5. It was the largest and most comfortable hotel in the whole town.
6. When we arrived, they had already left.
7. He is the oldest student in this class. He is older than our professor.
8. Can you imagine! There is a strike of university professors in Italy.

Rispondere con frasi complete e originali.

1. Quando hai incominciato a studiare l'italiano, avevi già studiato un'altra lingua?
2. Quando sei andato(a) all'università oggi, avevi già mangiato?
3. Quando sei uscito(a) di casa, avevi già letto il giornale?
4. Ieri mattina alle nove, avevi già fatto qualche telefonata?
5. C'è una stazione ferroviaria nella tua città? È grande? Come si chiama?
6. Ti piacciono i viaggi in treno?
7. Ci sono ingorghi di traffico nella città in cui abiti? Dove, specialmente?
8. Ci sono isole pedonali nella tua città?

▌ SITUAZIONE PRATICA ▌

Comporre un breve dialogo fra due persone che si trovano nello stesso scompartimento di un treno e che desiderano sapere il nome del compagno di viaggio, la sua destinazione, ecc.

In partenza o in arrivo?

DAVANTI A UN'EDICOLA

22

Sono le quattro del pomeriggio. Adriana e Marina ritornano a casa dall'università e si fermano davanti a un'edicola.

Marina:	*(al giornalaio)* Ha *La Nazione?*
Giornalaio:	No. *La Nazione* è esaurita. Sa com'è, qui a Firenze la comprano tutti.
Marina:	Allora mi dia il *Corriere della Sera.*
Giornalaio:	Benissimo, eccolo. Sono cinquecento lire.
Marina:	Ci ha il *Daily American?*
Giornalaio:	Sì, ce l'ho; eccolo.
Adriana:	Cos'è il *Daily American?*
Marina:	Non lo conosci? È un giornale in lingua inglese che stampano a Roma. Esce da molti anni. Lo devi leggere.
Adriana:	Sì, sì, voglio leggerlo. Sarà molto utile per chi studia la lingua inglese.
Marina:	Quando l'avrò finito, te lo presterò, ma dovrai restituirmelo perchè li conservo.
Adriana:	Guarda, la fotografia sulla copertina di *Epoca.*
Marina:	Chi è?
Adriana:	È Umberto Eco, l'autore del romanzo *Il Nome della Rosa,* che ha avuto grandissimo successo anche all'estero.
Marina:	Già. Negli Stati Uniti è stato tra i bestseller.
Adriana:	Tu leggi *Epoca?*
Marina:	Raramente. Di solito leggo *Oggi,* e qualche volta *La Selezione del Reader's Digest.*
Adriana:	Tu scherzi! È una rivista passata ormai. La legge mia nonna.
Marina:	Ma, no; è piena d'informazioni e dà anche il riassunto di romanzi recenti.
Adriana:	Io preferisco le riviste di discussione politica, per esempio, *L'Espresso.*
Marina:	Aspetta che compro l'ultimo numero de *L'Espresso*[1] anch'io.

[1]Note that **di** becomes **de** before a title beginning with an "l."

Davanti a un'edicola a Firenze
Hanno La Nazione?

1. Dove si fermano Adriana e Marina?
2. Perchè è esaurita *La Nazione?*
3. Quanto costa un giornale in Italia?
4. Per chi è utile il *Daily American?*
5. Cosa presterà Marina a Adriana?
6. Chi è Umberto Eco?
7. Che riviste preferisce Adriana?
8. Chi compra *L'Espresso?*
9. Quali riviste legge Lei?
10. Qual è un giornale della nostra città?

■ VOCABOLARIO

Sostantivi

l' **autore** *(m.)*   author
la **copertina**   cover
Il Corriere della Sera   a Milan newspaper
l' **edicola**   newsstand
   Epoca   (Epoch) a magazine
l' **esempio**   example
il **giornalaio**   newspaper vendor
La Nazione   (Nation) Florence's leading
   newspaper
la **nonna**   grandmother
il **numero**   issue, number
il **riassunto**   summary
la **rivista**   magazine, review
il **romanzo**   novel
la **selezione**   selection

Aggettivi

esaurito   sold-out
passato   past, old
pieno   full
politico   political
recente   recent

Verbi

aspettare   to wait for
conservare   to save
prestare   to loan, to lend
restituire (isc)   to give back
stampare   to print, to publish

Altri vocaboli

raramente   rarely

Espressioni

all'estero   abroad
averci   to have (something)

Circulated Daily throughout the Common Market, Mediterranean and the Middle East.

GRAMMATICA

I. Il futuro anteriore *(The future perfect)*

The future perfect is formed with the future of avere or ẹssere plus the past participle of the main verb.

a. Avere parlato (ripetuto, capito, ecc.) *to have spoken (repeated, understood, etc.)*

Gli avrò parlato prima di lunedì.	*I will have spoken to him before Monday.*

avrò		*I will have spoken (repeated,*
avrai		*understood, etc.)*
avrà	parlato (ripetuto, capito)	
avremo		
avrete		
avranno		

b. Essere andato (-a) *partito, uscito,* ecc.) *to have gone (left, gone out, etc.)*

Domani mattina sarete già andati.	*Tomorrow morning you will have gone already.*

sarò		*I will have gone, etc.*
sarai	andato(-a)	
sarà		
saremo		
sarete	andati(-e)	
saranno		

The future perfect is used according to the rules given for the future. Just as probability in the present is expressed by the simple future, probability in the past is expressed by the future perfect.

Gli darò il libro quando l'avrò finito.	*I will give him the book when I have finished it.*
Sarà partito di mattina.	*He probably left in the morning.*
L'avranno letto sul giornale.	*They must have read it (they probably read it) in the newspaper.*

II. Futuro anteriore di avere e essere (Future perfect of avere and essere)

Avere avuto *to have had*

Ne avrò avuto abbastanza. *I will have had enough (of it).*

avrò		*I will have had, etc.*
avrai		
avrà		
avremo	avuto	
avrete		
avranno		

Essere stato *to have been*

Quando Maria arriverà a Venezia, ci sarò stato una settimana. *When Mary gets to Venice, I will have been there a week.*

sarò	
sarai	stato (-a)
sarà	
saremo	
sarete	stati (-e)
saranno	

I will have been, etc.

III. I pronomi con l'infinito, continuazione (Conjunctive pronouns with the infinitive, continued)

1. As we saw (Chapters 6, section I, and 10, section I) conjunctive pronouns always follow the infinitive and, with the exception of the indirect pronouns **Loro** and **loro** *(to you, to them)*, are directly attached to it. In such cases the infinitive drops the final -e.

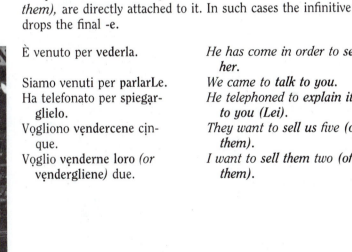

È venuto per **vederla.**	*He has come in order to see her.*
Siamo venuti per **parlarLe.**	*We came to **talk to you.***
Ha telefonato per **spiegarglielo.**	*He telephoned to **explain it to you** (Lei).*
Vogliono **vendercene** cinque.	*They want to **sell us five** (of them).*
Voglio **venderne** loro *(or* **vendergliene)** due.	*I want to **sell them two** (of them).*

Un'edicola in Piazza San Marco a Firenze

2. When, however, the infinitive is preceded by **dovere, potere, volere,** or **sapere** (which at times have a semiauxiliary function), the conjunctive pronouns, and the adverbs of place **ci** and **vi** may either precede the conjugated verb or follow the infinitive.

Non la voglio vedere *(or Non voglio vederla).*	*I do not want to see her.*
Me lo deve mostrare *(or Deve mostrarmelo).*	*He must show it to me.*
Non posso andarci *(or Non ci posso andare).*	*I cannot go there.*

IV. Il superlativo assoluto *(The absolute superlative)*

The absolute superlative, which is usually expressed in English with such adverbs as *very, extremely,* etc., plus the adjective, is formed in Italian as follows:

1. By using an adverb such as **molto** or **assai** *very,* **estremamente** *extremely,* etc., plus the adjective.

È una rivista **molto** *(or as-sai)* spinta.	*It's a very daring magazine.*
È stata una discussione **estremamente** utile.	*It was an extremely useful discussion.*

2. By adding **-issimo** (-a, -i, -e) to the adjective after dropping its final vowel.

È una **bellissima** donna.   *She is a very beautiful woman.*
Sono esercizi **difficilissimi.**   *They are very difficult exercises.*

Adjectives in **-co** and **-go** add an **h** to the stem, and adjectives in **-cio** and **-gio** drop the **io** before **-issimo.**

La neve è **bianca.**   *The snow is white.*
La neve è **bianchissima.**   *The snow is very white.*

Il cielo è **grigio.**   *The sky is gray.*
Il cielo è **grigissimo.**   *The sky is very gray.*

3. **Buono** and **cattivo** have a regular and an irregular absolute superlative.

buono	*good*	buonissimo ottimo	*very good*
cattivo	*bad*	cattivissimo pessimo	*very bad*

A. Seguendo l'esempio, riscrivere ogni frase al futuro anteriore.

ESEMPIO   Anche lui ha comprato il *Daily American*.   ⟶
             Forse anche lui avrà comprato il *Daily American*

1. Hanno letto il romanzo di Eco.
2. C'è stato lo sciopero dei tassisti.
3. Sono state compagne di scuola.
4. Te l'ha restituito.
5. Non avete combinato niente.
6. Forse l'ho prestato a lui.

B. Formare nuove frasi al futuro anteriore per esprimere probabilità.

ESEMPIO   Forse sono arrivati.   ⟶   Saranno già arrivati.

1. Forse è andato in un altro scompartimento.
2. Forse non hanno saputo dello sciopero.
3. Forse ha avuto successo.
4. Forse non hai studiato abbastanza.
5. Forse non hanno trovato l'edicola.
6. Forse quella rivista non gli è piaciuta.

C. Formare nuove frasi usando il futuro anteriore. Fare tutti i cambiamenti necessari.

ESEMPIO   La lettera? La leggerò.   ⟶   L'avrò letta prima di domani.

1. I vostri amici? Li vedremo.
2. Le riviste? Le finiremo.
3. La regola? La studierò

4. L'esercizio? Lo scriveremo.
5. Il telegramma? Lo riceverà.
6. I biglietti per la rappresentazione? Li compreranno.

D. Formare nuove frasi usando pronomi congiuntivi doppi.

ESEMPIO   Devi spiegarmi questa poesia.   ⟶   Me la devi spiegare.
                                                  Devi spiegarmela.

1. Dovete darci la rivista *Epoca*.
2. Non doveva raccomandarti questo bar.
3. Deve leggermi una poesia di Montale.
4. Potevano fargli una domanda piuttosto generale.
5. Mi dispiace ma non posso andare a Pompei.
6. Non dovevate parlarci di Umberto Eco?

E. Rispondere a ciascuna delle domande seguenti, usando l'esempio.

ESEMPIO   È davvero un dramma interessante? $\longrightarrow$ Sì, è interessantissimo.

1. È davvero una discussione animata?
2. Sarà davvero una corrente letteraria importante?
3. Era davvero un libro recente?
4. È stato davvero uno sciopero lungo?
5. Saranno davvero dei giornali utili?
6. È stata davvero una sorpresa piacevole?

F. Rispondere a ciascuna delle domande seguenti, usando le forme del superlativo indicate nell'esempio.

ESEMPIO   Sono comodi? $\longrightarrow$ Sì, sono estremamente comodi, sono comodissimi.

1. È vicina?
2. Sono piccole?
3. È leggero?
4. Sono fresche?
5. Sono vecchi?
6. È simpatico?
7. Siete preoccupati?
8. Sei tranquilla?
9. Sono famosi?

G. Formulare domande appropriate per le risposte seguenti.

1. Sì, sì, vogliamo leggerlo.
2. È un autore di grande successo in Italia e all'estero.
3. Mi dispiace, signorina. *Il Corriere* è esaurito.
4. A Roma non c'è mai niente di nuovo.
5. Arriveranno domani sera, col rapido delle venti.
6. Sì, ma preferisco Firenze.

▮ DOMANDE

Rispondere con frasi complete e originali.

1. Legge molto, Lei? Che cosa legge, generalmente? Libri o riviste?
2. Compra il giornale ogni giorno? Quale? Quanto costa il giornale? È caro?
3. Le piace il giornale della domenica? Com'è?
4. Preferisce le riviste di discussione politica o quelle di informazione? Perchè?
5. Quali sono le riviste di discussione politica più conosciute degli Stati Uniti?
6. Hai mai letto una rivista italiana? Se sì, quale?
7. Quando avrà finito di leggere il giornale, a chi lo darà?
8. Lei presta volentieri i Suoi libri? Se sì, a chi?

—*Mi dia il* Corriere della Sera?
—*Eccolo. Sono cinquecento lire.*

Dare l'equivalente italiano.

1. She used to buy the *Daily American* every day.
2. I never liked this newspaper.
3. I think that only the *Corriere della Sera* gives good information.
4. How much does the *Espresso* cost now? Eight hundred lire? It is indeed very expensive.
5. I will have read it by tomorrow.
6. She will give you *Epoca* when she has finished it.
7. They must have left for Amalfi.
8. Next week you will have already returned to the United States.

■ **SITUAZIONE PRATICA**

Comporre un breve dialogo fra due amici (o amiche) che hanno opinioni molto diverse sui giornali e sulle riviste che leggono.

23

CENTO DI QUESTI GIORNI!

Oggi i Maratti festeggiano il compleanno di Adriana. Suo padre, come le aveva promesso, l'ha portata a Forte Belvedere, alla mostra della storia del Maggio Musicale Fiorentino. Ora sono seduti a una tavola in un ristorante in Borgo Ognissanti.

Signor Maratti:	Ti è piaciuta la mostra, Adriana?
Adriana:	Moltissimo, ma una visita non basta, sai. Io vorrei ritornarci una seconda volta.
Cameriere:	Buon giorno, signori. Che cosa prendono oggi?
Signora Maratti:	Io vorrei una minestra in brodo, del pollo arrosto e un'insalata di radicchio.
Adriana:	Io, tortellini alla bolognese e fritto misto.
Signor Maratti:	Per me, prosciutto con melone e bollito con salsa verde.
Cameriere:	Acqua minerale?
Signor Maratti:	Acqua minerale gassata e vino bianco della casa.
Signora Maratti:	Avresti dovuto ordinare acqua minerale senza gas, l'acqua gassata fa male.
Signor Maratti:	Storie, anzi fa bene. *(a Adriana)* Dunque, dicevi che volevi rivedere la mostra.
Adriana:	Sì. Ti rendi conto che ci sono circa mille bozzetti, figurini, costumi e tante altre cose?
Signor Maratti:	E fra tutte queste belle cose quale sceglieresti come la più originale, la più preziosa?

Adriana:	Il bozzetto di De Chirico per *I Puritani*. Cosa non darei per averlo!
Cameriere:	Ecco il pane, l'acqua minerale e il vino, signori.
Signor Maratti:	*(brinda alla salute di Adriana)* Auguri, Adriana, e cento di questi giorni.
Signora Maratti:	Auguri, cara! Buon compleanno.
Adriana:	Grazie mamma, grazie papà.
Signor Maratti:	E ora mangiamo. Buon appetito!

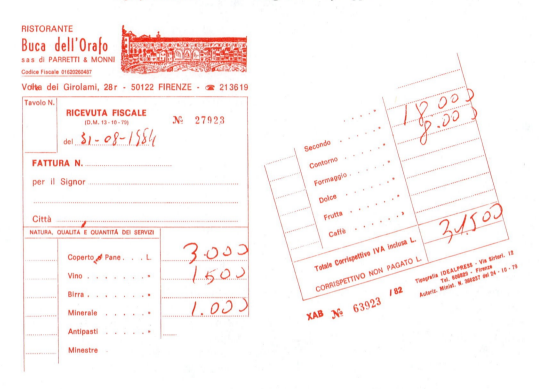

DOMANDE

1. Che cosa fanno oggi i Maratti?
2. Che cosa domanda il signor Maratti a sua figlia?
3. Dove vanno dopo la visita a Forte Belvedere?
4. Che cosa vorrebbe mangiare la signora Maratti?
5. Che vino prendono?
6. Cosa vorrebbe avere Adriana?
7. La signora Maratti dice che il signor Maratti avrebbe dovuto ordinare acqua minerale senza gas. Perchè?
8. Cos'è *I Puritani*?
9. Perchè il signor Maratti dice « cento di questi giorni » ?
10. Quand'è il Suo compleanno?

■ VOCABOLARIO

Sostantivi

l' **acqua**   water
il **bollito**   boiled meat
    Borgo Ognissanti   a street in Florence
il **bozzetto**   sketch
il **compleanno**   birthday
    De Chirico, Giorgio   20th-century painter
il **figurino**   model, plate
    Forte Belvedere *(m.)*   old fortress on a hill
    in Florence
il **gas**   gas
l' **insalata**   salad
il **Maggio Musicale**   May Music Festival
il **melone**   melon
la **minestra**   soup; **minestra in brodo**   soup
    with pasta
la **mostra**   exhibit
il **pollo**   chicken
il **prosciutto**   Italian salt-cured ham
I **Puritani** *(The Puritans)* opera by Vincenzo
    Bellini
il **radicchio**   chicory
il **ristorante**   restaurant
la **salsa verde**   a sharp green sauce
la **salute**   health
la **storia**   history
i **tortellini**   snail-shaped pasta filled with dif-
    ferent stuffings
il **vino**   wine

Aggettivi

arrosto   roasted
gassato   carbonated
minerale   mineral
prezioso   precious

Verbi

brindare (a)   to toast (a person)
festeggiare   to celebrate
ordinare   to order
scegliere   to choose

Espressioni

alla bolognese   Bolognese style (with meat
    sauce)
auguri!   best wishes!
buon appetito   enjoy your meal
buon compleanno   happy birthday
cento di questi giorni   many happy returns
cosa non darei   I'd give anything
fare bene   to be good (for one)
fare male   to be bad (for one)
fritto misto   combination of fried seafoods (or
    vegetables)
rendersi conto   to realize
storie   nonsense

GRAMMATICA

I. Il condizionale *(The conditional)*

As in English, the conditional tense in Italian expresses uncertainty, doubt, hypothesis. In general, the conditional translates as the English auxiliary verb *would*. The stem of the conditional is the same as the future stem and, as in the future, verbs of the first conjugation change the a of the infinitive ending to e. The endings are identical for all three conjugations.

Parlare   *to speak*

Gli **parlerei** volentieri, ma è fuori città.	*I would gladly speak to him, but he is out of town.*

parler-ei	*I would speak, etc.*
parler-esti	
parler-ebbe	
parler-emmo	
parler-este	
parler-ẹbbero	

Ripẹtere   *to repeat*

Ripeterei volentieri lo stesso ballo.	*I would gladly repeat the same dance.*

ripeter-ei	*I would repeat, etc.*
ripeter-esti	
ripeter-ebbe	
ripeter-emmo	
ripeter-este	
ripeter-ẹbbero	

Capire *to understand*

È una musica che non capirei.   *It's a music that I wouldn't understand.*

capir-ei	*I would understand, etc.*
capir-esti	
capir-ebbe	
capir-emmo	
capir-este	
capir-ẹbbero	

L'inviterei volentieri, ma non è in città.   *I would gladly invite him, but he is not in town.*

Quando ritornerebbe, Signọr Wheaton?   *When would you come back, Mr. Wheaton?*

II. *Il condizionale di* avere *e* ẹssere *(Conditional of* avere *and* ẹssere*)*

Avere *to have*

Io non avrei paura.   *I wouldn't be afraid.*

avrei	*I would have, etc.*
avresti	
avrebbe	
avremmo	
avreste	
avrẹbbero	

Ẹssere *to be*

Ne sarei sicuro.   *I would be sure of it.*

sarei	*I would be, etc.*
saresti	
sarebbe	
saremmo	
sareste	
sarẹbbero	

III. *Forme irregolari del condizionale (Irregular forms of the conditional)*

a. Those verbs that have an irregular stem in the future, also have it in the conditional:

dare: darei, *etc.*	sapere: saprei, *etc.*
fare: farei, *etc.*	vedere: vedrei, *etc.*
stare: starei, *etc.*	venire: verrei, *etc.*
andare: andrei, *etc.*	volere: vorrei, *etc.*
dovere: dovrei, *etc.*	
potere: potrei, *etc.*	

b. Verbs ending in -ciare and -giare drop the i of the stem: cominciare: cominicerei, *etc.:* mangiare: mangerei, *etc.*

IV. Il condizionale passato
(The conditional perfect)

a. Avere parlato (ripetuto, capito, avuto, etc.) *to have spoken (repeated, understood, had, etc.)*

Ne avrei parlato a Maria, ma era già uscita.	*I would have spoken to Maria about it, but she had already left.*

avrei avresti avrebbe avremmo avreste avrẹbbero	} parlato	*I would have spoken, etc.*

b. Ẹssere arrivato(-a) (partito, uscito, etc.) *to have arrived (left, gone out, etc.)*

Sarei arrivato (-a) più presto, ma il treno era in ritardo.	*I would have arrived earlier, but the train was late.*

sarei saresti sarebbe	} arrivato(-a)	*I would have arrived, etc.*
saremmo sareste sarẹbbero	} arrivati(-e)	

The conditional perfect, though ordinarily translated as above, also expresses the simple English conditional (*would speak, would understand,* etc.) in certain cases. For example, when the simple English conditional depends on a verb of saying, telling, informing, etc., and expresses a future in past time, Italian expresses the idea with the conditional perfect.

Gli ho detto che gli **avrei telefonato** alle nove.	*I told him that **I would telephone** him at nine o'clock.*
Ha telefonato per dire che **sarebbe venuto**.	*He telephoned to say that **he would come.***

V. Verbi servili *(Semiauxiliary verbs with a dependent infinitive)*

When **dovere**, **potere**, and **volere** govern an infinitive, they are conjugated with either ẹssere or avere, depending on whether the dependent infinitive is conjugated with ẹssere or avere.

Maria **ha mangiato**, ma io non **ho potuto mangiare**.	*Mary ate, but I **have not been able to eat.***
Giovanni **è partito**, ma Bạrbara non **è potuta partire**.	*John left, but Barbara **has not been able to leave.***

VI. Significato speciale del condizionale di dovere e potere
(*Special meanings of* dovere *and* potere)

The present conditional of **dovere** denotes obligation and is rendered by *should, ought to*. The present conditional of **potere** is equivalent to *could* or *might*. Likewise, the perfect conditional of **dovere** and **potere** translates as *ought to have, should have,* and *could have, might have,* respectively.

Dovrebbe studiare. *He ought to study.*
Avrebbe dovuto studiare. *He ought to have studied.*
Potremmo farlo. *We could do it.*
Avremmo potuto farlo. *We could have done it.*
Dovremmo partire oggi. *We should leave today.*
Saremmo dovuti partire ieri. *We should have left yesterday.*

■ ESERCIZI

A. Riformulare le domande seguenti al condizionale.

ESEMPIO Parlerai con lui? ⟶ Parleresti con lui?

1. Ordinerete anche l'acqua minerale?
2. Rileggerai lo stesso libro?
3. Sceglierai questa rivista?
4. Ti presteranno il loro giornale?
5. Si innamorerà di un milionario?
6. Partirai con me?
7. Andranno all'edicola a piedi?
8. Mi farete questo piacere?
9. Avrai davvero paura?
10. Ci andremo anche noi?

B. Completare ciascuna delle frasi seguenti usando la forma appropriata del condizionale.

ESEMPIO Non gli scrivo oggi e... ⟶ Non gli scrivo oggi e non gli scriverei mai.

1. Non la ordino oggi e...
2. Non lo leggete oggi e...
3. Non lo mangia oggi e...
4. Non ci ritorniamo oggi e...
5. Non lo cerco oggi e...
6. Non lo ricordano oggi e...
7. Non la scegli oggi e...
8. Non lo compriamo oggi e...
9. Non ci vanno oggi e...
10. Non ne parlate oggi e...
11. Non lo prende oggi e...
12. Non lo impari oggi e...

C. Completare ciascuna delle frasi seguenti usando la forma appropriata del condizionale.

ESEMPIO Ci andrò anche domani, anzi... ⟶
Ci andrò anche domani, anzi ci andrei ogni giorno.

1. Lo farà anche domani, anzi...
2. Ci verranno anche domani, anzi...
3. Ti vedremo anche domani, anzi...
4. Dovrete ritornarci anche domani, anzi...
5. Lo vorrai mangiare anche domani, anzi...
6. Te lo presteranno anche domani, anzi...

D. Formare nuove frasi, usando le forme corrette del condizionale secondo i soggetti indicati.

ESEMPIO   pane, tagliatelle, fritto misto / io / ordinare   ⟶   **Li ordinerei tutti!**

1. pizza, minestra, insalata / noi / mangiare
2. Firenze, Roma, Bologna / tu / visitare
3. riviste, libri, giornali / loro / leggere
4. caffè, cappuccino, gelato / voi / prendere
5. accento fiorentino, genovese, romano / noi / ascoltare
6. drammi, film, partite / loro / vedere

E. Rispondere a ciascuna delle domande seguenti usando il condizionale e i pronomi appropriati.

ESEMPIO   **Visiterete la mostra?**   ⟶   **La visiteremmo volentieri, ma non abbiamo tempo.**

1. Vedrai il Museo d'Arte Moderna?
2. Andrete a Genova?
3. Studieranno l'italiano?
4. Mi aspetterete?
5. Entreranno in questo teatro?
6. Verrai a Padova?

F. Completare ciascuna delle frasi seguenti usando la forma appropriata del condizionale passato.

ESEMPIO   **Ci siamo andati ieri e...**   ⟶   **Ci siamo andati ieri e ci saremmo andati ogni giorno.**

1. L'hanno visitato ieri e...
2. Le ho festeggiate ieri e...
3. Li ho visti ieri e...
4. Le abbiamo ordinate ieri e...
5. Ci sono venuti ieri e...
6. C'è ritornata ieri e...

G. Dare l'equivalente italiano.

1. He ought to come.
2. We ought to have listened.
3. I might do it.
4. She could have done it.
5. I ought to learn the conjugations.
6. You *(tu)* ought to have ordered soup.
7. He should have telephoned.
8. He might come tomorrow.
9. They should not come at all.
10. You *(voi)* should have left.

Seduti a una tavola in un ristorante di Firenze Cosa mangiano i ragazzi?

■ DOMANDE E RISPOSTE

Usare le espressioni seguenti per formare domande al condizionale con i sogetti **tu, Lei** o **voi.** Un compagno o una campagna, dovrebbe rispondere. Osservare l'esempio, ma formare domande e risposte originali.

ESEMPIO   abitare a Roma o a Bologna   ⟶   Preferiresti abitare a Roma o vorresti abitare a Bologna? (Preferirei abitare a Bologna, perchè Roma è una città molto cara.)

1.   leggere un giornale o una rivista
2.   mangiare tortellini o fritto misto
3.   prendere acqua minerale o vino bianco
4.   visitare la mostra del Maggio Musicale o la Biblioteca Nazionale
5.   sciare o seguire un incontro di calcio
6.   vedere un dramma serio o un film di fantascienza
7.   parlare di politica o di musica
8.   essere nello scompartimento con un Italiano o con un Americano

■ DOMANDE

Rispondere con frasi complete e originali.

1.   Hai visto una mostra recentemente? Che tipo di mostra?
2.   Quando vai al ristorante generalmente? Con chi ci vai?
3.   Come si chiama il tuo ristorante preferito? Dov'è? È caro?
4.   Ti piace l'acqua minerale o preferisci il vino? Bianco o rosso?
5.   Hai mai fatto i tortellini?
6.   Negli Stati Uniti sono più comuni il bollito o il pollo arrosto?

■ DIALOGO APERTO

Completare il dialogo seguente con espressioni appropriate al contesto.

Cameriere: _____

Il signore: Buona sera anche a Lei. Non abbiamo ancora deciso. Lei cosa raccomanda?

Cameriere: _____

Il signore: Il fritto misto sarà buonissimo ma noi non lo ordiniamo mai. C'è altro?

Cameriere: _____

Il signore: (alla moglie) Decidi tu, cara. Preferisci bollito misto con salsa verde o pollo arrosto?

La signora: _____

Il signore: Mia moglie ha deciso fritto misto per due e un'insalatina di radicchio.

Cameriere: _____

La signora: Acqua minerale non gassata per lui. Un bicchiere di vino bianco per me, perchè io non devo guidare.

Cameriere: _____

I due signori: Molte, molte grazie!

Lei è in un ristorante italiano nella Sua città, insieme a una persona amica. Il cameriere viene e Lei ordina per sè e per l'amico o l'amica. Se lo desidera, può chiedere anche i prezzi.

—*Ti è piaciuta la mostra, Adriana?*
—*Moltissimo. Vorrei ritornarci una seconda volta.*

24

TUTTI I GUSTI SON GUSTI

Adriana e Marina sono davanti a un grande cartellone pubblicitario che annunzia le opere che si daranno al Teatro Comunale questa stagione.

Marina:	Sai che io non ho mai visto un'opera?
Adriana:	Dici sul serio? Com'è possibile?
Marina:	Veramente non so: un po' per pigrizia, un po' per mancanza d'interesse. Mio padre è appassionato dell'opera e mi ci avrebbe anche portato.
Adriana:	I tempi cambiano. Una volta, per lo meno nelle grandi città, si andava all'opera spesso.
Marina:	Be', i gusti cambiano, ma anche oggi molti vanno all'opera.
Adriana:	Ma, per lo meno, ti piacerà la musica, spero.
Marina:	Certo che mi piace, specialmente quella moderna, la musica americana, il jazz, il rock...
Adriana:	Senti, perchè non andiamo all'opera insieme?
Marina:	Dipende. Quale?
Adriana:	Guarda, il 21 si dà *Un Ballo in Maschera* di Verdi, e il 23 *La Bohème* di Puccini.
Marina:	Quale preferisci?
Adriana:	Sono tutt'e due grandi opere.
Marina:	Chi canta nel *Ballo in Maschera?*
Adriana:	Vediamo. Ah, c'è Luciano Pavarotti, un gran tenore, e Renata Scotto, anche lei una grand'artista.
Marina:	Sei proprio una grande appassionata dell'opera. Ma non ti piace anche la musica moderna?
Adriana:	Non molto. Dunque, vieni con me al *Ballo in Maschera?*
Marina:	Ci vengo, se tu vieni con me al concerto di musica rock del gruppo americano che viene a Firenze il mese prossimo.
Adriana:	Va bene, accetto.
Marina:	Accetto anch'io.

ARENA DI VERONA

Ente Autonomo

61° FESTIVAL DELL'OPERA LIRICA
7 luglio - 31 agosto 1983

24, 27, 30 luglio
2, 4, 7, 13, 21, 26 agosto

MADAMA BUTTERFLY
di GIACOMO PUCCINI

9, 14, 17, 22, 26, 29 luglio
3, 6, 12, 24, 28, 31 agosto

AIDA
di GIUSEPPE VERDI

7, 10, 16, 23, 28, 31 luglio
5, 11, 14 agosto

TURANDOT
di GIACOMO PUCCINI

20, 23, 25, 27, 30 agosto

EXCELSIOR
Ballo di ROMUALDO MARENCO

PREZZI (I.V.A. compresa) - Preise - Prices - Prix

Poltronissime numerate (Sperrsitze - Front stalls - Fauteuils 1er secteur)	**70.000**
Poltrone numerate (1. Parkett - Center and side stalls - Fauteuils 2ème secteur)	**55.000**
Poltroncine numerate (2. Parkett - Back stalls - Fauteuils 3ème secteur)	**35.000**
Prima Gradinata (1. Stufenplatze - 1st sector steps - Gradins 1er secteur)	**18.000**
Ridotti per gli iscritti Acli, Arci, Cral aziendali, Etli, Etsi, Enars, Endas e militari	**15.000**
Seconda Gradinata (2. Stufenplätze -2nd sector steps - Gradins 2ème secteur)	**11.000**
Ridotti per gli iscritti Acli, Arci, Cral aziendali, Etli, Etsi, Enars, Endas e militari	**9.000**

Prenotazione e vendita dei biglietti dal 29 novembre 1982, presso la biglietteria dell'anfiteatro Arena, arcovolo 6, con il seguente orario: dalle ore 9.30 alle 12.15 e dalle ore 15 alle 17.30, tutti i giorni, escluso il sabato pomeriggio e i giorni festivi.
La prenotazione dei biglietti può essere effettuata anche per lettera, accompagnata dal relativo importo in assegno circolare, o con vaglia, indicando la data della rappresentazione, l'ordine dei posti e il numero dei biglietti. Le prenotazioni troveranno esecuzione sulla base della disponibilità dei posti al momento del ricevimento.
Ente Lirico Arena di Verona - Piazza Bra, 28 - 37100 Verona - Tel. 045 - 23520-22265-38671 - Telex 480869 OPERVR I

▮ **DOMANDE**

1. Cosa annunzia il cartellone pubblicitario?
2. Chi non ha mai visto un'opera?
3. Che musica piace a Marina?
4. Lei sa il nome di alcune opere che sono popolari anche negli Stati Uniti? Quali?
5. Chi è l'autore de *La Bohème?*
6. Chi canta nel *Ballo in Maschera?*
7. Chi verrà a Firenze il mese prossimo?
8. Lei preferisce la musica classica o la musica moderna? Perchè?
9. Lei sa il nome di alcuni grandi tenori o di qualche soprano? Quali?

■ VOCABOLARIO

Sostantivi

Il Ballo in Maschera *The Masked Ball,* an
  opera by Giuseppe Verdi
La Bohème an opera by Giacomo Puccini
il cartellone poster
il concerto concert
l' interesse *(m.)* interest
la mancanza lack
la musica music
la pigrizia laziness
la stagione season
il tenore tenor

Aggettivi

pubblicitario advertising

Verbi

annunziare to announce
cambiare to change
cantare to sing
dipendere to depend
sperare to hope

Espressioni

certo che of course
ci sto I am game
dici sul serio? are you serious?
per lo meno at least
tutt'e due both
tutti i gusti son gusti to each his own
una volta once upon a time
va bene OK

32° Festival Pucciniano
Calendario del teatro all'aperto di Torre del
Lago Puccini—Firenze

GRAMMATICA

I. Uso generale del riflessivo
(General use of the reflexive)

In English we express an indefinite subject with the impersonal construction *one, they, you, people, we,* etc., plus the verb.

One must not read here.
They say that he will come.
People will say we are in love.

In Italian this construction is best translated as follows:

a. The indefinite or generic subject *(one, they, people,* etc.) should be translated by **si** and the third person singular of the active verb.

Non **si** deve lẹggere quị.   *One must not read here.*
Si dorme quando si ha sonno.   *We sleep when we are sleepy.*
In chiesa non **si** parla, si prega.   *In church one does not talk, one prays.*
In questo negọzio **si** parla inglese.   *In this store English is spoken.*
Si diceva che ẹrano partiti.   *People said they had left.*

b. If the indefinite subject has a singular direct object, **si** and the *third person singular* of the active verb should be used; if the direct object is plural, **si** and the *third person plural* should be used.

Si mangiava molta polenta allora.   *People ate a lot of cornmeal then.*
Si cantạvano canzoni che non ẹrano belle.   *People sang songs that were not beautiful.*

II. La forma passiva (The passive form)

In Italian the passive form is much less common than in English. In a passive construction the subject of the verb *receives* the action instead of doing it, as in the sentence: *Caesar was killed by Brutus.* To indicate that the subject does not carry out the action, but receives it, the passive voice is formed by the verb essere and the past participle of the verb. Thus the past participle agrees in gender and number with the subject.

Compare the following *active* and *passive* forms:

La madre lava la camicia.   *The mother washes the shirt.*
La camicia è **lavata** dalla madre.   *The shirt is washed by the mother.*

Maria ha lavato i piatti.   *Mary washed the dishes.*
I piatti **sono stati lavati** da Maria.   *The dishes have been washed by Mary.*

Il direttore avvertirà l'impiegata.   *The manager will warn the employee.*
L'impiegata **sarà avvertita** dal direttore.   *The employee will be warned by the manager.*

III. Gli aggettivi irregolari grande e santo (Irregular adjectives grande and santo)

a. Grande may become **gran** before a singular noun beginning with a consonant (except z and s + consonant), and **grand'** before a noun beginning with a vowel.

So che è un **gran romanzo** ma non l'ho letto.   *I know it is a great novel, but I have not read it.*
Abbiamo studiato una **gran parte** della grammatica.   *We have studied a large part of the grammar.*
Bernini era un **grand'architetto**.   *Bernini was a great architect.*
Si guardava in un **grande specchio**.   *She was looking at herself in a large mirror.*
È stata una **grand'artista**.   *She was a great artist.*

but
Sono **grandi artisti**   *They are great artists.*
Ci sono delle **grandi giornaliste**.   *There are some great woman journalists.*

b. Santo becomes **san** before a masculine noun beginning with a consonant, except s + consonant, and **sant'** before any noun beginning with a vowel.

La basilica di **San Pietro** è a Roma.   *Saint Peter's basilica is in Rome.*
Abbiamo visitato la Chiesa di **Sant'Ignazio** e quella di **Santo Stefano**.   *We visited the Church of Saint Ignatius and Saint Stephen's.*
L'isola di **Sant'Elena** è famosa.   *The island of Saint Helena is famous.*

La Scala di Milano e un biglietto d'ingresso al teatro

 **ESERCIZI**

A. Riscrivere ciascuna delle frasi seguenti, facendo i cambiamenti suggeriti.

ESEMPIO   Qui la gente canta volentieri.   ⟶   Qui si canta volentieri.

1. Qui la gente legge molto.
2. Qui la gente va all'opera.
3. Qui la gente preferisce camminare.
4. In questo paese tutti discutono animatamente.
5. In questo paese tutti scioperano spesso.
6. In questo paese tutti vanno in bicicletta.

B. Riscrivere ciascuna delle frasi seguenti, facendo i cambiamenti suggeriti.

ESEMPIO   Nel secolo quindicesimo non sciavano.   ⟶   Nel secolo quindicesimo non si sciava.

1. Nel secolo quindicesimo non telefonavano.
2. Nel secolo quindicesimo non conoscevano Umberto Eco.
3. Nel secolo quindicesimo non andavano in America.
4. Nel secolo quindicesimo non prendevano il tram.
5. Nel secolo quindicesimo non respiravano aria contaminata.
6. Nel secolo quindicesimo non giocavano al calcio.

C. Seguendo l'esempio, formulare nuove risposte usando il riflessivo in senso generale.

ESEMPIO   Oggi la gente va all'opera. E nel futuro?   ⟶   Anche nel futuro si andrà all'opera.

1. Oggi tutti discutono di politica. E domani?
2. Oggi tutti leggono il giornale. E fra qualche anno?
3. Oggi tutti guardano la televisione. E nel secolo ventunesimo?
4. Oggi tutti parlano di scioperi. E il mese prossimo?
5. Oggi tutti frequentano la biblioteca. E nel duemila?
6. Oggi tutti continuano questa tradizione. E fra molti anni?

D. Seguendo l'esempio, rispondere a ciascuna delle domande.

ESEMPIO   Si stampa un solo giornale qui?   ⟶   No, qui si stampano molti giornali.

1. Si dà una sola opera questa stagione?
2. Si legge una sola rivista in questa casa?
3. Si ordina un solo piatto in questo ristorante?
4. Si legge un solo romanzo italiano negli Stati Uniti?
5. Si studia una sola lingua all'università?
6. Si affronta un solo problema in questo film?

E. Seguendo l'esempio, rispondere a ciascuna delle domande nella forma passiva.

ESEMPIO   Vende i giornali e le riviste il giornalaio?   ⟶
             Sì, i giornali e le riviste sono venduti dal giornalaio.

1. Considera la poesia ermetica importante
    il professore?
2. Riconoscono tutti quell'affresco?
3. Molti conoscevano Pavarotti e Renata
    Scotto?
4. Leggono il *Daily American* i turisti
    anglofoni?
5. Poche persone ordinano l'acqua minerale
    senza gas?
6. Eliminerà gl'ingorghi di traffico la
    metropolitana?

Il gran tenore, Luciano Pavarotti

F. Rispondere nella forma passiva a ciascuna delle frasi seguenti, esprimendo il complemento d'agente.

ESEMPIO   Chi ha costruito questa casa? (mio padre)   ⟶   È stata costruita da mio padre.

1. Chi ha scolpito il David? (Michelangelo)
2. Chi ha scritto *Un Ballo in Maschera?* (Giuseppe Verdi)
3. Chi ha visitato la mostra del Maggio Musicale? (molti turisti)
4. Chi aveva fatto il bozzetto per *I Puritani?* (De Chirico)
5. Chi aveva ordinato prosciutto con melone e il bollito? (il signor Maratti)

G. Completare con la forma corretta dell'aggettivo **grande**.

1. Montale era un _____ poeta.
2. Ecco un _____ artista.
3. Ho letto _____ parte di questo libro.
4. Sono delle _____ opere.
5. È un edificio _____ e bello.
6. È una _____ violinista.
7. A Firenze ci sono molti _____ musei.
8. Questo sarà davvero un _____ problema.
9. No, la nostra non è una _____ casa. È piccola.
10. Il cartellone annunziava un _____ spettacolo.

H. Completare con la forma corretta dell'aggettivo **santo**.

1. Non lo conosco, ma deve essere un _____ uomo.
2. Ecco la chiesa di _____ Giuseppe.
3. Non è un uomo: è un _____.
4. Sai dov'è l'isola di _____ Elena?
5. È una semplice e _____ donna.
6. La chiesa di _____ Ugo non è a Venezia.

■ **DOMANDE** ████████████████

Rispondere con frasi complete e originali.

1. Ti piace l'opera in generale? E l'opera italiana?
2. Quale opera hai visto recentemente? A teatro o in televisione?
3. Quali sono gli artisti d'opera popolari negli Stati Uniti?
4. Che tipo di musica preferisci?
5. Frequenti i concerti di musica rock?
6. Come si chiama il tuo cantante rock preferito?
7. Dove si danno, nella tua città, i concerti rock? E le opere?
8. Ti piace la musica classica? Se sì, qual è l'autore classico che preferisci?

IL FESTIVAL DEI DUE MONDI

Gian Carlo Menotti

In Italia ci sono vari festival d'interesse internazionale. Molto noti sono il Maggio Musicale Fiorentino, durante il quale presentano opere, balletti e concerti sinfonici nel Teatro Comunale, nel Giardino dei Boboli e nel grandioso Palazzo Pitti, e il Festival del Cinema, chiamato anche Mostra del Cinema, che ha luogo a Venezia verso la fine di agosto e i primi di settembre. C'è, poi, il Festival di San Remo, sulla riviera di ponente, che è la più importante manifestazione della canzone italiana. Durante gran parte di febbraio il festival trasforma la piccola città ligure in un gran « Baraccone canoro ».

Ma dal 1958 c'è un altro festival importante in Italia, il Festival dei Due Mondi. Il fondatore di questo festival è Gian Carlo Menotti, un compositore italiano che da molti anni risiede negli Stati Uniti, dove ha scritto *The Telephone, The Consul, Amahl and the Night Visitors,* eccetera. Il Festival dei Due Mondi si svolge durante l'estate nella piccola città di Spoleto in Umbria, e consiste di musica, opera, dramma, danza e mostre. Ma, come indica il titolo, questo festival non è esclusivamente italiano, ed infatti dal 1977 ha luogo anche negli Stati Uniti, e più precisamente a Charleston, nella Carolina del Sud, durante il mese di maggio, con il nome Spoleto Festival U.S.A.

il baraccone *large barn* / canoro *melodious* / il compositore *composer* / il fondatore *founder* / il Giardino dei Boboli *a park connected with the Pitti Palace* / i primi *the beginning (of the month)* / ligure *Ligurian (of the Liguria region)* / la manifestazione *display, festival* / noto *known, well-known* / il ponente *west* / risiedere *to reside, to live*

Spoleto durante il Festival

 DOMANDE

1. Che presentano durante il Maggio Musicale Fiorentino?
2. Attirano le stesse persone il Festival di San Remo e il Festival del Cinema?
3. Perchè San Remo si trasforma in un gran « Baraccone canoro » ?
4. Chi ha fondato il Festival dei Due Mondi?
5. Dov'è Spoleto?
6. In che mese c'è lo Spoleto Festival U.S.A.
7. In che anno è cominciato il Festival dei Due Mondi?

Il festival dei due mondi **303**

RIPETIZIONE VI

ESERCIZI

A. Rispondere a ciascuna delle domande seguenti con la forma appropriata del trapassato prossimo.

ESEMPIO (non sentire mai un'opera) Perchè lui non conosceva Pavarotti? ⟶
Perchè non aveva mai sentito un'opera.

1. (andare al concerto di musica rock) Perchè non sei venuta alla mostra con noi?
2. (ordinare tortellini alla bolognese) Perchè non avete mangiato la minestra in brodo?
3. (non trovare i biglietti) Perchè non sei andato al Teatro Comunale ieri sera?
4. (sedersi vicino a Francesca) Perchè Gianni non si è seduto con te?
5. (fermarsi a prendere un caffè) Perchè siete arrivate in ritardo allo spettacolo?

B. Riscrivere le frasi includendo il comparativo di uguaglianza.

ESEMPIO Adriana e Franco sono animati. ⟶ Adriana è (così) animata come Franco.
Adriana è (tanto) animata quanto Franco.

1. I romani e i fiorentini sono spigliati.
2. L'accento genovese e quello siciliano sono caratteristici.
3. La copertina di *Epoca* e la copertina di *Oggi* sono spinte.
4. Adriana e le sue amiche sono state spiritose.
5. I poeti italiani e i poeti americani saranno conosciuti.
6. Il vino e l'acqua minerale sono cari.

C. Osservare l'esempio e rispondere alle frasi seguenti.

ESEMPIO Professore, potrei leggere queste espressioni? ⟶ Sì, signorina. Le legga.

1. Potrei dire le parole nuove?
2. Potrei fare questo esercizio?
3. Potrei esprimere la mia opinione?
4. Potrei mostrare *L'Espresso?*
5. Potrei chiudere il libro e il quaderno?
6. Potrei ordinare qualche romanzo italiano?

D. Rispondere alle frasi seguenti.

ESEMPIO   Papà, posso ordinare un cornetto?   ⟶   No, non lo ordinare.
                                                                 No, non ordinarlo.

1. Posso lasciare l'università?
2. Posso vendere i miei libri?
3. Posso chiamare il facchino?

4. Posso telefonare a Giuseppe?
5. Posso andare all'Abetone?
6. Posso ritornare alle Cascine?

E. Riscrivere in italiano, usando prima la forma **tu**, poi la forma **Lei** dell'imperativo.

ESEMPIO   Don't sing here.   ⟶   Non cantare qui.
                                             Non canti qui, signorina.

1. Come this way.
2. Say "welcome back" to Gianni.
3. Order soup for me and prosciutto for you.
4. Take this money.
5. Don't go today. Go tomorrow.
6. Don't forget Eco's book.
7. Don't speak to her.
8. Stay longer.
9. Have patience.
10. Tell everything.

F. Rispondere a ciascuna delle domande, usando il pronome avverbiale congiuntivo **ci** e la forma appropriata del trapassato prossimo.

ESEMPIO   Siete andati al Museo del Maggio Musicale?   ⟶   No, c'eravamo andati giovedì.

1. Sei andato a Collodi ieri?
2. Signor Maratti, è venuto qui ieri?
3. Siete ritornati a Forte Belvedere ieri?

4. Sei entrata in Santa Croce ieri?
5. Signora Maratti, è stata al mercato ieri?
6. Sei stata da Adriana ieri?

INGRESSO L. 4.000

Renato Guttuso
dagli esordi al Gott mit Uns
1924-1944

Provincia di Milano Assessorato alla Cultura	Palazzo Isimbardi C.so Monforte, 35 Milano	tutti i giorni escluso lunedì orario continuato dalle 9,30 alle 19,00
in collaborazione con	dal 30 ottobre 1987 al 10 gennaio 1988	Sponsor assicurativo
Corriere della Sera Vivimilano		**LA FONDIARIA** ASSICURAZIONI

K   7958   dotazione **A**

G. Osservare l'esempio e rispondere a ciascuna delle domande seguenti.

ESEMPIO   Hai ascoltato la sua conferenza?   ⟶   L'avrei ascoltata volentieri, ma non avevo tempo.

1. Sei entrata nel Teatro della Pergola?
2. Hai imparato questa poesia?
3. Avete studiato antropologia?
4. Siete ritornati a Padova?
5. Signorina, ha letto l'ultimo libro di Calvino?
6. Ti sei riposata, finalmente?

H. Completare le frasi seguenti usando di (nella forma semplice o composta), **che** o **di quel che**.

1.   Il museo degli Uffizi è più vasto _____ Museo dell'Accademia.
2.   L'America è più larga _____ lunga.
3.   L'aria di Roma era più contaminata _____ aria di Firenze.
4.   L'inquinamento è più pericoloso _____ crediamo.
5.   Montale sarà sempre meno conosciuto _____ Dante.
6.   Tu sei più alto _____ me.
7.   Quella piccola città era più antica _____ bella.
8.   Il nastro trasportatore è più comodo _____ un vecchio tassì.
9.   La signora Maratti è più simpatica _____ intelligente.
10. Sua figlia è meno diligente _____ te.
11. È più sciocco _____ pensavo.
12. Era un albergo più caro _____ buono.

I. Usando la costruzione **si** + la 3ª persona singolare o plurale del verbo, secondo la necessità, dire ciò che **non si fa** nei luoghi indicati.

ESEMPIO   Collodi / prendere il filobus   ⟶   A Collodi non si prende il filobus.

1. la mensa universitaria / ordinare il fritto misto
2. il supermercato / comprare automobili
3. il giornalaio / vendere i biglietti per la partita
4. Italia / parlare cinese
5. Capri / vedere le Alpi
6. il ridotto del teatro / intavolare discussioni
7. chiese / dare i concerti rock
8. l'ultima fila / vedere bene

Mona Lisa (o « La Gioconda ») di Leonardo da Vinci

LE ARTI FIGURATIVE E LA MUSICA

La testa del David, di Michelangelo

L'arte e la musica sono fiorite in Italia in ogni secolo. Nell'arte è soprattutto agli artisti del Rinascimento che l'Italia deve la sua fama di madre delle arti figurative. Fra i numerosi grandi artisti troviamo Giotto, a cui dobbiamo gli affreschi ad Assisi e a Padova, e la bella *Torre di Giotto* a Firenze; Sandro Botticelli, di cui tutti ricordano la *Nascita di Venere;* Leonardo da Vinci, il genio universale, a cui dobbiamo la *Monna Lisa;* e poi Michelangelo che sarà sempre ricordato per i grandi affreschi della Cappella Sistina e per le molte sculture, fra le quali il *Mosè* e il *David.* Per gli Americani è d'interesse speciale Andrea Palladio perchè ha avuto grande influsso sull'architettura americana: basterà ricordare *Monticello,* la casa di Thomas Jefferson in Virginia.

Come nelle arti figurative l'Italia ha dato un impeto speciale allo sviluppo della musica e degli strumenti musicali. Basta ricordare che la terminologia musicale è quasi sempre in italiano: *allegro, vivace, lento, andante, con brio, da capo,* per esempio, sono parole italiane. E italiani erano Niccolò Amati (1596–1684) e i suoi figli Pietro e Giuseppe; Andrea Guarneri (1629–1698), Antonio Stradivari (1644–1737) che ci hanno lasciato strumenti (violini, viole, violoncelli) che non sono mai stati uguagliati.

Ma in Italia si è sempre coltivata in particolare una forma musicale: l'opera. Dalle sue origini a Firenze verso la fine del secolo sedicesimo fino ai tempi moderni la tradizione dell'opera in Italia non è mai stata interrotta.

Oggi l'opera è ancora uno degli spettacoli più coltivati in tutto il mondo, e le opere di Claudio Monteverdi (1567–1643) come *L'Orfeo;* di Giuseppe Verdi (1813–1901) come *La Traviata, Il Rigoletto, L'Aïda, Il Trovatore;* di Gioacchino Rossini (1792–1868) come *Il Barbiere di Siviglia;* di Giacomo Puccini (1858–1924) come *La Bohème, Madama Butterfly,* e tanti al-

Giuseppe Verdi

tri compositori continuano a essere rappresentate dappertutto. In Italia la tradizione continua a vivere nei grandi teatri come La Scala di Milano, Il San Carlo di Napoli, il Teatro dell'Opera a Roma, il Teatro Massimo di Palermo, e durante l'estate, all'aperto, nell'Arena di Verona e alle Terme di Caracalla a Roma.

Sandro Botticelli (1444–1510) *Florentine painter* / coltivato *cultivated* / dovere *to owe* / la fama *reputation* / figurativo *visual* / fiorire *to flourish* / il genio *genius* / l'impeto *impetus* / Giotto (1276–1337) *Florentine painter and architect* / l'influsso *influence* / interrotto *interrupted* / Leonardo da Vinci (1452–1519) *artist, scientist, inventor* / Michelangelo Buonarroti (1475–1564) *artist and poet* / la nascita *birth* / Andrea Palladio (1518–1580) *architect* / quale *such as* / Siviglia *Seville* / soprattutto *above all* / lo strumento *instrument* / la torre *tower* / la tradizione *tradition* / Terme di Caracalla *ancient Roman baths* / Venere *Venus* / la terminologia *terminology* / uguagliare *to equal*

◼ DOMANDE

1. In che periodo sono fiorite soprattutto le arti in Italia?
2. Che cosa c'è ad Assisi e a Padova?
3. Chi ha avuto un grand'influsso sull'architettura americana?
4. In quali arti ha avuto un grand'influsso l'Italia?
5. Quali sono alcune parole italiane nella terminologia musicale?
6. Dove ha avuto origine la tradizione dell'opera in Italia?
7. Di quale grande compositore è *Il Barbiere di Siviglia*?
8. Quali sono i nomi di alcuni grandi teatri dell'opera?

La nascita di Venere, del Botticelli

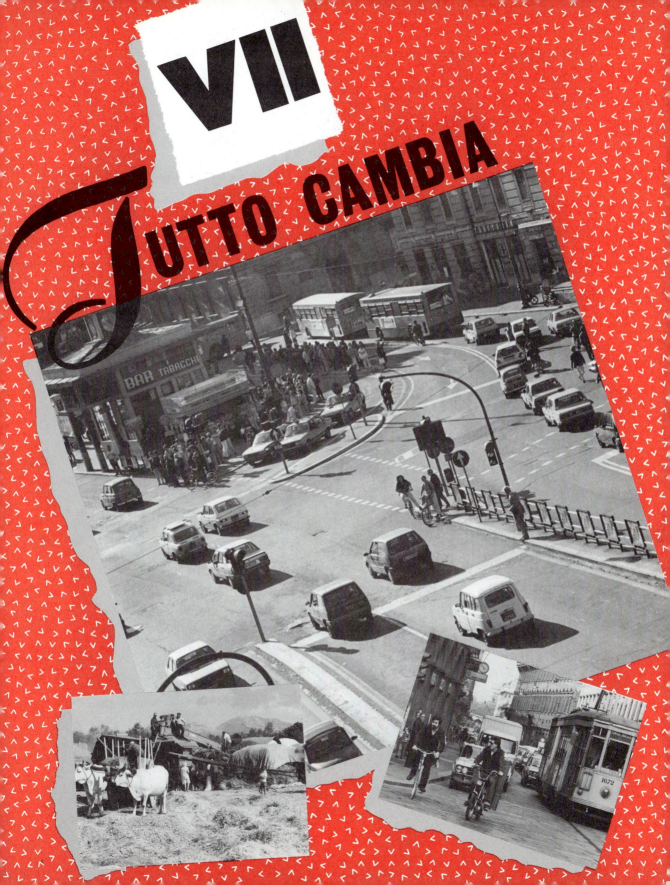

VII

TUTTO CAMBIA

SUL PONTE VECCHIO

Un signore di Bari è entrato in una gioielleria sul Ponte Vęcchio per comprare un regalo per sua madre e mentre guarda vari gioielli parla con l'ręfice.

Cliente: Ha mai pensato di cambiare mestiere?
Orefice: Lei scherza!
Cliente: Perchè?
Orefice: Nella mia famiglia siamo sempre stati orefici.
Cliente: Sempre?
Orefice: Be', quasi. Bastiano Signorini, un mio antenato, aprì una bottega a Firenze nel 1749 e fondò la Casa Signorini nel 1774.
Cliente: E Lei quando ha cominciato a fare l'orefice?

I negozi sul Ponte Vecchio, Firenze

Orefice:	Cominciai a lavorare in bottega quando avevo undici anni e presi la direzione degli affari quando morì mio padre sei anni fa.
Cliente:	La bottega è sempre stata qui sul Ponte Vecchio?
Orefice:	Sempre. Il negozio qui e la bottega su, al primo piano.
Cliente:	Quante botteghe ci sono sul Ponte Vecchio?
Orefice:	Non so con precisione. Direi una cinquantina.
Cliente:	Tutte antiche?
Orefice:	Non tutte, ma la maggior parte. Alcune risalgono al Rinascimento, ai tempi di Cellini. Ma ormai l'artigianato tende a scomparire in Italia. L'industria ha cambiato tante cose e a volte penso che andiamo di male in peggio.
Cliente:	Ha figli Lei?
Orefice:	Sì, uno.
Cliente:	Suo figlio ha intenzione di continuare la tradizione della famiglia?
Orefice:	È meglio non parlarne. Ha dodici anni ora e gl'interessa soltanto lo sport e la musica rock.
Cliente:	Ritorniamo al regalo per mia madre quando torno a Bari...
Orefice:	Mi lasci aprire questa scatola...
Cliente:	Con la Sua storia affascinante degli orefici di Ponte Vecchio dimenticavo perchè sono entrato qui.
Orefice:	Le consiglio quest'anello; un piccolo capolavoro.
Cliente:	O forse andrebbe meglio uno di questi orologi con il topolino.
Orefice:	Al signore piace scherzare. Li tengo per i turisti. Non sono opere d'arte, ma dobbiamo contentare tutti.

Quante botteghe ci sono sul Ponte Vecchio? Sono tutte antiche?

1. Chi parla con l'orefice?
2. Perchè l'orefice non pensa di cambiare mestiere?
3. È stata fondata pochi anni fa la bottega?
4. A che piano è la bottega?
5. A quando risalgono alcune delle botteghe?
6. È contento di come vanno le cose l'orefice? Perchè?
7. Perchè l'orefice non sa se il figlio continuerà la tradizione della famiglia?
8. Che cosa compra il cliente?
9. Lei ha mai comprato un regalo per Sua madre? Quale?

VOCABOLARIO

Sostantivi

l' **affare**   business transaction; gli
   affari   business (in general)
l' **anello**   ring
l' **antenato**   ancestor
l' **arte** (f.)   art
l' **artigianato**   handicraft
   Bari (f.)   city on southeast coast of Italy
la **bottega**   shop, workshop
   Cellini, Benvenuto   an Italian goldsmith of the Renaissance
la **direzione**   management, direction
il **figlio**   son; i figli   children
la **gioielleria**   jewelry shop
il **gioiello**   jewel
l' **industria**   industry
il **mestiere**   trade
l' **orefice** (m.)   goldsmith
la **parte**   part
il **piano**   floor; al primo piano   on the second floor
il **Ponte Vecchio**   oldest bridge in Florence, lined with jewelry shops
la **precisione**   precision
la **scatola**   box
il **topolino**   little mouse, Mickey Mouse

Verbi

contentare   to please
fondare   to found
lasciare   to let
morire   to die
presi (past abs. of prendere)   I took
scomparire (isc)   to disappear
tendere   to tend
tengo (pres. ind. of tenere)   I keep

Altri vocaboli

forse   perhaps

Espressioni

andare di male in peggio   to go from bad to worse
andare meglio   to be best, to be more advisable
avere intenzione (di)   to intend (to)
fare l'orefice   to be a goldsmith
una cinquantina   about fifty

GRAMMATICA

I. Comparativo e superlativo irregolare (Irregular comparative and superlative)

1. Certain adjectives have regular as well as irregular *comparative* and *relative superlative* forms. Here are the most common:

Adjective		Comparative		Relative superlative	
buono	*good*	più buono miglior(e)	*better*	il più buono il miglior(e)	*the best*
cattivo	*bad*	più cattivo peggior(e)	*worse*	il più cattivo il peggior(e)	*the worst*
grande	*large, great*	più grande maggior(e)	*larger, greater*	il più grande il maggior(e)	*the largest, the greatest*
piccolo	*small, little*	più piccolo minor(e)	*smaller*	il più piccolo il minor(e)	*the smallest*

The irregular forms are used along with the regular ones. In general, the regular forms have a literal sense.

Questo braccialetto è **più grande** di quello. *This bracelet is larger than that one.*

Questi orecchini sono **più piccoli** di quelli. *These earrings are smaller than those.*

Questa frutta è **più buona**. *This fruit is better (tastier).*

The irregular forms, on the other hand, tend to have a figurative meaning.

Quest'orologio è buono ma quello è **migliore**. *This watch is good, but that one is better.*

È la **peggior*** professione di tutte. *It's the worst profession of all.*

È il **miglior*** gioielliere della città. *He is the best jeweler in the city.*

*Migliore, peggiore, maggiore, and minore drop the final -e before nouns that do not begin with z or s + consonant.

Una gioielleria sul Ponte Vecchio

Maggiore (il maggiore) and minore (il minore) are often used with the meaning of *older (oldest)* and *younger (youngest)*, respectively, when referring to somebody's relatives.

Il fratello **maggiore** è in Argentina.　*The **older** brother is in Argentina.*
La sorella **minore** ha cinque anni.　*The **youngest** sister is five years old.*
Giuseppe è il **maggiore** e Giovanni è il **minore**.　*Joseph is the oldest, and John is the youngest.*

2. Certain adverbs also form the comparative and the relative superlative irregularly. Here are four of the most common ones:

Adverb		Comparative		Relative Superlative	
bene	*well*	meglio	*better*	il meglio	*the best*
male	*badly*	peggio	*worse*	il peggio	*the worst*
poco	*little*	meno	*less*	il meno	*the least*
molto	*much*	più	*more*	il più	*the most*

Questo libro è scritto **bene**, ma quello è scritto **meglio**.　*This book is **well** written, but that one is written **better**.*
Studia il **meno** possibile.　*He studies **the least** possible.*

II. Il passato remoto *(The past absolute)*

The past absolute is formed by adding the past absolute endings to the stem of the infinitive.

Parlare to speak
Gli parlai al telefono.

I spoke to him on the phone.

parl-ai	I spoke, I did speak, etc.
parl-asti	
parl-ò	
parl-ammo	
parl-aste	
parl-arono	

Ripetere to repeat
Le ripetei la stessa cosa.

I repeated the same thing to her.

ripet-ei	I repeated, I did repeat, etc.
ripet-esti	
ripet-è	
ripet-emmo	
ripet-este	
ripet-erono	

Capire to understand
Capii che era tardi.

I understood that it was late.

cap-ii	I understood, I did understand, etc.
cap-isti	
cap-ì	
cap-immo	
cap-iste	
cap-irono	

Like the present perfect (Chapter 7), the past absolute is used to express an action completed in the past, but whereas the present perfect indicates an action that has some relation to the present (note that **passato prossimo** means *near past*), the past absolute indicates an action that has no relation to the present (note that **passato remoto** means *remote past*). In actuality, the choice between the two tenses is based on two factors: time lapse between the event and the present situation, and relevance of the event to the present situation. Thus, the choice is often subjective. In conversational Italian the past absolute is not very frequently used except in southern Italy, unless the speaker is referring to historical events in the distant past, or is relating or narrating an event or story far in the past.

Molti anni fa **visitai** Roma.   *Many years ago I visited Rome.*

Michelangelo **lavorò** a Roma per molti anni.   *Michelangelo worked in Rome for many years.*

Pinocchio **entrò** nel teatro di Mangiafoco.   *Pinocchio entered the theater of Fire-eater.*

but   Quando è **partito** per l'Italia? — È **partito** l'altro giorno.
When did he leave for Italy? — He left the other day.

Quest'anno non **siamo andati** in vacanza.   *This year we did not go on vacation.*

III. *Il passato remoto di* **avere** *e* **essere** (*The past absolute of* avere *and* essere)

Avere to have	
Ebbi un invitato.	*I had a guest.*
ebbi	*I had, etc.*
avesti	
ebbe	
avemmo	
aveste	
ebbero	

Essere to be	
Fui coraggioso a farlo.	*I was brave to do it.*
fui	*I was, etc.*
fosti	
fu	
fummo	
foste	
furono	

Besides **avere** and **essere**, several verbs have an irregular past absolute. Note that the majority given in the partial list below end in **-ere**.

conoscere *(to know)*	conobbi, conoscesti, conobbe, conoscemmo, conosceste, conobbero
dare *(to give)*	diedi, desti, diede, demmo, deste, diedero
fare *(to do, to make)*	feci, facesti, fece, facemmo, faceste, fecero
leggere *(to read)*	lessi, leggesti, lesse, leggemmo, leggeste, lessero
nascere *(to be born)*	nacqui, nascesti, nacque, nascemmo, nasceste, nacquero
prendere *(to take)*	presi, prendesti, prese, prendemmo, prendeste, presero
sapere *(to know)*	seppi, sapesti, seppe, sapemmo, sapeste, seppero
scrivere *(to write)*	scrissi, scrivesti, scrisse, scrivemmo, scriveste, scrissero
vedere *(to see)*	vidi, vedesti, vide, vedemmo, vedeste, videro
venire *(to come)*	venni, venisti, venne, venimmo, veniste, vennero
volere *(to want)*	volli, volesti, volle, volemmo, voleste, vollero

A. Completare le frasi seguenti, usando la forma appropriata del comparativo irregolare secondo l'espressione in inglese.

1. Sì, Machiavelli è un grande autore ma Dante è _____. *(greater)*
2. Questa era _____ di quella. *(worse)*
3. Questi orologi sono _____ di quelli con il topolino. *(better)*
4. Le mie due sorelle sono _____ di me. *(older)*
5. È vero che tuo fratello è _____ di te? *(younger)*
6. Le verdure del fruttivendolo saranno certamente _____ di quelle comprate al supermercato. *(better)*

B. Rispondere a ciascuna delle domande seguenti, usando le forme appropriate del comparativo irregolare.

ESEMPIO   I broccoli sono buoni come gli spinaci?   ⟶   No, sono migliori.
                                                                  No, sono peggiori.

1. L'acqua minerale gassata è buona come quella senza gas?
2. I fratelli di Gianni sono giovani come i miei?
3. Questo orefice è buono come quello?
4. La frutta fresca è cattiva come quella surgelata?
5. Gli affari oggi sono stati buoni come ieri?
6. Tua sorella è vecchia come te?

C. Completare le frasi seguenti, usando la forma appropriata del superlativo irregolare secondo l'espressione in inglese:

1. Adriana è _____ di tutte le sorelle. *(the oldest)*
2. Questi negozi sono _____ di Ponte Vecchio. *(the best)*
3. Gianni è _____ dei nostri cugini. *(the youngest)*
4. Per il ragazzo, la musica rock è _____. *(the best)*
5. Mio padre dice che queste riviste sono _____. *(the worst)*
6. Di tutti i personaggi di questa commedia, Arlecchino è _____. *(the smallest)*

D. Completare le frasi seguenti con la forma appropriata del comparativo **meglio, migliore** o **migliori**.

1. Marina cantava _____ di me.
2. Io ho una voce _____ di quella di Marina.
3. Gli orefici fiorentini sono _____ degli orefici romani.
4. Sì, perchè lavorano _____ degli orefici romani.
5. Le mie risposte erano sempre _____ delle vostre.
6. Ieri il Lazio ha giocato _____ del Milan.

E. Dare l'equivalente italiano.

1. She sings better than Renata Scotto.
2. They understood less than we do.
3. The third performance was the best.
4. She always eats the least possible.
5. His youngest brother is twenty-two years old.
6. The best shops are on Via Cavour.
7. This is not the smallest problem that we have.
8. Franco is the youngest boy in his class.
9. Is Cellini the greatest Italian goldsmith?
10. Which taste is better?

Le persone danno un'occhiata ai vari gioielli nella vetrina.

F. Riscrivere al passato remoto ciascuna delle seguenti forme verbali.

ESEMPIO   telefono   ⟶   telefonai

1. annunzi
2. invita
3. mangiamo
4. ricordate

5. confessano
6. scherzo
7. intavola
8. apre

9. ritorniamo
10. costruite
11. partono
12. io sono

13. ho
14. avete
15. siamo
16. hanno

G. Riscrivere al passato remoto ciascuna delle frasi seguenti.

ESEMPIO   Ho imparato a sciare.   ⟶   Molti anni fa imparai a sciare.

1. Gli hanno conferito il premio.
2. Abbiamo pensato di cambiar casa.
3. Sei ritornato da Bari.
4. Avete dimenticato tutto.

5. Ti innamori e ti sposi.
6. Si diverte moltissimo a Napoli.
7. Ci incontriamo in Piazza del Duomo.
8. Vi preparate per l'esame d'italiano.

H. Formare frasi con il passato prossimo e il passato remoto, usando le espressioni di tempo indicate nell'esempio.

ESEMPIO   visitare le isole italiane   ⟶
              Io ho visitato le isole italiane nel 1980 ma i miei genitori le visitarono nel 1946.

1. comprare un appartamento
2. finire i corsi universitari
3. ripetere gli stessi corsi

4. pagare la casa
5. avere delle invitate inglesi
6. ascoltare *Il Ballo in Maschera*

I. Rispondere a ciascuna domanda al passato remoto secondo le indicazioni date fra parentesi.

ESEMPIO   Chi visitasti a Capri nel 1980? (mia zia)   ⟶   Visitai mia zia.

1. Che cosa fondò l'antenato nel 1774? (la casa Signorini)
2. Che cosa compraste nella bottega di Ponte Vecchio? (un orologio con il topolino)
3. Dove trovasti questo bell'anello? (in una gioielleria di Roma)
4. Quando cominciaste a lavorare in bottega? (venticinque anni fa)
5. E Lei, quanto pagò per questo gioiello? (195.000 lire)

▪ DOMANDE

Rispondere con frasi complete e originali.

1. Quest'anno Lei studia più o meno degli altri anni?
2. È Lei il maggiore (la maggiore) della Sua famiglia?
3. Qual è il peggior ristorante che Lei conosce?
4. Lei parla l'italiano meglio o peggio degli altri studenti?
5. Chi scrive l'italiano meglio di tutti?
6. Chi studia più di tutti?
7. Chi parla il meno possibile?
8. Qual è il migliore film italiano che Lei ha visto recentemente?

🟥 **SITUAZIONE PRATICA** ▬▬▬▬▬▬▬▬▬▬▬▬

Descrivere due persone ben conosciute. Una è molto simpatica, l'altra molto antipatica. Fare dei paragoni fra le due.

26 UNA MANIFESTAZIONE POLITICA

L'avvocato Bertini e l'ingegner Frugoni stanno camminando per Corso Italia a Milano. Sono ansiosi di arrivare in tempo a una seduta della direzione della Società Lombarda di Autotrasporti. Tutto ad un tratto, arrivando in Piazza del Duomo, l'ingegner Frugoni si ferma. In piazza ci sono molte persone, molte con un manifesto in mano.

Bertini:	Che c'è? Che succede?
Frugoni:	Non lo so.
Bertini:	Guarda, c'è la polizia.
Frugoni:	Dev'essere una manifestazione politica per le elezioni comunali. Questa dev'essere del partito socialista.
Bertini:	Poi ci sarà quella del partito liberale, del repubblicano, eccetera. Proprio come le manifestazioni che ci furono qualche anno fa.
Frugoni:	Già; in Italia siamo ricchi di partiti politici.
Bertini:	E di manifestazioni, di scioperi, e di tante altre belle cose che ci ha portato l'industrializzazione.
Frugoni:	Eppure, vedi, malgrado l'irrequietezza politica, l'Italia ha una sua stabilità.
Bertini:	Sarà! Ma la guerra è finita da quasi quarant'anni e ancora cambiamo governo quasi ogni anno.
Frugoni:	Oggi i governi cambiano spesso perchè l'opinione pubblica cambia più spesso. Per me è una prova che un governo democratico può funzionare.
Bertini:	Sì, ma non molto bene... Guarda, sarà meglio cambiare strada. Andando di quì arriveremo tardi.
Frugoni:	A che ora comincia la seduta?
Bertini:	Alle cinque.
Frugoni:	Guarda che girando quì a sinistra risparmieremo dieci minuti.
Bertini:	Dicono che la seduta di oggi sarà difficile.
Frugoni:	Molto. Sono cinque anni che lavoro per la società e non ho mai visto tante difficoltà.

Una manifestazione politica

Bertini:	Sei proprio un pessimista oggi.
Frugoni:	Al contrario, sono un ottimista ma anche un realista.
Bertini:	Sai che? Il sole scotta, io mi levo la giacca.
Frugoni:	Anch'io. Io sto sudando.

◧ DOMANDE

1. Dove e perchè si ferma l'ingegner Frugoni?
2. Perchè c'è la polizia?
3. Ci sono soltanto due partiti politici in Italia? Spieghi!
4. Secondo Bertini, che cosa ha portato l'industrializzazione?
5. Dove vogliono arrivare in tempo Bertini e Frugoni?
6. Perchè Frugoni vuole girare a sinistra?
7. Perchè si leva la giacca Bertini?
8. Secondo Lei funziona bene il governo americano? Perchè?

■ VOCABOLARIO

Sostantivi

gli auto-trasporti   trucking
l' avvocato   lawyer
il corso   avenue
la difficoltà   difficulty
la giacca   coat, jacket
il governo   government
la guerra   war
l' industrializzazione *(f.)*   industrialization
l' ingegnere *(m.)*   engineer
l' irrequietezza   restlessness
la manifestazione   demonstration
il manifesto   placard, poster
il partito   party
la polizia   police
la prova   proof
la seduta   meeting
la società   company, society
la stabilità   stability
la strada   road, street

Aggettivi

ansioso   anxious
comunale   municipal
democratico   democratic
liberale   liberal
lombardo   Lombard, of Lombardy
ottimista   optimist
pessimista   pessimist
pubblico   public
realista   realist
repubblicano   Republican
ricco (di)   rich (in)
socialista   socialist

Verbi

girare   to turn
risparmiare   to save
scottare   to be hot, to burn
succedere   to happen
sudare   to perspire

Altri vocaboli

eppure   and yet
malgrado   in spite of
per   through
tardi   late

Espressioni

al contrario   on the contrary
che c'è?   what's up?
cambiare strada   to go another way
di qui   this way
già!   that's right!
in tempo   on time
sarà!   may be! could be!
stanno camminando   are walking
tutto ad un tratto   all of a sudden

Democristiani	Comunisti	Socialisti
Socialdemocratici	Repubblicani	Liberali
Missini	PdUP	DP (NSU)

GRAMMATICA

I. Il gerụndio *(The gerund)*

The gerund is used to express an action in progress. It is formed by adding **-ando** to the stem of the verbs of the first conjugation and **-endo** to the stem of the verbs of the second and third conjugations.

parl-are	parl-ando	*speaking*
ripẹt-ere	ripet-endo	*repeating*
cap-ire	cap-endo	*understanding*
avere	avendo	*having*
ẹssere	essendo	*being*

II. Il gerụndio passato *(The past gerund)*

avendo	parlato ripetuto capito avuto	having	spoken repeated understood had
essendo	arrivato (-a, -i, -e) stato (-a, -i, -e)	having	arrived been

NOTE The gerund is invariable; however, in the past gerund the past participle may change according to the rules given for the agreement of past participles. (See Chapter 7.)

III. Usi del gerụndio *(Uses of the gerund)*

1. It is often used to translate the English present participle, which ends in *-ing,* whenever the latter has a verbal function.

Camminando per la strada, incontrai Luisa.   *Walking down the street, I met Louise.*

Guidando ad alta velocità, non vịdero il vịgile.   *Driving at high speed, they did not see the traffic cop.*

2. It can be used to render the English gerund (also in *-ing*) preceded by the prepositions *while, on, in, by.*

Aspettando l'architetto, fumò una sigaretta.   *While waiting for the architect, he smoked a cigarette.*
Impariamo **studiando.**   *We learn by studying.*
Scherzando diceva la verità.   *In joking, she was telling the truth.*

Note that the progressive action in the past is often expressed in Italian by **mentre** plus the imperfect.

Mentre aspettava l'architetto, fumò una sigaretta.   *While (he was) waiting for the architect, he smoked a cigarette.*

3. It is used with **stare** to express an action in progress.

Stava studiando il codice della strada.   *He was studying the traffic laws.*
Stavo mangiando quando Anna arrivò.   *I was eating when Ann arrived.*

4. Conjunctive and reflexive pronouns follow the gerund and, except for **loro**, which is written separately, are attached to the verb.

Guardandola, l'ho riconosciuta.   *While looking at her, I recognized her.*
Essendosi fermati vicino al lago, videro che l'acqua era inquinata.   *Having stopped near the lake, they saw that the water was polluted.*

IV. *Uso speciale del pronome riflessivo* *(Special use of the reflexive pronoun)*

The reflexive pronouns are used instead of the English possessive with parts of the body or one's clothing.

Mi metto la **cravatta; me** la metto ogni giorno.   *I am putting on my tie. (lit., To myself I put on the tie.); I put it on every day.*
Si è lavato le **mani.**   *He washed his hands. (lit., To himself he washed the hands).*

In some cases where possession is clearly implied, the definite article is used instead of the possessive or reflexive.

Alzò **la** mano.   *He raised his hand.*
Hanno perduto **il** padre.   *They have lost their father.*
Preferisce **la** nonna **al** nonno.   *She prefers her grandmother to her grandfather.*

V. Il passato remoto di vedere, venire, volere, fare e dire (*Past absolute of* vedere, venire, volere, fare, *and* dire)

Dire   *to say, to tell*

Disse che le cose andavano di bene in meglio.	*He said that things were going better all the time.*

dissi	*I said, I told, etc.*
dicesti	
disse	
dicemmo	
diceste	
dissero	

Fare   *to do, to make*

Mio nonno fece questa spilla, e il mio bisnonno fece questa catenina.	*My grandfather made this brooch, and my great-grandfather made this litte chain.*

feci	*I did, I made, etc.*
facesti	
fece	
facemmo	
faceste	
fecero	

Vedere   *to see*

Videro che era inutile insistere.	*They saw (realized) that it was useless to insist.*

vidi	*I saw, etc.*
vedesti	
vide	
vedemmo	
vedeste	
videro	

Venire   *to come*

Venni in Italia a dieci anni.	*I came to Italy when I was ten.*

venni	*I came, etc.*
venisti	
venne	
venimmo	
veniste	
vennero	

Volere *to want*

Vollero comprarmi una sveglia.	***They insisted*** *on buying me an alarm clock.*

volli	*I wanted, etc.*
volesti	
volle	
volemmo	
voleste	
vollero	

The irregular past absolute of such other common verbs as **conoscere** *to know*, **dare** *to give*, **leggere** *to read*, **nascere** *to be born*, **prendere** *to take*, **sapere** *to know*, and **scrivere** *to write*, will be found in the Appendix.

It should be noted that the past absolute of volere is used to express that a certain person *was determined* to do something, and actually *did it*. To express a *state of desire* in the past or a *past intention* of doing something, the imperfect of volere is used.

Volle fare il mestiere di suo padre. *He decided to take up (and did) his father's trade.*

Vollero partire prima di notte. *They insisted on leaving (and did) before dark.*

but Volevo comprare un brillante, ma poichè era troppo caro comprai un rubino. *I wanted to buy a diamond, but since it was too expensive, I bought a ruby.*

Le scriveva tutti i mesi, ma lei proprio **non** voleva rispondere. *He wrote her every month, but she just **didn't want** to answer.*

 **ESERCIZI**

A. Completare ciascuna delle frasi seguenti, usando la forma appropriata del presente progressivo.

ESEMPIO   Parla sempre...   ⟶   Parla sempre; sta parlando anche ora.

1. Discuto sempre...
2. Pensi sempre...
3. Lavora sempre...
4. Camminiamo sempre...

5. Leggete sempre...
6. Risponde sempre...
7. Scioperano sempre...
8. Studi sempre...

B. Rispondere alle domande seguenti, usando le forme appropriate del progressivo.

ESEMPIO   Che cosa facevate? (brindare alla sua salute)   ⟶   Stavamo brindando alla sua salute.

1. scioperare
2. ammirare gli affreschi della volta
3. vendere tutti i libri
4. prendere appunti
5. scherzare con lui
6. dormire

C. Formare frasi singole, usando la forma appropriata del gerundio in sostituzione del primo verbo.

ESEMPIO   Studi ogni giorno. Imparerai l'italiano.   ⟶
             Studiando ogni giorno, imparerai l'italiano.

1. Corrono rapidamente. Arriveranno in tempo.
2. Guida ad alta velocità. Non vedrà il panorama.
3. Girate a sinistra. Risparmierete mezz'ora.
4. Riflettiamo sempre. Non sbaglieremo mai.
5. Dormo. Non mi ricorderò di te.
6. Abiti con me. Non pagherai l'albergo.

D. Formare frasi singole, usando la forma appropriata del gerundio passato in sostituzione del primo verbo.

ESEMPIO   Dorme tutta la notte. Può andare alla manifestazione.   ⟶
             Avendo dormito tutta la notte, può andare alla manifestazione.

1. Vanno alla manifestazione. Non sono andati a scuola.
2. Cambi mestiere. Puoi abitare in un appartamento elegante.
3. Scioperiamo per un mese. Non abbiamo soldi.
4. Comincia a fare il fornaio nel 1960. Ha molti clienti.
5. Ritorno presto. Ho dormito molto.
6. Sono sempre pessimisti. Vedono tutte le difficoltà.

E. Formare nuove frasi, usando i soggetti indicati.

1. Dovendo uscire, mi metto le scarpe nuove. (tu; Gianni; tu e Gianni; io e Gianni; voi due; anche loro)
2. Prima di mangiare Adriana si è lavata le mani. (io; io e Franco; tu e Vanna; Marina e Vanna; lui)

F. Riscrivere al passato remoto ciascuna delle seguenti forme verbali.

1. vedo
2. dici
3. veniamo
4. vogliamo
5. fate
6. dicono
7. vengono
8. faccio
9. vuoi
10. facciamo
11. volete
12. fanno

G. Inventare risposte plausibili per ciascuna delle domande che seguono.

ESEMPIO   Che cosa fece Cristoforo Colombo nel 1492?   ⟶
             Nel 1492 Cristoforo Colombo scoprì l'America.

1. Che cosa fece Bastiano Signorini nel 1749?
2. Quando cominciò Giacomo a fare il fruttivendolo?
3. Che cosa fecero tuo padre e tua madre quando erano a Collodi?
4. Che cosa vedesti quando visitasti Roma nel 1980?
5. Quando finì la guerra in Italia?
6. Che cosa disse Giulio Cesare?

H. Completare il brano seguente con le forme corrette dei verbi fra parentesi. Usare il passato remoto o l'imperfetto secondo il contesto.

Il mio bisnonno *(venire)* negli Stati Uniti quando *(avere)* dieci anni. La sua famiglia *(essere)* povera. Quando (loro) *(arrivare)* a San Francisco, il padre e la madre *(incominciare)* a lavorare. Mentre suo padre *(lavorare)* come orefice, il mio bisnonno *(andare)* a scuola per imparare l'inglese. Lo *(imparare)* molto presto e molto bene. Non *(volere)* fare il mestiere di suo padre perchè *(desiderare)* fare il professore. Quando *(morire),* il mio bisnonno *(avere)* novant'anni e *(ricordare)* ancora l'italiano.

DOMANDE

Rispondere con frasi complete e originali.

1. Ci sono state delle manifestazioni politiche nella tua città recentemente? Perchè?
2. Tu hai partecipato? Con chi?
3. Quando c'è una manifestazione politica, dov'è la polizia?
4. È vero che negli Stati Uniti ci sono molti partiti politici?
5. Negli Stati Uniti, quando cambia il governo?
6. Che cosa significa che un governo è democratico?
7. È democratico il nostro governo?
8. È democratico il governo italiano?

Una manifestazione di operai a Roma

Come cronista *(reporter)* della stazione radio universitaria, parli di una manifestazione politica alla quale hanno partecipato studenti e altre persone.

27

VISITA A UN PODERE

Un uomo d'affari milanese sta parlando col proprietario d'un piccolo podere in Umbria.

Agricoltore: È un piccolo podere; ormai sono solo.

Ospite: Cosa coltiva?

Agricoltore: Ho un piccolo orto, degli alberi da frutta, e il resto è tutta uva. Cosa vuole, non posso fare molto da solo.

Ospite: Non ha figlioli?

Agricoltore: Sì, quattro maschi; ma si sono trasferiti tutti in città.

Ospite: A cercare lavoro nelle fabbriche?

Agricoltore: Eh, sì! Uno è a Torino, due a Milano e uno a Bologna.

Ospite: Guadagnano bene?

Agricoltore: Be', insomma, diciamo che guadagnano abbastanza bene per tirare avanti.

Ospite: Allora perchè i giovani lasciano le campagne?

Agricoltore: Perchè se in città guadagnano poco, cosa crede che guadagnino qui? Niente.

Ospite: E così la campagna diventa un deserto.

Agricoltore: Purtroppo. Qui a Frattaroli una volta c'erano più di trecento persone. Quante crede che ce ne siano oggi?

Ospite: Non so; duecento?

Agricoltore: Magari! Soltanto cinquantaquattro e siamo tutti vecchi.

Ospite: A proposito, non credo di averLe spiegato la ragione della mia visita.

Agricoltore: No; mi dica.

Ospite: Cerco una vecchia fattoria per un noto chirurgo di Milano.

Agricoltore: Per un chirurgo di Milano? Che ne vuole fare?

Ospite: Vorrebbe convertirla in una villa. La Sua fattoria mi sembra ideale.

Agricoltore: Il mio podere? La mia casa?

Trattore e mietitrice in una fattoria degli Abruzzi

Ospite:	Se Le interessa posso farLe un'ọttima offerta.
Agricoltore:	Ma neanche per sogno! Vuole che abbandoni la mia casa? Alla mia età? Dove andremmo io e mia mọglie? Cosa faremmo?
Ospite:	Ci pensi. Ripasserò fra un pạio di settimane.
Agricoltore:	No, è inụtile che ripassi. In questa casa sono nato e in questa casa intendo morire.

 DOMANDE

1. Che cosa coltiva l'agricoltore?
2. Chi è l'ọspite e che vuole?
3. Ha figlioli l'agricoltore? Dove sono?
4. Perchè i figli sono andati in città?
5. Perchè vuole una fattoria il chirurgo milanese?
6. Perchè non vuole vẹndere la fattoria l'agricoltore?
7. Le piacerebbe lavorare in un podere a Lei? Perchè?

■ VOCABOLARIO

Sostantivi

l' agricoltore *(m.)*   farmer
l' albero   tree; albero da frutta   fruit tree
il chirurgo   surgeon
il deserto   desert
l' età   age
la fabbrica   factory
la fattoria   farmhouse
il figliolo   son
il giovane   young man
   Milano *(f.)*   Milan
il mercante   merchant, businessman
l' offerta   offer
l' orto   vegetable garden
l' ospite *(m. & f.)*   guest
il podere   farm
il proprietario   proprietor
il resto   rest
   Torino *(f.)*   Turin
l' Umbria   a region in central Italy
l' uva   grapes
la villa   villa, country house

Aggettivi

ideale   ideal
inutile   useless
maschio   male
milanese   Milanese

Verbi

abbandonare   to abandon
coltivare   to cultivate
convertire   to convert
diventare   to become
guadagnare   to earn
intendere   to intend
nato *(p.p. of nascere)*   born
ripassare   to come back, to come again
spiegare   to explain
trasferirsi *(isc)*   to move (location)

Altri vocaboli

abbastanza   enough
insomma   in short

Espressioni

ci pensi   think it over
da solo   by myself, all alone
neanche per sogno!   not on your life!
tirare avanti   to make ends meet
eh, sì!   that's right!

La vendemmia in Toscana, nella zona del Chianti

GRAMMATICA

I. Il congiuntivo presente *(The present subjunctive)*

Like English, Italian has both an indicative and a subjunctive mood. The indicative states a fact or a certainty (**Ho una macchina nuova,** *I have a new car;* **Gino e Sergio sono già arrivati,** *Gino and Sergio have already arrived;* etc.). The subjunctive, on the other hand, expresses possibility and uncertainty.

The subjunctive mood is used in Italian more frequently than in English. It is used mainly in subordinate clauses introduced by **che.** The present subjunctive is formed by adding certain endings to the stem of the infinitive. Note that, as in the present indicative, verbs like **capire** take **-isc** between the stem and the ending in the first, second, and third person singular and in the third person plural.

The present subjunctive of the model verbs is as follows:

Parlare   *to speak*

Vuole che (**io**) **parli** piano.	*She wants me to speak slowly.*
parl-i	*I (may) speak, etc.*
parl-i	
parl-i	
parl-iamo	
parl-iate	
parl-ino	

Ripetere   *to repeat*

È necessario che (**io**) lo **ripeta.**	*It is necessary that I repeat it.*
ripet-a	*I (may) repeat, etc.*
ripet-a	
ripet-a	
ripet-iamo	
ripet-iate	
ripet-ano	

Dormire *to sleep*

Pẹnsano che (io) non dorma abbastanza.	*They think that **I do not sleep** enough.*

dorm-a	*I (may) sleep, etc.*
dorm-a	
dorm-a	
dorm-iamo	
dorm-iate	
dọrm-ano	

Capire *to understand*

Maria non crede che (io) capisca.	*Mary doesn't believe **I understand**.*

cap-isca	*I (may) understand, etc.*
cap-isca	
cap-isca	
cap-iamo	
cap-iate	
cap-ịscano	

Sicilia: Un giovane agricoltore

II. Il congiuntivo presente di avere e ẹssere (Present subjunctive of avere and ẹssere)

Avere   to have

Non sanno che (io) ạbbia il libro.	*They do not know I have the book.*

ạbbia	*I (may) have, etc.*
ạbbia	
ạbbia	
abbiamo	
abbiate	
ạbbiano	

Ẹssere   to be

Pensa che (io) sia ammalato (-a).	*He thinks that I am ill.*

sia	*I (may) be, etc.*
sia	
sia	
siamo	
siate	
sịano	

As the above examples show, the subjunctive is ordinarily used in a subordinate clause introduced by che. Unlike the indicative mood, which is used to state facts or ask direct questions, the subjunctive mood usually expresses an action, an event, or a state that is not positive or certain, but uncertain, doubtful, desirable, possible, or merely an opinion. Since the first, second, and third persons singular are identical in form, the subject pronoun is usually used with these forms to avoid ambiguity.

Crede che io ạbbia un mạschio e una fẹmmina.   *He thinks I have a boy and a girl.*
Dụbita che tu capisca.   *She doubts you understand.*
Vuole che Lei vịsiti la vigna.   *He wants you to visit the vineyard.*

NOTE   ***a.*** Verbs ending in -care and -gare insert an h between the stem and the endings:

cercare: cerchi, cerchi, cerchi, cerchiamo, cerchiate, cẹrchino
pagare: paghi, paghi, paghi, paghiamo, paghiate, pạghino

b. Verbs like cominciare and mangiare combine the i of the stem with the one of the endings: cominci, cominci, cominci, cominciamo, cominciate, comịncino; mangi, mangi, mangi, mangiamo, mangiate, mạngino.

III. *Il congiuntivo passato*
(The present perfect subjunctive)

a. *Avere parlato (ripetuto, avuto, etc.)* to have spoken (repeated, had, etc.)

Crede che (io) le abbia parlato.	*He believes I have spoken to her.*

abbia parlato	*I (may) have spoken, etc.*
abbia parlato	
abbia parlato	
abbiamo parlato	
abbiate parlato	
abbiano parlato	

b. *Essere andato (-a) (partito, stato, etc.)* to have gone (left, been, etc.)

Hanno paura che (io) sia andato (-a) via.	*They are afraid I have gone away.*

sia andato (-a)	*I (may) have gone, etc.*
sia andato (-a)	
sia andato (-a)	
siamo andati (-e)	
siate andati (-e)	
siano andati (-e)	

IV. *Usi del congiuntivo* (Uses of the subjunctive)

1. With impersonal verbs, the subjunctive is used in a subordinate clause after an impersonal expression implying doubt, necessity, possibility, desire, or emotion.

È necessario che Lei capisca.	*It is necessary that you understand.*
È possibile che io parta.	*It is possible that I may leave.*
È meglio che tu glielo chieda.	*You had better ask him.*

Impersonal expressions that are positive assertions do not require the subjunctive.

È vero che è qui. *It is true that he is here.*

If the subordinate clause has no subject, the infinitive is used instead of the subjunctive.

È importante arrivare presto. *It is important to arrive early.*

but È importante che io arrivi presto. *It is important that I arrive early.*

2. The subjunctive is also used in dependent clauses after a verb expressing *wish, command, belief, doubt, hope, ignorance,* or *emotion* (namely after such verbs as: desiderare, volere, pensare, credere, dubitare *(to doubt)*, sperare *(to hope)*, non sapere, avere paura, etc.) when the subject of the dependent clause is different from the subject of the main clause.

Desidero che Lei veda il frutteto. *I want you to see the orchard.*
Non voglio che tu le parli. *I don't want you to speak to her.*
Credo che piova. *I think it is raining.*
Dubito che mi abbia sentito. *I doubt that he has heard me.*
Non so se siano pere o mele. *I do not know whether they are pears or apples.*
Ho paura che abbia venduto i cavalli e i buoi. *I am afraid he has sold the horses and the oxen.*

a. If the verb in the dependent clause expresses a future idea or action, the future tense may be used instead of the subjunctive, *but not for verbs expressing wish or command.*

Credo che verrà domani. *I think he will come tomorrow.*
Siamo contenti che partirà. *We are glad he will leave.*

but Voglio che ritornino domenica prossima. *I want them to return next Sunday.*

b. If the subject of both verbs in the sentence is the same, the *infinitive* is used instead of the subjunctive.

Voglio vederlo. *I want to see him.*
Ha paura di essere malato. *He is afraid he is sick.*
Speriamo di vederlo a Roma. *We hope to see him in Rome.*
Pensano di partire domani. *They are thinking of leaving tomorrow.*

And compare the following:

Voglio andare in biblioteca. *I want to go to the library.*
Voglio che i miei studenti vadano in biblioteca. *I want my students to go to the library.*
Ho paura di arrivare tardi. *I am afraid I will arrive late.*
Ho paura che Maria arrivi tardi. *I am afraid Mary will arrive late.*
Voglio vederlo. *They want to see him.*
Vogliono che Tina lo veda. *They want Tina to see him.*

A. Formare nuove frasi, sostituendo il soggetto della proposizione subordinata con quelli indicati.

1. Credo che tu guadagni abbastanza.
    (voi; anche loro; tutti; Lei; tu e lui)
2. Vuole che io abbandoni questa casa.
    (l'ingegnere e sua moglie; noi; anche tu; voi)
3. È meglio che Lei ripeta ad alta voce.
    (anch'io; tu; noi tutti; voi; l'agricoltore e i suoi figli)
4. Dubito che dormano in classe.
    (tu; voi due; Lei; i suoi figlioli)

B. Seguendo l'esempio, esprimere le numerose speranze del professore d'italiano.

ESEMPIO   **Il professore spera che... (tutti, studiare sul serio)** ⟶
             Il professore spera che tutti studino sul serio.

1. anch'io, cominciare a studiare
2. i suoi studenti, discutere in italiano
3. noi, visitare qualche città italiana
4. anche tu, proseguire gli studi
5. voi due, parlare correttamente
6. quella studentessa, scrivere chiaramente
7. tutti voi, ricordare i verbi irregolari
8. io, leggere *L'Espresso* e non il *Daily American*

C. Riscrivere le frasi seguenti aggiungendo l'espressione o il verbo che richiede l'uso del congiuntivo.

ESEMPIO   **Ricordo il mio maestro. (desiderano)** ⟶   **Desiderano che io ricordi il mio maestro.**

1. Rifletti prima di parlare. (voglio)
2. L'agricoltore abbandona la sua casa. (è inutile)
3. Discutiamo di politica. (preferisce)
4. Convertite la vecchia fattoria. (non vogliamo)
5. Anch'io guadagno abbastanza bene. (è necessario)
6. I governi non cambiano spesso. (speriamo)

D. Riscrivere le frasi seguenti, aggiungendo un'espressione o un verbo che richieda l'uso del congiuntivo.

ESEMPIO   **Anche lui converte la fattoria.** ⟶   **Raccomandiamo che anche lui converta la fattoria.**

1. Anche Adriana spiega la ragione della visita.
2. Anche tu vendi il podere.
3. Anche voi due cambiate strada.
4. Anche loro risparmiano.
5. Anche tu e Gianni costruite una villa.
6. Anche lei si trasferisce in città.

E. Rispondere ad ogni domanda, seguendo attentamente l'esempio.

ESEMPIO   Che cosa desideri? (tu, capire il congiuntivo)   ⟶
           Desidero che tu capisca il congiuntivo.

1. Che cosa volete? (voi, cambiare opinione)
2. Che cosa preferisci? (loro, risparmiare)
3. Che cosa vuole la società? (i governi, funzionare)
4. Che cosa sperate? (tutti, tirare avanti bene)
5. Che cosa desidera l'agricoltore? (i suoi figli, non abbandonare il podere)

F. Riscrivere le frasi seguenti, facendo il cambiamento suggerito.

ESEMPIO   È meglio che vi alziate presto.   ⟶   È meglio alzarsi presto.

1. È meglio che vi trasferiate in città.
2. È meglio che vi accontentiate di poco.
3. È meglio che vi ricordiate di questa regola.
4. È meglio che vi incontriate qui.
5. È meglio che vi rendiate conto della verità.
6. È meglio che vi tratteniate più a lungo.

G. Riscrivere ogni frase, passando da una dichiarazione di sicurezza (espressa dall'indicativo) a quella di possibilità (espressa dal congiuntivo).

ESEMPIO   Dice che sono già arrivati.   ⟶   Crede che siano già arrivati.

1. Dice che hanno guadagnato poco.
2. Dice che la campagna è diventata un deserto.
3. Dice che l'avvocato ha spiegato la ragione.
4. Dice che noi abbiamo convertito la fattoria.
5. Dice che i poveri turisti hanno mangiato male.
6. Dice che io ho studiato il meno possibile.

H. Riscrivere ogni frase, passando da una dichiarazione di probabilità a quella di verità.

ESEMPIO   È probabile che intendano morire qui.   ⟶   È vero che intendono morire qui.

1. È probabile che il chirurgo cerchi una vecchia fattoria.
2. È probabile che in città guandagnino abbastanza bene.
3. È probabile che la seduta cominci alle otto.
4. È probabile che il sole scotti anche oggi.
5. È probabile che tu preferisca il partito repubblicano.
6. È probabile che io lo conosca.

Dare l'equivalente italiano.

1. We don't want him to abandon his old house.
2. I prefer that you not sell it.
3. I know that he does not want to sell it.
4. They want me to speak slowly.
5. The surgeon thinks that the offer is very good.
6. The farmers want to earn enough.
7. Nobody thinks that the farmers earn too much.
8. It is necessary that you come again soon.
9. She believes that there are two hundred trees on that farm.
10. His wife is afraid that he has sold the house and the farm.

La raccolta vicino a Palermo in Sicilia

■ DOMANDE

Rispondere con frasi complete e originali.

1. Ci sono ancora poderi e orti nella tua città o vicino?
2. Tu hai un orto? Grande, piccolo? Se non l'hai, vorresti averlo?
3. Anche negli Stati Uniti i giovani lasciano le campagne? Perchè?
4. Dove è possibile guadagnare meglio: in città o in campagna?
5. Ti piacerebbe abitare in campagna? Cosa faresti?
6. Abitavano in campagna i tuoi genitori o i tuoi nonni o i tuoi bisnonni? Dove? Perchè hanno lasciato i campi?

■ DIALOGO APERTO

Formulare le domande adatte per completare il dialogo.

Il visitatore: _____
L'agricoltore: No, non desidero affatto cambiare mestiere.
Il visitatore: _____
L'agricoltore: Sì, è vero: in campagna non si guadagna molto ma io sono soddisfatto.
Il visitatore: _____
L'agricoltore: I miei bisnonni comprarono il podere.
Il visitatore: _____
L'agricoltore: Non sono sicuro, ma pare che l'abbiano comprato al principio del secolo.
Il visitatore: _____
L'agricoltore: Il maggiore dei miei figli crede che la vita in campagna sia difficile. Il minore invece pensa che sia ideale.
Il visitatore: _____
L'agricoltore: Spero che i miei figli e i figli dei miei figli restino qui e non vendano il podere.

— Mario, sembra che tu non apprezzi molto il mio **regalo**.

28 GL'ITALO-AMERICANI

Bob, lo studente italo-americano che studia all'Università per Stranieri, ha cenato con alcuni amici italiani a casa di Giovanni. Ora stanno parlando dell'America, dell'Italia e degl' Italo-Americani, mentre gustano un bicchierino di liquore.

Giovanni: Quanti abitanti di origine italiana credi che ci siano negli Stati Uniti?

Bob: Secondo l'ultimo censimento sembra che il numero sia di circa dodici milioni. Però, se contiamo anche quelli che sono solo in parte di origine italiana, mi sembra che il numero raggiunga circa venti milioni.

Andrea: Dove vivono per lo più?

Bob: Sebbene la maggior parte siano ancora nelle grandi città, oggi si trovano un po' dappertutto. Verso la fine dell'Ottocento e al principio del Novecento, quando l'emigrazione era molto intensa, gli emigranti di solito si fermavano nelle grandi città, specialmente dell'est.

Andrea: A New York?

Bob: Sì, e anche a Boston o a Chicago. Poi, a poco a poco, si sono dispersi in tutto il paese. È una storia molto interessante; molto più che non si pensi in Italia.

Vanna: Lo credo. E i vecchi rioni italiani, le « Piccole Italie », ci sono sempre?

Bob: Ormai tendono a scomparire. A New York c'è una « Little Italy », ma non è quella di una volta.

Vanna: E l'italiano continua ad esser parlato tra gl'Italo-Americani?

Bob: Direi di no. Sebbene molti Italiani siano venuti negli Stati Uniti dopo la Seconda Guerra Mondiale, gl'Italo-Americani ormai sono della terza e anche della quarta generazione e pochissimi parlano italiano.

Giovanni: Che mestieri e che professioni esercitano di solito?

«Little Italy» —un vecchio
rione italiano a New York

Bob:	Oggi sono in tutte le professioni, in tutti i mestieri: nelle arti, nel cinema, nell'industria e nella politica. Naturalmente, anni fa, essendo gli ultimi arrivati, e anche perchè non sapevano l'inglese, si dovevano contentare dei mestieri più umili.
Vanna:	È stata scritta la storia dell'emigrazione italiana negli Stati Uniti?
Bob:	Non una esauriente, ch'io sappia. E ci sarebbe tanto da raccontare.
Andrea:	E tu che ne pensi dell'Italia? Che impressione ti ha fatto?
Giovanni:	Sì, parlacene un po'. Ma prima, un altro goccetto?
Bob:	Sì, grazie; dunque, dicevo...

▉ DOMANDE

1. Dove ha cenato Bob?
2. Di cosa parlano Bob e gli amici?
3. Che cosa gustano mentre parlano?
4. Dove vivono oggi gl'Italo-Americani?
5. Quando si fermavano di solito nelle grandi città?
6. Perchè oggi pochi Italo-Americani parlano italiano?
7. Che professioni esercitano oggi gl'Italo-Americani?
8. Che professione vuole esercitare Lei?
9. Le interessa la storia degli emigranti? Perchè?

■ VOCABOLARIO

Sostantivi

l' **abitante** *(m. & f.)*   inhabitant
l' **amico** friend
il **bicchierino** little glass
il **censimento** census
l' **emigrante** *(m. & f.)* emigrant
l' **emigrazione** *(f.)* emigration
l' **est** *(m.)* east
la **generazione** generation
il **goccetto** (little) drop
la **guerra** war
l' **impressione** *(f.)* impression
il **liquore** cordial, liqueur
il **milione** million
il **Novecento**   the 20th century
l' **origine** *(f.)* origin
l' **Ottocento**   the 19th century
il **principio** beginning
la **professione** profession
il **rione** neighborhood

Aggettivi

esauriente exhaustive
intenso intense
maggiore major, greater
mondiale of the world
umile humble

Verbi

contare   to count
disperdersi *(p.p. disperso)*   to scatter
esercitare   to practice
gustare   to savor, enjoy
raccontare   to tell
raggiungere   to reach
vivere   to live

Altri vocaboli

circa about
dappertutto everywhere
sebbene although

Espressioni

dire di no to say no
in parte partly
per lo più mainly
a poco a poco   little by little
ormai by now

L'ITALIANO
RIVISTA MENSILE PER GLI ITALIANI D'AMERICA

I. Usi del congiuntivo, continuazione *(Uses of the subjunctive,* continued*)*

The subjunctive is used in the following cases:

1. After the relative superlative or the adjectives unico, solo, primo, and ultimo when the subordinate clause is introduced by che and other relative pronouns.

È il conferenziere meno interessante che abbia sentito.   *He is the least interesting lecturer I have heard.*

È il libro più interessante che io abbia letto.   *It is the most interesting book I have read.*

È l'unico prodotto italiano che io conosca.   *It is the only Italian product I know.*

2. After the conjunctions affinchè *so that, in order that;* a meno che... non *unless;* benchè *although;* sebbene *although;* perchè *in order that;* prima che *before;* purchè *provided that;* senza che *without.*

Lo comprerò sebbene costi troppo. *Il will buy it although it costs too much.*
Lo spiega affinchè lo capįscano. *He explains it so that they may understand it.*
Partiranno purchè non piova. *They will leave provided it does not rain.*
Parlo forte perchè mi senta. *I am speaking loudly so that he may hear me.*
Ti comprerò una mạcchina da scrịvere purchè tu la usi. *I will buy you a typewriter provided you use it.*

II. I suffissi e i loro usi
(Suffixes and their uses)

Italian is extremely rich in suffixes which, when added to a noun, an adjective, or an adverb (after the final vowel has been dropped), alter the meaning. The most common suffixes are:

-ino ⎤ denote smallness and, but not necessarily, affection
-etto ⎦ *(little, pretty, fairly, sweet, dear).*
-ụccio denotes smallness and insignificance, and also affection.
-one (*f.* -ona) implies bigness.
-ạccio indicates worthlessness, scorn.

Ạbitano in una casetta. *They live in a little (pretty) house.*
Di chi è quẹl librone? *Whose large book is that?*
Canta benino. *She sings fairly well.*
Quella ragazza è bellina. *That girl is rather pretty.*
Carlụccio *dear little Charles*
È una pennạccia che non scrive mai bene. *It is a terrible pen that never writes well.*

In general, a noun modified by a suffix retains the original gender. However, in certain instances, a feminine noun is made masculine by the addition of -ino or -one to stress the smallness or bigness of the object or individual.

una tạvola	*a table*	un tavolino	*a little table*
una finestra	*a window*	un finestrone	*a big window*
una donna	*a woman*	un donnone	*a big woman*

Students should be rather cautious in the use of suffixes until, through long experience, they have learned to use them properly.

III. *Uso speciale di alcuni numerali (Special uses of some numerals)*

Generally, especially in connection with literature, art, and history, Italian uses the following forms to refer to centuries from the thirteenth on:

il Duecento (*or* il sęcolo tredicęsimo)	*the 13th century*
il Trecento (*or* il sęcolo quattordicęsimo)	*the 14th century*
il Quattrocento (*or* il sęcolo quindicęsimo)	*the 15th century*
il Cinquecento (*or* il sęcolo sedicęsimo)	*the 16th century*
il Seicento (*or* il sęcolo diciassettęsimo)	*the 17th century*
il Settecento (*or* il sęcolo diciottęsimo)	*the 18th century*
l'Ottocento (*or* il sęcolo diciannovęsimo)	*the 19th century*
il Novecento (*or* il sęcolo ventęsimo)	*the 20th century*

Note that these substitute forms are usually capitalized.

la scultura fiorentina del **Quattrocento** (*or* del sęcolo quindicęsimo) *Florentine sculpture of the fifteenth century*

la pittura veneziana del **Settecento** (*or del* sęcolo diciottęsimo) *Venetian painting of the eighteenth century*

Anche a Boston si vedono i rioni italiani.

IV. **Presente del congiuntivo di andare, dire, fare e stare** (*Present subjunctive of* andare, dire, fare, *and* stare)

Andare   *to go*

Dubita che io vada all'adunata. *She doubts that I **will go** to the assembly.*

vada	*I (may, should) go, etc.*
vada	
vada	
andiamo	
andiate	
vadano	

Dire   *to say, to tell*

Sperano ch'io dica la verità. *They hope I **will tell** the truth.*

dica	*I (may, should) tell, say, etc.*
dica	
dica	
diciamo	
diciate	
dicano	

Fare   *to make, to do*

Vuole che io faccia colazione con lui. *He wants me to have lunch with him.*

faccia	*I (may, should) make, do, etc.*
faccia	
faccia	
facciamo	
facciate	
facciano	

Stare   *to be, to stay*

Ci andrò purchè io stia bene. *I will go there, provided I **feel** well.*

stia	*I (may, should) be, stay, etc.*
stia	
stia	
stiamo	
stiate	
stiano	

A. Completare le frasi seguenti, usando i verbi o le espressioni fra parentesi al congiuntivo passato.

ESEMPIO   È il conferenziere meno animato che noi... (sentire)   ⟶
           È il conferenziere meno animato che noi abbiamo sentito.

1. È la storia più interessante che Moravia... (scrivere)
2. È la professione più umile che gli emigranti... (esercitare)
3. È il numero più alto che... (fermarsi) nell'est del paese.
4. È l'unica fattoria che noi... (visitare)
5. È il primo telegramma che voi... (ricevere)
6. È la sola cosa che Andrea... (dire)

B. Formare nuove frasi, sostituendo al verbo della proposizione subordinata la forma corretta degli infiniti indicati.

1. È possibile che non capiscano niente?
   (dire; studiare; leggere; fare; avere)
2. È vero che non capiscono niente?
   (dire; studiare; leggere; fare; avere)
3. Ho paura che tu non rifletta abbastanza.
   (spiegare; dormire; fare; dire; fermarsi)
4. Tutti sono sicuri che tu non rifletti abbastanza.
   (spiegare; dormire; fare; dire; fermarsi)

C. Formare nuove frasi, usando le parole fra parentesi come soggetti delle proposizioni subordinate.

ESEMPIO   Voglio andare alla conferenza. (tu)   ⟶   Voglio che tu vada alla conferenza.

1. Preferiscono dire la verità. (anche voi)
2. Non vuole coltivare solamente frutta. (i suoi figli)
3. Desiderano stare in una grande città. (anche i loro nipoti)
4. Vogliamo fare colazione con la studentessa italo-americana. (voi due)
5. Voglio scrivere la vera storia dell'emigrazione italiana. (qualcuno)

D. Osservare l'esempio e rispondere alle seguenti domande.

ESEMPIO   Posso fare colazione al bar? (a casa)   ⟶   No, preferisco che tu faccia colazione a casa.

1. Posso andare al cinema? (alla partita)
2. Possiamo stare in città? (in campagna)
3. Possiamo dire la verità a lui? (a me)
4. Possiamo fare un'offerta all'agricoltore? (a sua moglie)
5. Posso lavorare in una fabbrica? (in un podere)
6. Posso dire la mia opinione? (l'opinione di un emigrante)

E. Completare le frasi seguenti con il presente congiuntivo del più appropriato fra i verbi seguenti: essere, avere, andare, dire, fare e stare. (Usare ciascun verbo una sola volta.)

1. Non è possibile che voi _____ a piedi fino alla vigna.
2. È necessario che tu mi _____ la tua opinione.
3. Preferiscono che noi non _____ gli spiritosi.
4. Perchè credi che io _____ fame?
5. È meglio che Bob _____ a casa di amici italiani.
6. Credo che nell'orto ci _____ più di centocinquanta alberi.

F. Formare frasi singole includendo le congiunzioni che introducono il congiuntivo.

ESEMPIO   L'orefice apre la porta. Il cliente entra. (affinchè) ⟶
           L'orefice apre la porta affinchè il cliente entri.

1. Andrò alla conferenza. Non piove. (purchè)
2. In campagna si guadagna poco. La vita è bella. (sebbene)
3. Staremo in piedi. Ci sono molti posti. (benchè)
4. Ti offro il caffè. Tu dici che pagherai. (a meno che)
5. I giovani lasciano le campagne. In città stanno male. (sebbene)
6. Voglio arrivare a casa. Comincia la manifestazione. (prima che)
7. Mio zio parla ancora l'italiano. Abita negli Stati Uniti da trent'anni. (nonostante = benchè)
8. Vi parlo sempre in italiano. Voi imparate. (affinchè)

G. Completare ciascuna delle frasi seguenti, usando un verbo o un'espressione appropriata nella forma corretta.

ESEMPIO   Non posso condividere questi panini sebbene... ⟶   Non posso condivere questi panini
           sebbene non abbia molta fame.

1. In generale non ci preoccupiamo di politica, a meno che...
2. L'agricoltore non vende il podere benchè...
3. Siamo d'accordo con te purchè...
4. Mi hanno mandato un telegramma affinchè...
5. Vi farò da guida senza che...
6. Andiamo tutti a Villa Borghese prima che...

H. Osservare l'esempio e rispondere a ciascuna delle seguenti domande usando parole alterate.

ESEMPIO   È vero che suo figlio è un ragazzo molto grande? ⟶   Sì, è un ragazzone.

È vero che...
1. Adriana è abbastanza bella?
2. il suo bel podere non è molto grande?
3. la vostra villa è abbastanza piccola e bella?
4. il tempo oggi è freddo e brutto?
5. la bottega dell'orefice è piccola e modesta?
6. volete un bicchiere di buon vino?

Dare l'equivalente italiano.

1. That one is the only Florentine girl we know.
2. Which one? That big girl?
3. Professor De Rosa will not go to the lecture unless we go with him.
4. The lecturer will speak loudly so that everybody may hear him.
5. Was Dante the greatest poet of the fourteenth century?
6. Many Italians arrived in the United States in the nineteenth century.
7. The farmer doesn't worry unless it rains a lot.
8. This little house is beautiful. It was built in the seventeenth century.

■ **SITUAZIONE PRATICA**

Dialogo fra l'agente dell'Ufficio Immigrazioni e un viaggiatore (una viaggiatrice) americano (americana), appena arrivato (arrivata) dagli Stati Uniti.

L'agente: Buon giorno, signore (signora, signorina). Come si chiama?
Il viaggiatore (la viaggiatrice): _____
L'agente: Dove ha iniziato il Suo viaggio?
Il viaggiatore: _____
L'agente: Qual è la Sua città di destinazione, in Italia?
Il viaggiatore: _____
L'agente: Per quanto tempo si fermerà?
Il viaggiatore: _____
L'agente: Dove e con chi abiterà durante questo tempo?
Il viaggiatore: _____
L'agente: Qual è il proposito del Suo viaggio?
Il viaggiatore: _____
L'agente: Quanto denaro porta con sè? In lire o in dollari?
Il viaggiatore: _____
L'agente: Quando ripartirà per gli Stati Uniti?
Il viaggiatore: _____
L'agente: Molte grazie e buona permanenza!

L'INDUSTRIA HA CAMBIATO L'ITALIA

L'Italia oggi è diventata un paese industriale. Infatti è considerata una delle sette o otto maggiori nazioni industriali del mondo. Questo cambiamento cominciò al principio del Novecento ed è ora in pieno sviluppo. L'industrializzazione del paese è l'avvenimento più importante del secolo ventesimo, infatti ha cambiato la struttura sociale, economica e politica dell'Italia. L'emigrazione interna ha spopolato le campagne, specialmente nel sud, e ha raddoppiato la popolazione delle città industriali del nord, e con il continuo aumento del numero di operai i sindacati sono diventati una nuova forza politica. Notiamo anche che l'industria italiana è oggi quasi completamente nazionalizzata.

L'artigianato, una delle maggiori risorse italiane per secoli, è in declino sotto certi aspetti, ma nuove manifestazioni delle attività e successo artistico di individui si trovano nel campo del disegno e della moda. In questi due campi l'Italia è oggi riconosciuta come una delle fonti principali di originalità e di ispirazione in tutto il mondo. Milano è il grande centro dell'industria, della moda e del disegno. Ma non bisogna dimenticare che mostre di grande importanza, per la moda o per l'artigianato, hanno luogo in altre città, specialmente Torino, Firenze, e Roma. Non c'è dubbio che lo sviluppo dell'industria abbia migliorato le condizioni generali del paese, ma è anche vero che oggi l'Italia, come altri paesi d'Europa, deve affrontare nuovi e complessi problemi.

l'aspetto: sotto certi aspetti *in a way, in certain areas* / l'aumento *increase* / l'avvenimento *event, happening* / declino: in declino *declining* / il disegno *design* / la fonte *source* / l'ispirazione *inspiration* / migliorare *to improve* / nazionalizzare *to nationalize* / il principio *beginning* / raddoppiare to *double* / riconosciuta *recognized* / spopolare *to depopulate*

L'artigianato e il successo artistico di individui si trovano ancora in Italia. Ecco il maestro Stefano Conia nella sua bottega.

◼ DOMANDE

1. Che posto occupa oggi l'Italia fra i paesi industriali?
2. Quando cominciò l'industrializzazione in Italia?
3. Perchè le campagne si sono spopolate?
4. Dove sono andati gli operai del sud?
5. Che cosa è un sindacato?
6. Soltanto l'industria è una delle maggiori risorse italiane oggi?
7. In quali altri campi troviamo grande attività e successo in Italia?
8. Che cosa ha fatto l'industria per l'Italia?
9. Che cosa devono ancora fare gl'Italiani?

RIPETIZIONE VII

■ **ESERCIZI**

A. Riscrivere le frasi seguenti, sostituendo le parole in corsivo con quelle fra parentesi e facendo tutti i cambiamenti necessari.

ESEMPIO   So che ad Amalfi il tempo è sempre bello. (credo)   →
           Credo che ad Amalfi il tempo sia sempre bello.

1. *La bottega* è stata fondata dal nonno. (le botteghe)
2. Purtroppo quella vecchia *fattoria* sarà convertita in una villa. (fattorie)
3. *Io* e Franco preferiamo che voi non cambiate opinione. (tu)
4. *Dice* che le cose vanno di male in peggio. (Ha paura)
5. Ho pagato tutto *io!* (noi)
6. È *un ricco* industriale che i miei genitori conoscono. (il più ricco)

B. Completare le frasi seguenti con la forma appropriata del comparativo **peggiore, peggiori** o **peggio.**

1. In quella città il tempo sarà _____ che a Firenze.
2. Ieri ho mangiato male ma oggi ho mangiato _____.
3. Gli orologi col topolino non sono _____ degli altri.
4. Credo proprio che l'industria sia _____ dell'artigianato.
5. Purtroppo le cose stanno andando di male in _____.
6. Poche riviste sono _____ di questa.

C. Rispondere a ciascuna delle frasi seguenti, usando la forma appropriata del passato remoto.

ESEMPIO   Lei ha costruito questa casa?   →   No, la costruì mio padre nel 1935.

1. Lei ha ordinato queste sculture?
2. Lei ha scritto questa poesia?
3. Lei ha fondato la Casa Signorini?
4. Lei ha convertito questi poderi?
5. Lei ha fatto questo anello?
6. Lei ha visto i vulcani italiani?

D. Riscrivere le frasi seguenti al passato remoto.

1. È venuto, ha visto e non ha detto niente.
2. Sono venuti ma non si sono fermati.
3. Abbiamo restituito questi libri molto tempo fa.
4. Gli ultimi arrivati esercitano professioni molto umili.
5. L'italiano continua ad essere parlato.
6. Gl'immigranti italiani si trovano un po' dappertutto.

E. Formare nuove frasi usando gli elementi nel modo indicato nell'esempio.

ESEMPIO   leggere, ascoltare, lui $\longrightarrow$ No, non legge; sta ascoltando.

1. passeggiare, cercare la libreria, noi
2. andare a casa, andare alla manifestazione, io
3. dire la verità, scherzare, tu
4. dormire, finire la lezione, voi
5. guadagnare bene, convertire il podere, lui
6. discutere, gustare un bicchierino, loro

F. Dare l'equivalente italiano.

1. Looking for a farmhouse, we saw some beautiful vegetable gardens.
2. Listening is very useful.
3. I don't like waiting.
4. While waiting for my sister, I read the *Daily American.*
5. By joking, he told us the truth.
6. Not everybody likes joking.

G. Riscrivere le frasi seguenti, incorporando l'espressione che richiede l'uso del congiuntivo.

ESEMPIO   Gianni finisce il corso questo mese. $\longrightarrow$
            È probabile che Gianni finisca il corso questo mese.

1. Il chirurgo desidera convertire la fattoria.
2. Anche loro cercano un poderetto vicino a Firenze.
3. Anch'io faccio sciopero.
4. Nella piazza c'è la polizia.
5. Abbandoniamo la casa e torniamo in città.
6. Voi vi disperdete nei rioni italiani.

H. Riscrivere le frasi seguenti, facendo i cambiamenti suggeriti nell'esempio.

ESEMPIO   Mi sembra che l'orefice contenti i clienti. $\longrightarrow$
            Mi sembra che abbia contentato i clienti.

1. Credo che guadagni una trentina di dollari al giorno.
2. Non ti sembra che la democrazia funzioni sempre?
3. Speriamo che gli agricoltori possano tirare avanti.
4. È probabile che la metropolitana elimini molti ingorghi di traffico.
5. Non capisco perchè tu ti preoccupi.
6. Tutti pensano che noi diventiamo ricchi.

I. Usare le seguenti espressioni in frasi complete, impiegando tempi, modi e soggetti diversi. Osservare l'esempio.

ESEMPIO   meno male...   ⟶
             Meno male che c'è un orefice qui vicino perchè devo comprare un regalo per mia madre.

1. a poco a poco...
2. una volta...
3. ormai...

4. rendersi conto di...
5. sapere a memoria...
6. tutto ad un tratto...

J. Combinare le espressioni impersonali con i soggetti e i verbi (o espressioni) indicati e formare frasi al congiuntivo o all'indicativo, secondo la necessità.

ESEMPIO   è impossibile / il numero / raggiungere il miliardo   ⟶
             È impossibile che il numero raggiunga il miliardo.

1. è probabile / gli abitanti di origine italiana / trovarsi in tutto il paese
2. è vero / molti emigranti / disperdersi nelle grandi città
3. non è possibile / tutto / andare sempre di male in peggio
4. è importante / tu / non trasferirsi in città
5. è certo / io / sapere tutta la verità
6. è poco probabile / voi due / dire di no
7. è verissimo / noi / essere pessimista
8. è necessario / i partiti italiani / lavorare per la società

■ SITUAZIONE PRATICA

A un amico o a un'amica che abita in Italia descriva un rione italiano in una città degli Stati Uniti.

Via Montenapoleone, Milano
Milano è oggi riconosciuto come il grande centro della
moda e del disegno.

LA POLITICA IN ITALIA

La Costituzione Italiana, promulgata nel 1947, è la base della struttura politica del paese. « L'Italia è una Repubblica democratica fondata sul lavoro. La sovranità appartiene al popolo, che la esercita nelle forme e nei limiti della Costituzione. » (Articolo 1)

Il popolo esercita la sua sovranità eleggendo il Parlamento e attraverso l'attività dei partiti politici. Quanti partiti politici ci sono in Italia? È difficile sapere il numero preciso perchè sembra che il numero cambi di anno in anno. Nondimeno, dalla fine della seconda guerra mondiale, due partiti in particolare hanno dominato la scena politica italiana: la democrazia cristiana e il partito comunista.

Sebbene la democrazia cristiana abbia ricevuto in ogni elezione nazionale il numero maggiore di voti, non ha mai ottenuto una maggioranza assoluta dall'elettorato. Per questa ragione i democristiani hanno sempre governato con l'aiuto di partiti minori come il partito socialista, il partito repubblicano o il partito liberale. Il risultato è una stabilità politica molto fragile.

Il movimento femminista e i diritti delle donne hanno acquistato molta importanza negli ultimi decenni in Italia.

Due altre forze politiche hanno acquistato particolare importanza negli ultimi decenni: il movimento sindacalista e il movimento femminista. I sindacati, legati ai maggiori partiti politici, riflettono le lotte politiche, mentre il femminismo ha attirato l'attenzione su questioni sociali quali il divorzio, il controllo delle nascite e i diritti delle donne.

La politica in Italia è un elemento essenziale nella vita della nazione. Tutti sembrano partecipare all'attività politica: operai, intellettuali, professionisti, e particolarmente i giovani e gli studenti.

acquistare *to acquire* / l'aiuto *help, aid* / appartenere *to belong* / democristiano *Christian democrat* / di anno in anno *from one year to the next* / il diritto *right* / eleggere *to elect* / esercitare *to wield* / la lotta *struggle* / legare *to tie, to bind* / mondiale *worldwide* / nondimeno *nevertheless* / ottenere *to obtain* / il popolo *people* / il professionista *professional* / il risultato *result* / sindacalista *of the union*

 DOMANDE

1. Qual è la base della struttura politica in Italia?
2. Quanti partiti politici ci sono in Italia?
3. Quali due partiti dominano la scena politica italiana?
4. Quali sono alcuni partiti minori italiani?
5. Su quali questioni ha attirato l'attenzione il movimento femminista?
6. È importante la politica nella vita degl'Italiani?

VIII

Gl' ITALIANI NEL MONDO

« IL MILIONE » 29

Un signore sta sfogliando un libro illustrato in una libreria. Il libraio si avvicina e gli dice:

Libraio: Credo che il signore voglia un libro per un regalo.

Signor Maratti: Un libro che possa interessare un giovane di vent'anni, un amico di famiglia.

Libraio: Abbiamo centinaia, anzi migliaia di libri in questo negozio. Ce ne sarà certamente uno che interesserà il Suo amico.

Signor Maratti: Che libro mi suggerisce?

Libraio: Be', vediamo un po'. Può darmi qualche indicazione più precisa? Un libro di fantascienza? *Il Viaggio verso Saturno,* o *Frankenstein Impazzito?*

Signor Maratti: No, no!

Libraio: Un romanzo? Un bestseller americano? Un giallo inglese?

Signor Maratti: Non credo. Gianni legge molto ed è al corrente delle novità.

Libraio: Forse un libro d'avventure?

Signor Maratti: Dio ce ne guardi! Gianni avrà centinaia di libri d'avventure, specialmente di quelli a fumetti.

Libraio: Forse la biografia di un famoso personaggio? Un libro di viaggi?

Signor Maratti: Ecco, un libro di viaggi potrebbe andare.

Libraio: Meno male. Ecco dei libri eccellenti: *La Russia da Vicino,* o *Attraverso gli Stati Uniti.*

Signor Maratti: No. Qualcosa di più esotico.

Libraio: Un classico? I viaggi di Cristoforo Colombo, di Amerigo Vespucci, di Verrazzano?

Signor Maratti: E questo cos'è? Ah, guarda, *Il Milione* di Marco Polo.

Libraio: Ma l'avrà letto.

La Libreria Marzocco—Firenze
Ce ne sono migliaia di libri in questo negozio?
Che libri preferisce leggere Lei?

Signor Maratti:	Non credo che l'abbia letto. Forse qualche brano in un'antologia.
Libraio:	Allora gli dia questa magnifica edizione. Le illustrazioni sono straordinarie.
Signor Maratti:	È un libro che si legge più d'una volta con interesse. Bene, lo prendo.
Libraio:	Vuole che le faccia un bel pacchetto?
Signor Maratti:	Sì, grazie.

◼ DOMANDE

1. Per chi cerca un regalo il signor Maratti?
2. Perchè non sarà difficile trovare un libro per un giovane di vent'anni?
3. Prima di tutto che vuole sapere il libraio?
4. Perchè il signor Maratti non vuole un libro di successo, cioè bestseller?
5. Che tipo *(kind)* di libro potrebbe andare?
6. Perchè il libraio consiglia un'edizione particolare?
7. Cosa vuole fare per il signore il libraio?
8. Chi di voi può parlarci brevemente del *Milione* di Marco Polo?
9. Che libri preferisce leggere Lei?

■ VOCABOLARIO

Sostantivi

la **biografia**   biography
il **brano**   selection
il **classico**   classic
   Cristoforo Colombo   Christopher Columbus
l' **edizione** *(f.)*   edition
l' **illustrazione** *(f.)*   illustration
l' **indicazione** *(f.)*   hint
il **libraio**   bookseller
la **libreria**   bookstore
il **pacchetto**   little package
   Marco Polo   13th-century Venetian traveler
la **Russia**   Russia
   Saturno   Saturn
   Verrazzano, Giovanni da   16th-century Italian navigator
   Vespucci, Amerigo   Italian navigator after whom America was named

Aggettivi

esotico   exotic
illustrato   illustrated
impazzito   crazed, gone mad
straordinario   extraordinary

Verbi

sfogliare   to leaf through
suggerire   to suggest

Espressioni

(a) fumetti   (in the manner of) comic strips
da vicino   from up close, at close quarters
Dio ce ne guardi   God forbid
essere al corrente   to be abreast *(of something)*
potrebbe andare   might be all right
qualcosa di più   something more
vediamo un po'   let's see now

IL LIBRO DI MARCO POLO

DETTO MILIONE

Nella versione trecentesca dell'« ottimo »

Prefazione di Sergio Solmi

Giulio Einaudi editore

GRAMMATICA

I. Il congiuntivo in proposizioni indipendenti *(The subjunctive in independent clauses)*

Besides being used in dependent clauses, the subjunctive may also be used in an independent clause to express wishes and exhortations. In these cases, the clause may be introduced by che.

Sia (*or* Che sia) ringraziato il cielo!   *Thank Heaven!*
Che parta, se vuole!   *Let him leave, if he wants to!*
Dio (*or* Che Dio) ve la mandi buona!   *God help you!*
Dio non voglia!   *Heaven forbid!*

II. Nomi con il plurale irregolare *(Nouns with an irregular plural)*

Some masculine nouns ending in -o have an irregular feminine plural in -a. Here are the most common:

Singular		*Plural*	
il braccio	*the arm*	le braccia	i bracci
il centinaio	*the hundred*	le centinaia	
il dito	*the finger*	le dita	i diti
il labbro	*the lip*	le labbra	i labbri
il migliaio	*the thousand*	le migliaia	
il miglio	*the mile*	le miglia	
l'osso	*the bone*	le ossa	gli ossi
il paio	*the pair*	le paia	
l'uovo	*the egg*	le uova	

NOTE 1   The forms ending in -i are used mostly in a figurative sense.

	le labbra di una persona	*the lips of a person*
but	i labbri di una ferita	*the lips of a wound*
	le braccia di una persona	*the arms of a person*
but	i bracci della croce	*the arms of the cross*

NOTE 2   Centinaio, migliaio, and their plurals take the preposition di before a noun.

C'era un centinaio di persone.   *There were about one hundred people.*
Vidi migliaia di uccelli.   *I saw thousands of birds.*

III. *Presente del congiuntivo di* dare, dovere, potere, sapere, venire e volere *(Present subjunctive of* dare, dovere, potere, sapere, venire, *and* volere*)*

Dare   *to give*
Spera che io gli **dia** un libro.   *He hopes **I will give** him a book.*

dia	diamo
dia	diate
dia	diano

Dovere   *to have to, must*
Non sa se io lo **deva** fare.   *He doesn't know whether I **should do** it.*

deva	dobbiamo
deva	dobbiate
deva	devano

Potere   *to be able, can*
Non credo che loro **possano** farlo così presto.   *I do not believe they **can** do it so soon.*

possa	possiamo
possa	possiate
possa	possano

Sapere   *to know*
Dubito che **sappiano** che Marco Polo era veneziano.   *I doubt they **know** that Marco Polo was Venetian.*

sappia	sappiamo
sappia	sappiate
sappia	sappiano

Venire   *to come*
Che **vengano**, se vogliono.   *Let them **come** if they want to.*

venga	veniamo
venga	veniate
venga	vengano

Volere   *to want*
Voglia o non **voglia**, deve leggere le memorie di Cristoforo Colombo.   *Whether he **wants** to or not, he must read Christopher Columbus' memoirs.*

voglia	vogliamo
voglia	vogliate
voglia	vogliano

Una ricevuta della Libreria delle Donne—Milano

LIBRERIA DELLE
DONNE TEL. 874213
VIA DOGANA,2   MI
P. I. 02227280159
17   29-12-87
                    6'000
NI74   3'000
NI74   8'000
2%   20'000
2%   20'000
2%   57'000
TOT.

G R A Z I E
MFAD 42015466

A. Formare nuove frasi, sostituendo il soggetto del congiuntivo con quelli indicati.

1. È probabile che non sappiano che cos'è *Il Milione*.
    (voi; io e Gianni; tu; io; Giovanni)
2. Preferisco che Bastiano venga da me all'una.
    (tu; loro due; anche lei; voi)
3. Non è possibile che lui dia l'indicazione sbagliata.
    (i librai; tu; noi; voi)
4. Che lei voglia o non voglia, io farò il pianista.
    (mio padre; i miei genitori; voi; tu)

B. Dare a ciascuna delle frasi seguenti una conclusione appropriata e grammaticalmente corretta.

1. Il libraio ci mostra i libri affinchè...
2. L'italiano continua ad essere parlato dagli emigranti sebbene...
3. Comprerò *Il Milione* a meno che...
4. L'estate prossima andremo in Europa benchè...
5. Si iscriveranno al Partito Liberale purchè...
6. Ha imparato l'italiano senza che...

C. Riscrivere le frasi seguenti, facendo i cambiamenti indicati nell'esempio.

ESEMPIO   Sono sicura che non puoi trasferirti a Bologna.   ⟶
             Credo proprio che tu non possa trasferirti a Bologna.

1. Sono sicura che non dovete accettare la sua offerta.
2. Sono sicura che non devono prendere il nastro trasportatore.
3. Sono sicura che non possono installare la metropolitana.
4. Sono sicura che non può essere d'accordo.
5. Sono sicura che non sapete il nome dell'autore.
6. Sono sicura che quel ragazzone non ha sonno.

D. Riscrivere le frasi seguenti, facendo i cambiamenti indicati nell'esempio.

ESEMPIO   Spera di andare fino a Pompei. (che tu)   ⟶   Spera che tu vada fino a Pompei.

1. Spera di potere finire di leggere *Il Milione*. (che noi)
2. Spera di non dovere offrire il caffè a tutti. (che voi)
3. Spera di dare una lezione ai giovani. (che questa biografia)
4. Spera di sapere tutta la verità. (che io e Franco)
5. Spera di poter comprare questa edizione. (che io)
6. Spera di venire all'opera con voi. (che anch'io)

E. Rispondere a ciascuna delle domande seguendo l'esempio.

ESEMPIO   Può alzarsi?   ⟶   Che si alzi, se vuole.

1. Possono trasferirsi?   4. Può divertirsi?
2. Possono incontrarsi?   5. Possono fermarsi?
3. Può avvicinarsi?   6. Possono vedersi?

F. Rispondere a ciascuna delle domande seguendo l'esempio.

ESEMPIO   È già andato? $\longrightarrow$ No, ma che vada, se può.

1. Hanno già ordinato?
2. Ha già rifiutato?
3. È già ripassata?

4. Sono già andati via?
5. Hanno già pagato?
6. È già ritornato?

G. Rispondere a ciascuna delle domande seguenti, usando le forme appropriate dell'indicativo e del congiuntivo presente.

ESEMPIO   È vero che leggi *Il Milione?* $\longrightarrow$ Sì, è vero che lo leggo.
                                                                   No, non è vero che io lo legga.

1. È vero che conosci la biografia di questo personaggio?
2. È vero che restituite tutti i libri?
3. È vero che offri un altro goccetto?
4. È vero che Lei riceve molti telegrammi?
5. È vero che guadagnano un milione al mese?
6. È vero che preferisci la nuova edizione?

H. Riscrivere al plurale.

1. Il braccio di quel ragazzone è lungo.
2. Il braccio della croce è scolpito.
3. L'uovo è bianco e assai buono.

4. L'osso è utile.
5. Questo povero dito sarà difettoso.
6. Il miglio è troppo lungo.

I. Completare ciascuna delle frasi seguenti usando uno dei nomi indicati. Usare ciascun nome una sola volta: **paia; centinaia; migliaio; uova; braccia; miglia**

1. Che _____ lunghe ha quell'uomo!
2. Il paese dei miei genitori è a poche _____ da Pompei.
3. Vanna ha comprato alcune _____ di scarpe.
4. Vuole due _____ o dei cornetti con la marmellata?
5. _____ di persone hanno comprato questo bestseller.
6. A Collodi ci saranno un _____ di abitanti.

■ **DOMANDE** ▬▬▬▬▬▬▬▬▬▬▬▬▬▬▬▬

Rispondere con frasi complete e originali.

1. A chi fai regali, generalmente? In quale occasione?
2. Chi fa regali a te? Quando?
3. Ti piace regalare o ricevere libri?
4. Che tipo di libro regali? A chi?
5. Credi che ai tuoi amici possa interessare un libro su Marco Polo? Perchè sì o perchè no?
6. Che regali fai ai tuoi genitori?

Dare l'equivalente italiano.

1. I will make you a nice little package.
2. Let him eat everything if he can.
3. Thank heaven, it was not raining!
4. I would like to buy a couple of mystery books.
5. My bones are very cold.
6. We saw thousands of people at the demonstration.
7. Let him bet if he wants to.
8. There are about a hundred students in my history course.

■ SITUAZIONE PRATICA ■

È il compleanno di Suo padre e Lei ha intenzione di comprargli un libro. Racconti a Sua madre dov'è andato (-a) in cerca del libro e che cosa è accaduto in libreria.

Dove sono andati questi due ragazzi?
Che cosa è accaduto in libreria?

BEL TEMPO— 24 GRADI—NIENTE SMOG

Francesco e Maria Pellegrini, che abitano a Los Angeles da più di vent'anni, sono andati all'aeroporto a prendere una loro nipote che viene dall'Italia. A un tratto la vedono fra i passeggeri che escono dalla dogana.

Zia Maria:	Renata, Renata, siamo qui, siamo qui!
Renata:	Zia Maria, Zio Francesco...
Zio Francesco:	Benvenuta in America!
Zia Maria:	Lasciati guardare; come sei cresciuta!
Renata:	Sono quattro anni che non ci vediamo.
Zio Francesco:	Com'è andato il viaggio?
Renata:	È stato lungo e noioso. Proprio non credevo che la California fosse così lontana.

I passeggeri si avviano verso l'uscita dell'aeroporto.

Zio Francesco:	Hai visto il Polo Nord?
Renata:	Macchè! Era quasi buio quando ci siamo passati vicino; non si vedeva altro che neve e ghiaccio.
Zia Maria:	Qui a Los Angeles invece fa bel tempo: 75 gradi, o come dite voi 24 gradi centigradi. E non c'è smog. Per una giornata di dicembre non c'è male.
Renata:	Allora, come state? Mi sembrate in ottima salute.
Zio Francesco:	Sì, stiamo bene. Quanto bagaglio hai?
Renata:	Tre valige e una borsa. A proposito, tanti saluti da tutti.
Zia Maria:	Grazie. Allora andiamo. *(Si avviano verso l'uscita dell'aeroporto.)*
Zio Francesco:	Cosa ne pensi dell'America?
Renata:	Sono appena arrivata; non so cosa dire. Questo aeroporto somiglia un po' agli altri aeroporti che ho visto. Sono tutti simili.
Zio Francesco:	Vedrai che il resto è tutto diverso.
Renata:	Finalmente conoscerò l'America da vicino.
Zia Maria:	Ma due mesi non bastano.
Renata:	Se potessi, resterei anche un anno intero.
Zio Francesco:	Per noi, due mesi o un anno è lo stesso. Sta a te, noi siamo felicissimi di averti con noi.
Renata:	Bisogna che torni all'agenzia a Roma entro due mesi. Se avessi chiesto un anno di permesso, forse me lo avrebbero dato, ma ora è troppo tardi.
Zia Maria:	Credevo che tu potessi restare quanto volevi.
Renata:	No. Mi hanno dato due mesi perchè vogliono che impari meglio l'inglese.
Zia Maria:	Capisco. Ma tu l'hai studiato l'inglese, no?
Renata:	Quattr'anni. Se non l'avessi studiato, starei fresca!
Zio Francesco:	Ecco la nostra macchina.

■ DOMANDE

1. Quando sono arrivati a Los Angeles i Pellegrini?
2. Che cosa fanno all'aeroporto?
3. Cosa chiede alla nipote la zia Maria?
4. Ha fatto un bel viaggio Renata?
5. Come trova gli zii Renata?
6. Quanto bagaglio porta Renata?
7. Che cosa risponde Renata quando la zia le dice che due mesi non bastano per conoscere l'America?
8. Perchè Renata starebbe fresca se non avesse studiato l'inglese?
9. Dove Le piacerebbe fare un viaggio a Lei? Perchè?

■ VOCABOLARIO

Sostantivi

l' aeroporto   airport
il bagaglio   baggage
la borsa   purse
la dogana   customs
   Francesco   Francis
il ghiaccio   ice
il grado   degree
   Maria   Mary
la nipote   niece; il nipote   nephew
il passeggero   passenger
il permesso   leave
il polo   pole; Polo Nord   North Pole
lo zio   uncle

Aggettivi

benvenuto   welcome
buio   dark
centigrado   centigrade
felice   happy
simile   similar

Verbi

bisognare   to be necessary
chiedere (di)   to ask
crescere   to grow

Dove Le piacerebbe fare un viaggio a Lei?
Perchè?

Altri vocaboli

entro   within
macchè   not at all

Espressioni

andare a prendere   to meet *(at a station, etc.)*
che ne pensi?   what is your impression?
lasciati vedere   let me look at you
stare a   to be up to *(someone)*
stare fresco   to be in trouble, to be in a fix
tanti saluti   best regards

GRAMMATICA

I. L'imperfetto del congiuntivo
(The imperfect subjunctive)

The imperfect subjunctive is formed by adding the appropriate endings to the stem of the infinitive. Note that, except for the vowel (-are, -ere, -ire) characteristic of each conjugation, the endings are identical for the three conjugations.

Below is the imperfect subjunctive of the model verbs **parlare**, **ripetere**, and **dormire**:

Parlare

Voleva che (io) parlassi a Carlo.	*He wanted me to talk to Charles.*

parl-assi	*I spoke, might speak, etc.*
parl-assi	
parl-asse	
parl-assimo	
parl-aste	
parl-assero	

Ripetere

Dubitava che (io) lo ripetessi.	*She doubted that I would repeat it.*

ripet-essi	*I repeated, might repeat, etc.*
ripet-essi	
ripet-esse	
ripet-essimo	
ripet-este	
ripet-essero	

Dormire

Credevano che (io) dormissi.	*They thought I was sleeping.*

dorm-issi	*I slept, might sleep, etc.*
dorm-issi	
dorm-isse	
dorm-issimo	
dorm-iste	
dorm-issero	

II. L'imperfetto del congiun-
tivo di avere e essere (*Imperfect*
subjunctive of avere *and* essere)

Avere

Se (io) avessi fame, mangerei.	*If I were hungry, I would eat.*
avessi	*I had, might have, etc.*
avessi	
avesse	
avessimo	
aveste	
avessero	

Essere

Credeva che (io) fossi stanco (-a).	*He thought I was tired.*
fossi	*I was, might be, etc.*
fossi	
fosse	
fossimo	
foste	
fossero	

III. Il trapassato del congiun-
tivo (*The past perfect subjunc-*
tive)

Avere parlato (ripetuto, avuto, etc.)

	to have spoken (repeated, had, etc.)
Aveva paura che (io) ne avessi parlato.	*He was afraid I* **might have** *spoken about it.*
avessi parlato	*I might have spoken, etc.*
avessi parlato	
avesse parlato	
avessimo parlato	
aveste parlato	
avessero parlato	

Essere andato (partito, stato, etc.)

	to have gone (left, been, etc.)
Era impossibile che fosse andato via.	*It was impossible that he* **had** *gone away.*
fossi andato (-a)	*I might have gone, etc.*
fossi andato (-a)	
fosse andato (-a)	
fossimo andati (-e)	
foste andati (-e)	
fossero andati (-e)	

IV. Usi dell'imperfetto e del trapassato del congiuntivo
(Uses of the imperfect and past perfect subjunctive)

The general rules given for the use of the present and present perfect subjunctive (Chapters 27, 28, and 29) also apply to the uses of the imperfect and past perfect subjunctive, but it is important to note that the latter are used when the main clause is in a past tense.

Era contento che parlassi italiano. *He was happy I spoke (I could speak) Italian.*

Era contento che avessi parlato italiano. *He was happy I had spoken Italian.*

Non sapẹvano che fọssimo arrivati. *They did not know we had arrived.*

Non credẹvano che Maria fosse così felice. *They did not think Mary was so happy.*

Non sapẹvano che la nipote sapesse bene l'inglese. *They did not know that their niece knew English well.*

Sperava che avessi già mangiato. *He was hoping I had eaten already.*

All'aeroporto Leonardo da Vinci—Roma

1. An *if* clause, which denotes a condition contrary to fact, requires the imperfect or past perfect subjunctive, according to the time to which the sentence refers. The main or result clause takes the conditional or conditional perfect.

Se fossi in Italia, visiterei Roma. *If I were in Italy, I would visit Rome.*

Se fossi stato in Italia, avrei visitato Roma. *If I had been in Italy, I would have visited Rome.*

Se avesse fame, mangerebbe. *If she were hungry, she would eat.*

Se avesse avuto fame, avrebbe mangiato. *If she had been hungry, she would have eaten.*

Note this old proverb « Se il giovane sapesse, e il vecchio potesse, non c'è cosa che non si facesse ». *If the young man knew, and the old man could, there's not a thing that couldn't be done.*

2. In all other conditional sentences the indicative is used in both clauses.

Se ha denaro, me lo darà. *If he has money (i.e., now), he will give it to me.*

Se lo diceva lui, era vero. *If he said it, it was true.*

Se andrò a Roma, visiterò il Foro. *If I go to Rome, I will visit the Forum.*

Se cantava, vuol dire che era felice. *If she was singing, it means that she was happy.*

ESERCIZI

A. Formare nuove frasi, sostituendo il soggetto della proposizione subordinata con quelli indicati.

1. Non sapevo che Marco Polo parlasse l'italiano tanto bene.
   (voi; tu; i tuoi fratelli; zio Francesco)
2. Pensava che Renata ripartisse subito.
   (noi; io; anche tu; voi; gli zii)
3. Tutti speravano che la zia fosse in buona salute.
   (tu; io; noi due; tu e Renata)

B. Formare nuove frasi, sostituendo il soggetto della proposizione subordinata con quelli indicati.

1. Dubitava che anche gli artigiani avessero scioperato.
    (io; voi; noi; l'ingegnere; tu)
2. Bisognava che lei avesse chiesto il permesso.
    (voi; noi; tu; io; tutti)
3. Gli zii avevano paura che Renata fosse già arrivata.
    (noi; anche tu; tu e Benvenuto; io; Giovanni e Amerigo)

C. Riscrivere le frasi seguenti facendo i cambiamenti indicati.

ESEMPIO   È bene che tu gli scriva. (era bene)   ⟶   Era bene che tu gli scrivessi.

1. Mi sembra che guadagnino assai poco. (mi sembrava)
2. Pensa che tu abbia poca pazienza. (pensava)
3. È l'unica città italiana che io conosca. (era)
4. Zia Maria crede che due mesi non bastino. (Zia Maria credeva)
5. Vogliono che tu confessi. (volevano)
6. Desidero che rientriate presto. (desideravo)

D. Dare nuove risposte alla domanda seguendo l'esempio.

ESEMPIO   Che cosa credevi?   loro due / trattenersi più a lungo   ⟶
             Credevo che loro due si trattenessero più a lungo.

1. tu / annoiarsi
2. nessuno / preoccuparsi
3. voi / contentarsi
4. la folla / disperdersi
5. gli zii / ricordarsi del bagaglio
6. noi due / incontrarsi ogni sabato

E. Formare nuove risposte seguendo l'esempio.

ESEMPIO   Io credevo che Renata arrivasse oggi. E voi?   ⟶   Noi credevamo che fosse già arrivata.

1. Io credevo che gli zii andassero all'aeroporto adesso. E tu?
2. Io credevo che l'artigiano finisse di lavorare prima di sera. E voi?
3. Io credevo che il padre di Marina stesse leggendo *Il Milione*. E tu?
4. Io credevo che cercasse un'edizione particolare. E voi?
5. Io credevo che Renata tornasse all'agenzia con te. E tu?

F. Riscrivere le frasi seguenti, facendo il cambiamento suggerito.

ESEMPIO   Desideravano parlare (voi)   ⟶   Desideravano che voi parlaste.

1. Preferivo leggere davanti al fuoco. (tu)
2. Volevano fare un bel viaggio. (Lei)
3. Avevano paura di rifiutare. (io)
4. Non voleva andare alla dogana. (voi)
5. Desideravo poter restare. (tu)
6. Speravamo di non avere nè fame nè sete. (i suoi genitori)

G. Riscrivere le frasi seguenti, facendo i cambiamenti indicati.

ESEMPIO   Se ricevo il suo telegramma, non gli scrivo.   ⟶
                  Se ricevessi il suo telegramma, non gli scriverei.

1. Se ti annoi, puoi leggere un buon libro.
2. Se mia madre mangia troppo, sta male.
3. Se hanno paura, chiamano il vigile.
4. Se guidate ad alta velocità, il vigile non è contento.
5. Se dormi in classe, non impari niente.
6. Se abbiamo sete, ordiniamo una Coca-Cola.

H. Completare ogni frase con la forma corretta del verbo fra parentesi, all'indicativo o al congiuntivo secondo la necessità.

1. Se fa bel tempo, anche noi *(andare a piedi)* _____.
2. Se io *(essere)* _____ Francesco, non guiderei ad alta velocità.
3. Se Renata *(vedere)* _____ gli zii, li saluta.
4. Se Renata *(conoscere)* _____ l'America, le piacerebbe.
5. Potrei visitarti ogni anno, se tu non *(abitare)* _____ così lontano.
6. Se io non *(studiare)* _____ ogni giorno, starei fresco.

Il tempo

Previsioni a cura del servizio dell'Aeronautica

PREVISIONI

EVOLUZIONE GENERALE: l'area di alta pressione che ancora interessa il Mediterraneo centrale tende ad attenuarsi. **TEMPO PREVISTO:** sulle regioni settentrionali e sulla Toscana condizioni di variabilità con annuvolamenti intermittenti che specie al nord potranno causare precipitazioni sparse in prevalenza temporalesche. **TEMPERATURA:** in lieve aumento. **VENTI:** sulle regioni occidentali della penisola e sulle isole maggiori deboli o moderati in prevalenza meridionali. **MARI:** poco mossi

TEMPERATURE IN ITALIA

Alghero	+20 +33	Firenze	+19 +34	Pisa	+20 +30
Ancona	+19 +32	Genova	+23 +28	Potenza	+19 +29
Bari	+21 +30	L'Aquila	+14 +29	R. Calabria	+22 +32
Bologna	+22 +35	Messina	+25 +30	Roma Fium.	+18 +31
Bolzano	+20 +32	Milano	+22 +33	Roma Urbe	+17 +34
Cagliari	+19 +31	Napoli	+19 +32	Torino	+18 +27
Campobasso	+20 +30	Palermo	+24 +33	Trieste	+23 +30
Catania	+20 +33	Perugia	+21 +31	Venezia	+20 +30
Cuneo	+18 +24	Pescara	+20 +31	Verona	+22 +31

E ALL'ESTERO

Amsterdam	+17 +20	Gerusalemme	+15 +30	Nuova Delhi	+28 +31
Atene	+21 +35	Ginevra	+19 +31	New York	+22 +29
Bangkok	+26 +32	Helsinki	+13 +18	Oslo	+12 +22
Belgrado	+20 +31	Hong Kong	+28 +33	Parigi	+19 +27
Berlino	+15 +27	Il Cairo	+21 +34	Rio de Janeiro	+20 +34
Bruxelles	+10 +26	Istanbul	+21 +30	S. Francisco	+12 +21
Buenos Aires	+12 +15	Londra	+17 +24	Stoccolma	+19 +21
Chicago	+13 +25	Los Angeles	+17 +28	Sydney	+10 +21
C. di Messico	+13 +22	Madrid	+18 +30	Tokio	+26 +34
Copenaghen	+11 +18	Montreal	+20 +30	Varsavia	+11 +19
Francoforte	+17 +27	Mosca	+10 +21	Vienna	+15 +27

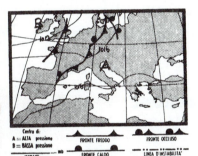

Le temperature previste in Italia e all'estero

I. Completare le frasi seguenti, usando un verbo o un'espressione appropriata al contesto nella forma corretta.

1. Comprerei questo libro per mio padre se...
2. Il libraio mi farebbe un bel pacchetto se...
3. Vedrei il Polo Nord se...
4. Io lascerei la città se...
5. Non sarei in ottima salute se...
6. Non ci sarebbe smog se...
7. Non avrei visto altro che neve e ghiaccio se...

■ DOMANDE

Rispondere con frasi complete.

1. Che tempo fa oggi nella tua città? Quanti gradi o gradi centigradi ci sono?
2. Che tempo farà ora in Alaska?
3. Conosci bene tutti gli Stati Uniti? Quali stati conosci meglio?
4. Quale stato hai visitato recentemente? Quando esattamente l'hai visitato?
5. Quando viaggi, quante valige porti?
6. Chi porta le tue valige?

■ RIELABORAZIONE

Dare l'equivalente italiano.

1. If Renata had money, she would go to Los Angeles.
2. If she leaves at noon, she will arrive at five o'clock.
3. They all doubted that there would be no smog.
4. I thought that she had been here already.
5. I want to look at you; you seem very happy.
6. If two weeks were not enough, they would stay longer.
7. Tell me something: if I had been in California, could I have learned English?
8. If my cat were thirsty, he would drink.

■ SITUAZIONE PRATICA

A un amico (una amica) dica che cosa farebbe oggi se avesse tutto il tempo e il denaro che desidera. Poi dica che cosa avrebbe fatto l'estate scorsa se si fosse trovato (-a) nella stessa fortunata situazione.

*I*L VECCHIO EMIGRANTE

Adriana e Gianni stanno attraversando in fretta una piazza.

Adriana: Sbrigati.

Gianni: Perchè tanta fretta?

Adriana: Voglio vedere Salvatore Scaccia.

Gianni: Chi è?

Adriana: Come chi è? Di' un po', non leggi i giornali?

Gianni: Raramente. Non portano altro che brutte notizie.

Adriana: Se tu li leggessi, sapresti che Salvatore Scaccia è un vecchio emigrante appena tornato dall'America.

Gianni: E che vuol dire? Tanti emigranti tornano dall'America.

Adriana: Ma Salvatore Scaccia è speciale, è una leggenda.

Gianni: Perchè?

Adriana: Perchè ha novantatrè anni, manca dall'Italia da settantasei anni, è milionario e ha scritto un libro.

Gianni: Ma no!

Adriana: Ma sì! E non solo; dicono che abbia dato un milione di dollari per la costruzione di un ospedale al suo paese.

Gianni: E cosa faceva in America?

Adriana: Non sono sicura. Sembra che da giovane facesse il muratore; poi diventò appaltatore e fece un sacco di quattrini.

Gianni: Beato lui! Magari me lo desse anche a me un milioncino!

Adriana: Bisogna leggere il suo libro: *Vita di un Emigrante*. Sembra che l'abbia scritto in inglese e che poi l'abbia fatto tradurre in italiano.

Gianni: Perchè? Non lo sa l'italiano?

Adriana: Sì, ma in 76 anni ha dimenticato molte cose.

Gianni: E che viene a fare qui oggi?

Adriana: C'è una conferenza stampa per la pubblicazione del libro.

Gianni: Di che paese hai detto che è?

Adriana: Non l'ho detto perchè non lo so; ma so che è calabrese.

Gianni: E il libro com'è?

Adriana: Dicono che sia affascinante.

*Arturo Toscanini—un vecchio
emigrante italiano*

Gianni:	Spiega come si faccia a diventare milionario?
Adriana:	Ma su, smettila di fare lo spiritoso. È un libro serio che racconta la storia dei vecchi emigranti e... eccolo, eccolo; dev'esser lui. Vedi quanti giornalisti?
Gianni:	Andiamo, voglio chiedergli una cosa.
Adriana:	Cosa?
Gianni:	Com'è diventato milionario.
Adriana:	Diventare milionario non è facile, ma chiediglielo pure.

 **DOMANDE**

1. Chi vuole vedere Adriana? Perchè?
2. Perchè Salvatore Scaccia non è un emigrante tipico?
3. È diventato milionario perchè faceva il muratore?
4. Perchè ha scritto la sua autobiografia in inglese?
5. « Beato lui! » dice Gianni del vecchio emigrante. Perchè?
6. Perchè ci sono tanti giornalisti?
7. Che cosa vuole chiedere Gianni?
8. Cosa farebbe Lei se avesse un milioncino?

◼ VOCABOLARIO

Sostantivi

l' appaltatore *(m.)*   contractor
la conferenza stampa   press conference
la costruzione   construction
l' emigrante *(m. & f.)*   emigrant
la fretta   haste, hurry
il giornalista   journalist
la leggenda   legend
il muratore   mason, bricklayer
la notizia   news
l' ospedale *(m.)*   hospital
la pubblicazione   publication
i quattrini   money

Aggettivi

brutto   bad, ugly
calabrese   from Calabria, a region of Italy
milionario   millionaire
speciale   special

Verbi

attraversare   to cross
mancare   to be away (from)
raccontare   to tell, to recount
sbrigarsi   to hurry
tradurre   to translate

Altri vocaboli

pure   by all means

Espressioni

altro che   (*with* non)   nothing but
beato lui!   lucky fellow!
da giovane   as a young man
fare il muratore   to be a bricklayer
ma no!   don't tell me!
ma su!   come now!
smettila!   stop!   smettila di fare... stop
  being . . .
voler dire   to mean; e che vuol dire?   so
  what?
un milioncino (*diminutive of* milione)   a tidy
  little million

Amedeo Giannini

GRAMMATICA

I. L'imperfetto del congiuntivo di fare, dare e dire *(Imperfect subjunctive of* fare, dare, *and* dire)*

Fare

Non sapeva che (io) facessi l'architetto.	*He didn't know that I was an architect.*

facessi	facęssimo
facessi	faceste
facesse	facęssero

Dare

Voleva che (io) gli dessi l'indirizzo.	*He wanted me to give him the address.*

dessi	dęssimo
dessi	deste
desse	dęssero

Dire

Sebbene (io) lo dicessi, non mi credeva.	*Although I said it, he didn't believe me.*[1]

dicessi	dicęssimo
dicessi	diceste
dicesse	dicęssero

[1]Be careful to make the appropriate changes in the object pronoun: mi > ti > gli > ci > vi >... loro.

II. *I tempi del congiuntivo* (Sequence of tenses with the subjunctive)

It is important to note that the tense of the subjunctive is determined by the tense of the main verb, as follows:

1. If the verb of the main clause is in the *present* or *future tense* or is *imperative,* the present subjunctive is used in the dependent clause if the action is taking place *now* or *will take place* in the future. The present perfect subjunctive is used if the action has already taken place.

Non **credo** che **legga** quel libro.   *I do not believe he is reading that book.*
Vorrò che **legga** quel libro.   *I will want him to read that book.*
Digli che **legga** quel libro!   *Tell him to read that book!*
Credo che **abbia** letto quel libro.   *I believe he has read that book.*

2. If the verb of the main clause is in a *past* or *conditional tense,* the imperfect subjunctive is used in the dependent clause if the action *was* taking place or *has not yet* taken place. The past perfect subjunctive is used if the action had *already* taken place.

Credevo che **mangiassero.**   *I thought they were eating.*
Non **vorrei** che **mangiassero** troppo presto.   *I would not want them to eat too early.*
Credevo che **avessero** già mangiato.   *I thought they had eaten already.*

III. *La preposizione* da (The preposition da)

1. When an infinitive that can be made passive in meaning *(to sell, to be sold)* depends on a noun, the preposition da is used and often expresses purpose or necessity.

Hanno **una macchina da vendere.**   *They have a car to sell.*
Ho **due libri da leggere.**   *I have two books to read.*

NOTE   **Da** is always used before an infinitive that depends on **qualcosa, niente** or **nulla, molto, poco, tanto,** and **troppo.**

Ho **qualcosa da dirle.**   *I have something to tell her.*
Non c'è **niente da mangiare.**   *There is nothing to eat.*
Abbiamo **molto (troppo)** lavoro da fare.   *We have a great deal of (too much) work to do.*

2. When used before a noun, the preposition da expresses *purpose, use,* or *manner.*

un cane da caccia	*a hunting dog*
le carte da gioco	*playing cards*
un vestito da sera	*an evening dress*
scarpe da lavoro	*work shoes*
Ha parlato da amico.	*He spoke like a friend.*
Da ragazzo studiava molto.	*As a boy, he studied a great deal.*

IV. *Alcuni usi delle preposizioni* a *e* di *(Certain uses of the prepositions* a *and* di*)*

1. We have seen that some verbs govern the infinitive without a preposition and that some require a preposition before an infinitive. Among the most common of the former are: dovere, potere, volere, fare, preferire, sapere, sentire, and vedere.

Dobbiamo partire prima che faccia notte. *We must leave before night falls.*
Sa suonare il pianoforte. *He knows how to play the piano.*
Preferisco parlare inglese. *I prefer to speak English.*
Vogliamo visitare il Vaticano. *We want to visit the Vatican.*
La sentiamo cantare. *We hear her sing(ing).*

2. Certain verbs of *motion, beginning, continuing, teaching, learning, inviting,* etc., require the preposition a before an infinitive. Among the most common are: andare, cominciare, imparare, continuare, incominciare, insegnare, riuscire, and venire.

Incomincio a capire. *I am beginning to understand.*
Le insegna a nuotare. *He is teaching her to swim.*
Va a casa a suonare un nuovo disco. *She is going home to play a new record.*
Continua a parlare italiano. *He continues to speak Italian.*
Non sono riuscito a convincerlo. *I did not succeed in convincing him.*

L'Italia in diretta

Orario

Volo	Partenza	Arrivo	Destinazione	Frequenza
da New York				
AZ611	6:00 PM	8:05 PM	Roma	Giornaliero
AZ601	7:30 PM	9:05 PM	Milano	Giornaliero
da Chicago				
AZ669	4:25 PM	7:55 AM	Milano	Martedì-Giovedì-Sabato
AZ669	4:25 PM	10:00 AM	Roma	Martedì-Giovedì-Sabato
da Los Angeles				
AZ621	7:30 PM	3:40 PM	Milano	Lunedì-Mercoledì-Sabato
AZ621	7:30 PM	5:45 PM	Roma	Lunedì-Mercoledì-Sabato

Chiamate i nostri uffici o il Vostro Agente di Viaggio per ulteriori informazioni e prenotazioni.

3. Some verbs require the preposition di before an infinitive, and they should be learned as one meets them for the first time. Some of these verbs are: avere piacere *(to like)*, cercare, decịdere, dire, domandare, finire, permẹttere *(to permit, allow)*, promẹttere *(to promise)*, pregare *(to pray, beg)* sperare *(to hope)*, crẹdere *(to believe)*, dimenticare *(to forget)*, avere bisogno *(to need)*.

Gli ha promesso d'andare.   *She has promised him to go.*
Mi pregạrono d'andare con loro.   *They begged me to go with them.*
Ho detto a Maria di venire con noi.   *I told Mary to come with us.*
Crede di parlare bene.   *She believes she speaks well.*
Ho dimenticato di dịrglielo.   *I forgot to tell him*

NOTE   The personal object of these verbs, if transitive (except pregare), is indirect in Italian.

4. The English present participle, preceded by the prepositions *before* (prima di), *without* (senza), *instead of* (invece di), and *besides* (oltre a) is translated in Italian by the infinitive.

Partì senza dirmi addio.   *She went away without saying good-bye to me.*

After dopo, however, the past infinitive is always used.

Dopo avere fatto colazione, andò a scuola.   *After eating breakfast, he went to school.*

5. Used before a noun, the preposition di expresses *possession, material, content,* etc.

Il libro di Giovanni.   *John's book.*
Un orologio d'oro.   *A gold watch.*
Un bicchiere di vino.   *A glass of wine.*

V. *L'infinito come sostantivo*
(The infinitive as a noun)

An infinitive is sometimes used as a noun (subject, direct object, or predicate) to translate the English gerund.

Mi piace nuotare.   *I like swimming.*
(Il) lẹggere è piacẹvole.   *Reading is entertaining.*

NOTE   When used as a subject, the infinitive may take the masculine definite article.

A. Formare nuove frasi, sostituendo il soggetto della proposizione subordinata con quelli indicati.

1. Voleva che mio fratello facesse l'architetto.
   (io; noi; mio fratello e mia sorella; voi; tu)
2. Sperava che io gli dessi dei soldi.
   (tu; noi; gli appaltatori; tu e tuo fratello; il signor Scaccia)
3. Preferivano che tu non dicessi niente.
   (noi; io; i giornali; voi; l'emigrante)

B. Rispondere a ciascuna delle domande seguenti.

ESEMPIO   Sapeva Lei che Salvatore Scaccia faceva il muratore?   ⟶
             No, non sapevo che facesse il muratore.

1. Sapevate che io facevo il professore?
2. Sapeva Lei che noi facevamo gl'ingegneri?
3. Sapeva che i fratelli Scaccia facevano gli appaltatori?
4. Sapeva che Salvatore Scaccia sempre dava quattrini al suo paese?
5. Sapevi che tutti dicevano che Carlo era molto ricco?
6. Sapeva che anche noi eravamo emigranti?

C. Rispondere a ciascuna delle domande seguenti, usando i pronomi appropriati.

ESEMPIO   Sapevi che avevo dato tutti i miei soldi?   ⟶   No, non sapevo che li avessi dati.

1. Sapevi che avevano dato una conferenza stampa?
2. Sapeva Lei che aveva scritto due biografie?
3. Sapevi che qualcuno aveva attraversato la penisola in bicicletta?
4. Sapevate che io avevo tradotto il titolo?
5. Sapevi che quegli emigranti avevano fatto molti quattrini?
6. Sapevi che noi avevamo raccontato la sua leggenda?

D. Formare frasi singole, includendo le congiunzioni che introducono il congiuntivo.

ESEMPIO   Ogni giorno camminavamo per due ore. Pioveva. (sebbene)   ⟶
             Ogni giorno camminavamo per due ore sebbene piovesse.

1. La vita era bella. Guadagnavamo poco. (benchè)
2. Ha scritto il libro in inglese. Tutti lo leggevano. (affinchè)
3. Voleva ritornare al paese. In America stava bene. (sebbene)
4. Desideravo vedere il Polo Nord. Il viaggio finiva. (prima che)
5. Parlavamo anche l'inglese. Ci capivano. (purchè)
6. Lavorava anche la domenica. C'era la partita. (a meno che)

La scrittrice e giornalista Oriana Fallaci

E. Rispondere alle seguenti domande nelle tre forme indicate nell'esempio.

ESEMPIO   Quando arriverà Renata?   ⟶   (ora, oggi) Penso che arrivi oggi.
(ieri) Pensavo che arrivasse ieri.
(ieri, ieri l'altro) Pensavo che fosse arrivata ieri l'altro.

1. Quando verranno i fratelli Scaccia?
2. Quando ritornerà il vecchio emigrante?
3. Quando partirà l'architetto?
4. Quando si incontreranno i due fratelli?
5. Quando rientreranno i tuoi zii?
6. Quando andrà al Vaticano tuo padre?

F. Completare le frasi seguenti con la forma corretta dei verbi fra parentesi.

1. Andremmo al lungomare se *(fare)* _____ bel tempo.
2. Se prendessimo la metropolitana, *(risparmiare)* _____ tempo e soldi.
3. Se ieri io *(potere)* _____ finire il compito, oggi *(andare)* _____ a sciare.
4. Imparereste tutto se *(studiare)* _____ sempre.
5. La professoressa dice che Francesco *(capire)* _____ sempre tutto.
6. Abbiamo salutato il signor Scaccia prima che lui *(partire)* _____.

G. Formare nuove frasi, usando gli elementi suggeriti nel tempo indicato dall'esempio.

ESEMPIO   Non era vero / Renata / crescere molto   ⟶
           Non era vero che Renata fosse cresciuta molto.

1. Era possibile / Salvatore Scaccia / ripetere molte cose
2. Era meglio / tu / non fare lo spiritoso
3. Era impossibile / voi / dare un milione di dollari al museo
4. Era probabile / i muratori / costruire l'ospedale
5. Anche noi credevamo / tutti / avviarsi verso l'uscita
6. Pensava / il viaggio / essere lungo e noioso

H. Formare frasi, usando gli elementi suggeriti e la preposizione a quando sia necessaria.

ESEMPIO   Loro / riuscire / capire tutto   ⟶   Loro riescono a capire tutto.

1. Io / preferire / parlare inglese
2. Anche tu / continuare / non capire
3. Noi / cominciare / raccontare la storia
4. Salvatore Scaccia / venire / far tradurre il libro
5. Salvatore Scaccia / non volere / far tradurre il libro
6. Salvatore Scaccia / incominciare / parlare ai giornalisti

I. Completare usando la preposizione corretta quando sia necessaria.

1. Quando incomincerete _____ scrivere la storia della vostra vita?
2. Puoi _____ venire con me?
3. Preferisco _____ andare a piedi.
4. Renata e gli zii sperano _____ rivedersi.
5. Vi insegnerò _____ parlare l'inglese.
6. Salvatore Scaccia lavorava moltissimo _____ giovane.
7. Che cosa sei venuto _____ vedere?
8. In qualche paese della Calabria c'era poco _____ mangiare.

■ **DOMANDE** ▬▬▬▬▬▬▬▬▬▬▬▬▬▬▬

Rispondere con frasi complete e originali.

1. Hai visto il Polo Nord? Se sì, quando?
2. C'è smog oggi nella tua città? In quale stagione c'è più smog?
3. Ci sono, o ci furono, emigranti nella tua famiglia? Quando arrivarono in America?
4. Che cosa farai quando avrai finito l'università?
5. Pensi che sia facile diventare milionario(-a)?
6. Ti piacerebbe diventare milionario(-a)? Perchè?
7. Leggi i giornali? Quali? Li leggi ogni giorno? Come sono le notizie di oggi?
8. Conosci qualche giornalista (uomo o donna)?
9. Qual è la tua opinione della stampa, in generale?

▪ RIELABORAZIONE

Riscrivere o ripetere in italiano.

1. Mr. Scaccia, hurry, please.
2. If we had read the papers, we would tell you the news.
3. They say that she gave a lot of money to a museum.
4. What did your father do (for a living)?
5. He was a journalist. My grandfather was a contractor.
6. Stop talking, Franco, we want to ask you something.
7. Lucky her, she became a millionaire.
8. I am afraid they have forgotten too many things.
9. Come now, stop being funny. This is a press conference.
10. It is up to us if we want to stay.

▪ DIALOGO APERTO

Intervista a Salvatore Scaccia. Completare correttamente e logicamente.

La giornalista: _____

S. Scaccia: Non lo sa ancora? Salvatore Scaccia!

La giornalista: _____

S. Scaccia: La mia età è un segreto. E poi non interessa a nessuno.

La giornalista: _____

S. Scaccia: Lasciai il mio paese nel 1908.

La giornalista: _____

S. Scaccia: No, io e la mia famiglia ci trasferimmo a Los Angeles nel 1922.

La giornalista: _____

S. Scaccia: Eh, ho fatto un po' tutti i mestieri. Ma certo non ho mai avuto paura di lavorare.

La giornalista: _____

S. Scaccia: Lo parlo ancora perchè l'ho parlato sempre.

La giornalista: _____

S. Scaccia: Con mia moglie, con i miei figli e con i miei amici.

La giornalista: _____

S. Scaccia: Anche mio figlio fa l'appaltatore. Mia figlia è professoressa d'italiano.

La giornalista: _____

S. Scaccia: Con il lavoro, con il risparmio e con la buona salute. E con un po' di fortuna!

▪ SITUAZIONE PRATICA

Lei è un autore o un'autrice di origine italiana. Ritorna in Italia per la prima volta ed è intervistato (intervistata). Formuli le domande dei giornalisti e le Sue risposte.

32

ITALIANI ALL' ẸSTERO

Due signori sulla trentina, Umberto Baldoni e Marino Visconti, s'incọntrano per caso nella galleria di Piazza Colonna a Roma.

Baldoni: Visconti! Marino Visconti, sei prọprio tu?

Visconti: Ma sì, caro Baldoni, che bella sorpresa!

Baldoni: Quanti anni sono che non ci vediamo?

Visconti: Almeno sei; da quando ci siamo laureati.

Baldoni: Avevo sentito dire ch'eri all'ẹstero, ma non sapevo dove.

Visconti: Nel cuore del Brasile, con una spedizione di ricerche mẹdiche. Sono in Itạlia dopo un'assenza di tre anni per una breve vacanza.

Baldoni: Già, tu eri fissato con le malattie tropicali. Ti ricordi i lunghi discorsi che ci facevi ascoltare?

Visconti: Certo. E tu che fai?

Baldoni: Anch'io lavoro fuori d'Itạlia — a New York, con la missione italiana alle Nazioni Unite.

Visconti: Dev'ẹssere un lavoro interessante. E poi New York è sempre New York!

Baldoni: D'accordo. New York è affascinante, ma il lavoro a volte è monọtono.

Visconti: Come va che sei in Itạlia?

Baldoni: Ogni sei mesi mi fanno rientrare al Ministero degli Ẹsteri per alcuni giorni.

Visconti: Mi sembra un impiego ideale. Ti sei sposato?

Baldoni: Sì, un anno fa. E tu?

Visconti: Io sono ancora scạpolo.

Baldoni: Vedi mai qualcuno dei vecchi compagni di università?

Due vecchi compagni di università s'incontrano per caso a Roma:
—*Che bella sorpresa!*
—*Quanti anni sono che non ci vediamo?*

Visconti:	Raramente. Pochi si spingono nelle giungle del Brasile.
Baldoni:	Io ogni tanto ne vedo qualcuno; oggi molti Italiani vanno a New York per una ragione o per un'altra.
Visconti:	Siamo tutti un po' sparsi per il mondo, no?
Baldoni:	Eh sì! In Italia le possibilità di lavoro sono limitate, e così l'emigrazione continua anche fra i professionisti. Tu quando riparti?
Visconti:	Domani mattina.
Baldoni:	Allora perchè non ci troviamo stasera? Così ti farò conoscere mia moglie Elena.
Visconti:	Volentieri; sul tardi, però, ho molte cose da fare e fra l'altro devo farmi rinnovare il passaporto.
Baldoni:	Alle nove; va bene?
Visconti:	Sì, dove? Io sono all'Albergo Vittoria.
Baldoni:	Benissimo; passerò a prenderti con Elena.
Visconti:	Ciao; a stasera.

DOMANDE

1. Che vuol dire che i due signori sono sulla trentina?
2. In che consiste la bella sorpresa?
3. Che fa Visconti nel Brasile?
4. Per chi e dove lavora Baldoni?
5. Le piacerebbe lavorare all'estero? Perchè?
6. Sono più felici degli uomini sposati gli scapoli?
7. Perchè ogni tanto Baldoni vede qualche Italiano a New York?
8. Perchè Baldoni spera che si possano trovare quella sera?
9. Visconti andrà dai Baldoni?
10. Quando è necessario un passaporto?

VOCABOLARIO

Sostantivi

l' **assenza**   absence
il **Brasile**   Brazil
il **cuore**   heart
il **discorso**   speech
   Elena   Helen
la **galleria**   arcade, gallery
la **giungla**   jungle
l' **impiego**   job, position
la **malattia**   disease
il **Ministero degli Esteri**   Ministry of Foreign
   Affairs
la **missione**   mission
le **Nazioni Unite**   United Nations
la **possibilità**   possibility
il **professionista**   professional (person)
la **ricerca**   research
la **sorpresa**   surprise
la **spedizione**   expedition

Aggettivi

limitato   limited
medico   medical
monotono   monotonous
scapolo   unmarried
tropicale   tropical

Verbi

fissarsi   to be obsessed with
laurearsi   to graduate *(from a college)*
rinnovare   to renew
ripartire   to leave again
sparso (*p.p. of* **spargere**)   scattered
spingersi   to push on, to go out
sposarsi   to get married
trovarsi   to meet

Altri vocaboli

volentieri   gladly

Espressioni

come va (che)?   how come?
fare rientrare   to call back
fra l'altro   among other things
ogni tanto   now and then
passerò a prenderti   I'll come by to pick you
   up
sentir dire   to hear *(someone say)*
sulla trentina   about thirty
sul tardi   on the late side

RAMMATICA

I. Il verbo fare con l'infinito
(The verb fare *with a dependent infinitive)*

1. The verb fare followed by an infinitive indicates that the action is carried out by someone else, namely, it translates the English *to have something done;* for example, *They are having the car painted.* Thus, fare + infinitive + noun = *to have* + noun + past participle.

Faccio tradurre una poesia. *I am having a poem translated.*
Facciamo pulire la casa. *We are having the house cleaned.*
Maria ha fatto rinnovare il passaporto. *Mary had her passport renewed.*

2. Fare followed by an infinitive also translates *to have someone do something.* In this causal construction the noun object follows the infinitive, but the pronoun object precedes the verb fare.

Faccio cantare Mario. *I am having Mario sing.*
Lo faccio cantare. *I am having him sing.*
Faremo venire Luisa a casa nostra. *We will have Louise come to our house.*
La faremo venire a casa nostra. *We will have her come to our house.*
L'insegnante ci faceva studiare tutti i giorni. *The teacher had us study every day.*

In the above construction, if there are two objects, the *thing* is a direct object and the *person* an indirect object. Both follow the infinitive if they are nouns (the direct preceding the indirect), but precede fare if they are pronouns.

Farò leggere la lezione a Maria. *I will have Mary read the lesson.*
Gliela farò leggere. *I will have her read it.*
Faremo visitare il museo ai nostri amici. *We will have our friends visit the museum.*
Glielo faremo visitare. *We will have them visit it.*

When the action is done on behalf of the subject, the verb fare should be made reflexive.

Si fece lavare i capelli.   *She had her hair washed.*
Si faranno riverniciare la macchina.   *They will have their car repainted.*

3. Constructions such as *I will have John accompany me* are translated as if they expressed in English *I shall have myself accompanied by John.*

Mi farò accompagnare da Giovanni.   *I will have John accompany me.*
Ci facciamo lavare le camicie dalla cameriera.   *We are having the maid wash our shirts.*

ESERCIZI

A. Formare nuove frasi, usando i soggetti indicati.

1. No, il professore non mi fa sbagliare.
    (tu; la guida; i miei amici; voi)
2. Sì, lo faremo pensare.
    (tu; io; questo libro; queste notizie; voi)
3. Questo dramma ci ha fatto riflettere molto.
    (voi; *La Divina Commedia;* le possibilità di lavoro; tu)

B. Rispondere a ciascuna delle domande seguenti.

ESEMPIO   Traduci tu questo libro?   ⟶   No, lo faccio tradurre.

1. Aprite voi il negozio?
2. Fa lui questo anello?
3. Pulisci tu la casa?
4. Chiedete voi il permesso?
5. Rinnova lui il passaporto?
6. Scrivete voi gli esercizi?

C. Rispondere a ciascuna delle domande seguenti.

ESEMPIO   Chi farai venire? (Mario)   ⟶   Farò venire Mario.

1. Chi farete cantare? (gli studenti di primo anno)
2. Chi faranno rientrare? (il signor Baldoni)
3. Chi farai leggere ad alta voce? (quella studentessa là)
4. Chi farai ripetere? (lo studente che non ascolta)
5. Chi farete cominciare? (Gianni)
6. Chi farà andare al congresso il presidente dell'università? (solo gli studenti universitari)

D. Completare le frasi seguenti secondo l'esempio.

ESEMPIO   Farei ripetere questa poesia ma…   ⟶
          Farei ripetere questa poesia ma l'ho già fatta ripetere.

1. Faremmo tradurre queste espressioni ma…
2. Salvatore Scaccia farebbe raccontare quella storia ma…
3. Faresti rinnovare il permesso ma…
4. Farebbero ascoltare questi dischi ma…
5. Farebbero costruire un ospedale ma…
6. Farei leggere questi fumetti ma…

E. Riscrivere le frasi seguenti al passato, sostituendo il complemento indiretto con il pronome appropriato.

ESEMPIO   Fanno cambiare opinione alla loro professoressa.   ⟶
          Le hanno fatto cambiare opinione.

1. Faccio leggere *L'Espresso* ai professionisti emigrati.
2. Facciamo ascoltare *I Puritani* al signor Visconti.
3. Faccio notare tutte le possibilità alla giornalista.
4. Fai scrivere la loro storia a queste vecchie emigranti italiane.
5. Fate guardare la partita all'amico scapolo.
6. Fa spiegare le ragioni della visita alla sua compagna d'università.

F. Riscrivere le frasi seguenti secondo l'esempio.

ESEMPIO   Farò aprire il negozio a mio figlio.   ⟶   Glielo farò aprire.

1. Faremo rinnovare i passaporti a tutti.
2. La guida farà visitare la Cappella Sistina alla vecchia nonna.
3. Farai ascoltare questo lungo discorso a noi?
4. Farete ordinare la pizza a Giovanni?
5. Vi farò leggere la storia della mia vita.
6. Faranno aumentare la produzione agli industriali.

■ RIELABORAZIONE

Dare l'equivalente italiano.

1. She had the student write the word.
2. She had him write it.
3. He made us listen to his speech.
4. We will have her come tomorrow.
5. She makes him eat the carrots.
6. Today I am going to have my hair washed.
7. The farmers will have their farms converted.
8. I don't want to have my house converted.
9. She had me accompany her.

Rispondere con frasi complete e originali.

1. Ti piacerebbe vivere e lavorare all'estero? Dove?
2. Che cosa vorresti fare?
3. Che cosa credi che faranno i tuoi compagni di classe quando avranno finito l'università?
4. Dove credi che preferiranno vivere?
5. Quali dei tuoi compagni vedrai dopo la fine del corso?
6. Anche tu vai spesso a New York? Se sì, perchè? Se no, perchè?
7. Vedi spesso qualche tuo compagno(a) della scuola secondaria?
8. Che cosa fanno?
9. Di che cosa parlate quando vi vedete?

■ **SITUAZIONE PRATICA**

Sei anni dopo aver finito l'università due compagni (o compagne) di classe si incontrano. Presenti il dialogo che ha luogo fra loro.

—*Avevo sentito dire ch'eri all'estero.*
—*Sì, lavoro fuori d'Italia—a New York.*
—*Oggi molti Italiani vanno a New York per una ragione o per un'altra.*
—*Siamo tutti un po' sparsi per il mondo, no?*

L'EMIGRANTE ITALIANO

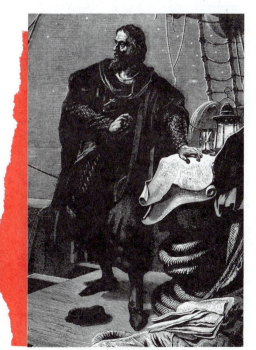

Cristoforo Colombo e la scoperta dell'America

L'emigrazione italiana all'estero, che era già notevole nel secolo diciannovesimo e che si accentuò nel primo decennio del ventesimo, non è mai cessata. Si calcola che dal 1830 a oggi diversi milioni di Italiani si sono sparsi per quasi ogni parte del mondo, dall'Australia al Canadà, dall'America del Sud agli Stati Uniti e a molti paesi europei.

Ma la tradizione dell'Italiano all'estero, del viaggiatore, dell'esploratore, risale a molti secoli fa. Il più conosciuto degli antichi viaggiatori italiani fu senz'altro Marco Polo. La storia dei suoi viaggi nell'Estremo Oriente, raccontata nel suo libro *Il Milione,* si legge anche oggi con grande interesse e con profitto. Nel periodo della scoperta del nuovo mondo navigatori italiani, di solito al servizio di altri paesi, ebbero una parte importantissima negli avvenimenti dell'epoca. I nomi di Cristoforo Colombo, Giovanni Caboto, Amerigo Vespucci, Giovanni da Verrazzano e di altri ancora, sono intimamente legati alla scoperta dell'America e di altre parti del mondo.

L'Italia, fino a non molti anni fa, era un paese prevalentemente agricolo e non offriva molte possibilità di lavoro. Oggi, con l'industrializzazione di una buona parte della penisola, il problema della disoccupazione è stato alleviato ma non risolto. Gl'Italiani continuano a emigrare, ma in numero sempre più piccolo. Nondimeno, è difficile trovare un paese nel mondo dove non vi sia, anche se esiguo, un numero d'Italiani.

accentuarsi *to increase perceptibly* / agricolo *agricultural* / al servizio di *in the service of* / calcolare *to estimate* / cessare *to cease* / la disoccupazione *unemployment* / diversi *several* / esiguo *small* / l'Estremo Oriente *Far East* / notevole *considerable, noteworthy* / la patria *homeland, fatherland* / prevalentemente *prevailingly* / risolto (*p.p.* of risolvere) *solved* / la scoperta *discovery* / senz'altro *without a doubt* / il viaggiatore *traveler*

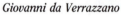

Giovanni da Verrazzano

Amerigo Vespucci, navigatore
fiorentino

■ **DOMANDE** ▬▬▬▬▬▬

1. Quando è cominciata l'emigrazione italiana all'estero?
2. Dove si trovano molti emigranti italiani?
3. Quali furono alcuni grandi navigatori italiani?
4. Qual è la ragione principale dell'emigrazione?
5. Che cosa cercano gli emigranti italiani all'estero?
6. In che senso c'è il problema della disoccupazione in Italia?
7. Il numero di emigranti italiani è maggiore o minore di una volta?

RIPETIZIONE VIII

A. Completare con la forma corretta dell'articolo e della preposizione.

1. _____ italiano è bello, non è vero?
2. Andiamo sempre _____ cinema.
3. Quella è la mia compagna _____ università.
4. Quanto costano _____ orologi svizzeri?
5. Andremo _____ Italia del Nord.
6. Gianni l'aspetta vicino _____ albergo.

B. Completare con la forma corretta dell'aggetivo **bello**.

1. Ieri i fagiolini erano molto _____.
2. Fa _____ tempo, oggi.
3. Mastroianni e Giannini non sono due _____ appaltatori.
4. Che _____ scherzo!
5. Che _____ ragazze!
6. Che _____ ragazzi!

C. Dare l'equivalente italiano.

1. our expedition
2. his brothers
3. our dear little sister
4. her vacations
5. their monotonous speeches
6. his arms

D. Riscrivere al plurale.

1. Questo telegramma sarà certamente troppo lungo.
2. Il dito di Giannino è corto.
3. Quell'autobus era sempre in ritardo.
4. Questa possibilità è molto limitata.
5. Il Greco è mio amico.
6. La tua valigia è grande e grigia.

E. Riscrivere le frasi usando le forme alternative.

ESEMPIO   delle centinaia $\longrightarrow$ alcune centinaia
                                                        qualche centinaio

1. delle uova
2. degli uccelli
3. dei professionisti
4. delle giornaliste
5. delle dita

6. degli appaltatori
7. dei personaggi
8. delle edizioni
9. delle migliaia
10. dei muratori

F. Completare le frasi seguenti mettendo i verbi al passato prossimo. Fare tutti i cambiamenti necessari.

1. Ieri io *(uscire)* _____ con Adriana e le *(raccontare)* _____ l'affascinante storia di un'emigrante italiana.
2. Renata *(stare)* _____ in America quattro mesi e *(imparare)* _____ l'inglese molto bene.
3. Il signor Maratti e sua moglie *(stare in piedi)* _____ vicino alla porta e *(fermarsi)* _____ per un'ora.
4. Noi *(incontrare)* _____ due vecchie compagne e le *(accompagnare)* _____ alla libreria.

G. Volgere il brano seguente al passato. Prestare attenzione alla necessità di usare *il passato prossimo* o *l'imperfetto*.

L'aereo del Presidente Botticelli arriva alle 10 in punto. Il Presidente americano e sua moglie stanno aspettando. Sono cinque anni che i due Presidenti non si vedono. Quando la porta dell'aereo si apre il Presidente Botticelli saluta molto cortesemente. La banda suona gli inni nazionali, poi i due Presidenti e la signora vanno verso l'automobile. Piove e tira vento. L'automobile arriva alla residenza presidenziale alle 10 e 45 minuti. Ci sono molti turisti che guardano. I due Presidenti li salutano e poi entrano nell'edificio. Il Presidente Botticelli ha molto sonno. Per questo dice « Arrivederci » e va a dormire. Il Presidente americano risponde: « ArrivederLa » e ritorna nel suo ufficio dove molte persone lo aspettano.

H. Riscrivere le frasi seguenti all'imperativo, sostituendo le parole in corsivo con i pronomi appropriati.

ESEMPIO   Tu non compri le *sigarette*. $\longrightarrow$ Per favore, non comprarle.

1. La signora Scaccia dà *quattrini a tutti*.
2. Voi andate *all'edicola*.
3. Lui sfoglia molti *libri*.
4. Voi non pagate *la rivista spinta*.
5. Tu non rifiuti mai *il cappuccino*.
6. Sempre diamo *informazioni utili ai turisti*.

I. Domandi a un amico o a un'amica...

1. if he (she) is thirsty
2. if he (she) was cold yesterday
3. how old he (she) will be next year

4. why he (she) is in a hurry
5. why he (she) does not take a short walk
6. by whom he (she) has his (her) house cleaned

J. Completare con la forma corretta del verbo fra parentesi.

1. Credo che le due ragazze *(andare)* _____ a Piazza di Spagna ieri.
2. Il giovedì la professoressa credeva che tutti *(capire)* _____ le spiegazioni del martedì.
3. Dice che l'appaltatore *(esagerare)* _____ sempre.
4. Mi hanno salutato prima che io *(entrare)* _____ nella banca.
5. Se non potessero rinnovare il passaporto, *(ripartire)* _____.
6. Se tu *(essere al corrente)* _____, non diresti questo.

RIELABORAZIONE

Dare l'equivalente italiano.

1. I would like to go downtown today.
2. Graziella, would you like to take a short walk?
3. Renata and Marina didn't like Gianni and Umberto.
4. In Italy they drink a lot of coffee.
5. That villa was built by a famous architect.
6. Italian isn't studied at that university.
7. She makes us think.
8. Will you make her pay for the coffee?

SITUAZIONE PRATICA

Scelga uno dei dialoghi di questo libro e scriva la sua continuazione.

La serie "I Grandi di Tutti Tempi" è disponibile TRAMITE ITALIAN PUBLICATIONS, Inc., distributore dei giornali, riviste, e libri italiani in America dal 1947.

L'ITALIA E L'AMERICA

L'Italia e l'America sono state legate da intimi rapporti dal giorno della scoperta del nuovo continente fino a oggi. Un italiano, Cristoforo Colombo, scoprì l'America. Il nuovo continente fu chiamato *America* in onore di un altro navigatore italiano, Amerigo Vespucci. Attraverso i secoli l'arte, la musica, la letteratura e le scoperte dei grandi scienziati italiani hanno avuto un'influenza profonda nello sviluppo della civiltà americana. Dante, Michelangelo, Leonardo, Galileo, Marconi, sono parte del patrimonio culturale americano come di quello italiano.

GALILEO DEMONSTRATING HIS SYSTEM.

Whitney & Jocelyn Sc. N.Y.

Leonardo da Vinci—autoritratto

Giancarlo Menotti

Oggi negli Stati Uniti la presenza della cultura italiana nella vita giornaliera degli Americani ha radici profonde. Dalla cucina alla musica, dalle arti figurative al cinematografo, gli esempi di influssi italiani sono innumerevoli. D'altro canto, gli Stati Uniti hanno influenzato la cultura italiana negli ultimi cinquant'anni, e le relazioni culturali, politiche e economiche sono in un flusso costante in tutte e due le direzioni.

Nei tempi moderni la presenza italiana negli Stati Uniti è stata accentuata dall'arrivo di milioni di emigranti. Tra questi, individui come Arturo Toscanini, Amedeo Giannini, Enrico Fermi, Giancarlo Menotti e tanti, tanti altri hanno dato un contributo essenziale nei loro campi rispettivi. Venticinque milioni di cittadini americani di origine italiana vivono oggi negli Stati Uniti e l'impronta del loro patrimonio culturale dalla terra dei loro antenati è ormai un fatto storico.

la civiltà *civilization* / come *as well as* / d'altro canpo *on the other hand* / il flusso *flux* / Giannini, Amedeo P. (1870–1949) *financier, founder of the Bank of America* / giornaliero *daily* / l'impronta *imprint, mark* / innumerevole *innumerable* / Marconi, Guglielmo (1874–1937) *scientist, inventor of wireless telegraphy* / il patrimonio *heritage* / la radice *root* / lo scienziato *scientist* / scoprire *to discover* / Toscanini, Arturo (1867–1957) *musical director*

1. Perchè l'America si chiama così?
2. Ęrano artisti o navigatori Marconi e Galileo?
3. L'Itạlia ha influenzato l'Amęrica soltanto nella cucina?
4. E l'Amęrica, come ha influenzato l'Itạlia negli ụltimi cinquant'anni?
5. In che campo ha fatto un gran contributo Arturo Toscanini?
6. Quanti Americani d'orịgine italiana ci sono negli Stati Uniti?
7. Cos'è ormai un fatto stọrico?

Appendix

DIALOGUE TRANSLATIONS

1 The telephone

The telephone rings. Graziella Maratti, Adriana Maratti's mother, picks up the phone.

Mrs. Maratti:	Hello.
John:	Hello. Good morning, Mrs. Maratti.
Mrs. Maratti:	Good morning. Who's speaking?
John:	This is John. How are you?
Mrs. Maratti:	Ah, good morning, John. I'm fine, thank you, and you?
John:	I'm fine, thank you. Is Adriana there?
Mrs. Maratti:	Yes. One moment. *(She calls.)* Adriana, Adriana! Telephone! It's John! . . . John, here's Adriana.
Adriana:	Hello.
John:	Hi, Adriana, how are you?
Adriana:	Not bad, John. Good morning.
John:	What are you doing? Are you watching television?
Adriana:	Don't I wish it! What's new?
John:	I can't find the class notes for our economics course.
Adriana:	The last (class) notes?
John:	Yes.
Adriana:	Do you have the book?
John:	Yes, I have the books, but I can't find the notes.
Adriana:	Do you want the copy that I have?
John:	Yes, thanks. When?
Adriana:	Today, at school. Is that all right?
John:	Great. Good-bye, then.
Adriana:	Good-bye.

2 The first day of school

It's the first day of school for university students. Adriana and John arrive at school and meet two students.

Adriana:	Good morning, Frank. How's it going?

Frank:	*(He sees Adriana.)* Look who's here! Hi, Adriana, how are you?
Adriana:	Very well.
John:	Hi, Frank. Do you have a class now, too? Frank, why don't you answer?
Frank:	What?
John:	Do you have a class now?
Frank:	Yes, mathematics, unfortunately.
Adriana:	Why unfortunately?
Frank:	Because today is the first day of school and because math and I don't get along.
Adriana:	Too bad. Ah . . . here's Ann! Frank, John, do you know Ann?
Frank:	No, I don't know Ann.
Ann:	My name is Ann Silvani. I'm a first-year student.
Frank:	It's a pleasure to meet you. I'm Frank Venturi and he's John Spinola. I study philosophy and he studies as little as possible.
John:	And you, what are you studying?
Ann:	Medicine
	While the boys and girls continue to speak, the professors arrive and classes begin.

3   A conversation in the students' cafeteria

Italian students, like American students, or like students of all countries, always have little money. The students' cafeteria is popular because the prices are moderate. It's noon, and a group of students occupies a table.

Bruno:	What are you going to eat? What's good today?
Frank:	There is soup, meat, fish and vegetables. I'm not eating because I'm not hungry.
John:	I recommend the fish; it's good. The soup is good also.
Bruno:	I'll take meat and vegetables.
Adriana:	So, you're leaving tomorrow.
Bruno:	Yes, tomorrow at noon.
Frank:	Where are you going?
Bruno:	To a convention of university students.
John:	Where? In Rome?
Bruno:	No, in Venice.
Adriana:	Lucky you! Are you going alone?
Bruno:	No, with three other students. There will be three Italians and one American girl in all.
Frank:	Have a good trip and have a good time.
Bruno:	Thanks. So long now.
John:	Why? Are you in a hurry?
Bruno:	Yes, unfortunately, I have a class.

4   School friends

Michael and Mario are upper secondary-school students. They are in the classroom. They have an English class now. The professor, Doc-

tor Centrini, opens his book and says: "Here is the assignment for tomorrow. Reading, from page 5 to page 8. The exercises are on page 10." Mario is writing his last notes as the bell rings.

Michael:	Where are you going now?
Mario:	What?
Michael:	Can't you hear? Where are you going?
Mario:	Oh, I'm going home. I'm going to study.
Michael:	Are you in a great hurry?
Mario:	No, on the contrary.
Michael:	Why don't we walk then?
Mario:	That's a good idea. I'll finish taking some notes and we'll go.
Michael:	Why do you take so many notes?
Mario:	Because without notes I don't understand the lessons well.
Michael:	Are you ready?
Mario:	Yes. All done. I'm ready.
Michael and Mario:	(*They go toward the exit.*) Good evening, Professor Centrini. Good-bye.
Professor Centrini:	Good evening. Good-bye.
Mario:	The English language is very difficult.
Michael:	That's true. Many languages are difficult.
Mario:	Do you want to study together for the exam tonight?
Michael:	Yes. After supper, at my house.
Mario:	Are you going to see the game on Sunday?
Michael:	No, I'm not going out on Sunday, I don't have time. Are you going out?
Mario:	No. I'm not going out either. I don't have the money.
Michael:	See you tonight then.
Mario:	See you tonight.

5   The Borghini family

The Borghini family lives in an apartment in a beautiful building in the suburbs. In this apartment there are two bedrooms, the living room, the dining room, the kitchen, and the bathroom. It isn't a large apartment, but it's comfortable. The Borghinis have two daughters, Marina and Vanna. Marina is eighteen years old and goes to Teacher's College. Vanna is twenty years old and is employed in a travel agency. Mr. Borghini is a bookkeeper and works for a home appliance company. Today is Friday. Mrs. Borghini needs stockings and shoes and is ready to leave to go downtown. She is talking with Marina.

Mrs. Borghini:	Marina, I'm going shopping downtown. Are you coming, too?
Marina:	No, Mom, I'm not coming because I have an appointment. What are you going to buy?
Mrs. Borghini:	Some shoes and some stockings. These blue shoes are old.
Marina:	Where are you going, to the Rinascente?
Mrs. Borghini:	No, I'm going to that store on Verdi Street.
Marina:	It's a good idea. It's a beautiful store. They have some beautiful dresses and some very elegant shoes there, and not very expensive.
Mrs. Borghini:	When will you be coming back from your appointment?

Marina:	Early, why?
Mrs. Borghini:	Because tonight we are eating early. Dad and I are going to the movies. Bye.
Marina:	Bye, Mom.

6 *At James'—the greengrocer*

Mrs. Borghini is an old customer of James'. Supermarkets are now very common in all Italian cities, but Mrs. Borghini prefers to shop the old-fashioned way. She buys fruit and vegetables at James' place, meat at the butcher's, and bread at the baker's.

Mrs. Borghini:	What lovely strawberries, James! How much do they cost?
James:	They are lovely, aren't they? Do you want them?
Mrs. Borghini:	Yes, but how much are they?
James:	Ninety-five lire a hectogram (100 grams).
Mrs. Borghini:	They're very expensive.
James:	They're the first of the season. It's still spring.
Mrs. Borghini:	They're really too expensive. I won't take them today.
James:	Why don't you go buy them at the supermarket? There they also sell frozen fruit.
Mrs. Borghini:	No, James, we don't eat frozen fruit.
James:	But frozen strawberries are good, you know?
Mrs. Borghini:	It's true, however, I prefer fresh fruit. This morning I'll only take the vegetables.
James:	Here are the carrots and the string beans. Do you want anything else?
Mrs. Borghini:	No. What time is it?
James:	Eleven-twenty . . . no, eleven-thirty.
Mrs. Borghini:	It's still early. Mr. Borghini returns home at half past noon. I'll go to the baker's now to buy bread. Good-bye, James.
James:	Good day, Mrs. Borghini.

7 *Breakfast*

It is seven-thirty in the morning, and the Borghini family is already seated at the table for breakfast.

Mr. Borghini:	Good morning, Emily. Good morning, girls.
Vanna and Marina:	Good morning, dad.
Mrs. Borghini:	Good morning, Paul. Did you sleep well?
Mr. Borghini:	Like a log. And now I'm hungry.
Mrs. Borghini:	Here are the rolls, the croissants, and the jam.
Vanna:	Here is the coffee, dad. It's nice and hot.
Marina:	I'm having coffee with milk this morning.
Mrs. Borghini:	How did the meeting go last night, Paul?
Mr. Borghini:	It was very interesting. Even the director came . . . Sugar, please.
Vanna:	Here it is. More coffee, dad?

Mr. Borghini:	No, thank you. This coffee is so strong! I spoke with many people.
Mrs. Borghini:	Did you see Doctor Corso also?
Mr. Borghini:	No, I didn't see him. *(He takes another roll, some butter, and some jam.)* And what's new here at home? How's school going, Marina?
Marina:	The same old story. Nothing new.
Mr. Borghini:	*(to Vanna)* And at the travel agency?
Vanna:	We have two new items: an excursion to Paris for the fifteenth of August, and one to London for the first of September.
Marina:	Mom, is there any more coffee with milk?
Mrs. Borghini:	No, it's finished.
Marina:	What a pity!
Mr. Borghini:	*(He looks at his watch.)* It's eight-fifteen, and, as usual, I'm late. Bye.

8   *What a beautiful day!*

Today is Sunday. It is the fifth of April. It's a beautiful spring day. Vanna is near the door, ready to leave the house, and she speaks with her sister.

Vanna:	What a beautiful day!
Marina:	Fantastic. It's a shame to stay at home.
Vanna:	That's true. In fact, I'm not staying home.
Marina:	No? Where are you going?
Vanna:	To a picnic with some friends.
Marina:	Which friends?
Vanna:	My usual friends, John, Charles, Adriana, and Louise.
Marina:	Are you going with our car?
Vanna:	No. Charles is taking his; it's bigger. And, also, he drives well. And what are you going to do?
Marina:	I'm staying here, unfortunately. Professor Tucci has given a lot of homework for tomorrow.
Vanna:	What a dirty trick! It's Sunday, it's a splendid day. Today isn't a day for studying.
Marina:	Patience!
Vanna:	Did you see my sunglasses?
Marina:	No. If you don't find them, I'll give you mine.
Vanna:	Thanks. I found them. Here they are, in my purse.
Marina:	Oh, here come Mom and Dad.
Mr. Borghini:	We're about to go to the Cascine for a short walk. What are you going to do?
Vanna:	I'm going out with some friends.
Marina:	I'm staying home to study, instead.
Mrs. Borghini:	I'm sorry. Do you want anything?
Marina:	No, thanks.
Vanna:	*(to Marina)* Bye. Have a good time!
Marina:	You're so funny!

9   *The city of canals*

Mr. and Mrs. Wheaton, two Americans, have gone to Italy to see four cities: Venice, Florence, Rome, and Naples. They arrived in Venice last night and at this moment Mr. Wheaton enters a travel agency.

Clerk: Good evening, may I help you?

Mr. Wheaton: I would like some information; I would like to take a tour of the city.

Clerk: There is an excellent tour tomorrow. It starts at nine in the morning and it ends at four in the afternoon.

Mr. Wheaton: Fine.

Clerk: It starts from St. Mark's Square . . .

Mr. Wheaton: One moment . . . do you have . . . how do you say . . . a map of Venice?

Clerk: A map of Venice?

Mr. Wheaton: Exactly.

Clerk: *(He gives Mr. Wheaton a map.)* Here, if you look at the map, you'll see here St. Mark's Square. The walking tour begins here because first we visit St. Mark's Church and the Doges' Palace.

Mr. Wheaton: And the Bell Tower?

Clerk: No, I'm sorry, the Bell Tower is never included in this tour.

Mr. Wheaton: Excuse me, what do you mean (to say)?

Clerk: I mean that the Bell Tower is never part of the tour. Then, on the ferryboat, we'll go from St. Mark's Square to the island of Murano. There, we'll visit a glass factory, and then we'll have lunch. After lunch, again on the ferry, we'll go to the Lido.

Mr. Wheaton: Oh, that's fine. Fine.

Clerk: At the Lido, if the weather is good, we'll take a walk on the beach.

Mr. Wheaton: And what if the weather is bad?

Clerk: In summer, the weather is hardly ever bad. However, if it rains or if it's windy, the group will return directly to the Station Square instead, and from there to St. Mark's along the Grand Canal on the ferryboat or in a gondola.

Mr. Wheaton: Very good.

Clerk: Would you like a ticket then?

Mr. Wheaton: Two tickets, please, because my wife is also coming.

10   *In Florence*

Yesterday Mr. and Mrs. Wheaton left Venice to go to Florence. They rented a Fiat and made the whole trip by car. In Florence they found a hotel that they like very much, especially because their room faces the Arno. Now Mrs. Wheaton is talking with the desk clerk because she wants to mail some letters.

Desk clerk: Good morning, madam, you have already had breakfast so early?

Mrs. Wheaton: Yes, today we had breakfast early because this morning we want to visit the Uffizi, and in the afternoon the Cathedral. But first, I must mail these letters. Do you know where the post office is?

Desk clerk:	The post office is far, but they also sell stamps here at the corner.
Mrs. Wheaton:	Great. Do you know if the shop is already open?
Desk clerk:	Yes, yes. At this time it's already open.
Mrs. Wheaton:	*(to the clerk)* Ten air-mail stamps for the United States, please.
Desk clerk:	For letters or postcards?
Mrs. Wheaton:	For letters. What beautiful stamps!
Desk clerk:	They're new; do you like them?
Mrs. Wheaton:	Very much. I don't have any small change. Is it all right if I give you five thousand lire?
Desk clerk:	Yes, certainly. Here's the change. Good-bye, madam.
Desk clerk:	You've come back so soon, madam. It's true that at this hour there's hardly anyone in the stores. Oh, here's your husband. Good morning, Mr. Wheaton.
Mr. Wheaton:	Good morning.
Desk clerk:	Well, do you like Florence?
Mr. Wheaton:	We don't know yet. We don't know the city at all.
Desk clerk:	If you want to see a view of the whole city, I recommend that you go to Piazzale Michelangelo.
Mr. Wheaton:	Thank you.

11   *The Eternal City*

Mr. and Mrs. Wheaton are in Rome. This morning they woke up very early; they dressed quickly and went out. Now it's ten o'clock, and after a visit to the Colosseum, where they took many pictures, they are at a bus stop and are speaking with a police officer.

Mr. Wheaton:	Excuse me, does the bus for St. Peter's Square go by here?
Police officer:	Yes, it's number 31. Are you going to visit the Vatican?
Mrs. Wheaton:	Yes, we want to see St. Peter's Basilica and, especially, Michelangelo's frescoes in the Sistine Chapel.
Police officer:	It is well worth it. They are magnificent works.
Mr. Wheaton:	Is the bus ever coming? Is it late?
Police officer:	No, it's not at all late. Number 31 goes by at half past ten, in seven minutes.
Mrs. Wheaton:	In that case, I'm going to sit down and rest a while.

(She sits on the bench at the bus stop.)

Mr. Wheaton:	Is St. Peter's Square far?
Police officer:	Oh yes, it's a bit far. But by bus it only takes ten minutes.
Mr. Wheaton:	Ah, here comes the bus!
Police officer:	Yes, it is indeed number 31. Good day and have a nice time.
Mr. & Mrs. Wheaton:	Thank you. Good day.

12   *In Naples*

Three days ago Mr. and Mrs. Wheaton arrived in Naples by train. The day before yesterday they visited Amalfi and Capri, and yester-

day they went to Pompei. For today they have planned several interesting things. First, they will take a ride by taxi along the sea, then they will dine at a well-known restaurant near the port, and later they will go dancing at a discotheque downtown. Right now, they are about to get in a taxi.

Taxi driver:	Are you ready? Shall we go?
Mr. Wheaton:	Yes, let's go.
Taxi driver:	Good. Well then, we are now passing in front of the San Carlo Theater . . . There, on the right, is the Royal Palace. In a few minutes we'll be at Santa Lucia.
Mr. Wheaton:	Is that the Santa Lucia of the famous song?
Taxi driver:	Yes, it's one of the old Neapolitan songs. Here we are at Santa Lucia. Are you getting off for a moment? There is a very beautiful view. Now, there is the Vesuvius, and that bluish island is Capri.
Mrs. Wheaton:	Yes, it is a marvelous view, and what a beautiful day.
Taxi driver:	Here in Naples every day is a beautiful day.
Mr. Wheaton:	You are kidding us.
Taxi driver	No, no, not at all. It's the truth. In Naples the sun is always out.
Mrs. Wheaton:	Could be, but I don't believe it.
Taxi driver:	Well, not every day, but almost every day. All joking aside, Naples has really an excellent climate . . . . Why don't you take a couple of pictures?
Mr. Wheaton:	Because I forgot to buy a roll of film.
Taxi driver:	It's really too bad!

13   *Shall we go to the movies?*

Even though, as in many countries of the world, generally everyone has a television set at home today in Italy, the movie theater continues to be popular and to attract many people. These days, they are showing a film by a young director who has been very successful, not only in Italy, but particularly in the United States, where he has won an Oscar.
Adriana and one of her friends, Lidia, are waiting in line at the theater's ticket booth.

Adriana:	How long is it since we last saw each other?
Lidia:	At least two months. I haven't had a free moment. You know that you're looking very well?
Adriana:	You, too, are looking well.
Lidia	Tell me, are you sure that this will be a good picture?
Adriana:	Everyone says that it's a stupendous film.
Lidia:	Is it a mystery?
Adriana:	No, no. It's an historical film about the Risorgimento, around 1848.
Lidia:	Usually, I prefer films that deal with politics, energy, or pollution of the environment.
Adriana:	But you are still a fan of the films by Antonioni and Visconti, aren't you.?
Lidia:	Yes, and you of films from the American underground and of science-fiction films.

Adriana:	That's true, but I no longer get easily carried away; my tastes have changed.
Lidia:	Here we are at the ticket window.
Girl in the booth:	How many tickets would you like?
Lidia:	Two.
Adriana:	Where shall we sit?
Lidia:	Wherever you want.
Adriana:	In the first few rows, then, because I forgot my glasses at home.
Lidia:	We'll find seats, because many people are leaving now.

14 *"Runner on track!"*

Yesterday, all of a sudden, John and Frank decided to go skiing at Abetone. It was seven in the morning when they left Florence, and at nine o'clock they were already on the ski lift to pass a pleasant day on the ski slopes. After the last run, while they were taking off their boots, they were talking and warming up in front of a cheerful fire in the hotel's fireplace.

John:	We quit early; were you tired?
Frank:	No, but I was hungry.
John:	There were too many people on the slopes, don't you think?
Frank:	Yes, it was almost difficult to ski.
John:	And the ski lift wasn't working too well.
Frank:	Right, in fact, when we left it wasn't working at all.
John:	It doesn't matter. I really had a good time. Skiing is my favorite sport.
Frank:	By the way, where did you learn to ski so well?
John:	Near my house in the mountains. When I was little, my father took me skiing every winter.
Frank:	Now I understand. I didn't know.
John:	My father was a fine teacher.
Frank:	And you, obviously, were a fine pupil.
John:	Thank you for the compliment . . . and I offer you a beer.
Frank:	Good. If you hadn't offered it, I would have.
	Later . . .
Frank:	Well, shall we go back to Florence?
John:	I'm ready.
Frank:	Good, but first, let's fill up at the service station here.

15 *At a bar*

Italians go to bars or to cafés for hundreds of reasons; for appointments, to chat with friends, to write letters, to read the newspaper, and, naturally, to have an espresso, a cappuccino, ice cream, or an aperitif.
Adriana goes into a bar with Bob, an Italian-American who has been studying at the University for Foreigners for six months and with whom Adriana has been practicing her English for the last few weeks.

Waiter:	Would you like to sit outside?
Bob:	What do you mean, "outside"? Don't you see that it's raining?
Waiter:	I was kidding. It's been raining for a week. Is this table in the corner all right?
Adriana:	Yes.
Waiter:	What will you have, ice cream?
Adriana:	You really like to joke. In this cold? Strong coffee for me.
Bob:	And for me a boiling-hot cappuccino.
Waiter:	Very well.
Adriana:	Well, what are we going to do this evening? Do you want to go dancing?
Bob:	I can't this evening. I have to study.
Adriana:	You can study another time. Come dancing tonight.
Bob:	If you really insist. Where?
Adriana:	At Anna's house, a cousin of mine. You remember . . . the girl with whom we played tennis last week.
Bob:	Oh yes, I remember. A nice girl—attractive, too—who had a splendid camera.
Adriana:	Exactly. Well, then, will you come?
Bob:	How can I refuse such an invitation!
Waiter:	That's what I say, too. Beg your pardon; here is the tea for the young lady and the cold cappuccino for the gentleman.
Adriana:	You joke all the time, don't you?
Waiter:	No, only when it rains.

16   *A soccer game*

Soccer is popular in all countries of the world, but especially in Europe and in Latin America. Today, soccer is also beginning to be popular in the United States. Italians like all sports: soccer, skiing, tennis, boxing, and the races; but their favorite sport is soccer, and every Sunday in Italy millions of fans watch the soccer games in the stadiums or on television.

Mario and Michael are very fond of soccer. Today is Sunday and they are sitting in front of the television set, watching the telecast of a game between Milan and Florence.

Michael:	It's going badly for Florence because the referee is biased (partisan).
Mario:	He does not like our soccer players!
Michael:	It's envy. He's jealous because our players are in great shape.
Mario:	Here comes Fattori; that's it, Fattori, keep it up.
Michael:	Go!, good for you! Hurrah, he scored.
Mario:	Now it's two to two.
Michael:	Do you remember when our team played in Spain?
Mario:	Of course! I wanted to go there to cheer them on, but the trip was too expensive.
Michael:	What's Parducci doing? Where did he learn to play?
Mario:	The last minutes are always long.
Michael:	If they continue to play like that, we're in trouble.
Mario:	Finally! The game is over.

Michael:	Well, a tie is better than a loss (defeat). What time is it?
Mario:	It's only ten after four.
Michael:	It's early. Shall we go out?
Mario:	O.K.

17   *An important personage*

Francesca and Giancarlo meet by chance near the Holy Trinity Bridge in Florence. They have known each other for almost a year and they see each other often. Giancarlo has noticed that every time he sees Francesca he finds her more and more attractive.

Francesca:	Hi, Giancarlo.
Giancarlo:	Hi, Francesca. Where are you coming from?
Francesca:	I have been to visit the Church of the Holy Cross.
Giancarlo:	Why? Hadn't you ever been there? I who am Roman and have been living in Florence for only two years have been there many times . . . and you . . . a Florentine . . .
Francesca:	*(interrupting him)* But it's not the first time, you know. I, too, have been there many times. It must be the fourth time.
Giancarlo:	Then why did you go? With whom did you go?
Francesca:	Goodness, how many questions! I was invited by a famous movie star.
Giancarlo:	Now you are making fun of me.
Francesca:	If you really must know, I went with an aunt of mine from Venice who is visiting Florence. We made the whole tour, and with a guide at that.
Giancarlo:	You poor thing!
Francesca:	We saw the tombs of many important people: Michelangelo, Rossini, Machiavelli, Galileo, and also Dante, but his is empty because Dante is buried in . . .
Giancarlo:	*(interrupting)* Yes, I know, in Ravenna.
Francescà:	And what a guide . . . she spoke so fast she was like a machine; and what's more, she spoke with a heavy Genoese accent, and it was almost impossible to understand what she was saying.
Giancarlo:	Of course, you Florentines believe that only you can speak Italian well. But we'd better change the subject. For a long time you have promised to go on an outing with me.
Francesca:	That's true. O.K. I'll go with you. Where will you take me?
Giancarlo:	Sunday I'll take you to the country—in the oak woods, where there are many flowers—to meet another famous personage.
Francesca:	Who?
Giancarlo:	The king of lies, the famous puppet, Pinocchio. I'll take you to Collodi to see Pinocchio's hometown.

18   *Evening phone call*

Giancarlo lifts the receiver and dials Francesca's number.

Giancarlo:	Hello, Francesca? Good evening, am I disturbing you?
Francesca:	No, not at all. Good evening, Giancarlo.

Dialogue translations   **419**

Giancarlo:	What were you doing?
Francesca:	I was reading. I have to read about ten poems by Montale for tomorrow's literature class. I have already read five of them.
Giancarlo:	Do you like Montale's poetry?
Francesca:	Yes, very much. Today there are very few poets like him. Anyway, I like poetry in general.
Giancarlo:	If you like poems so much, I'll write a few for you.
Francesca:	Are you also a poet? I didn't know. What do you write, funny poems or verses for clowns?
Giancarlo:	You are very witty tonight. By the way, Sunday you promised to read *Pinocchio's Adventures* again—that book is also poetry; did you read it again?
Francesca:	Not yet. But I promised you, and I will. Sunday's outing was splendid; I am really grateful to you.
Giancarlo:	Did you have a good time?
Francesca:	Yes, indeed! Pinocchio's museum is a treasure. Also, the countryside around Collodi is so beautiful and peaceful.
Giancarlo:	When will we see each other again?
Francesca:	In two weeks. Don't you remember? The evening of the fifteenth we are going to the theater.
Giancarlo:	Oh, yes. The performance of the *Commedia dell'Arte.*
Francesca:	Anyway, we'll talk again tomorrow. O.K.?
Giancarlo:	O.K. Good night.

19 *Harlequin*

Francesca and Giancarlo are in the lobby of the Pergola Theater during the intermission between the two acts of "Arlecchino, Servant of Two Masters," a performance of the old Commedia dell' Arte.

Giancarlo:	Come here, look, there is an empty chair, do you want to sit down?
Francesca:	No, I prefer to stand.
Giancarlo:	Well, what do you think of this performance of the *Commedia dell' Arte?*
Francesca:	I like it, you know. I like it a lot.
Giancarlo:	It's so different from modern theater, don't you think?
Francesca:	Yes. School books often mention the *Commedia dell'Arte,* but to see it like this, in real life, with live actors, is a unique experience.
Giancarlo:	Yes, that's true. Who are the actors?
Francesca:	Let's see what the program says.
Giancarlo:	Here. Here it is. They are actors of a company from Padua.
Francesca.	What do you think: are they improvising the dialogue as they did in the old times, or are they using a script with an exact dialogue?
Giancarlo:	I believe they are improvising. Let's see what the program says. Listen *(He reads):* "The actors continue the old tradition of the improvised dialogue."
Francesca:	The bell rang. The second act is about to start. Come, let's hurry.

At the end of the performance, while they are leaving the theater, Francesca and Giancarlo meet two friends, Clara and Mary, and stop to greet them.

Francesca:	Did you like it?
Mary:	Interesting and amusing.
Francesca:	Where are you going now?
Clara:	I don't know. Maybe to bed.
Francesca:	Oh no, it's too early. Let's go to my house and chat for a bit.

20   *One at a time*

A group of "liceo" students are preparing for the modern literature examination that will take place the following week. This examination is considered more difficult than the others for many reasons. The discussion is lively—indeed, too lively.

Frank:	Quiet! Quiet! Do me a favor, talk one at a time, or we'll never get anywhere.
Graziella:	O.K., you tell us what to do.
Frank:	Let one of us ask a fairly general question. Then, one at a time, let each one express his (or her) opinion, and then, still in an orderly manner, we will try to start a general discussion.
Graziella:	Fine. You start, Frank. Ask us the first question.

Frank is about to speak when Giancarlo comes in. He is out of breath and perspiring a little.

Giancarlo:	I'm sorry, and excuse me if I'm late. There was such a traffic jam downtown that I got off the bus and walked.
Frank:	We're about to begin. Sit down, Giancarlo.

Giancarlo sits next to Francesca.

Francesca:	*(whispering)* I was really worried. You are so late!
Giancarlo:	It's not my fault. Tell me, what have you done so far?
Francesca:	Very little.
Frank:	Here is the first question: "Why is hermetic poetry considered more important than the other literary currents of this century?"

The discussion begins again, and after a few minutes it is more lively than before.

21   *At the railroad station*

Yesterday, Adriana received a telegram from Rome: "Leaving tomorrow 6 P.M. Arriving 11 P.M. on the Express. Come to the station. Marina." Adriana has been at the station a few minutes when the express train arrives.

Adriana:	Hi, Marina. Did you have a good trip?
Marina:	Yes, in fact, I had a pleasant surprise during the trip.
Adriana:	You met a millionaire who immediately fell in love with you.
Marina:	I wish it were true.
Adriana:	Tell me everything. Don't keep me on pins and needles.

Marina:	I had just sat down and had begun reading when a girl, more or less my age, came in.
Adriana:	So?
Marina:	Can you imagine! It was Silvana Mancini. We hadn't seen each other for more than fifteen years. We had been classmates in the second grade. We talked during the whole trip. Fortunately, we were alone in the compartment. She went on to Bologna.
Adriana:	Well, what's new in Rome?
Marina:	They have finally finished another section of the subway, and they have increased the number of malls. And then, Rome . . . Rome is still the most beautiful city in Italy.
Adriana:	Could be! I prefer Florence. But look, of all things, there isn't a single porter.
Marina:	It doesn't matter. I have only these two small suitcases.
Adriana:	Did you know that there is a taxi drivers' strike in Florence?
Marina:	Don't worry. We'll take the trackless trolley.

22 *In front of a newsstand*

It is four o'clock in the afternoon. Adriana and Marina are returning home from the university and stop in front of a newsstand.

Marina:	*(to the newspaper vendor)* Do you have *La Nazione*?
Vendor:	No, *La Nazione* is sold out. You know how it is, here in Florence everybody buys it.
Marina:	In that case, give me *Il Corriere della Sera*.
Vendor:	O.K., here it is. That's five hundred lire.
Marina:	Do you have the *Daily American?*
Vendor:	Yes, I do; here it is.
Adriana:	What's the *Daily American?*
Marina:	Don't you know? It's a newspaper in English that they publish in Rome. It's been out for many years. You must read it.
Adriana:	Yes, I do want to read it. It must be very useful for those who are learning English.
Marina:	When I have finished with it, I'll lend it to you, but I want it back because I save them.
Adriana:	Look, the photo on *Epoca's* cover.
Marina:	Who is he?
Adriana:	It's Umberto Eco, the author of the novel *The Name of the Rose*, which has had a great success even abroad.
Marina:	Yes. In the United States it was among the best sellers.
Adriana:	Do you read *Epoca?*
Marina:	Rarely, I usually read *Oggi,* and sometimes the *Selections of the Reader's Digest*.
Adriana:	You're kidding. It's now a dated magazine. My grandmother reads it.
Marina:	Not at all. It's full of information and even gives the summary of recent novels.
Adriana:	I prefer magazines that deal with politics, for example, *L'Espresso*.
Marina:	Wait. I'll also buy the latest issue of *L'Espresso*.

23 Many happy returns

Today the Marattis are celebrating Adriana's birthday. Her father, as he had promised her, took her to Fort Belvedere to the exhibit of the history of the Florentine May Music Festival. They are now seated at a table in a restaurant in Borgo Ognissanti.

Mr. Maratti:	Did you like the exhibit, Adriana?
Adriana:	Very much; but one visit isn't enough, you know. I would like to go back a second time.
Waiter:	Good afternoon. What will you have today?
Mrs. Maratti:	I'll have soup, and then roast chicken and chicory salad.
Adriana:	I'll have tortellini, Bolognese style, and the mixed fry.
Mr. Maratti:	For me, prosciutto with melon and boiled meat with green sauce.
Waiter:	Mineral water?
Mr. Maratti:	Yes, carbonated mineral water and white house wine.
Mrs. Maratti:	You should have ordered noncarbonated mineral water; carbonated water isn't good for you.
Mr. Maratti:	Nonsense! On the contrary, it's good for you. *(to Adriana)* So, you were saying that you want to see the exhibit again.
Adriana:	Yes. Do you realize that there are about a thousand sketches, model plates, costumes, and so many other things?
Mr. Maratti:	And among all these beautiful things, which one would you choose as the most original, the most precious?
Adriana:	De Chirico's sketch for the *Puritans*. What I wouldn't give to have it!
Waiter:	Here is the bread, the mineral water, and the wine.
Mr. Maratti:	*(He toasts to Adriana's health.)* Best wishes, Adriana, and many happy returns.
Mrs. Maratti:	Best wishes, dear! Happy birthday.
Adriana:	Thank you, mom, thank you, dad.
Mr. Maratti:	And now let's eat. Enjoy your dinner.

24 Everyone to his taste

Adriana and Marina are in front of a large advertising poster that announces the operas that will be given at the Teatro Comunale *this season.*

Marina:	You know, I have never seen an opera.
Adriana:	Are you serious? How is it possible?
Marina:	I really don't know; a little because of laziness, and a little because of lack of interest. My father is very fond of opera and he would have taken me.
Adriana:	Times change. Once upon a time, at least in the large cities, people often went to the opera.
Marina:	Well, tastes do change; still, many people go to the opera today.
Adriana:	But at least you do like music, I hope.
Marina:	Of course I like it, especially modern music, American music, jazz, rock . . .
Adriana:	Listen, why don't we go to the opera together?

Marina:	It depends. Which opera?
Adriana:	Look, on the 21st they are giving Verdi's *A Masked Ball,* and on the 23rd Puccini's *La Bohème.*
Marina:	Which do you prefer?
Adriana:	They are both great operas.
Marina:	Who is singing in *A Masked Ball?*
Adriana:	Let's see. Ah, there is Luciano Pavarotti, a great tenor, and Renata Scotto, who is also a great artist.
Marina:	You are really fond of opera. Don't you like modern music as well?
Adriana:	Not very much. Well then, are you coming with me to *A Masked Ball?*
Marina:	I'll come if you come with me to the rock concert of the American group that is coming to Florence next month.
Adriana:	O.K., I'm game.
Marina:	I'm game, too.

25   *On the Ponte Vecchio*

A gentleman from Bari has entered a jewelry store on the Ponte Vecchio in Florence to buy a gift for his mother, and while he looks at various jewelry items, he talks to the goldsmith.

Client:	Did you ever think of changing your occupation?
Goldsmith:	You're joking!
Client:	Why?
Goldsmith:	In my family we have always been goldsmiths.
Client:	Always?
Goldsmith:	Well, almost. Bastiano Signorini, one of my ancestors, opened a shop in Florence in 1749 and founded the Signorini Firm in 1774.
Client:	And when did you start being a goldsmith?
Goldsmith:	I began working in the shop when I was eleven years old, and I took over the management of the business when my father died six years ago.
Client:	Has the shop always been here on the Ponte Vecchio?
Goldsmith:	Always. The store here and the shop upstairs, on the second floor.
Client:	How many shops are there on the Ponte Vecchio?
Goldsmith:	I don't know exactly. I'd say about fifty.
Client:	Are they all old?
Goldsmith:	Not all of them, but the majority are. Some go back to the Renaissance, to Cellini's time. But by now handicrafts tend to disappear in Italy. Industry has changed many things, and sometimes I think we're going from bad to worse.
Client:	Do you have any children?
Goldsmith:	Yes, one.
Client:	Does your son intend to continue the family tradition?
Goldsmith:	It's better not to talk about that. He's now twelve years old and he's only interested in sports and rock music.
Client:	Let's get back to the gift for my mother when I return to Bari . . .
Goldsmith:	Let me open this box . . .
Client:	Your fascinating story about the goldsmiths on the Ponte Vecchio made me forget why I came in here.

Goldsmith:	I recommend this ring: it's a small masterpiece.
Client:	Or, perhaps, one of these Mickey Mouse watches would be better.
Goldsmith:	You like to joke. I keep them for the tourists. They're not works of art, but we have to please everybody.

26   A political demonstration

Bertini, a lawyer, and Frugoni, an engineer, are walking on Corso Italia in Milan. They are anxious to arrive on time at a meeting of the board of directors of the Lombard Trucking Company. All of a sudden, as they arrive in Piazza del Duomo, Frugoni stops. In the square there are many people, many with signs in their hands.

Bertini:	What is it? What's happening?
Frugoni:	I don't know.
Bertini:	Look, the police is there.
Frugoni:	It must be a political demonstration for the city elections. This one must be by the Socialist Party.
Bertini:	Then there will be the one by the Liberal Party, by the Republican Party, etc. Just like the demonstrations that there were a few years ago.
Frugoni:	That's right. In Italy we are rich in political parties.
Bertini:	And in demonstrations, in strikes, and in so many other things that industrialization has brought us.
Frugoni:	Still, you see, in spite of the political restlessness, Italy has its own stability.
Bertini:	May be! But the war ended almost forty years ago, and we still change our government almost every year.
Frugoni:	Today governments change often because public opinion changes more often. For me it is a proof that a democratic government can function.
Bertini:	Yes, but not very well. Look, we'd better go another way. Going this way we'll get there late.
Frugoni:	What time does the meeting start?
Bertini:	At five.
Frugoni:	Look, by turning left here, we'll save ten minutes.
Bertini:	They say that today's meeting will be difficult.
Frugoni:	Very much so. I have been working for the company for five years and I've never seen so many problems.
Bertini:	You're really a pessimist today.
Frugoni:	On the contrary, I'm an optimist but also a realist.
Bertini:	You know what? The sun is scalding hot. I'm taking my coat off.
Frugoni:	Me, too. I'm perspiring.

27   A visit to a farm

A Milanese businessman is talking to the owner of a small farm in Umbria.

| Farmer: | It's a small farm; but now I'm all alone. |

Guest:	What do you grow (cultivate)?
Farmer:	I have a small vegetable garden, some fruit trees, and the rest is all grapes. What do you expect? I can't do much by myself.
Guest:	Don't you have any children?
Farmer:	Yes, four boys; but they all moved to the city.
Guest:	To look for work in the factories?
Farmer:	Why yes! One is in Turin, two are in Milan, and one is in Bologna.
Guest:	Do they earn much money?
Farmer:	Well, you know, let's say that they earn enough to get along.
Guest:	Why then, do the young people leave the countryside?
Farmer:	Because if they earn little in the city, how much do you think they earn here? Nothing.
Guest:	And so, in this way, the countryside becomes a desert.
Farmer:	Unfortunately. Here in Frattaroli there were once more than three hundred people. How many do you think there are today?
Guest:	I don't know. Two hundred?
Farmer:	If only there were! Only fifty-four and we're all old.
Guest:	By the way, I don't believe I explained to you the reason for my visit.
Farmer:	No; tell me.
Guest:	I'm looking for an old farmhouse for a well-known surgeon from Milan.
Farmer:	For a surgeon from Milan? What does he want to do with it?
Guest:	He'd like to convert it into a villa. Your farmhouse seems ideal to me.
Farmer:	My farm? My house?
Guest:	If you're interested. I can make you an excellent offer.
Farmer:	I wouldn't dream of it! You want me to abandon my home? At my age? Where would my wife and I go? What would we do?
Guest:	Think about it. I'll come back in a couple of weeks.
Farmer:	No, it's useless for you to come by again. I was born in this house and I intend to die in this house.

28 *The Italian-Americans*

Bob, the Italian-American who studies at the University for Foreigners, has had supper with some Italian friends at John's house. They are now talking about America, Italy, and Italian-Americans, while enjoying a glass of liqueur.

John:	How many inhabitants of Italian origin do you think there are in the United States?
Bob:	According to the last census, it seems that the number is about 12 million. However, if we count also those who are only partly of Italian origin, I think the number will reach about 20 million.
Andrew:	Where do they live mostly?
Bob:	Though the majority are still in the great cities, today you find them all over. Toward the end of the nineteenth century and at the beginning of the twentieth, when emigration was very intense, emigrants usually settled in the large cities, especially of the East.
Andrew:	In New York?

Bob:	Yes, and also in Boston and Chicago. Then, little by little, they scattered throughout the country. It is a very interesting history; much more so than they realize in Italy.
Vanna:	I believe it. And the old Italian neighborhoods, the *Little Italies,* are they still there?
Bob:	By now they tend to disappear. In New York there is a Little Italy, but it isn't the same as once upon a time.
Vanna:	Does Italian continue to be spoken among Italian-Americans?
Bob:	I would say no. Even though there has been a new influx of emigrants after World War II, Italian-Americans are by now third and even fourth generation, and very few speak Italian.
John:	What trades and what professions are they usually in?
Bob:	Today they are in all professions, in all trades. In the arts, in the movies, in industry, and in politics. Naturally, years ago, being the last to arrive, and because they did not know English, they had to be satisfied with the humblest trades.
Vanna:	Has the history of Italian emigration in the United States been written?
Bob:	Not an exhaustive one, as far as I know. And there is so much to tell.
Andrew:	And what do you think of Italy? What impression has it made on you?
John:	Why don't you tell us a little about it? But first, another drop?
Bob:	Yes, thank you, as I was saying . . .

29 « *Il Milione* »

A gentleman is leafing through a book in a bookstore. The bookseller comes near him and says:

Bookseller:	I think the gentleman wants to buy a book as a gift?
Mr. Maratti:	A book that may interest a twenty-year-old young man, a family friend.
Bookseller:	We have hundreds, indeed, thousands of books in this store. There must be one here that will interest your friend.
Mr. Maratti:	What book do you suggest?
Bookseller:	Well, let's see. Can you give me more precise details? A book of science fiction? *Voyage toward Saturn* or *Frankenstein Gone Mad?*
Mr. Maratti:	No, no!
Bookseller:	A novel? An American best-seller? An English mystery?
Mr. Maratti:	I don't think so. John reads a great deal and he's up-to-date on new things.
Bookseller:	Perhaps an adventure book?
Mr. Maratti:	Heaven forbid! John must have hundreds of adventure books, especially, adventure comic books.
Bookseller:	Perhaps the biography of a famous person? A travel book?
Mr. Maratti:	There, a travel book would do it.
Bookseller:	Good thing. Here are some excellent books: *Russia at Close Range* or *Across the United States.*
Mr. Maratti:	No. Something a little more exotic.

Bookseller:	A classic? Christopher Columbus' travels, or the travels of Amerigo Vespucci, of Verrazzano?
Mr. Maratti:	What's this? Ah, look, Marco Polo's *Il Milione*.
Bookseller:	But he has probably read it.
Mr. Maratti:	I don't think he has read it. Perhaps a selection in an anthology.
Bookseller:	In that case, give him this magnificent edition. The illustrations are extraordinary.
Mr. Maratti:	It's a book that one reads with interest more than once. Good. I'll take it.
Bookseller:	Would you like me to make a nice little package?
Mr. Maratti:	Yes, thank you.

30 *Beautiful weather—75 degrees—no smog*

Francis and Mary Pellegrini, who have been living in Los Angeles for more than twenty years, have gone to the airport to pick up their niece who is coming from Italy. All of a sudden, they see her among the passengers who are coming out of customs.

Aunt Mary:	Renata, Renata, we're here, we're here!
Renata:	Aunt Mary, Uncle Francis . . .
Uncle Francis:	Welcome to America!
Aunt Mary:	Let me look at you; how you have grown!
Renata:	We haven't seen one another in four years.
Uncle Francis:	How was the trip?
Renata:	It was long and boring. I didn't think California was really this far.
Uncle Francis:	Did you see the North Pole?
Renata:	Not at all! It was almost dark when we passed by it; all you could see was snow and ice.
Aunt Mary:	Here in Los Angeles, instead, the weather is beautiful: 75 degrees, or, as you say, 24 degrees centigrade. And there's no smog. That's not bad for a December day.
Renata:	Well, how are you both? You seem to me to be in fine health.
Uncle Francis:	Yes, we're fine. How much luggage do you have?
Renata:	Three suitcases and a purse. By the way, regards from everyone.
Aunt Mary:	Thank you. Let's go then. *(They walk toward the exit of the airport.)*
Uncle Francis:	What do you think of America?
Renata:	I just got here; I don't know what to say. This airport looks a bit like other airports I've seen. They're all similar.
Uncle Francis:	You'll see that the rest is quite different.
Renata:	Finally, I'll become acquainted with America from close up.
Aunt Mary:	But two months aren't enough.
Renata:	If I could, I would stay a whole year.
Uncle Francis:	For us two months or a year is the same. It's up to you, we're happy to have you with us.
Renata:	I need to be back at the agency in Rome within two months. If I had asked for a year's leave, they might have given it to me, but now it's too late.
Aunt Mary:	I thought you could stay as long as you wanted.

Renata:	No. They gave me two months because they want me to learn English better.
Aunt Mary:	I understand. But, you did study English, didn't you?
Renata:	For four years. If I hadn't studied it, I'd be in big trouble!
Uncle Francis:	Here's our car.

31   *The old emigrant*

Adriana and John are quickly crossing a square.

Adriana:	Hurry up.
John:	What's the hurry?
Adriana:	I want to see Salvatore Scaccia.
John:	Who's he?
Adriana:	What do you mean, who's he? Tell me, don't you read the newspapers?
John:	Rarely. They don't carry anything but bad news.
Adriana:	If you read them, you'd know that Salvatore Scaccia is an old emigrant who just returned from America.
John:	What does that mean? A lot of emigrants come back from America.
Adriana:	But Salvatore Scaccia is special. He's a legend.
John:	Why?
Adriana:	Because he is 93 years old, has been away from Italy for 76 years, is a millionaire, and has written a book.
John:	Can't be!
Adriana:	But yes. Not only that; they say he donated a million dollars to his (native) town for the construction of a hospital.
John:	What was he doing in America?
Adriana:	I'm not sure. It seems that as a young man he was a bricklayer; then he became a contractor and he made a lot of money.
John:	Lucky guy! I wish he'd given me a tidy little million!
Adriana:	You must read his book: *Life of an Emigrant.* It seems that he wrote it in English and that he then had it translated into Italian.
John:	Why? Doesn't he know Italian?
Adriana:	Yes, but in 76 years he has forgotten many things.
John:	What's he doing here today?
Adriana:	There is a press conference for the publication of his book.
John:	What town did you say he's from?
Adriana:	I didn't say because I don't know; but I do know that he's from Calabria.
John:	How is the book?
Adriana:	They say it's fascinating.

32   *Italians abroad*

Two gentlemen, about thirty, Umberto Baldoni and Marino Visconti, meet by chance in the galleria of Piazza Colonna in Rome.

Baldoni:	Visconti! Marino Visconti, is it really you?

Visconti:	Yes, indeed, dear Baldoni, what a wonderful surprise!
Baldoni:	How many years has it been since we last saw each other?
Visconti:	At least six, since we graduated.
Baldoni:	I had heard that you were abroad, but I didn't know where.
Visconti:	In the heart of Brazil, with a medical research expedition. After an absence of three years, I'm back in Italy for a brief vacation.
Baldoni:	That's right, you had an obsession with tropical diseases. Do you remember the long speeches you made us listen to?
Visconti:	Certainly. And what are you doing?
Baldoni:	I'm also working outside Italy—in New York, with the Italian mission to the United Nations.
Visconti:	It must be interesting work. And New York is still New York!
Baldoni:	I agree. New York is fascinating, but the work is monotonous at times.
Visconti:	How come you're in Italy?
Baldoni:	Every six months they have me come back to the Ministry of Foreign Affairs for a few days.
Visconti:	It seems to be an ideal job. Did you get married?
Baldoni:	Yes, a year ago. And you?
Visconti:	I'm still a bachelor.
Baldoni:	Do you ever see any of our old university friends?
Visconti:	Rarely. Few go out to the middle of the Brazilian jungles.
Baldoni:	I run into some of them once in a while. Today many Italians go to New York for one reason or another.
Visconti:	We're all somewhat scattered throughout the world, isn't that so?
Baldoni:	Oh yes. In Italy the possibilities for work are limited, and so emigration continues even among professionals. When are you going back?
Visconti:	Tomorrow morning.
Baldoni:	Why don't we get together tonight then? I'll have you meet my wife Helen.
Visconti:	Gladly; rather late, however. I have a lot to do, and among other things, I have to get my passport renewed.
Baldoni:	At nine o'clock, O.K.?
Visconti:	Yes, where? I'm staying at the Hotel Victoria.
Baldoni:	Very good; I'll come by with Helen to pick you up.
Visconti:	Good-bye; see you this evening.

GETTING AROUND IN ITALIAN*

Greetings and general phrases	**Saluti e frasi comuni**
Thank you. Many thanks.	Grazie. Tante grazie.
You're welcome.	Prego *or* Di niente.
Good-bye. See you soon. Till tomorrow.	Arrivederci. A presto. A domani.
Do you understand?	Capisce?
Not everything. Please speak slowly.	Non tutto. Per favore parli adagio.
Miss Nardi, may I introduce Mr. Ferro to you?	Signorina Nardi, Le presento il signor Ferro.
I am happy to know you.	Piacere (di conoscerLa).
The pleasure is mine.	Il piacere è mio.

Customs

La dogana

(at the passports' control) *Your passport, please.*

(al controllo dei passaporti) Il Suo passaporto, per favore.

Here it is.	Eccolo.
How long are you going to stay in Italy?	Quanto tempo resterà in Italia?
One month. I am on vacation.	Un mese. Sono in vacanza.
Go right ahead. The customs is there.	Vada pure avanti. La dogana è là.
(customs officer) *Do you have anything to declare?*	*(doganiere)* Ha qualcosa da dichiarare?
Only one carton of cigarettes.	Soltanto una stecca di sigarette.
You may go through.	Passi pure.
Where can I change some dollars?	Dove posso cambiare dei dollari?
The exchange bureau is down there, near the exit.	L'ufficio di cambio è laggiù, vicino all'uscita.
I'd like to change this fifty-dollar note and these traveler's checks.	Vorrei cambiare questo biglietto da cinquanta dollari e questi assegni per viaggiatori.

Directions and location

Indicazioni e ubicazione

Can you show me where the taxi stand is?	Può indicarmi dov'è il posteggio dei tassì?
Down there to the right. To the left.	Laggiù a destra. A sinistra.
Where is the entrance?	Dov'è l'entrata?
Where is the exit?	Dov'è l'uscita?
At the end of the corridor.	In fondo al corridoio.
Where is the restroom, please?	Dov'è il gabinetto, per favore?

*Except for the last conversation on sports, in which two close friends are talking, the *Lei* form of address has been used in all others.

Here, to the left.
Pardon me, is there a telephone directory?
Yes, it's in the telephone booth.

Qui a sinistra.
Scusi, c'è un elenco telefonico?
Sì, è nella cabina (telefonica).

The taxi

Are you free?
Yes. Where do you want to go?
Take me to town (to Via Ricasoli, to Piazza Mazzini).
Why is there so much traffic?
At rush hour it's always like this.
Here we are. What does the meter read?

Il tassì

È libero?
Sì. Dove vuole andare?
Mi porti in città (a Via Ricasoli, a Piazza Mazzini).

Perchè c'è tanto traffico?
Nelle ore di punta è sempre così.
Eccoci arrivati. Quanto segna il tassametro?

At the hotel

I'd like a single (double) room.
Have you a reservation?
Yes. Here is the confirmation.
Very well. A room with a bath.
Preferably, an outside room.
Is it air-conditioned?
Yes. Here are the keys.
What about the luggage (the suitcase)?
The porter will bring it up shortly. You may go up in the elevator.

All'albergo (or All'hotel)

Vorrei una camera a un letto (doppia).
Ha una prenotazione?
Sì. Ecco la conferma.
Benissimo. Una camera con bagno.
Preferibilmente una camera esterna.
C'è l'aria condizionata?
Sì. Ecco le chiavi.
E i bagagli (la valigia)?
Il ragazzo li (la) porta su fra pochi minuti. Lei può salire in ascensore.

Useful words

towel
soap
shower
tub
toilet
toilet paper

Parole utili

l'asciugamano
il sapone
la doccia
la vasca
il gabinetto
la carta igienica

In a department store

Pardon me, where is the men's department?
On the third floor. You may take the escalator.
How much does this tie cost?
Twenty thousand lire.
It's too expensive.
These are less expensive (cheaper); they are on sale.
I like these. I'll take this striped one.

In un grande magazzino

Scusi, dov'è il reparto uomo?
Al secondo piano.* Può prendere la scala mobile.
Quanto costa questa cravatta?
Ventimila lire.
È troppo cara.
Queste costano di meno (sono più a buon mercato); sono in svendita.
Queste mi piacciono. Prendo questa a righe.

Useful words

hat
bathing suit
suit; dress
blouse

Parole utili

il cappello
il costume da bagno
il vestito
la camicetta

*In Italy, the first floor is the ground floor, *il pian terreno;* one begins counting floors from the second floor.

pair of gloves	un paio di guanti
handkerchief	il fazzoletto
coat, jacket	la giacca
overcoat	il soprabito (or il cappotto)
raincoat	l'impermeabile
pair of shoes	un paio di scarpe
skirt	la gonna
socks	i calzini
stockings	le calze
pants	i pantaloni
umbrella	l'ombrello

At the pharmacy*

Pardon me, is there a drugstore near here?	Scusi, c'è una farmacia qui vicino?
There's one right across from here.	Ce n'è una lì di fronte.
Good afternoon. I'd like some aspirin.	Buona sera.** Vorrei dell'aspirina.
Here you are. Aren't you feeling well?	Eccola servita. Non si sente bene?
I have a headache. Nothing serious.	Ho mal di testa. Niente di serio.
Do you need anything else?	Le occorre altro?
Yes, a toothbrush and toothpaste.	Sì, uno spazzolino da denti e un dentifricio.

Useful words

Alla farmacia

Parole utili

comb	il pettine
face powder	la cipria
laxative	il purgante
cough drops	le pastiglie per la tosse

At the railroad station***

Alla stazione ferroviaria

One ticket for Naples.	Un biglietto per Napoli
First or second class?	Di prima o di seconda classe?
Second class.	Di seconda.
Only one way?	Solo di andata?
No, round-trip.	No, di andata e ritorno.
Here is your ticket, and here is your change.	Ecco il biglietto, ed ecco il resto.
When does the train leave?	Quando parte il treno?
At one-thirty P.M. from track 5.	Alle tredici e trenta dal binario cinque.

At the service station

Alla stazione di servizio

Gasoline?	Benzina?
Yes, super.	Sì, super.
Shall I fill it up?	Faccio il pieno?
No, only ten liters.	No, soltanto dieci litri.

*The Italian *farmacia* does not offer the countless nonpharmaceutical items one finds in the American drugstore.

**Italians often start saying *buona sera* early in the afternoon.

***Italy has a vast network of railroads and a variety of trains. The *accelerato* stops at all stations. The *diretto,* and the somewhat faster *direttissimo,* stop at medium and large cities. The *rapido,* as the name implies, is the fastest, and makes only a few stops. The faster the train, the more expensive the fare.

There you are. Everything's O.K.: the oil, the water, and the tires.

Where is the entrance to the freeway to Siena?

There is no freeway to Siena, there is a divided highway.

Where is it?

Follow this road for two kilometers, and then turn left. You can't go wrong.

Ecco fatto. Tutto è a posto: l'olio, l'acqua e le gomme.

Dov'è l'entrata dell'autostrada per Siena?

Non c'è un'autostrada per Siena, c'è una super-strada.

Dov'è?

Segua questa strada per due chilometri e poi volti a sinistra. Non può sbagliare.

Useful words

(dangerous) curve
to drive
driver's license
to park
parking area
one-way
men at work
mechanic

Parole utili

curva (pericolosa)
guidare
patente di guida
parcheggiare
parcheggio
senso unico
lavori in corso
meccanico

Sports

What do you say? Do you feel like playing tennis today?

Not today. I broke my racket, and I haven't bought another one yet.

Why don't we go to the beach, then?

Great. We will have a good swim.

And also a bit of wind surfing, right?

You can say that again!

Gli sport

Che ne dici? Ti va di giocare a tennis oggi?

Oggi no. Ho rotto la racchetta e ancora non ne ho comprata un'altra.

Allora, perchè non si va alla spiaggia?

D'accordo. Faremo una bella nuotata.

E anche un po' di wind-surfing, no?

Lo puoi dir forte!

Additional terms

to go boating
to row
motorboat
sailboat
to swim
to play tennis
to skate (on ice)
basketball (game)

Altri vocaboli

andare in barca
remare
motoscafo
barca a vela
nuotare
giuocare a tennis
pattinare
pallacanestro

VERBS

Simple tenses

	avere to have		essere to be	
Infinitive	**avere** to have		**ẹssere** to be	
Gerund	**avendo**		**essendo**	
Present indicative	ho	abbiamo	sono	siamo
	hai	avete	sei	siete
	ha	hanno	è	sono
Imperfect indicative	avevo	avevamo	ero	eravamo
	avevi	avevate	eri	eravate
	aveva	avẹvano	era	ẹrano
Past absolute	ebbi	avemmo	fui	fummo
	avesti	aveste	fosti	foste
	ebbe	ẹbbero	fu	fụrono
Future	avrò	avremo	sarò	saremo
	avrai	avrete	sarai	sarete
	avrà	avranno	sarà	saranno
Present conditional	avrei	avremmo	sarei	saremmo
	avresti	avreste	saresti	sareste
	avrebbe	avrẹbbero	sarebbe	sarẹbbero
Imperative	—	abbiamo	—	siamo
	abbi	abbiate	sii	siate
	ạbbia	ạbbiano	sia	sịano
Present subjunctive	ạbbia	abbiamo	sia	siamo
	ạbbia	abbiate	sia	siate
	ạbbia	ạbbiano	sia	sịano
Imperfect subjunctive	avessi	avẹssimo	fossi	fọssimo
	avessi	aveste	fossi	foste
	avesse	avẹssero	fosse	fọssero

Compound tenses

Past participle	**avuto**		**stato (-a, -i, -e)**
Perfect infinitive	**avere avuto**		**ẹssere stato (-a, -i, -e)**
Past gerund	**avendo avuto**		**essendo stato (-a, -i, -e)**

Present perfect indicative

ho		sono	
hai		sei	**stato (-a)**
ha	**avuto**	è	
abbiamo		siamo	
avete		siete	**stati (-e)**
hanno		sono	

Past perfect indicative

avevo		ero	
avevi		eri	**stato (-a)**
aveva	**avuto**	era	
avevamo		eravamo	
avevate		eravate	**stati (-e)**
avẹvano		ẹrano	

Future perfect	avrò avrai avrà	**avuto**	sarò sarai sarà	**stato (-a)**
	avremo avrete avranno		saremo sarete saranno	**stati (-e)**
Perfect conditional	avrei avresti avrebbe	**avuto**	sarei saresti sarebbe	**stato (-a)**
	avremmo avreste avrebbero		saremmo sareste sarebbero	**stati (-e)**
Present perfect subjective	abbia abbia abbia	**avuto**	sia sia sia	**stato (-a)**
	abbiamo abbiate abbiano		siamo siate siano	**stati (-e)**
Past perfect subjunctive	avessi avessi avesse	**avuto**	fossi fossi fosse	**stato (-a)**
	avessimo aveste avessero		fossimo foste fossero	**stati (-e)**

Simple tenses

Infinitives

1ST CONJUGATION	2ND CONJUGATION	3RD CONJUGATION	
parl **are**	ripet **ere**	cap **ire**	dorm **ire**

Gerunds

parl **ando**	ripet **endo**	cap **endo**	dorm **endo**

Present indicative

parl **o**	ripet **o**	cap **isc o**	dorm **o**
parl **i**	ripet **i**	cap **isci**	dorm **i**
parl **a**	ripet **e**	cap **isce**	dorm **e**
parl **iamo**	ripet **iamo**	cap **iamo**	dorm **iamo**
parl **ate**	ripet **ete**	cap **ite**	dorm **ite**
parl **ano**	ripet **ono**	cap **isc ono**	dorm **ono**

Imperfect indicative

parl **avo**	ripet **evo**	cap **ivo**	dorm **ivo**
parl **avi**	ripet **evi**	cap **ivi**	dorm **ivi**
parl **ava**	ripet **eva**	cap **iva**	dorm **iva**
parl **avamo**	ripet **evamo**	cap **ivamo**	dorm **ivamo**
parl **avate**	ripet **evate**	cap **ivate**	dorm **ivate**
parl **avano**	ripet **evano**	cap **ivano**	dorm **ivano**

Past absolute

parl **ai**	ripet **ei**	cap **ii**	dorm **ii**
parl **asti**	ripet **esti**	cap **isti**	dorm **isti**
parl **ò**	ripet **è**	cap **ì**	dorm **ì**
parl **ammo**	ripet **emmo**	cap **immo**	dorm **immo**
parl **aste**	ripet **este**	cap **iste**	dorm **iste**
parl **arono**	ripet **erono**	cap **irono**	dorm **irono**

Future

parler **ò**	ripeter **ò**	capir **ò**	dormir **ò**
parler **ai**	ripeter **ai**	capir **ai**	dormir **ai**
parler **à**	ripeter **à**	capir **à**	dormir **à**
parler **emo**	ripeter **emo**	capir **emo**	dormir **emo**
parler **ete**	ripeter **ete**	capir **ete**	dormir **ete**
parler **anno**	ripeter **anno**	capir **anno**	dormir **anno**

Present conditional

parler **ei**	ripeter **ei**	capir **ei**	dormir **ei**
parler **esti**	ripeter **esti**	capir **esti**	dormir **esti**
parler **ebbe**	ripeter **ebbe**	capir **ebbe**	dormir **ebbe**
parler **emmo**	ripeter **emmo**	capir **emmo**	dormir **emmo**
parler **este**	ripeter **este**	capir **este**	dormir **este**
parler **ẹbbero**	ripeter **ẹbbero**	capir **ẹbbero**	dormir **ẹbbero**

Imperative

—	—	—	—
parl **a**	ripet **i**	cap **isci**	dorm **i**
parl **i**	ripet **a**	cap **isca**	dorm **a**
parl **iamo**	ripet **iamo**	cap **iamo**	dorm **iamo**
parl **ate**	ripet **ete**	cap **ite**	dorm **ite**
parl **ino**	ripet **ano**	cap **ịscano**	dọrm **ano**

Present subjunctive

parl **i**	ripet **a**	cap **isca**	dorm **a**
parl **i**	ripet **a**	cap **isca**	dorm **a**
parl **i**	ripet **a**	cap **isca**	dorm **a**
parl **iamo**	ripet **iamo**	cap **iamo**	dorm **iamo**
parl **iate**	ripet **iate**	cap **iate**	dorm **iate**
parl **ino**	ripet **ano**	cap **ịscano**	dọrm **ano**

Imperfect subjunctive

parl **assi**	ripet **essi**	cap **issi**	dorm **issi**
parl **assi**	ripet **essi**	cap **issi**	dorm **issi**
parl **asse**	ripet **esse**	cap **isse**	dorm **isse**
parl **ạssimo**	ripet **ẹssimo**	cap **ịssimo**	dorm **ịssimo**
parl **aste**	ripet **este**	cap **iste**	dorm **iste**
parl **ạssero**	ripet **ẹssero**	cap **ịssero**	dorm **ịssero**

Compound tenses

Past participles

| parl **ato** | ripet **uto** | cap **ito** | dorm **ito** |

Perfect infinitives

| **avere parlato** | **avere ripetuto** | **avere capito** | **avere dormito** |

Past gerunds

| **avendo parlato** | **avendo ripetuto** | **avendo capito** | **avendo dormito** |

Present perfect indicative

| **ho**
hai
ha
abbiamo
avete
hanno | **parlato** | **ripetuto** | **capito** | **dormito** |

Past perfect indicative

| **avevo**
avevi
aveva
avevamo
avevate
avęvano | **parlato** | **ripetuto** | **capito** | **dormito** |

Future perfect

avrò avrai avrà avremo avrete avranno	parlato	ripetuto	capito	dormito

Perfect conditional

avrei avresti avrebbe avremmo avreste avrẹbbero	parlato	ripetuto	capito	dormito

Present perfect subjunctive

ạbbia ạbbia ạbbia abbiamo abbiate ạbbiano	parlato	ripetuto	capito	dormito

Past perfect subjunctive

avessi avessi avesse avẹssimo aveste avẹssero	parlato	ripetuto	capito	dormito

IRREGULAR VERBS

Notes on the irregular verbs

1. An asterisk (*) indicates that the verb is conjugated with **ẹssere**.
2. A dagger (†) indicates that the verb is sometimes conjugated with **ẹssere**, sometimes with **avere**. In general, the verbs marked with a dagger are conjugated with **avere** when they take a direct object.
3. The following verbs are conjugated on the charts:

accendere	dire	perdere	riscuotere	sorridere
andare	dirigere	piacere	rispondere	spendere
bere	dovere	potere	riuscire	stare
chiedere	fare	prendere	rivedere	tenere
chiudere	giungere	raggiungere	salire	uscire
conoscere	leggere	richiedere	sapere	valere
correre	mettere	riconoscere	scegliere	vedere
corrispondere	morire	ridere	scendere	venire
dare	nascere	rimanere	scrivere	vivere
decidere	parere	riprendere	sedere	volere

Infinitive	Gerund and Past participle	Present indicative	Imperfect indicative	Past absolute
accẹndere *to light*	accendendo acceso	accendo accendi accende accendiamo accendete accẹndono	accendevo accendevi accendeva accendevamo accendevate accendẹvano	accesi accendesti accese accendemmo accendeste accẹsero
andare* *to go*	andando andato	vado vai va andiamo andate vanno	andavo andavi andava andavamo andavate andạvano	andai andasti andò andammo andaste andạrono
bere *to drink*	bevendo bevuto	bevo bevi beve beviamo bevete bẹvono	bevevo bevevi beveva bevevamo bevevate bevẹvano	bevvi bevesti bevve bevemmo beveste bẹvvero
chiẹdere *to ask*	chiedendo chiesto	chiedo chiedi chiede chiediamo chiedete chiẹdono	chiedevo chiedevi chiedeva chiedevamo chiedevate chiedẹvano	chiesi chiedesti chiese chiedemmo chiedeste chiẹsero
chiụdere *to close*	chiudendo chiuso	chiudo chiudi chiude chiudiamo chiudete chiụdono	chiudevo chiudevi chiudeva chiudevamo chiudevate chiudẹvano	chiusi chiudesti chiuse chiudemmo chiudeste chiụsero
conọscere *to know*	conoscendo conosciuto	conosco conosci conosce conosciamo conoscete conọscono	conoscevo conoscevi conosceva conoscevamo conoscevate conoscẹvano	conobbi conoscesti conobbe conoscemmo conosceste conọbbero

Future	Present conditional	Imperative	Present subjunctive	Imperfect subjunctive
accenderò	accenderei	—	accenda	accendessi
accenderai	accenderesti	accendi	accenda	accendessi
accenderà	accenderebbe	accenda	accenda	accendesse
accenderemo	accenderemmo	accendiamo	accendiamo	accendessimo
accenderete	accendereste	accendete	accendiate	accendeste
accenderanno	accenderebbero	accendano	accendano	accendessero
andrò	andrei	—	vada	andassi
andrai	andresti	va'	vada	andassi
andrà	andrebbe	vada	vada	andasse
andremo	andremmo	andiamo	andiamo	andassimo
andrete	andreste	andate	andiate	andaste
andranno	andrebbero	vadano	vadano	andassero
berrò	berrei	—	beva	bevessi
berrai	berresti	bevi	beva	bevessi
berrà	berrebbe	beva	beva	bevesse
berremo	berremmo	beviamo	beviamo	bevessimo
berrete	berreste	bevete	beviate	beveste
berranno	berrebbero	bevano	bevano	bevessero
chiederò	chiederei	—	chieda	chiedessi
chiederai	chiederesti	chiedi	chieda	chiedessi
chiederà	chiederebbe	chieda	chieda	chiedesse
chiederemo	chiederemmo	chiediamo	chiediamo	chiedessimo
chiederete	chiedereste	chiedete	chiediate	chiedeste
chiederanno	chiederebbero	chiedano	chiedano	chiedessero
chiuderò	chiuderei	—	chiuda	chiudessi
chiuderai	chiuderesti	chiudi	chiuda	chiudessi
chiuderà	chiuderebbe	chiuda	chiuda	chiudesse
chiuderemo	chiuderemmo	chiudiamo	chiudiamo	chiudessimo
chiuderete	chiudereste	chiudete	chiudiate	chiudeste
chiuderanno	chiuderebbero	chiudano	chiudano	chiudessero
conoscerò	conoscerei	—	conosca	conoscessi
conoscerai	conosceresti	conosci	conosca	conoscessi
conoscerà	conoscerebbe	conosca	conosca	conoscesse
conosceremo	conosceremmo	conosciamo	conosciamo	conoscessimo
conoscerete	conoscereste	conoscete	conosciate	conosceste
conosceranno	conoscerebbero	conoscano	conoscano	conoscessero

Infinitive	Gerund and Past participle	Present indicative	Imperfect indicative	Past absolute
correre† *to run*	correndo corso	corro corri corre corriamo correte corrono	correvo correvi correva correvamo correvate correvano	corsi corresti corse corremmo correste corsero
corrispondere *see* **rispondere** *to correspond*				
dare *to give*	dando dato	do dai dà diamo date danno	davo davi dava davamo davate davano	diedi desti diede demmo deste diedero
decidere *to decide*	decidendo deciso	decido decidi decide decidiamo decidete decidono	decidevo decidevi decideva decidevamo decidevate decidevano	decisi decidesti decise decidemmo decideste decisero
dire *to say,* *to tell*	dicendo detto	dico dici dice diciamo dite dicono	dicevo dicevi diceva dicevamo dicevate dicevano	dissi dicesti disse dicemmo diceste dissero
dirigere *to direct*	dirigendo diretto	dirigo dirigi dirige dirigiamo dirigete dirigono	dirigevo dirigevi dirigeva dirigevamo dirigevate dirigevano	diressi dirigesti diresse dirigemmo dirigeste diressero
dovere† *to have to,* *must*	dovendo dovuto	devo devi deve dobbiamo dovete devono	dovevo dovevi doveva dovevamo dovevate dovevano	dovei dovesti dovè dovemmo doveste doverono

Future	Present conditional	Imperative	Present subjunctive	Imperfect subjunctive
correrò	correrei	—	corra	corressi
correrai	correresti	corri	corra	corressi
correrà	correrebbe	corra	corra	corresse
correremo	correremmo	corriamo	corriamo	corressimo
correrete	correreste	correte	corriate	correste
correranno	correrebbero	corrano	corrano	corressero
darò	darei	—	dia	dessi
darai	daresti	da'	dia	dessi
darà	darebbe	dia	dia	desse
daremo	daremmo	diamo	diamo	dessimo
darete	dareste	date	diate	deste
daranno	darebbero	diano	diano	dessero
deciderò	deciderei	—	decida	decidessi
deciderai	decideresti	decidi	decida	decidessi
deciderà	deciderebbe	decida	decida	decidesse
decideremo	decideremmo	decidiamo	decidiamo	decidessimo
deciderete	decidereste	decidete	decidiate	decideste
decideranno	deciderebbero	decidano	decidano	decidessero
dirò	direi	—	dica	dicessi
dirai	diresti	di'	dica	dicessi
dirà	direbbe	dica	dica	dicesse
diremo	diremmo	diciamo	diciamo	dicessimo
direte	direste	dite	diciate	diceste
diranno	direbbero	dicano	dicano	dicessero
dirigerò	dirigerei	—	diriga	dirigessi
dirigerai	dirigeresti	dirigi	diriga	dirigessi
dirigerà	dirigerebbe	diriga	diriga	dirigesse
dirigeremo	dirigeremmo	dirigiamo	dirigiamo	dirigessimo
dirigerete	dirigereste	dirigete	dirigiate	dirigeste
dirigeranno	dirigerebbero	dirigano	dirigano	dirigessero
dovrò	dovrei	—	deva	dovessi
dovrai	dovresti	—	deva	dovessi
dovrà	dovrebbe	—	deva	dovesse
dovremo	dovremmo	—	dobbiamo	dovessimo
dovrete	dovreste	—	dobbiate	doveste
dovranno	dovrebbero	—	devano	dovessero

Infinitive	Gerund and Past participle	Present indicative	Imperfect indicative	Past absolute
fare *to do,* *to make*	facendo fatto	faccio (fo) fai fa facciamo fate fanno	facevo facevi faceva facevamo facevate facevano	feci facesti fece facemmo faceste fecero
giungere† *to arrive,* *to join*	giungendo giunto	giungo giungi giunge giungiamo giungete giungono	giungevo giungevi giungeva giungevamo giungevate giungevano	giunsi giungesti giunse giungemmo giungeste giunsero
leggere *to read*	leggendo letto	leggo leggi legge leggiamo leggete leggono	leggevo leggevi leggeva leggevamo leggevate leggevano	lessi leggesti lesse leggemmo leggeste lessero
mettere *to put*	mettendo messo	metto metti mette mettiamo mettete mettono	mettevo mettevi metteva mettevamo mettevate mettevano	misi mettesti mise mettemmo metteste misero
morire* *to die*	morendo morto	muoio muori muore moriamo morite muoiono	morivo morivi moriva morivamo morivate morivano	morii moristi morì morimmo moriste morirono
nascere* *to be born*	nascendo nato	nasco nasci nasce nasciamo nascete nascono	nascevo nascevi nasceva nascevamo nascevate nascevano	nacqui nascesti nacque nascemmo nasceste nacquero

Future	Present conditional	Imperative	Present subjunctive	Imperfect subjunctive
farò	farei	—	faccia	facessi
farai	faresti	fa'	faccia	facessi
farà	farebbe	faccia	faccia	facesse
faremo	faremmo	facciamo	facciamo	facessimo
farete	fareste	fate	facciate	faceste
faranno	farebbero	facciano	facciano	facessero
giungerò	giungerei	—	giunga	giungessi
giungerai	giungeresti	giungi	giunga	giungessi
giungerà	giungerebbe	giunga	giunga	giungesse
giungeremo	giungeremmo	giungiamo	giungiamo	giungessimo
giungerete	giungereste	giungete	giungiate	giungeste
giungeranno	giungerebbero	giungano	giungano	giungessero
leggerò	leggerei	—	legga	leggessi
leggerai	leggeresti	leggi	legga	leggessi
leggerà	leggerebbe	legga	legga	leggesse
leggeremo	leggeremmo	leggiamo	leggiamo	leggessimo
leggerete	leggereste	leggete	leggiate	leggeste
leggeranno	leggerebbero	leggano	leggano	leggessero
metterò	metterei	—	metta	mettessi
metterai	metteresti	metti	metta	mettessi
metterà	metterebbe	metta	metta	mettesse
metteremo	metteremmo	mettiamo	mettiamo	mettessimo
metterete	mettereste	mettete	mettiate	metteste
metteranno	metterebbero	mettano	mettano	mettessero
morrò	morrei	—	muoia	morissi
morrai	morresti	muori	muoia	morissi
morrà	morrebbe	muoia	muoia	morisse
morremo	morremmo	moriamo	moriamo	morissimo
morrete	morreste	morite	moriate	moriste
morranno	morrebbero	muoiano	muoiano	morissero
nascerò	nascerei	—	nasca	nascessi
nascerai	nasceresti	nasci	nasca	nascessi
nascerà	nascerebbe	nasca	nasca	nascesse
nasceremo	nasceremmo	nasciamo	nasciamo	nascessimo
nascerete	nascereste	nascete	nasciate	nasceste
nasceranno	nascerebbero	nascano	nascano	nascessero

Infinitive	Gerund and Past participle	Present indicative	Imperfect indicative	Past absolute
parere * *to seem*	parendo parso	paio pari pare paiamo parete paiono	parevo parevi pareva parevamo parevate parevano	parvi paresti parve paremmo pareste parvero
perdere *to lose*	perdendo perso	perdo perdi perde perdiamo perdete perdono	perdevo perdevi perdeva perdevamo perdevate perdevano	persi perdesti perse perdemmo perdeste persero
piacere * *to be pleasing*	piacendo piaciuto	piaccio piaci piace piacciamo piacete piacciono	piacevo piacevi piaceva piacevamo piacevate piacevano	piacqui piacesti piacque piacemmo piaceste piacquero
potere† *to be able*	potendo potuto	posso puoi può possiamo potete possono	potevo potevi poteva potevamo potevate potevano	potei potesti potè potemmo poteste poterono
prendere *to take*	prendendo preso	prendo prendi prende prendiamo prendete prendono	prendevo prendevi prendeva prendevamo prendevate prendevano	presi prendesti prese prendemmo prendeste presero

raggiungere *see* **giungere**
to join, to reach

richiedere *see* **chiedere**
to request,
to require

riconoscere *see* **conoscere**
to recognize

Future	Present conditional	Imperative	Present subjunctive	Imperfect subjunctive
parrò	parrei	—	paia	paressi
parrai	parresti	—	paia	paressi
parrà	parrebbe	—	paia	paresse
parremo	parremmo	—	paiamo	paressimo
parrete	parreste	—	paiate	pareste
parranno	parrebbero	—	paiano	paressero
perderò	perderei	—	perda	perdessi
perderai	perderesti	perdi	perda	perdessi
perderà	perderebbe	perda	perda	perdesse
perderemo	perderemmo	perdiamo	perdiamo	perdessimo
perderete	perdereste	perdete	perdiate	perdeste
perderanno	perderebbero	perdano	perdano	perdessero
piacerò	piacerei	—	piaccia	piacessi
piacerai	piaceresti	piaci	piaccia	piacessi
piacerà	piacerebbe	piaccia	piaccia	piacesse
piaceremo	piaceremmo	piacciamo	piacciamo	piacessimo
piacerete	piacereste	piacete	piacciate	piaceste
piaceranno	piacerebbero	piacciano	piacciano	piacessero
potrò	potrei	—	possa	potessi
potrai	potresti	—	possa	potessi
potrà	potrebbe	—	possa	potesse
potremo	potremmo	—	possiamo	potessimo
potrete	potreste	—	possiate	poteste
potranno	potrebbero	—	possano	potessero
prenderò	prenderei	—	prenda	prendessi
prenderai	prenderesti	prendi	prenda	prendessi
prenderà	prenderebbe	prenda	prenda	prendesse
prenderemo	prenderemmo	prendiamo	prendiamo	prendessimo
prenderete	prendereste	prendete	prendiate	prendeste
prenderanno	prenderebbero	prendano	prendano	prendessero

Infinitive	Gerund and Past participle	Present indicative	Imperfect Indicative	Past absolute
rịdere *to laugh*	ridendo riso	rido ridi ride ridiamo ridete rịdono	ridevo ridevi rideva ridevamo ridevate ridẹvano	risi ridesti rise ridemmo rideste rịsero
rimanere* *to remain*	rimanendo rimasto	rimango rimani rimane rimaniamo rimanete rimạngono	rimanevo rimanevi rimaneva rimanevamo rimanevate rimanẹvano	rimasi rimanesti rimase rimanemmo rimaneste rimạsero
riprẹndere *see* **prẹndere** *to take again, to resume*				
riscuọtere *to cash*	riscuotendo riscosso	riscuoto riscuoti riscuote riscuotiamo riscuotete riscuọtono	riscuotevo riscuotevi riscuoteva riscuotevamo riscuotevate riscuotẹvano	riscossi riscuotesti riscosse riscuotemmo riscuoteste riscọssero
rispọndere *to answer*	rispondendo risposto	rispondo rispondi risponde rispondiamo rispondete rispọndono	rispondevo rispondevi rispondeva rispondevamo rispondevate rispondẹvano	risposi rispondesti rispose rispondemmo rispondeste rispọsero
riuscire* *see* **uscire** *to succeed*				
rivedere *see* **vedere** *to see again*				
salire† *to go up*	salendo salito	salgo sali sale saliamo salite sạlgono	salivo salivi saliva salivamo salivate salịvano	salii salisti salì salimmo saliste salịrono

Future	Present conditional	Imperative	Present subjunctive	Imperfect subjunctive
riderò	riderei	—	rida	ridessi
riderai	rideresti	ridi	rida	ridessi
riderà	riderebbe	rida	rida	ridesse
rideremo	rideremmo	ridiamo	ridiamo	ridẹssimo
riderete	ridereste	ridete	ridiate	rideste
rideranno	riderẹbbero	rịdano	rịdano	ridẹssero
rimarrò	rimarrei	—	rimanga	rimanessi
rimarrai	rimarresti	rimani	rimanga	rimanessi
rimarrà	rimarrebbe	rimanga	rimanga	rimanesse
rimarremo	rimarremmo	rimaniamo	rimaniamo	rimanẹssimo
rimarrete	rimarreste	rimanete	rimaniate	rimaneste
rimarranno	rimarrẹbbero	rimạngano	rimạngano	rimanẹssero
riscuoterò	riscuoterei	—	riscuota	riscuotessi
riscuoterai	riscuoteresti	riscuoti	riscuota	riscuotessi
riscuoterà	riscuoterebbe	riscuota	riscuota	riscuotesse
riscuoteremo	riscuoteremmo	riscuotiamo	riscuotiamo	riscuotẹssimo
riscuoterete	riscuotereste	riscuotete	riscuotiate	riscuoteste
riscuoteranno	riscuoterẹbbero	riscuọtano	riscuọtano	riscuotẹssero
risponderò	risponderei	—	risponda	rispondessi
risponderai	risponderesti	rispondi	risponda	rispondessi
risponderà	risponderebbe	risponda	risponda	rispondesse
risponderemo	risponderemmo	rispondiamo	rispondiamo	rispondẹssimo
risponderete	rispondereste	rispondete	rispondiate	rispondeste
risponderanno	risponderẹbbero	rispọndano	rispọndano	rispondẹssero
salirò	salirei	—	salga	salissi
salirai	saliresti	sali	sạlga	salissi
salirà	salirebbe	salga	salga	salisse
saliremo	saliremmo	saliamo	saliamo	salịssimo
salirete	salireste	salite	saliate	saliste
saliranno	salirẹbbero	sạlgano	sạlgano	salịssero

Infinitive	Gerund and Past participle	Present indicative	Imperfect indicative	Past absolute
sapere *to know*	sapendo saputo	so sai sa sappiamo sapete sanno	sapevo sapevi sapeva sapevamo sapevate sapevano	seppi sapesti seppe sapemmo sapeste seppero
scegliere *to choose*	scegliendo scelto	scelgo scegli sceglie scegliamo scegliete scelgono	sceglievo sceglievi sceglieva sceglievamo sceglievate sceglievano	scelsi scegliesti scelse scegliemmo sceglieste scelsero
scendere† *to go down*	scendendo sceso	scendo scendi scende scendiamo scendete scendono	scendevo scendevi scendeva scendevamo scendevate scendevano	scesi scendesti scese scendemmo scendeste scesero
scrivere *to write*	scrivendo scritto	scrivo scrivi scrive scriviamo scrivete scrivono	scrivevo scrivevi scriveva scrivevamo scrivevate scrivevano	scrissi scrivesti scrisse scrivemmo scriveste scrissero
sedere *to sit down*	sedendo seduto	siedo siedi siede sediamo sedete siedono	sedevo sedevi sedeva sedevamo sedevate sedevano	sedei sedesti sedè sedemmo sedeste sederono
sorridere *see* **ridere** *to smile*				
spendere *to spend*	spendendo speso	spendo spendi spende spendiamo spendete spendono	spendevo spendevi spendeva spendevamo spendevate spendevano	spesi spendesti spese spendemmo spendeste spesero

Future	Present conditional	Imperative	Present subjunctive	Imperfect subjunctive
saprò	saprei	—	sappia	sapessi
saprai	sapresti	sappi	sappia	sapessi
saprà	saprebbe	sappia	sappia	sapesse
sapremo	sapremmo	sappiamo	sappiamo	sapessimo
saprete	sapreste	sappiate	sappiate	sapeste
sapranno	saprebbero	sappiano	sappiano	sapessero
sceglierò	sceglierei	—	scelga	scegliessi
sceglierai	sceglieresti	scegli	scelga	scegliessi
sceglierà	sceglierebbe	scelga	scelga	scegliesse
sceglieremo	sceglieremmo	scegliamo	scegliamo	scegliessimo
sceglierete	scegliereste	scegliete	scegliate	sceglieste
sceglieranno	sceglierebbero	scelgano	scelgano	scegliessero
scenderò	scenderei	—	scenda	scendessi
scenderai	scenderesti	scendi	scenda	scendessi
scenderà	scenderebbe	scenda	scenda	scendesse
scenderemo	scenderemmo	scendiamo	scendiamo	scendessimo
scenderete	scendereste	scendete	scendiate	scendeste
scenderanno	scenderebbero	scendano	scendano	scendessero
scriverò	scriverei	—	scriva	scrivessi
scriverai	scriveresti	scrivi	scriva	scrivessi
scriverà	scriverebbe	scriva	scriva	scrivesse
scriveremo	scriveremmo	scriviamo	scriviamo	scrivessimo
scriverete	scrivereste	scrivete	scriviate	scriveste
scriveranno	scriverebbero	scrivano	scrivano	scrivessero
sederò	sederei	—	sieda	sedessi
sederai	sederesti	siedi	sieda	sedessi
sederà	sederebbe	sieda	sieda	sedesse
sederemo	sederemmo	sediamo	sediamo	sedessimo
sederete	sedereste	sedete	sediate	sedeste
sederanno	sederebbero	siedano	siedano	sedessero
spenderò	spenderei	—	spenda	spendessi
spenderai	spenderesti	spendi	spenda	spendessi
spenderà	spenderebbe	spenda	spenda	spendesse
spenderemo	spenderemmo	spendiamo	spendiamo	spendessimo
spenderete	spendereste	spendete	spendiate	spendeste
spenderanno	spenderebbero	spendano	spendano	spendessero

Infinitive	Gerund and Past participle	Present indicative	Imperfect indicative	Past absolute
stare* *to stay*	stando stato	sto stai sta stiamo state stanno	stavo stavi stava stavamo stavate stavano	stetti stesti stette stemmo steste stettero
tenere* *to keep*	tenendo tenuto	tengo tieni tiene teniamo tenete tengono	tenevo tenevi teneva tenevamo tenevate tenevano	tenni tenesti tenne tenemmo teneste tennero
uscire* *to go out*	uscendo uscito	esco esci esce usciamo uscite escono	uscivo uscivi usciva uscivamo uscivate uscivano	uscii uscisti uscì uscimmo usciste uscirono
valere* *to be worth*	valendo valso	valgo vali vale valiamo valete valgono	valevo valevi valeva valevamo valevate valevano	valsi valesti valse valemmo valeste valsero
vedere *to see*	vedendo veduto (visto)	vedo vedi vede vediamo vedete vedono	vedevo vedevi vedeva vedevamo vedevate vedevano	vidi vedesti vide vedemmo vedeste videro
venire* *to come*	venendo venuto	vengo vieni viene veniamo venite vengono	venivo venivi veniva venivamo venivate venivano	venni venisti venne venimmo veniste vennero

Future	Present conditional	Imperative	Present subjunctive	Imperfect subjunctive
starò	starei	—	stia	stessi
starai	staresti	sta'	stia	stessi
starà	starebbe	stia	stia	stesse
staremo	staremmo	stiamo	stiamo	stęssimo
starete	stareste	state	stiate	steste
staranno	starębbero	stịano	stịano	stęssero
terrò	terrei	—	tenga	tenessi
terrai	terresti	tieni	tenga	tenessi
terrà	terrebbe	tenga	tenga	tenesse
terremo	terremmo	teniamo	teniamo	tenęssimo
terrete	terreste	tenete	teniate	teneste
terranno	terrębbero	tęngano	tęngano	tenęssero
uscirò	uscirei	—	esca	uscissi
uscirai	usciresti	esci	esca	uscissi
uscirà	uscirebbe	esca	esca	uscisse
usciremo	usciremmo	usciamo	usciamo	uscịssimo
uscirete	uscireste	uscite	usciate	usciste
usciranno	uscirębbero	ęscano	ęscano	uscịssero
varrò	varrei	—	valga	valessi
varrai	varresti	vali	valga	valessi
varrà	varrebbe	valga	valga	valesse
varremo	varremmo	valiamo	valiamo	valęssimo
varrete	varreste	valete	valiate	valeste
varranno	varrębbero	vạlgano	vạlgano	valęssero
vedrò	vedrei	—	veda	vedessi
vedrai	vedresti	vedi	veda	vedessi
vedrà	vedrebbe	veda	veda	vedesse
vedremo	vedremmo	vediamo	vediamo	vedęssimo
vedrete	vedreste	vedete	vediate	vedeste
vedranno	vedrębbero	vẹdano	vẹdano	vedęssero
verrò	verrei	—	venga	venissi
verrai	verresti	vieni	venga	venissi
verrà	verrebbe	venga	venga	venisse
verremo	verremmo	veniamo	veniamo	venịssimo
verrete	verreste	venite	veniate	veniste
verranno	verrębbero	vẹngano	vẹngano	venịssero

Infinitive	Gerund and Past participle	Present indicative	Imperfect indicative	Past absolute
vìvere† *to live*	vivendo vissuto	vivo vivi vive viviamo vivete vìvono	vivevo vivevi viveva vivevamo vivevate vivèvano	vissi vivesti visse vivemmo viveste vìssero
volere† *to want*	volendo voluto	voglio vuoi vuole vogliamo volete vogliono	volevo volevi voleva volevamo volevate volèvano	volli volesti volle volemmo voleste vòllero

Future	Present conditional	Imperative	Present subjunctive	Imperfect subjunctive
vivrò	vivrei	—	viva	vivessi
vivrai	vivresti	vivi	viva	vivessi
vivrà	vivrebbe	viva	viva	vivesse
vivremo	vivremmo	viviamo	viviamo	vivẹssimo
vivrete	vivreste	vivete	viviate	viveste
vivranno	vivrẹbbero	vịvano	vịvano	vivẹssero
vorrò	vorrei	—	voglia	volessi
vorrai	vorresti	vogli	voglia	volessi
vorrà	vorrebbe	voglia	voglia	volesse
vorremo	vorremmo	vogliamo	vogliamo	volẹssimo
vorrete	vorreste	vogliate	vogliate	voleste
vorranno	vorrẹbbero	vogliano	vogliano	volẹssero

VOCABOLARIO ITALIANO-INGLESE

The Italian-English vocabulary contains the words and expressions included in the lesson readings, in the cultural readings following each group of four lessons, and in the captions of the illustrations.

A

a   at, in, to
abbandonare   to abandon
abbastanza   enough
abbraccio   embrace, hug
abecedario   speller, primer
abitante (m. & f.)
   inhabitant
abitare   to live
abito   suit, dress
abituare   to get used (to)
Abruzzi   a region in central Italy
a causa (di)   because (of)
accadere   to happen
accendere   to light
accennare   to mention
accento   accent
accentuarsi   to become greater
accettare   to accept
accontentarsi (di)   to be satisfied (with)
accordo: d'accordo!
   agreed!
accorto (p.p. of accorgersi)   realized

accusa   accusation
acqua   water
acquistare   to acquire
Adamo   Adam
adatto   correct, appropriate
addizione (f.)   addition
adesso   now
Adriana   girl's name
aeroporto   airport
affannato   out of breath
affare (m.)   business (one transaction); affari (pl.)   business
affascinante   fascinating
affatto   at all
affittare   to rent, to lease
affollato   crowded
affresco   fresco painting
affrontare   to face up (to), to deal with
agenzia di viaggi   travel agency
aggettivo   adjective
agricolo   agricultural
agricoltore (m.)   farmer
aiuto   help, aid
albergo   hotel
albero   tree; albero da

frutta   fruit tree
Alighieri, Dante (1265–1321)   Italy's greatest poet
allegrezza   joy
allegria   cheer, joy
allegro   cheerful
allora   then, in that case
almeno   at least
Alpi (f. pl.)   Alps
alterato   changed, altered
alternativo   alternative
alto   high, tall; in alto above
altro   other; altro?   anything else?;
   (non) altro che   nothing but; fra l'altro   among other things; senz' altro   undoubtedly
alzare   to lift; alzarsi   to get up
Amalfi (f.)   city near Naples
amaro   bitter
ambiente (m.)
   environment
americano   American
amica   friend

amichẹvole   friendly

amico   friend

amore *(m.)*   love

anche   also, too, even

ancora   still, yet, also, even; **non ancora**   not yet

andare   to go; **andare al centro**   to go downtown; **andare a piedi**   to go on foot; **andare a prẹndere**   to meet, to pick up; **andare a rọtoli**   to go to ruin; **andare d'accordo**   to be in agreement; **andare di male in pẹggio**   to go from bad to worse; **andare mẹglio**   to be best, to be more advisable

andạrsene   to leave, to go away

anello   ring

anglosạssone   Anglo-Saxon

ạngolo   corner

animato   lively

Anna   Ann

anno   year; **di anno in anno**   from one year to the next

annunziare   to announce

ansioso   anxious

antenato   ancestor

anticamente   in the old days

antico   old, ancient; **all'antica**   in the old-fashioned way

antipạtico   disagreeable

antologia   anthology

Antonioni, Michelạngelo   Italian movie director

anzi   on the contrary, as a matter of fact

aperitivo   aperitif

aperto   open; **all'aperto**   in the open air, outside

appaltatore *(m.)*   contractor

apparẹcchio telefọnico   telephone (instrument)

appartamento   apartment

appartenere   to belong

appassionato   fond of, crazy about

appena   hardly, just, as soon as

Appennini *(m. pl.)*   Apennines

apprezzare   to appreciate

appuntamento   appointment

appunto   note

aprire   to open

arạncia   orange

ạrbitro   referee

architettura   architecture

arco   arch

Arlecchino   Harlequin

armonia   harmony

Arno   river that flows through Florence

arricchirsi   to become rich

arrivare   to arrive

arrivederci   good-bye, so long *(fam.)*

arrivederla   good-bye *(pol.)*

arrivo   arrival, coming: **in arrivo**   arriving

arrosto   roasted

arte *(f.)*   art

artịcolo   article

artigianato   handicraft

artigiano   artisan

artista *(m. & f.)*   artist

artịstico   artistic

ascoltare   to listen (to)

aspettare   to wait (for)

aspetto   appearance, shape

assaggiare   to taste

assenza   absence

assoluto   absolute

attentamente   attentively

attenzione: **prestare atten-**

zione   to pay attention

ạttimo   moment

attirare   to attract

attività   activity

atto   act

attore *(m.)*   actor

attraversare   to cross

attraverso   across, through

attrezzato   equipped

auguri *(m. pl.)*   best wishes

ạula   classroom

aumentare   to increase

aumento   increase: **è in contịnuo aumento**   grows continuously

ạutobus *(m.)*   bus

autore *(m.)*   author; **autrice** *(f.)*   female author

ạuto-trasporti *(m. pl.)*   trucking

avere   to have: **avere bisogno di**   to need; **avere intenzione di**   to intend to; **avere in programma**   to have plans for; **avere da fare**   to be busy; **avẹr luogo**   to take place

avvenimento   event

avvocato   lawyer

B

baccalà *(m.)*   (dried) codfish

bagaglio   baggage

bagno   bathroom

bạia   bay, gulf

ballare   to dance

balletto   ballet

ballo   ball, dance; **Il Ballo in Mạschera** *(The Masked Ball)* an opera by Giuseppe Verdi

bambino   child, little boy

banca   bank

bar *(m.)*   coffee shop, café

baraccone *(m.)*   large barn

barbiere *(m.)* barber

barca boat

Bari *(f.)* a city in southern Italy

basato based

base *(f.)* basis

basso low, short; **in basso** below

bastare to be enough, to be sufficient

battistero baptistry

be' *(abbreviation of* bene*)* well

beato lui! lucky fellow!

bellezza beauty

bellissimo very beautiful

bello beautiful; **bello caldo** nice and hot

bene well; **stare bene** to look well, to be well; **va bene?** is that all right? **ben poco** very little

benissimo very well

benvenuto welcome

benzina gasoline

bere to drink

bevono *(from* bere*)* they drink

bianco white

biblioteca library

bicchierino little glass

bicicletta bicycle

biglietto ticket

biografia biography

birra beer

bisnonno great-grandfather

bisognare to be necessary

bisogno need; **avere bisogno di** to need

blu blue

Bohème (La) an opera by Giacomo Puccini

bollente very hot, boiling

bollettino meteorologico weather forecast

bollito boiled meat

Bologna a city in the Po valley

bolognese of, from Bologna; **alla Bolognese** Bolognese style

Borgo Ognissanti a street in Florence

borsa purse, bag

borsetta handbag

bosco wood, forest

bottega shop

botteghino ticket booth

Botticelli, Sandro (1444–1510) Florentine painter

bozzetto sketch

brano selection

Brasile *(m.)* Brazil

bravo good, good for you, great

breve brief, short

brevemente briefly

brindare (a) to toast (a person)

brindisi *(m.)* toast (to drink to)

Bruno boy's name

brutto ugly

bugia lie

buio dark

buono good; **buon appetito** enjoy your meal; **buon compleanno** happy birthday; **buon divertimento** have a good time; **buon giorno** good morning, good day; **buon viaggio** have a good trip; **che c'è di buono?** what's good?

burattino puppet

burro butter

C

cadere to fall

caduta fall

caffè *(m.)* coffee, coffee shop; **caffè macchiato** coffee with a little milk; **caffè amaro** black coffee

caffellatte *(m.)* coffee with milk

calabrese from Calabria, a region in southern Italy

calciatore *(m.)* soccer player

calcio soccer

calcolare to estimate

calza sock, stocking

cambiamento change

cambiare to change; **cambiare strada** to go another way; **cambiar discorso** to change the subject

cambio change, exchange

camera bedroom

cameriere *(m.)* waiter

caminetto fireplace

camminare to walk

Camogli a town along the Italian Riviera

campagna countryside, country

campanello bell

campanile *(m.)* belfry, bell tower

campo field; **campo di sci** ski slope

canale *(m.)* canal

Canal Grande *(m.)* Grand Canal (in Venice)

cannolo a Sicilian pastry

cannuccia straw (for drinking)

cantante *(m. & f.)* singer

cantare to sing

canto: **d'altro canto** on the other hand

canzone *(f.)* song

capire to understand

capitale *(f.)* capital

capitolo chapter

Capodanno New Year's Day

capolavoro   masterpiece

cappella   chapel; **Cappella Sistina**   Sistine Chapel (in the Vatican)

cappuccino   coffee with steamed milk

Capri *(f.)*   a small island in the bay of Naples

caramella   candy

carciofo   artichoke

carino   pretty

Carlo   Charles

Carmela   girl's name

carne *(f.)*   meat

caro   dear, expensive

carota   carrot

carta   paper

cartellone *(m.)*   poster

cartolina   postcard; **cartolina illustrata**   picture postcard

casa   house, home; **a casa**   (at) home; **a casa sua**   at, to his (her) house

casacca   coat

Cascine *(f. pl.)*   a large park in Florence

caso: **per caso**   by chance

cassa   cashier (*lit.,* cash register)

castel(lo)   castle

catena   chain

Cavour, Camillo Benso di   19th-century Italian statesman

c'è . . . ?   is . . . there?

ce l'ha?   do you have (something)?

Cellini, Benvenuto (1500–1571)   Italian Renaissance artist

cena   supper

cenare   to have supper

censimento   census

centesimo   cent

centigrado   centigrade

cento di questi giorni   many happy returns

centrale   central

centro   center; **al centro**   in the center

ceramica   ceramics

cerca: **in cerca di**   in search of

cercare   to look for, to try

certamente   certainly

certo   certain, sure, of course; **certo che**   there is no doubt that

cessare   to cease

che   who, that, which, what; **che . . . !**   what a . . . ! **che c'è?**   what's up? **che c'è di buono?**   what's good? **che c'è di nuovo?**   what's new? **che ne pensi?**   what do you think of it? **che ore sono?**   what time is it? **che peccato!**   what a shame!

chi   who, whom, he who, him who; **di chi?**   whose?

chiacchiere: **fare due chiacchiere**   to chat

chiamare   to call; **chiamarsi**   to be called (one's name)

chiaramente   clearly

chiedere   to call; to ask

chiesa   church

chiesto   *(p.p. of* chiedere*)*   asked

chiostro   cloister

chirurgo   surgeon

chiudere   to close

chiuso *(p.p. of* chiudere*)*   closed

ciao   hello, good-bye *(colloquial)*

ciascuno   each

cibo   food

cinema *(m.)*   movies

cinematografico   of the movies

cinquantina (una)   about fifty

ciò che   that which, what

cioè   namely

circa   about

circondare   to surround

città   city

cittadino   citizen

civiltà   civilization

classe *(f.)*   class, classroom

classico   classic

cliente *(m. & f.)*   client

clima *(m.)*   climate

codice della strada *(m.)*   traffic laws

cognato   brother-in-law

cognome *(m.)*   surname, last name

colazione *(f.)*   lunch; **prima colazione**   breakfast

collina   hill

Collodi *(f.)*   small town from which the author of Pinocchio derived his pen name

Colombo, Cristoforo   Christopher Columbus

Colosseo   Colosseum

colpa   guilt, fault; **non è colpa mia**   it's not my fault

coltivare   to cultivate

coltivato   cultivated

combinare: **non combiniamo niente**   we'll get nowhere

come   how, as, like, as well as; **come?**   what do you mean? **come no!**   of course! **come si dice?**   how do you say? **come sta?** *(pol.)*   how are you? **come stai?** *(fam.)*   how are you? **come ti chiami?** what's your name? **come va?** how is it going? **come va che . . . ?** how come . . . ?

comico comical, funny

cominciare to begin

commedia comedy; **Commedia dell'Arte** improvised Italian comedy

commerciale commercial, business

comodo comfortable

compagnia company

compagno companion, chum

compassione: mi fa compassione I feel sorry for him/her

compito homework

compiuto completed, accomplished

compleanno birthday

completo complete

comporre to compose

compositore *(m.)* composer

comprare to buy

compre: fare delle compre to shop

comunale municipal

con with

congresso convention

conoscenza acquaintance

conoscere to know

considerare to consider

consigliare to advise

contaminato polluted

contare to count

contentare to satisfy; **contentarsi (di)** to be satisfied (with)

contesto context

continuare to continue

conto bill, check; **rendersi conto** to realize

contrario contrary, opposite; **al contrario** on the contrary

contributo contribution

conversazione *(f.)* conversation

convincere to convince

copertina cover

coperto *(p.p. of coprire)* covered

copia copy

copione *(m.)* script

cornetto croissant

corrente current; **al corrente** abreast

corretto correct

corrispondente corresponding

corsa race

corsivo: in corsivo in italics

corso course; avenue

Cortina d'Ampezzo mountain resort in the Dolomites

cosa thing; **cosa?** what? **che cosa?** what? **cosa c'è di nuovo?** what's new?

così so, thus, in that case

cosicchè so that

costa coast

costare to cost

costituzione *(f.)* constitution

costruire (isc) to build

costruzione *(f.)* construction

costume *(m.)* costume, custom

cotone *(m.)* cotton

cottura cooking

cravatta tie

creazione *(f.)* creation

credere to think, to believe; **credere + ci** to believe in (something)

crescere to grow

cristiano Christian

croce *(f.)* cross

cucina kitchen, cuisine, cooking

cugina cousin

cugino cousin

cultura culture

cuoco cook

D

da from; **da lì** from there

dài! go! (sports fans' cry)

dappertutto everywhere

dare to give; **dare su** to face, to overlook

data date

dato given

davanti (a) in front (of), before

davvero really

debolmente slightly

decennio decade

De Chirico, Giorgio (1888–1978) Italian painter

decidere *(p.p. deciso)* to decide

democrazia democracy

democristiano Christian democrat

denaro money

desiderare to wish, to desire; **(che) desidera?** what can I do for you?

destra right; **a destra** to the right

detto *(p.p. of dire)* said, told

di of, from, than, about, by, in; **di + def. art.** some, any

dialetto dialect

dialogo dialogue

diario diary

diavolo devil

dice *(from dire)* says

diecina   about ten

dietologo   dietitian

dietro   behind

difficile   difficult

difficoltà   difficulty

dimagrire   to lose weight

dimenticare   to forget

dimmi un po'   tell me (something)

Dio   God; Dio ce ne guardi!   God forbid!

dipendere   to depend

dire   to say, to tell; sentire dire   to hear; si dice   they say; dire di no   to say no

direttamente   directly

direttore (m.)   director

direzione (f.)   direction, management, board

diritto   right

discesa   descent

disco   record

discorso   speech

discoteca   discotheque

discussione (f.)   discussion

disoccupazione (f.)   unemployment

dispense (f. pl.)   class notes

disperso (p.p. of dispersi)   scattered

dispiacere   to be sorry; mi dispiace   I am sorry

disturbare   to disturb

ditta   firm

diventare   to become

diverso   different; (pl.) several

divertente   amusing

divertimento   amusement; buon divertimento!   have a good time!

divertirsi   to have a good time

diviso   divided

divorzio   divorce

dizionario   dictionary

documentario   documentary

dogana   customs, customs house

doge (m.)   doge, leader of the old Venetian Republic

dolce   sweet

dolcificante (m.)   sweetener

domanda   question

domandare   to ask

domani   tomorrow

domenica   Sunday

domestico (adj.)   family, home

dominare   to rule, to dominate

donna   woman

dono   gift

dopo   after, afterwards

doppio   double

dormire   to sleep

dottore (m.)   doctor

dottoressa   woman doctor

dove   where

dovere   to ought to, must; to owe

dubbio   doubt

dubitare   to doubt

dunque   well, well then

duomo   cathedral

durante   during

durare   to last

E

e, ed   and

è   is

eccellente   excellent

eccellenza   excellency

eccezionale   exceptional

ecco   here is, here are, there is, there are; ecco fatto   all done; eccoci   here we are; eccoli   here they are

economia   economics

edicola   newsstand

edificio   building

edizione (f.)   edition

eh?   O.K.? eh, sì!   that's right!

elefante (m.)   elephant

elegante   elegant

eleggere   to elect

elementare   elementary

Elena   Helen

elettrodomestico   home appliance

elettronici (m. pl.)   electronic; giuochi elettronici   video games

eliminare   to eliminate

emigrante (m. & f.)   emigrant

emigrato   emigrant

emigrazione (f.)   emigration

Emilia   Emily

energia   energy

entrambe   both

entrare   to enter

entrata   entrance

entro   within

entusiasmarsi   to be carried away

Epoca   (Epoch) an Italian magazine

eppure   and still, yet

erba   grass

ermetico   hermetic

errore (m.)   error

esagerare   to exaggerate

esame (m.)   examination

esauriente   exhaustive

esaurito   sold-out

esce (from uscire)   goes out

esclusivamente   exclusively

escono (from uscire)   they go out

esempio   example

esercitare   to exercise, to practice

esercizio   exercise

esiguo   small, meager
esotico   exotic
esperienza   experience
esploratore *(m.)*   explorer
espressione *(f.)*   expression
espresso   espresso (coffee);
   L'Espresso *(Express)* an
   Italian weekly
esprimere   to express
essenziale   essential
essere   to be; essere al corrente   to be abreast of;
   essere d'accordo   to be
   in agreement; essere in
   ritardo   to be late (of a
   person or thing); essere
   in visita   to be visiting
estero   foreign; all'estero   abroad
estivo   of the summer,
   summer *(adj.)*
Estremo Oriente   Far East
età   age
etnico   ethnic(al)
etto   hectogram, measure
   of weight (3.527 oz.)
Europa   Europe

F

fa   ago
fabbrica   factory
facchino   porter
facile   easy
facilmente   easily
fagiolino   string bean
fama   fame
fame *(f.)*   hunger; avere fame   to be hungry
famiglia   family
famoso   famous
fantascienza   science fiction
fantasia   fantasy, fancy
fantastico   fantastic
fare   to do, to make, to let;
   fare bene   to be good

for; fare delle compre   to
make some purchases;
fare due chiacchiere   to
chat; fare due passi   to
take a stroll; fare il tifo   to root (for); fare la
coda   to wait in line; fare
la spesa   to shop for gro-
ceries; fare male   to be
bad for; fare parte di   to
be a part of; fare pres-
to   to hurry; fare una fotografia   to take a pic-
ture; fare una scampa-
gnata   to go on a picnic;
fare il muratore (l'ore-
fice)   to be a bricklayer
(a goldsmith); fare lo spiritoso   to (try to) be
funny
farmacia   drugstore
fatto *(p.p. of* fare)   done,
made
fattoria   farmhouse, farm
fattura   bill
favore *(m.)*   favor; per favore   please
favorevole   favorable
fazzoletto   handkerchief
felice   happy
felicità   happiness
femminista *(m. & f.)*
feminist
fermarsi   to stop
fermata   stop
festa   holiday, festival
fetta   slice; fetta biscotta-
ta   zwieback
feudale   feudal
fiero   proud
figlia   daughter
figlio   son; *(pl.)* sons, children
figliolo   son
figurati! *(fam.)*   si figuri!
(pol.)   imagine!
figurativo   visual

figurino   model, plate
fila   row
filanda   spinning mill
filobus *(m.)*   trackless trolley
filosofia   philosophy
finalmente   finally
fine *(f.)*   end; fine-
settimana *(m.)*   weekend;
in fine   finally
finestra   window
finire (isc)   to finish
fino a   until, up to
finora   until now
fiore *(m.)*   flower
Fiorentina   Florentine soccer team
fiorentino   Florentine
fiorire (isc)   to flourish
Firenze *(f.)*   Florence
fissarsi   to be obsessed
fiume *(m.)*   river
flusso   flux
fondare   to found
fondatore *(m.)*   founder
fontana   fountain
forma   form, shape
formaggio   cheese
fornaio   baker
forse   perhaps
forte   strong, loud
Forte Belvedere *(m.)*   an
old fortress in the hills
above Florence
fortuna   fortune, luck; per
fortuna   fortunately
fortunato te!   lucky you!
forza   force, strength;
forza!   go it it! (fans'
cry)
fotografia   picture, photograph
fra   among, between; in,
within; fra l'altro   among
other things
fragola   strawberry
Francesco   Francis

Franco   Frank
francobollo   stamp
frantumarsi   to break up
frase (f.)   sentence
frattempo: nel frattempo
   meanwhile
freddo   cold
fresco   fresh; al fresco   in
   the fresh air; fare fresco   to be cool (weather);
   stare fresco   to be in
   trouble, in a fix
fretta   haste, hurry; avere
   fretta   to be in a hurry
fritto misto   combination
   of fried seafoods, mixed
   fry
frutta   fruit
fruttivendolo   greengrocer
fumetti: a fumetti   like a
   comic strip
funzionare   to function
fuoco   fire
fuori   out, outside

G

Galilei, Galileo (1564–
   1642)   Italian scientist
galleria   gallery, arcade
gas (m.)   gas
gassato   with gas, carbonated
gatto   cat
gelateria   ice-cream parlor
gelato   ice cream
generale: in generale   generally
generalmente   generally
generazione (f.)   generation
genere (m.)   gender
Genesi (f.)   Genesis
genio   genius
genitore (m.)   parent
genovese   of, from Genoa
gente (f.)   people
gentile   kind

gesto   gesture
gettare   to throw; gettar
   fuori   to throw out
gettone (m.)   token (for
   public telephones)
gettoniera   token vending
   machine
ghiaccio   ice
ghiro: dormire come un
   ghiro   to sleep like a log
già   already, all right,
   that's right, of course
giacca   jacket, coat
Giacomo   James
giallo (romanzo)   mystery
   novel, detective story
   (movies)
Gianni   (abbr. of Gio-
   vanni)   Johnny
Giannini, Amedeo (1870–
   1949)   financier, founder
   of the Bank of America
giapponese   Japanese
giardino   garden
Giardino dei Boboli   a park
   connected with the Pitti
   Palace in Florence
giocare (giuocare)   to play;
   giocare a + noun   to
   play a game or sport
giocondo   merry, joyful
gioielleria   jewelry shop
gioielliere (m.)   jeweler
gioiello   jewel
giornalaio   newspaper vendor
giornale (m.)   newspaper
giornaliero   daily
giornalista (m. & f.)
   journalist
giornata   day (descriptive)
giorno   day
giovane   young; (n.) young
   man; da giovane   as a
   young man
Giovanni   John
girare   to go around

giro   tour; in giro
   around; prendere in giro   to make fun of
gita   trip, excursion
Giudizio Universale   Last
   Judgment
giungla   jungle
giuoco (gioco)   game
giustizia   justice
goccetto   drop
governare   to govern
governo   government
grado   degree
grammatica   grammar
grandemente   greatly
grandinare   to hail
grandioso   grandiose
grato   grateful
grazia: vi domando
   grazia   I beg your pardon
grazie   thanks, thank
   you
Graziella   girl's name
greco   Greek
gruppo   group
guadagnare   to earn
guardare   to look (at);
   guarda chi si vede!   look
   who's here! guarda un
   po'!   of all things!
guerra   war
guida   guide
guidare   to drive
gustare   to taste, enjoy
gusto   taste; tutti i gusti
   son gusti   everyone to
   his taste

H

hai   you have (fam.); hai
   lezione?   do you have
   class?
ho   I have

ideale   ideal

ieri   yesterday; ieri sera last night; ieri l'altro (or l'altro ieri)   the day before yesterday

illustrato   illustrated

illustrazione (f.) illustration

imbroglione (m.)   cheat

imbucare   to mail

immaginazione (f.) imagination

imparare   to learn

impazzito   crazed, gone mad

impegnato   committed, busy

imperatore   emperor

imperiale   imperial

impianto   installation

impiegato   clerk; (v.) employed

impiego   job, position

importante   important

importare   to matter

impossibile   impossible

impostare   to mail

impressione (f.) impression

impronta   imprint

improvvisare   to improvise

improvviso: all'improvviso suddenly

includente   including

incluso (p.p. of includere)   included

incontrare   to meet; incontrarsi   to meet with

incontro   match (sports)

indiano   Indian

indicazione (f.)   hint, indication

individuo   individual

industria   industry

industrializzazione (f.) industrialization

infatti (in fatti)   in fact

influsso   influence

informazione (f.)   a piece of information; (pl.) information

ingegnere (m.)   engineer

inglese   English; (m.) the English language

ingorgo   obstacle; ingorgo di traffico   traffic jam

ingrassare   to fatten

inizio   beginning

innamorarsi (di)   to fall in love (with)

inno   hymn

innumerevole   countless

inquinamento   pollution

insalata   salad

insegnante (m. & f.) teacher

insegnare   to teach

inserire   to insert

insomma   in short

intavolare   to begin (a discussion)

intellettuale   intellectual

intelligente   intelligent

intendere   to intend

intenso   intense

intenzione (f.)   intention

interessante   interesting

interesse (m.)   interest

internazionale   international

interrompere   to interrupt

interrotto (p.p. of interrompere)   interrupted

intervallo   intermission

introducono (from introdurre)   they introduce

inutile   useless

invece   instead

inverno   winter

invidia   envy

invitare   to invite

invitato   guest

invito   invitation

io   I

irrequietezza   restlessness

iscrivere   to register

isola   island; isola di Murano   an island near Venice; isola pedonale   pedestrian zone, mall

istituto   institute

Italia   Italy

italiano   Italian

italo-americano   Italian American

L

là   there

lago   lake

lampeggiare   to be lightening

largo   wide

lasciare   to leave, to let; lasciati vedere   let me look at you

lassù   up there

latino   Latin

latte (m.)   milk

latteria   creamery

laurearsi   to graduate (from college)

lavagna   blackboard

lavare   to wash

lavoro   work

Lazio   a region in central Italy

legame (m.)   bond, tie, link

legare   to tie

legge (f.)   law

leggenda   legend

leggere   to read

leggero   light, slight

Lei   you (pol.)

Leonardo da Vinci (1452–1519)   well-known artist, scientist, and inventor

lettera   letter

letterario   literary

letteratura   literature

letto   bed; *(p.p. of* lęg-
gere)   read
lettura   reading
levarsi   to take off
(clothes)
lezione *(f.)*   lesson
lì   there; da lì   from there
liberale   liberal
liberarsi   to get rid of
libero   free; empty
librạio   bookseller
libro   book
liceo   upper secondary
school
Lido   Venice's beach
lịgure   Ligurian (of the Liguria region)
limitato   limited
lịmite *(m.)*   limit, limita-
tion
limone *(m.)*   lemon
lịngua   tongue, language
liquore *(m).*   cordial, liqueur
lira   lira (basic unit of the
Italian monetary system)
lombardo   Lombard, of
Lombardy
Londra   London
lontano   far
lotta   struggle
Luisa   Louise
lungo   along, long; più a
lungo longer (of time)
lungomare *(m.)*   seashore
road, seafront

M

ma   but; ma su   come on
macchè   no way, not at all
mạcchina   machine, car; in
macchina   by car;
mạcchina fotogrạfica   camera
Machiavelli, Niccolò (1469–
1527)   author, historian,

political scientist
macellạio   butcher
madre *(f.)*   mother
maestro   teacher
magari   I only wish it, perhaps, even
magazzino: grande magaz-
zino   department store
Mạggio Musicale   *lit.,* "Musical May," Florence's an-
nual musical festival
maggioranza   majority
maggiore   major, larger,
greater; older, oldest
magnịfico   magnificent
malattia   disease, illness
male   bad, badly; non c'è
male   not bad
malgrado   in spite of
maligno   evil, malignant
mamma   mama
mancanza   lack
mandare   to send
mangiare   to eat
manifestazione *(f.)*
demonstration, festival,
display
manifesto   leaflet, poster
mano *(f.)*   hand
marciapiede *(m.)*   sidewalk
mạrcio   rotten
Marco Polo (1254–
1324)   Venetian traveller
Marconi, Guglielmo (1874–
1937)   scientist, inventor
of wireless telegraph
mare *(m.)*   sea
Maria   Mary
Marina   girl's name
marinaro   maritime
Mạrio   boy's name
marito   husband
marịttimo   maritime, sea-
faring
marmellata   jam
mạschera   mask, character
mạschio   male

matemạtica   mathematics
mattina   morning; di mattina   in the morning
meccạnico   mechanic
medicina   medicine
mẹdico   medical; *(n.)* doctor, physician
medioevale   medieval
mẹglio   better
mela   apple
melone *(m.)*   melon
memọria   memory
meno   less; per lo me-
no   at least
mensa universitạria   student cafeteria
mentre   while
meraviglioso   marvelous
mercante *(m.)*   merchant
mercato   market
mestiere *(m.)*   trade, occu-
pation
metà   half
metallo   metal
metropolitana   subway
mẹttere   to put, to place;
mẹttersi   to place one-
self, to stand; mẹttersi a
sedere   to sit
mezzo   half; in mezzo   in
the middle
mezzogiorno   noon
mica   at all
Michelạngelo Buonarroti
(1475–1564)   well-known
artist and poet
Michele   Michael
mietitrice *(f.)*   harvester, reaper
migliorare   to better, to
improve
milanese   Milanese
Milano *(f.)*   Milan; il
Milan   Milan's soccer
team
milionạrio   millionaire
milioncino   tidy little million

milione   million

mille   one thousand

minerale   mineral

minestra   soup

minestrone *(m.)*   vegetable soup; **minestrone di riso** vegetable soup with rice

Ministero di Pubblica Istruzione   Ministry of Public Education; **Ministero degli Affari Esteri** Ministry of Foreign Affairs

minuto   minute

missione *(f.)*   mission

moda   fashion; **di moda** fashionable

moderno   modern

modico   moderate

modo   manner, tone; **in ogni modo** at any rate

modulo   form, blank

moglie *(f.)*   wife

molto   very, much

momento   moment; **un momento** just a moment

mondiale   worldwide

mondo   world

moneta   coin

monotono   monotonous

montagna   mountain; **in montagna** in the mountains

Montale, Eugenio   (1896–1981) Italian poet

monte *(m.)*   mountain

morire   to die

mostra   exhibit

mostrare   to show

moto *(f.)*   motorcycle

motoscafo   motorboat

muratore *(m.)*   mason, bricklayer

museo   museum

musicare   to set to music

N

napoletano   Neapolitan

Napoli *(f.)*   Naples

nascita   birth

Natale *(m.)*   Christmas

natalizio   of Christmas

nato *(p.p. of* nascere*)*   born

naturalmente   naturally

navigatore *(m.)*   navigator

nazione *(f.)*   nation; *La Nazione* a Florentine paper

Nazioni Unite *(f. pl.)*   United Nations

negozio   store, shop

nemmeno   not even

neppure   not even

neve *(f.)*   snow

niente   nothing: **niente di nuovo** nothing new

nipote *(m.)*   grandson; **nipotino** little grandson

no   not, no; **ma no!** don't tell me!

noioso   boring

nome *(m.)*   name

nondimeno   nevertheless

nonno   grandfather; **nonna** grandmother; **i nonni** the grandparents

nord *(m.)*   north

notare   to notice, to note

notevole   noticeable, noteworthy

notizia   news

noto   known, well-known

notte *(f.)*   night

Novecento   20th century

novità   novelty, new item

numero   number

numeroso   numerous; *(pl.)* various

nuotare   to swim

nuovo   new; **di nuovo** again; **niente di nuovo** nothing new; **che c'è di nuovo?** what's new?

O

o   or; **o... o** either . . . or

oca   goose

occhiali da sole *(m. pl.)*   sunglasses

occupare   to occupy

offerta   offer

offrire   to offer

oggetto   object, article

oggi   today; *Oggi* an Italian magazine

ogni   each, every; **ogni tanto** now and then

ognuno   each one

ombrello   umbrella

opera   work, opera

operaio   worker

opinione *(f.)*   opinion

oppure   or else

ora   now; *(n.)* hour

ordinare   to order

ordinato   orderly

orefice *(m.)*   goldsmith

orientale   Eastern

origine *(f.)*   origin

ormai   by now

oro   gold

orologio   watch, clock

orso   bear

orto   vegetable garden

ospedale *(m.)*   hospital

ospite *(m. & f.)*   guest

osservare   to observe, to examine

ottenere   to obtain

ottimista *(m. & f.)*   optimist

ottimo   excellent

Ottocento   19th century

P

padella   frying pan

padovano   from, of Padua

padre *(m.)* father

padrone *(m.)* master

paesaggio landscape

paese *(m.)* country, town, home town; **Paese che vai, usanza che trovi.** When in Rome do as the Romans do.

paesetto small town

paggio page boy

pagina page

pagliaccio clown

paio pair; couple

palazzo palace, building

Palermo city in Sicily

Palladio, Andrea (1518–1580) architect

panchina park bench

pane *(m.)* bread

panino roll

panorama *(m.)* view

Paolo Paul

papà *(m.)* dad

parare to block

parco park

pare: ti pare! *(fam.)* not at all! Le pare! *(pol.)* not at all!

pareggio tie (sports)

parente *(m. & f.)* relative

parentesi: fra parentesi in parentheses

Parigi *(f.)* Paris

parlamento parliament

parlare to speak

parmigiano Parmesan cheese

parola word

parte *(f.)* part; in parte partly

partenza departure; in partenza leaving

participio participle

particolare *(m.)* detail

particolarmente particularly

partigiano partisan; biased

partire to depart, to leave

partita match, game

partito party (political)

parziale partial

passaporto passport

passare to pass, to flow (river); passerò a prenderti I'll pick you up

passato past; old

passeggero passenger

passeggiare to stroll

passeggiata promenade, walk

passo step; fare due passi to take a short walk

pastasciutta pasta with sauce

pastificio pasta factory

pasto meal

patria homeland

patrimonio heritage, patrimony

pazienza patience; never mind

peccato shame, sin; peccato! too bad!

pendente leaning

penisola peninsula

pensare to think; pensarci to think (something) over

pensione *(f.)* boarding house

per for, through; per caso by chance

perchè why, because

perciò therefore

perfino even

periferia suburbs

periodo period

permesso leave, permission

però however

persona person

personaggio personage, character

per terra on the ground

pesce *(m.)* fish

pessimista *(m. & f.)* pessimist

pezzo piece

piacere *(m.)* pleasure; piacere! how do you do! happy to know you! per piacere please

piacevole pleasing

piano floor

pianta map (of a city)

piatto dish, specialty

piazza square

Piazzale Michelangelo a large square overlooking Florence

Piazza di Spagna well-known square in Rome

Piazza Navona large square in Rome

Piazza San Pietro Saint Peter's Square

piccolo small, little

piede *(m.)* foot; in piedi standing (up); a piedi on foot

pieno full; fare il pieno to fill up (at service station)

pietra stone

pigliare to take

pigrizia laziness

pioggia rain

pista track, ski run; Pista! warning shouted by skiers to get off the track

più more; più a lungo longer (of time); più o meno more or less; sempre più more and more; per di più furthermore; per lo più for the most part

piuttosto rather

po' a little (*abbr. of* poco)

poco little; *(pl.)* few; a

poco a poco   little by little; ben poco   very little
podere *(m.)*   farm
poesia   poem, poetry
poeta *(m.)*   poet
poi   after, later, then,
moreover
politica   politics
politico   political
polizia   police
pollo   chicken
polo   pole; Polo Nord
North Pole
Polo, Marco (1254–1324)
Venetian traveler
pomeriggio   afternoon
pomodoro   tomato
Pompei *(f.)*   ancient city
near Naples buried by
eruption of Vesuvius in
79 A.D.
pompelmo   grapefruit
ponente *(m.)*   west
Ponte Santa Trinita *(m.)*   a
bridge in Florence
Ponte Vecchio *(m.)*   oldest
bridge in Florence
popolare   popular
popolo   people
porta   door
portare   to bring, to carry,
to take
portiere *(m.)*   hotel desk
clerk
porto   port
Portofino   village along the
Italian Riviera
possibilità   possibility
posto   place, seat
povero   poor; povera
te!   you poor thing!
pranzo   dinner
pratico   practical
precisamente   precisely
precisione *(f.)*   precision
preciso   precise, exact
preferire (isc)   to prefer

prego   you're welcome; I
beg your pardon
premio   prize
prendere   to take; prendere
in giro   to joke, to make
fun of
preoccuparsi   to worry
preoccupato   worried
prepararsi   to prepare, to
get ready
preposizione *(f.)*
preposition
presepio   Nativity scene
presidente *(m.)*   president
preso *(p.p. of* pren-
dere)   taken
presso   at, in
prestare   to loan
presto   soon, early, quick,
quickly
prevalentemente   mainly,
largely
prezioso   precious
prezzo   price
prima   before, first; di prima   than before
primavera   spring
primo   first; i primi   the
beginning (of a month)
principale   principal, main
principio   beginning
professione *(f.)*   profession
professionista *(m. & f.)*
professional
professore *(m.)*   professor
professoressa   woman professor
profittare   to profit
profondo   deep, profound
programma *(m.)*   program
promettere   to promise;
(p.p.) promesso promised
promulgare   to promulgate
pronto   ready; hello (on
the telephone)
pronunzia   pronunciation
propone *(from* pro-

porre)   proposes
proponga *(imperative of*
proporre)   propose
proposito   purpose; a proposito   by the way
proprietario   proprietor
proprio   exactly, just, really
proseguire   to continue
(on)
prosciutto   Italian salt-
cured ham
prossimo   next
prova   proof
provare   to try
pubblicazione *(f.)*
publication
pubblicitario: cartellone
pubblicitario   theater (or
advertising) poster
pubblico   public
pugilato   boxing
punto   dot; in punto   on
the dot
pure   by all means
I Puritani   The Puritans,
an opera by Vincenzo
Bellini
purtroppo   unfortunately

Q

quaderno   notebook
qualcosa (di
più)   something (more)
qualcuno   someone; some,
a few
quando   when
quanto   how, how much;
quanto sei spiri-
tosa!   aren't you funny!
quanto tempo?   how
long?
quasi   almost
quattrini *(m. pl.)*   money
quello   that, that one
quercia   oak tree
questo   this, this one

qui   here; di qui   this way
quindi   therefore

R

raccolta   harvest
raccomandare   to recommend
raccontare   to tell, to relate
raddoppiare   to double
radicchio   chicory
radice (f.)   root
ragazza   girl, girlfriend
ragazzo   boy
raggiungere   to reach, to attain
ragione (f.)   reason
ragioniere (m.) accountant, bookkeeper
rapido   express train
rapporto   relation, ties
rappresentare   to represent
rappresentazione (f.) performance
raramente   rarely
Ravenna   a city south of Venice
re (m.)   king
reale   royal
recentemente   recently
recupero (moneta)   (coin) return
regalo   gift, present
regionale   regional
regno   kingdom
regola   rule
respirare   to breathe
restare   to remain, to stay
restituire (isc)   to return, to give back
resto   rest, change; del resto   besides
rete (f.)   network
riassunto   summary
ribes (m.)   currant
ricco   rich
ricerca   research

ricetta   recipe
ricettario (di cucina)   cookbook
ricevere   to receive
ricevitore (m.)   telephone receiver
ricominciare   to begin again
ricordare   to remember, to recall; ricordarsi (di)   to remember, to recall
ridere   to laugh; mi viene da ridere   it makes me laugh
ridotto   lobby (theater); foyer
rientrare   to come back
rifiutare   to refuse
riflettere   to reflect
rileggere   to read again
rimanere   to remain
Rinascente (La)   large Italian department store
Rinascimento   Renaissance
rinfresco   refreshment
rinnovare   to renew
rione (m.)   neighborhood
ripartire   to leave again
ripassare   to come back, to come back again
ripetizione (f.)   review
riposarsi   to rest
rischiare   to risk
riscrivere   to write again
risentirsi   to talk again
risiedere   to reside, to live
risolto (p.p. of risolvere)   solved
risorsa   resource
Risorgimento   movement for Italian independence in the 19th century
risparmiare   to save
rispondere   to answer
risposta   reply
ristorante (m.)   restaurant

ristretto   strong, concentrated
risultato   result
ritardo: essere in ritardo   to be late (person, train, etc.)
ritmo   rhythm
ritornare   to return
ritrovarsi   to meet
riunione (f.)   meeting
rivedersi   to see each other again
Riviera: Riviera di Levante   Eastern Riviera
rivista   review, magazine, journal
Roma   Rome
romano   Roman
romanzo   novel
Rossini, Gioacchino (1792–1868)   Italian composer
rosso   red
rumore (m.)   noise
ruolo: assumere il ruolo   to play the role
russo   Russian

S

sa (from sapere)   you know (pol.)
sacco   sack; un sacco (di)   a lot (of)
sacro   sacred
sala da pranzo   dining room
salire   to get on, to get in
salotto   living room
salsa verde   green sauce
salumi (m. pl.)   cold cuts
salutare   to greet; saluta tanto il babbo da parte mia   give your dad my best regards
salute (f.)   health
saluto   greeting
sano   wholesome

Santa Lucia   a section of Naples

santo   saint

sapere   to know

saporito   tasty

sarà!   may be! could be!

Saturno   Saturn

sbaglio   mistake

sbrigarsi   to hurry

scacciare   to drive away

Scala (La)   renowned opera house in Milan

scalino   step

scalzo   barefoot; (pl.) Scalzi (a monastic order)

scampagnata   picnic, outing

scapolo   bachelor

scarpa   shoe

scarsità   scarcity

scatola   box

scegliere   to choose; (p.p.) scelto   chosen

scendere   to descend, to get off

scheda di prenotazione   application form

scherzo   joke, trick; che brutto scherzo   what a dirty trick; scherzi a parte   all kidding aside

sci (m.)   ski, skiing

sciare   to ski

scienziato   scientist

scioperare   to strike

sciopero   strike; fare sciopero   to strike

sciovia   ski lift

scoccare   to strike (of a clock)

scomparire   to disappear

scompartimento   compartment

sconfitta   defeat

scoperta   discovery

scoprire   to discover

scorso   last, past

scortese   impolite

scottare   to burn

scrittrice (f.)   woman writer

scrivere   to write; (p.p.) scritto   written

scultura   sculpture

scuola   school; scuola media unica   junior high school; scuole magistrali   teachers' college

se   if, whether

sebbene   although

secolo   century

secondo   according to; (n.) second

sedersi   to sit down

sedia   chair

seduta   meeting

segnare   to mark, to score

seguente   following

selezione (f.)   selection

sembrare   to seem

sempre   always; sempre più   more and more

senese   of, from Siena

sentire   to hear; sentir dire   to hear someone say

senza   without; senz'altro   without doubt

separare   to separate

sepolto   (p.p. of seppellire)   buried

sera   evening; stasera   this evening, tonight; a stasera   till this evening

serale   of the evening

serio   serious; dici sul serio?   are you serious?

servitore (m.)   servant

servizio   service; al servizio (di)   in the service (of)

settimana   week

sfogliare   to leaf through

sì   yes; eh sì!   yes indeed!

Sicilia   Sicily

sicurezza   certainty

sicuro   sure, certain

significato   meaning

signora   lady, Mrs.

signore (m.)   mister, sir

signorina   miss, young lady

simile   similar

simpatico   likeable

sindacalista (m. & f.)   union member; (adj.) of a union

sindacato   labor union

sinfonico   symphonic

singolo   single

sinistra   left; a sinistra   to the left

Siviglia   Seville

smettere   to stop

sociale   social

socialista (m. & f.)   socialist

società   society, company

soggetto   subject

soldo   penny; soldi   money

sole (m.)   sun

solito   usual; al (di) solito   usually

solo   alone, only, single; da solo   by oneself, all alone

soltanto   only

somigliare   to resemble

sonetto   sonnet

sono   I am

sonno   sleep; avere sonno   to be sleepy

sonoro   melodious

soprattutto   above all

sopravvivere   to survive

sorprendere   to surprise

sorpresa   surprise

Sorrento (f.)   town south of Naples

sospiro   sigh

sosta   break, stop

sostantivo   noun

sostituire (isc)   to substitute

sottolineato   underlined

sottovoce   whispering
sovranità   sovereignty
sovrumano   superhuman
Spagna   Spain
sparso (p.p. of spargere)   scattered
spazio   space
speciale   special
specialmente   especially
spedire (isc)   to send, to mail
spedizione (f.)   expedition
speranza   hope
sperare   to hope
spesso   often
spettacolo   performance
spiaggia   beach
spiccioli (m. pl.)   loose change
spiegare   to explain
spina   thorn; tenere sulle spine   to keep on pins and needles
spingersi   to push on
spiritoso   witty, funny; fare lo spiritoso   to be funny, to try to be funny
splendido   splendid
spopolare   to depopulate
sport (m.)   sport
sportello   window (at a bank, of a car, etc.)
sposarsi   to get married
squadra   team
squillare   to ring (telephone)
stabilità   stability
stadio   stadium
stagione (f.)   season
stamani   this morning
stampa   press; La Stampa   a Turin newspaper
stampare   to print; to publish
stanco   tired
stare   to stay, to remain, to be; stare bene   to be

well, to look well; stare male   to be ill, to be uncomfortable; stare in piedi   to stand up; stare a   to be up to; ci sto   I'm game; stare per   to be about to
stasera   this evening, tonight; a stasera   till this evening
statale   of the state
stato   state; Stati Uniti (m. pl.)   United States
stazione (f.)   station; stazione ferroviaria   railroad station
stesso   same, itself
stivale (m.)   boot
stoccafisso   stockfish
storia   story, history; storie!   nonsense!
storico   historical
storione (m.)   sturgeon
strada   street, road
straniero   foreign; (n.) foreigner
straordinario   extraordinary
strenna   present given at Christmas or for the New Year
stretto   narrow
struttura   structure
studente (m.)   student
studentessa   woman student
studiare   to study
studio   study, studio
studioso   studious
stupendo   stupendous
su   on, above; ma su!   come now!
subito   at once, right away
succedere   to happen
successivamente   successively
successo   success; (p.p. of succedere)   happened

sud (m.)   south
sudare   to perspire
sudato   wet with perspiration
suggerimento   suggestion
suggerire (isc)   to suggest
suonare   to ring (of bell)
supermercato   supermarket
supremo   supreme
surgelato   frozen (food)
svago   diversion
svegliarsi   to wake up
svelta: alla svelta   quickly

T

tagliatelle (f. pl.)   noodles
tale   such; un tale   such a
tanto   much, so much, so; tanto... come   both . . . and; ogni tanto   once in a while
tardi   late; sul tardi   on the late side
tassì (m.)   taxicab; in tassì   by taxi
tassista (m. & f.)   taxi driver
tavola   table
tavolino   café (restaurant) table
tavolo   table
tè (m.)   tea
teatro   theater
tecnico   technical
telefonata   telephone call
telefono   telephone
telegramma (m.)   telegram
televisore (m.)   TV set
Tempio di Vesta   temple in Roman Forum
tempo   time; verb tense; a tempo   on time
tendere   to tend
tenere   to keep; se proprio ci tieni   if you really insist

tengo (*from* tenere)   I keep
tenore (*m.*)   tenor; character
Terme di Caracalla (*f.*
pl.)   ancient Roman
baths
termine (*m.*)   term
terra   earth, land; per terra
on the ground
territorio   territory
tesoro   treasure
testa   head
Tevere (*m.*)   Tiber
tifoso   sports fan
tipico   typical
tirare avanti   to make ends
meet
tomba   tomb
topolino   little mouse;
Mickey Mouse
Torino (*f.*)   Turin
tornare   to return; ben tornato!   welcome back!
torre (*f.*)   tower
torta   cake
tortellini (*m. pl.*)   stuffed,
round bits of pasta
Toscanini, Arturo (1867–
1957)   Italian conductor
tradizione (*f.*)   tradition
traduci (*from* tradurre)
(*fam.*)   you translate
tradurre   to translate;
(*p.p.*) tradotto   translated
traduzione (*f.*)   translation
tranquillo   peaceful
tram (*m.*)   streetcar
trasferirsi   to move
trasformarsi   to change
trasmissione (*f.*)   broadcast,
telecast
trattenersi   to remain, to
stay
tratto   section, tract
trattore (*m.*)   tractor
treno   train; in treno   by
train

trentina: sulla trentina
thirtyish
troppo   too, too much
trovare   to find; trovarsi   to meet, to happen to
be; non trovi?   don't you
think?
truffa   swindle
turistico (*adj.*)   tourist
tutto   everything, all; tutto
+ *def. art.*   the whole;
tutto a un tratto   all of a
sudden; tutto sta a
te   it's all up to you; tutti   everybody; tutti e
due   both; tutti e tre
all three, etc.
tuttora   even now

U

uccello   bird
ufficio   office
Uffizi (Gli)   a museum in
Florence
ultimo   last
Umbria   region in central
Italy
umile   humble
unico   only
unire   to unite
universale   universal
università   university
universitario   of the university
uovo   egg, (*pl.*) le uova
usanza   custom
usare   to use
uscire   to go out
uscita   exit
uso   use
utile   useful
uva   grapes

V

va (*from* andare)   goes; va

bene?   is that all right?
come va?   how are
things? how are you?
vacanza   vacation
valere   to be worth; vale
proprio la pena   it is well
worth it
valigia   suitcase
Vanna   girl's name
vaporetto   ferryboat (typical
of Venice)
varietà   variety
variare   to vary
vario   various, varied
Vaticano   Vatican
vecchio   old
vedere   to see; vediamo un
po'   let's see now
velocità   speed
veduta   view
vendemmia   vintage
vendere   to sell
vendita   sale; in vendita
for sale
venditore (*m.*)   street vendor
Venere   Venus
Venezia   Venice
venire   to come (*p.p.* venuto)
veramente   really, truly, as
a matter of fact
verbo   verb
Verdi, Giuseppe (1813–
1901)   Italian composer
verdura   vegetables
verità   truth
vero   true; vero?   is that
right? dal vero   in real
life
Verona   a city in the Po
valley
Verrazzano, Giovanni da
(1485–1528)   Italian navigator and discoverer
verso   toward, around (of
time); (*n.*) verse

Vespucci, Amerigo (1454–1512)   Italian navigator for whom America was named

vestirsi   to get dressed

vestito   suit, dress

Vesuvio   Vesuvius, a volcano near Naples

vetreria   glassworks

via   street; per la via   in the street, along the way; (adv.) away

viaggiatore (m.)   traveler

viaggio   trip; buon viaggio   have a good trip

vicino   near, nearby; da vicino   at close range, from nearby

vigile (m.)   police officer

vigna   vineyard

villa   villa, country house

villaggio   village

vincitore (m.)   winner

vino   wine

vinto (p.p. of vincere)   won

Visconti, Luchino   Italian movie director

visione: in visione   being shown

visita   visit; essere in visita   to be visiting

visitare   to visit

vispo   lively

visto (p.p. of vedere)   seen

vivere   to live

vivo   alive, live

vocabolario   vocabulary

vocabolo   word

vocale (f.)   vowel

voce   voice: ad alta voce   aloud

volentieri   gladly, willingly

volere   to want; voler dire   to mean; e che vuol

dire!   so what!

volgere   to change

volta   time, occurrence; una volta   once; a volte   sometimes; più volte   many times

vulcano   volcano

vuoto   empty

Z

zero   zero

zia   aunt

zingaro   gypsy

zio   uncle

zitto!   quiet!

zona   district, zone

zuccherato   sugared

zucchero   sugar

zucchino   squash

ENGLISH-ITALIAN VOCABULARY

The English-Italian vocabulary contains most of the words and expressions needed for the translation of the sentences in the **Rielaborazione** section of the **Esercizi** and of the **Ripetizioni**. In addition, it contains many important words and expressions that will help the student prepare meaningful replies to the **Situazione Pratica** sections of the **Esercizi**.

A preposition in parentheses after a verb indicates that the verb requires that preposition before a dependent infinitive. An asterisk (*) indicates verbs that are conjugated with **essere**. A dagger (†) after a verb means that the verb in question may be conjugated either with **avere** or **essere**. In general, the verbs that are accompanied by a dagger are conjugated with **avere** when they have a direct object.

A

abandon abbandonare
able: to be able potere
about circa, di; **to be about to** stare per
accent accento
accompany accompagnare
address *(someone):* dare del tu *(fam.);* dare del Lei *(pol.)*
advise consigliare
afraid: to be afraid avere paura; temere
after dopo, poi
afternoon pomeriggio
agency agenzia
ago fa
air aria
all tutto; **not at all** affatto

almost quasi
along: to get along andare d'accordo
already già
also anche
although sebbene
always sempre
American americano
amuse oneself divertirsi
ancient antico
and e, ed
another un altro, un'altra
answer rispondere *(p.p.* risposto)
apartment appartamento
April aprile *(m.)*
appliances *(home)* elettrodomestici *(m.pl.)*
appointment appuntamento
arcade galleria

architect architetto
arm braccio *(pl.* le braccia)
arrive arrivare*
ask domandare, chiedere *(p.p.* chiesto)
assignment compito
August agosto
author autore *(m.)*

B

badly male
bank banca
bar caffè *(m.);* bar *(m.)*
be essere*, stare*; **I am well** sto bene
beautiful bello
because perchè
become diventare*
bed letto

before (*meaning* in front of) davanti (a); (*adv. meaning* first) prima; *(referring to time)* prima di

begin incominciare (a + *inf.*)

believe credere

best meglio *(adv.);* migliore *(adj.)*

bet scommettere

better meglio *(adv.);* migliore *(adj.)*

biased partigiano

birth nascita

bone osso *(pl.* le ossa)

book libro

bookkeeper ragioniere *(m.)*

bother preoccuparsi

boy ragazzo

Brazil Brasile *(m.)*

bread pane *(m.)*

breakfast colazione *(f.);* to have breakfast fare colazione

brief breve

brilliant brillante

bring portare

brother fratello

build costruire (isc)

building edificio

bus: by bus con l'autobus

but ma

butter burro

buy comprare

by da, prima di

C

cab tassì

call chiamare

can *(to be able)* potere†; *(to know how)* sapere

capital capitale *(f.)*

car macchina

carrot carota

carry: to be carried away entusiasmarsi

cash riscuotere

cat gatto

cathedral duomo

celebrate festeggiare

cenotaph cenotafio

century secolo

certain certo, sicuro

chapel cappella

check assegno; traveler's check assegno per viaggiatori

Christmas Natale *(m.)*

church chiesa

city città

class, classroom classe *(f.);* lezione *(f.);* to have a class avere lezione; class notes dispense *(f.pl.)*

clean pulito

close chiudere *(p.p.* chiuso); vicino *(adv.)*

coffee caffè *(m.);* coffee shop caffè *(m.),* bar *(m.)*

cold freddo; to be cold avere freddo *(of a person);* fare freddo *(of weather)*

come venire* *(p.p.* venuto); come near avvicinarsi*; come now! ma su!

comedy commedia

comfortable comodo

companion compagno

compose comporre *(p.p.* composto)

composer compositore *(m.)*

conjugation coniugazione *(f.)*

consist consistere*

contaminated inquinato

continue continuare

contractor appaltatore *(m.)*

convert convertire

convince convincere *(p.p.* convinto)

cool fresco; to be cool fare fresco *(weather)*

copy copia

cost costare

count contare

country *(countryside)* campagna; *(fatherland)* patria; *(nation)* paese *(m.)*

couple paio

course corso; of course certo

cousin cugino, cugina

custom usanza

customer cliente *(m. & f.)*

D

dad papà

daughter figlia

day giorno, giornata *(descriptive);* good day buon giorno

dear caro

debate discussione *(f.)*

December dicembre *(m.)*

demonstration manifestazione *(f.)*

dictionary dizionario

die morire* *(p.p.* morto)

difficult difficile

dinner pranzo; to dine pranzare

director regista *(m. & f.)* *(of movies)*

disease malattia

divine divino

dollar dollaro

do fare

door porta

doubt dubitare

downtown in città

dress vestirsi*; vestito *(n.)*

drink bere *(p.p.* bevuto)

during durante

E

early   presto
earn   guadagnare
easy   facile; easily   facilmente
eat   mangiare
economics   economia
egg   uovo (pl. le uova)
eight   otto
elegant   elegante
Emily   Emilia
employee   impiegato
end   fine (f.): to make ends meet   tirare avanti
English   inglese; the English language   l'inglese
enough   abbastanza; to be enough   bastare
Europe   Europa
European   europeo
evening   sera; good evening   buona sera; this evening   stasera
every   ogni
everybody   tutti
everything   tutto, ogni cosa
exaggerate   esagerare
examination   esame (m.)
example   esempio
excellent   eccellente
excursion   gita
exercise   esercizio
expedition   spedizione (f.)
expensive   caro
extraordinary   straordinario

F

fall   autunno
familiar: to be familar with   conoscere
family   famiglia
famous   famoso
farm   podere (m.); farmhouse   fattoria
farmer   agricoltore (m.)

fascinating   affascinante
fashion   moda; old-fashioned   all'antica
fast   veloce
father   padre (m.)
favor   favore (m.); piacere (m.)
February   febbraio
ferryboat   traghetto, vaporetto (in Venice)
fifty   cinquanta
film   film (m.); mystery film   giallo
finally   finalmente
find   trovare
finish   finire (isc)
first   primo (adj.); prima (adv.)
fish   pesce (m.)
Florence   Firenze (f.)
Florentine   fiorentino
fond: to be fond of, to like   piacere
food   cibo
for   per
foreign   straniero
foreigner   straniero
forget   dimenticare (di + inf.)
free   libero
French   francese; the French language   il francese
fresco (painting)   affresco
fresh   fresco
Friday   venerdì (m.)
friend   amico
from   da
frozen   surgelato (of foods)
fruit   frutta
fun: to be fun   essere divertente
funny   spiritoso; to (try to) be funny   fare lo spiritoso; aren't you funny!   come sei spiritoso!

G

game (match)   partita, incontro
garden   giardino; vegetable garden   orto
Genoa   Genova
gentleman   signore (m.)
get along   andare d'accordo
get up   alzarsi*
gift   regalo
girl   ragazza; girlfriend   ragazza
give   dare
glasses: eyeglasses   occhiali (m.pl.)
go   andare*; go out   uscire
gondola   gondola
good   buono; very good   ottimo
good-bye   arrivederci (fam.); arrivederla (pol. sing.); ciao (colloquial)
grade   grado
graduate (from a university)   laurearsi*
grammar   grammatica
grandfather   nonno
grandmother   nonna
great   grande; the greatest   il maggiore
green   verde; greengrocer   fruttivendolo
guide   guida

H

hair   (one) capello; hair   i capelli
half   metà; (n.) mezzo
happy   felice
have   avere; to have to   dovere†
hear   sentire; to hear say   sentir dire

hello   pronto *(over tele-phone)*; ciao *(greeting)*
here   qua, qui; here is! here are!   ecco!
hi!   ciao!
hint   suggerimento
historical   storico
history   storia
home   casa, a casa
hotel   albergo, hotel *(m.)*
hour   ora
house   casa
how   come; how are you? come stai? *(fam. sing.)*, come sta? *(pol. sing.)*; how goes it?   come va?
however   però
hungry: to be hungry   avere fame
hurrah!   evviva!
hurry   fretta; to be in a hurry   avere fretta; to hurry up   affrettarsi*
husband   marito

I

ice cream   gelato
idea   idea
if   se
imagine!   figurati! *(fam.)* si figuri! (pol.)
in   in, a
indeed   proprio, davvero
industry   industria
information   informazione *(f.) (a piece of informa-tion)*
inside   dentro; the inside l'interno
install   installare
instead   invece
intelligent   intelligente
interesting   interessante
interior   interno
invite   invitare
island   isola

Italian   italiano; the Italian language   l'italiano
Italy   Italia

J

jam   marmellata
January   gennaio
job   lavoro, impiego
joke   scherzo; a bad joke   un brutto scherzo; to joke   scherzare
journalist   giornalista *(m. & f.)*
judgment   guidizio
July   luglio
June   giugno
jungle   giungla

K

kind   gentile
know *(to be acquainted with)*   conoscere; *(to know a fact)*   sapere; well-known   famoso

L

lady   signora
language   lingua
large   grande
last   ultimo, scorso; last year   l'anno scorso; last night   ieri sera
late   tardi; to be late   essere in ritardo *(of a per-son or thing)*
Latin America   America latina
learn   imparare
least   meno; at least   almeno
leave   partire* *(intrans.)*; lasciare *(trans.)*
lecture   conferenza
lecturer   conferenziere *(m.)*

left   sinistra; to the left   a sinistra
less   meno
lesson   lezione *(f.)*
letter   lettera
library   biblioteca
life   vita
like *(to like)*   piacere*
listen (to)   ascoltare
literature   letteratura
little   piccolo; poco, po'; as little as possible   il meno possibile
live   abitare
living room   salotto
lobby   ridotto
London   Londra
long   lungo; how long?   quanto tempo? longer   più a lungo; not any (no) longer   non più
look (at)   guardare; look for   cercare
lot (a)   molto
loud, loudly   forte
love   amore *(m.)*; to fall in love (with)   innamor-arsi*(di)
lucky   beato, fortunato

M

magazine   rivista
magnificent   magnifico
mail   posta; airmail   posta aerea
make   fare
man   uomo *(pl.* uomini)
map   pianta *(of a city)*
March   marzo
market   mercato; super-market   supermercato
marry   sposarsi*
masterpiece   capolavoro
match *(game)*   incontro
mathematics   matematica
may   potere†

May maggio
meat carne *(f.)*
medicine medicina
Mediterranean Mediterraneo
meet incontrare; conoscere; pleased to meet you! piacere!
meeting riunione *(f.)*
mile miglio *(pl. le miglia)*
milk latte *(m.)*
millionaire milionario
minute minuto
Miss signorina
modern moderno
moment momento
Monday lunedì *(m.)*
money denaro; soldi *(m.pl.)*
monotonous monotono
month mese *(m.)*
more più; di più
morning mattina; this morning stamani
mother madre *(f.)*
mountain monte *(m.)*; montagna; in *(or to)* the mountains in montagna
movies cinema *(m.)*; movie film *(m.)*
Mr. signore *(m.)*
Mrs. signora
much molto; how much quanto; too much troppo; how many quanti
museum museo
music musica
must dovere†
mystery mistero

N

name nome *(m.)*; to be called chiamarsi*
Naples Napoli *(f.)*
Neapolitan napoletano

necessary necessario; it is necessary bisogna
neither . . . nor nè... nè
never mai
new nuovo; what's new? che c'è di nuovo?
news notizia *(a piece of news)*; novità
newspaper giornale *(m.)*
newsstand edicola
next venturo, prossimo
nice bello, carino
night notte *(f.)*; last night ieri sera
nineteenth diciannovesimo
no no; no one nessuno
nobody nessuno
nonsense! macchè!
noon mezzogiorno
not non; not even nemmeno, neanche
note appunto
nothing niente
novel romanzo
novelty novità
November novembre *(m.)*
now ora, adesso
number numero

O

occupy occupare
October ottobre *(m.)*
of di
offer offrire *(p.p. offerto)*; offerta *(n.)*
often spesso
old vecchio; to be . . . years old avere... anni
once, once upon a time una volta
only solo, soltanto, solamente *(adv.)*; solo, unico *(adj.)*
open aperto; to open aprire *(p.p. aperto)*

opera opera
or o
order ordinare
out, outside fuori

P

paper *(newspaper)* giornale
parents genitori *(m.pl.)*
patient: to be patient avere pazienza
pay for pagare
pen penna
pencil matita
people gente *(f.)*; persone *(f.pl.)*
performance rappresentazione
perhaps forse
person persona
pick up passare a prendere
pity: what a pity! peccato!
play giocare (giuocare)
please per favore
poetry poesia
possible possibile
prefer preferire (isc)
press stampa; press conference conferenza stampa
pretty carino
price prezzo
prize premio
problem problema *(m.)*
professor professore *(m.)*; professoressa *(f.)*

R

rain pioggia; to rain piovere†
railroad station stazione ferroviaria *(f.)*
rather piuttosto
read leggere *(p.p. letto)*
ready pronto
really proprio, davvero

reception   ricevimento
recognize   riconoscere
red   rosso
referee   arbitro
remember   ricordare, ricordarsi* (di)
repeat   ripetere
research   ricerca
restaurant   ristorante (m.)
return   ritornare*, tornare*; restituire (something)
roll   panino; stuffed roll panino imbottito
Roman   romano
Rome   Roma
root (for)   fare il tifo (per)
row   fila

S

salad   insalata
same   stesso, solito
Sardinian   sardo
Saturday   sabato
say   dire (p.p. detto); how do you say?   come si dice?
school   scuola
science fiction   fantascienza
season   stagione (f.)
see   vedere
seem   sembrare*
sell   vendere
send   mandare
September   settembre (m.)
seventeenth   diciassettesimo
shape:to be in shape   essere in forma
share   condividere (p.p. condiviso)
shop   negozio, bottega; to shop (for food)   fare la spesa
since   poichè; da (time)

sing   cantare
sister   sorella
sit (down)   sedersi*
sixteenth   sedicesimo
ski   sciare; skis   sci (m.pl.)
sleep   dormire
sleepy: to be sleepy   avere sonno
slowly   adagio
small   piccolo
smog   smog (m.)
snow   neve (f.); to snow nevicare
so   così; so that   così che
soccer   calcio
some   qualche (takes the sing.); alcuni (pl.); un po' di
something   qualcosa, una cosa
son   figlio
song   canzone (f.)
soon: as soon as   appena (che)
sorry: to be sorry   dispiacere*; I am sorry   mi dispiace
soup   minestra
speak   parlare
speech   discorso
sport   sport (m.); sports fan   tifoso
spring   primavera
start   incominciare, cominciare (a)
station   stazione (f.)
statue   statua
stay   restare, stare
still   ancora
stop   fermarsi*
store   negozio
story   storia; mystery story   giallo
strawberry   fragola
strike   sciopero
string bean   fagiolino

stroll: to go for a stroll fare una passeggiata
strong   forte
student   studente (m.); studentessa (f.)
study   studiare
suburb   periferia
subway   metropolitana
success   successo
summer   estate (f.)
sun   sole (m.); its's sunny c'è il sole; sunglasses occhiali da sole (m.pl.)
Sunday   domenica
supermarket   supermercato
sure   certo, sicuro
surgeon   chirurgo
Switzerland   Svizzera

T

table   tavola
take   (seize) prendere; (carry) portare; accompagnare
talk   parlare
tall   alto
taste   gusto
taxi   tassì (m.); taxi driver tassista (m. & f.)
teacher   insegnante (m. & f.); maestro, maestra
team   squadra
telephone   telefono; to telephone   telefonare
television   televisione (f.); television set   televisore (m.)
tell   dire (p.p. detto); tell me something   dimmi una cosa
tennis   tennis (m.)
thank   ringraziare; thank you   grazie; thank heaven   grazie al cielo
that   che; quello

theater   teatro

then   poi *(after);* allora *(at that time)*

thing   cosa

think   pensare *(to be thinking);* credere *(to believe)*

thirst   sete *(f.);* to be thirsty   avere sete

this   questo; this is . . .   sono *(over telephone)*

thousand   mille; about a thousand   un migliaio *(pl.* le migliaia)

Thursday   giovedì *(m.)*

ticket   biglietto

tie *(in sports)*   pareggio

time   tempo; volta *(occurrence);* what time is it?   che ora è?, che ore sono?

to   a, in; *(at the house of)* da

today   oggi

together   insieme

tomb   tomba

tomorrow   domani

too   anche; too; too much troppo

tour   giro; to take a tour fare un giro

tourist   turista *(m. & f.);* *(adj.)* turistico

toward   verso

town   città; downtown   in città

traditional   tradizionale

traffic policeman   vigile stradale *(m.)*

train   treno

travel   viaggiare; *(n.)* viaggio; travel agency   agenzia di viaggi

tree   albero

trip   viaggio; to take a trip fare un viaggio

tropical   tropicale

trouble: to be in trouble stare fresco

truth   verità

Tuesday   martedì *(m.)*

U

understand   capire (isc)

unfortunately   purtroppo

United States   Stati Uniti *(m.pl.)*

universal   universale

university   università

unkind   scortese

unless   a meno che

unmarried   scapolo *(of a man);* nubile *(of a woman)*

until   fino a

up: to be up to   stare a

useful   utile

usual: as usual   al solito

V

vacation   vacanza

vegetables   legumi *(m.pl.)*

Venice   Venezia

very   molto

Vesuvius   il Vesuvio

visit   visita *(n.);* visitare

W

wait (for)   aspettare; to wait in line   fare la coda

waiter   cameriere *(m.)*

walk   camminare; to take a walk   fare una passeggiata

want   volere†

wash   lavare

way: this way   di qui

weather: how's the weather?   che tempo fa?

Wednesday   mercoledì *(m.)*

week   settimana

welcome   *(welcome back)* benvenuto, ben tornato

well   bene, be' *(in certain expressions);* well then dunque; to be well stare bene

what   che, che cosa, cosa; what a . . .   che...

when   quando

where   dove

which   quale, che

while   mentre

who, whom   che, il quale; who? whom?   chi?

whole   tutto; the whole tutto + *def. art.*

whose?   di chi?

why   perchè

wife   moglie *(f.)*

windy: to be windy   tirare vento†

winter   inverno; winter resort   centro invernale

wish   desiderare

with   con

without   senza

word   parola

work   lavoro; to work lavorare

worry   preoccuparsi*

worth: to be worth   valere*

write   scrivere

Y

year   anno

yes   sì

yesterday   ieri; day before yesterday   ieri l'altro, l'altro ieri

yet   ancora

young   giovane; young man   giovane *(m.),* giovanotto; young lady   signorina

INDEX

(Numbers refer to pages)

Comstock. 267, Stuart Cohen/Comstock. 268, Stuart Cohen/Comstock. 269, Stuart Cohen/ Comstock. 274, Peter Menzel. 276, Stuart Cohen/Comstock. 279, Irene Bayer/Monkmeyer Press. 283, Bobbie Kingsley/Photo Researchers Inc. 291, Stuart Cohen/Comstock. 293, Stuart Cohen/Comstock. 299, Stuart Cohen/Comstock. 300, AP/Wide World Photos. 302, Bill Struhs. 303, Bill Struhs. 306, Omikron/Photo Researchers Inc. 307, Harvey Barad/Photo Researchers Inc. 308, (top) The Bettmann Archive. 308 (bottom), Omikron/Photo Researchers Inc. 309 (top), Stuart Cohen/Comstock. 309 (left), Paolo Koch/Rapho/Photo Researchers Inc. 309 (right), Peter Menzel. 310, Fabio Ponzio/Agenzia Contrasto/Photo Researchers Inc. 311, Stuart Cohen/Comstock. 312, Fabio Ponzio Agenzia Contrasto/Photo Researchers Inc. 315, Stuart Cohen/Comstock. 319, Rogers/Monkmeyer Press. 321, Stuart Cohen/Comstock. 323, Chris Brown/Stock Boston. 331, Gamma-Liaison/S. Ferraris, 333, Paolo Koch/Rapho/Photo Researchers Inc. 334, Gaetano Barone/Monkmeyer Press. 336, Dorka Raynor. 342, Fritz Henle/Photo Researchers Inc. 345, Beryl Goldberg. 349, Richard Avery/Stock Boston. 354, Agenzia Giornalistica Italia, S.P.A. 355, Fabio Ponzio Agenzia Contrasto/Photo Researchers Inc. 358, Peter Menzel. 359, Reuters/The Bettmann Archive. 360, Stuart Cohen/Comstock. 361 (top left), AP/Wide World Photo. 361 (top right), The Bettmann Archive. 361 (bottom left), AP/Wide World Photo. 361 (bottom right), AP/Wide World Photos. 362, Bayer/ Monkmeyer Press. 364, Bayer/Monkmeyer Press. 365, Art Resource. 370, Bayer/Monkmeyer Press. 371, Rogers/Monkmeyer Press. 373, Nancy Durrell McKenna/Photo Researchers Inc. 376, Stuart Cohen/Comstock. 382, The Bettmann Archive. 383, The Bettmann Archive. 389, Piero Raffaelli. 393, Stuart Cohen/Comstock. 398, Beryl Goldberg. 399, Culver Pictures. 400, (left) Culver Pictures. 400 (right), The Bettmann Archive. 404, The N.Y. Public Library Picture Collection. 405, (left) The Bettmann Archive. 405 (right), The Bettmann Archive. 406 (left and right), The Metropolitan Opera House.

■ COLOR PHOTOS

i *(top)*, Peter Menzel. i *(bottom)*, EPA. ii *(top* and *bottom left)*, Peter Menzel. ii *(bottom right)*, Cliff Feulner. iii *(top right)*, Graphikann. iii *(center)*, Simone Oudet. iii *(bottom)*, Peter Menzel. iv *(top left)*, The Image Bank. iv *(top right)*, Earle Roberge/Photo Researchers Inc. iv *(bottom)*, Graphikann. v *(top left* and *bottom)*, Peter Menzel. v *(top right)* Graphikann. vi *(top)*, Peter Menzel. vi *(center)*, The Image Bank. vi *(bottom)* EPA. vii *(top* and *bottom left)*, Peter Menzel. vii *(bottom right)*, The Image Bank. vi *(bottom)* EPA. vii *(top* and *bottom left)*, Peter Menzel. vii *(bottom right)*, EPA. viii *(top)*, Marvin E. Newman/The Image Bank. viii *(bottom)*, Peter Menzel.

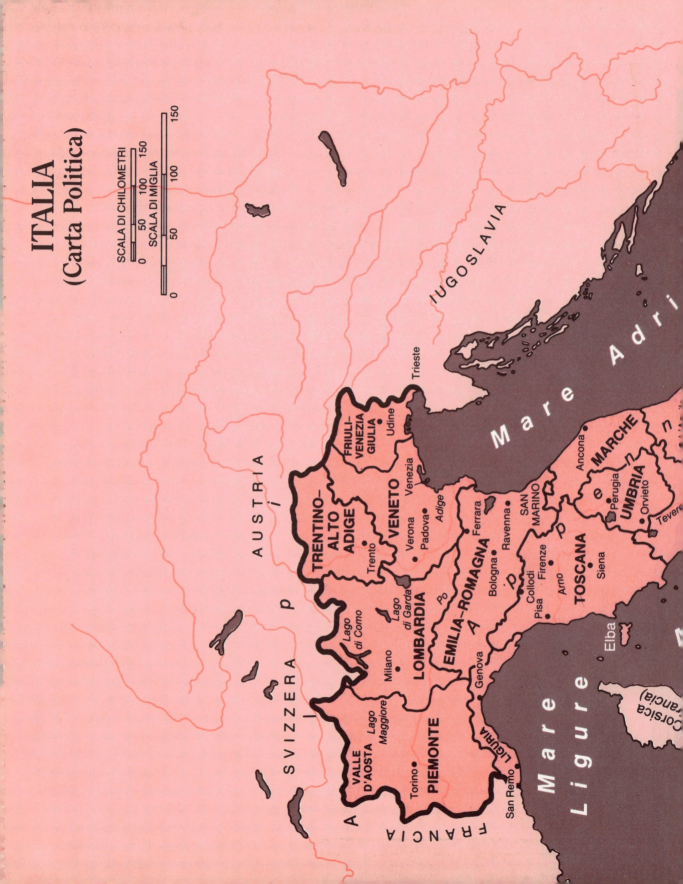

ITALIA
(Carta Politica)

SCALA DI CHILOMETRI
0   50   100   150
SCALA DI MIGLIA
0   50   100   150

AUSTRIA

SVIZZERA

FRANCIA

IUGOSLAVIA

Trieste

FRIULI–VENEZIA GIULIA

Udine

TRENTINO–ALTO ADIGE

Trento

VENETO

Venezia

Verona   Padova

Adige

Lago di Garda

Lago di Como

LOMBARDIA

Milano

Lago Maggiore

VALLE D'AOSTA

PIEMONTE

Torino

LIGURIA

San Remo

Genova

EMILIA–ROMAGNA

Po

Ferrara

Bologna   Ravenna

SAN MARINO

Collodi

Pisa   Firenze

Arno

TOSCANA

Siena

MARCHE

Ancona

Perugia

UMBRIA

Orvieto

Tevere

Elba

Mare Adri

Mare Ligure

Corsica (Francia)